3D 프린팅 수업을 위한

틴커캐드 디자인 ③

고성민 · 이송하 지음

도서
출판 | 메카피아

(주)메카피아는 공인아카데믹파트너(AAP:Authorized Academic Partner)로 오토데스크에서 검증된 공인 강사를 통해 전문적이고 표준화된 교육 서비스를 제공하며 기계제조 분야의 현업경험을 토대로 실무적용에 맞춘 제품교육을 진행하고 있습니다.

3D 프린팅 수업을 위한
틴커캐드 디자인 ③

인　　쇄	2019년 9월 03일 초판 1쇄 인쇄
발　　행	2019년 9월 10일 초판 1쇄 발행
인　　쇄	고성민 · 이송하 지음
발 행 처	도서출판 메카피아
발 행 인	노수황 · 최영민
대표전화	1544-1605
주　　소	(본 점) 경기도 파주시 신촌2로 24번지
	(서울지점) 서울특별시 금천구 서부샛길 606
	대성디폴리스지식산업센터 B동 제3층 제331호
전자우편	mechapia@mechapia.com, pnpbook@naver.com
교육문의	02-861-9042
영 업 부	(서울) 02-861-9044, (파주) 031-8071-0088
팩　　스	(서울) 02-861-9040, (파주) 031-942-8688
인쇄제작	미래피앤피
제작관리	유종원
기　　획	이자영
마 케 팅	이정훈
영업관리	김순영
표지 · 편집	포인기획
등록번호	제2014-000036호
등록일자	2010년 02월 01일
I S B N	979-11-6248-052-6 13000
정　　가	12,000원

• 이 책은 저작권법에 의해 보호를 받는 저작물로 무단 전재나 복제를 금지하며,
  이 책 내용의 전부 또는 일부를 이용하려면 반드시 저작권자와 발행인의 서면동의를 받아야 합니다.
• 파본 및 낙장은 구입하신 서점에서 교환하여 드립니다.

| about Author

저자 소개

★ 틴 커메이커 **고 성 민**

영화, 게임컨텐츠를 개발해오다가
3D 프린팅을 접하게 되면서 3D 프린팅 교육으로 전향하여
메이커강사로 활동해 오고 있다.
현재는 (주)틴커스페이스를 설립하고 메이커스페이스를 구축하여
끊임 없이 3D 프린팅 교육 컨텐츠를 연구, 개발해 나가고 있다.

★ 틴 커메이커 **이 송 하**

산업디자인과를 전공하고 디자인 설계, 모델링 일을 하다
현재 3D 메이커 강사로 활동 중이며, (주)틴커스페이스 이사를 겸임하고 있다.
더욱 즐거운 메이커 수업을 만들어가기 위해
메이커 교육 커리큘럼을 연구·개발 중이다.

| Preface

머리말

'3D프린팅 수업을 위한 틴커캐드 디자인'이 어느덧 1, 2권에 이어 3권까지 제작이 되었습니다. (주)틴커스페이스는 2019 사회적 기업가 육성사업 선정팀으로 메이커 문화의 확산을 장려하고 메이커 교육을 통해 학생들이 다가올 미래에 대해 충분히 대비할 수 있도록 부산지역의 42개 학교와 기관에서 메이커 교육을 진행해나가고 있습니다.

또한 초·중학교의 방과 후, 자유학기제 메이커(3D 프린팅) 수업을 위해서는 1년 기준 48차시, 2년 기준 96차시의 커리큘럼이 확보되어 있어야 하기 때문에 본 교재를 통해서 수업 운영하는 데 무리가 없도록 하였습니다. 학생들에게는 매시간마다 다양한 주제를 제공함으로써 끊임없이 흥미를 유발하고, 단계별 예제들을 통한 디자인 능력 향상에 초점을 맞추었습니다. 이를 통해 예제를 뛰어넘는 다양한 아이디어가 표출될 수 있는 창의적인 작품이 나오길 기대하는 마음으로 집필하였습니다.

(주)틴커스페이스에서는 이 책을 활용하여 취약계층의 학생들을 대상으로 차별 없는 교육을 제공받을 수 있도록 교육 기부 활동도 이어나가고 있습니다. 이 책을 통해서 더 많은 학생들이 꿈을 키워나가는 데 도움을 얻을 수 있기 바랍니다.

2019년 9월 저자 올림

 | Contents 목 차

SECTION 01
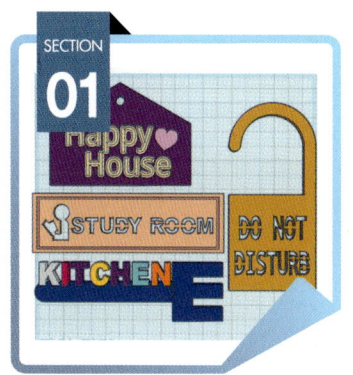
픽토그램 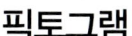 14

SECTION 02
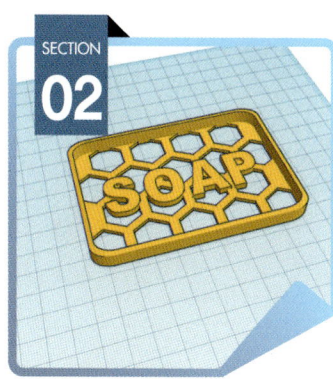
비누 받침대 28

SECTION 03
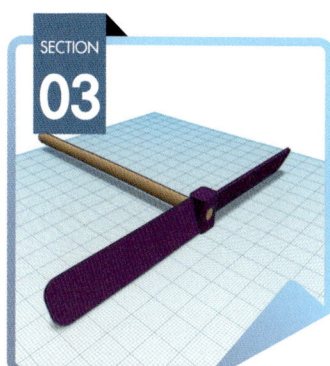
핸드 헬리콥터 41

SECTION 04

롤링스틱 57

SECTION 05

에펠탑 77

SECTION 06
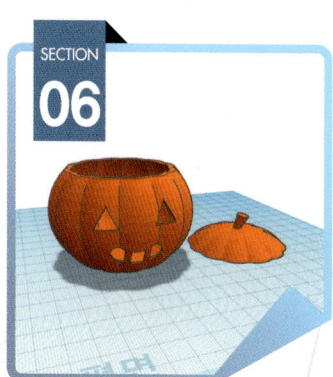
LED 호박등 99

목 차 | Contents

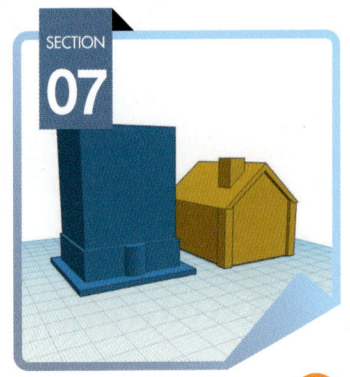
건물 디오라마(1) 119

건물 디오라마(2) 137

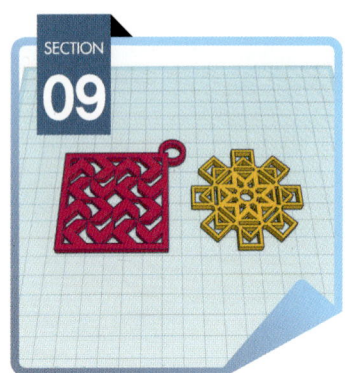
패턴 목걸이 154

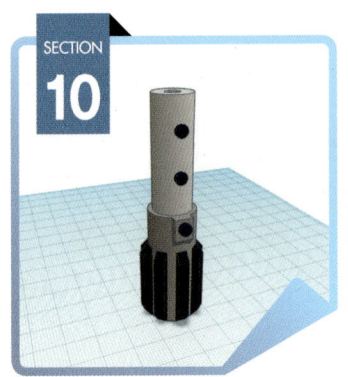
광선검 손잡이 172

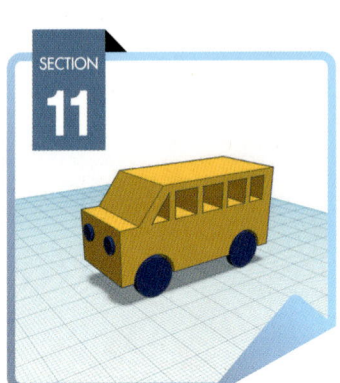
움직이는 자동차 191

3D 스캐너 216

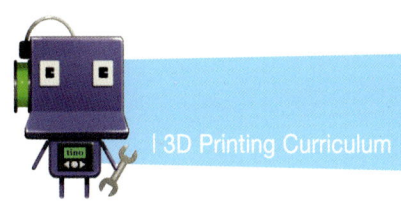

3D 프린팅 과정

1. 모델링 파일 준비

틴커캐드는 Autodesk사에서 개발된
3차원 형상을 만드는 프로그램입니다.
https://www.tinkercad.com

※그 외 3D 모델링 프로그램
: Fusion 360, SketchUp, OpenNSCAD, Blender, Sculptris 등

2. G-Code 파일 변환

CURA는 Ultimaker의 슬라이싱 프로그램으로
3D 모델링 파일을 G-Code로 변환합니다.
https://ultimaker.com/en/products/ultimaker-cura-software

※그 외 슬라이서 프로그램
: Slic3r, KISSlicer, Mattercontrol, Simplify3D 등

3. 3D 프린터 출력

출력재료에 따라 FDM(필라멘트), SLS(파우더),
DLP(광경화성 수지) 등의 3D 프린터가 있습니다.
FDM 3D 프린터는 직교형과 델타형이 있으며,
재료인 필라멘트는 ABS와 PLA 등이 있습니다.

※주로 개인이 많이 사용하는 프린터는 PLA 재료를 사용하는 FDM 3D 프린터입니다.

| TINKERCAD

틴커캐드

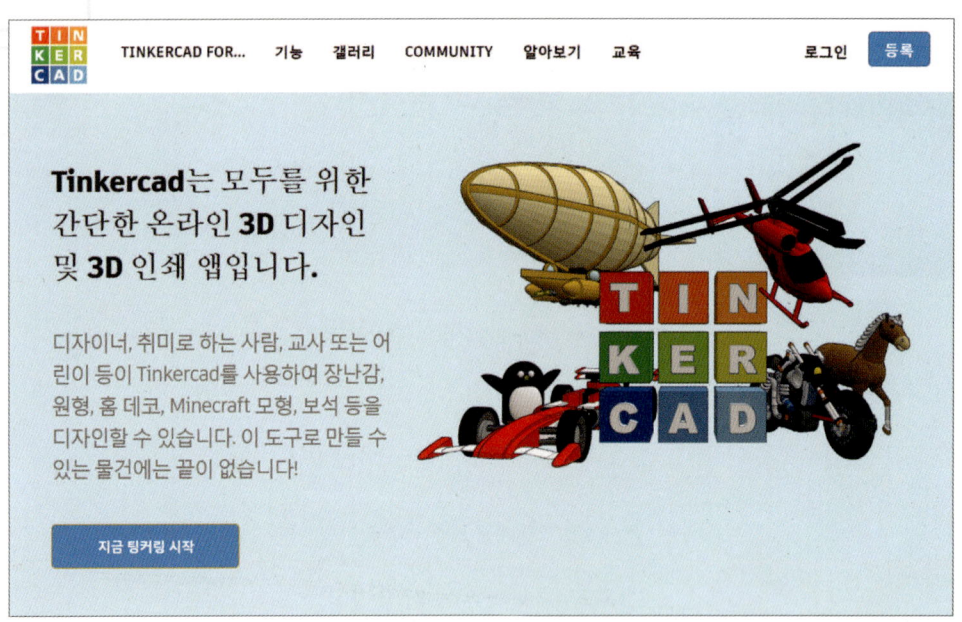

구글크롬의 주소창에 'www.tinkercad.com'를 입력합니다.

틴커캐드는 미국 Autodesk사에서 만든 무료 프로그램입니다.
프로그램을 다운받아 설치하지 않고, 인터넷에 접속하여 프로그램을 실행하여 사용합니다.
작업파일도 클라우드 기반의 저장 공간에 자동으로 저장해 줍니다.

`지금 팅커링 시작` 을 클릭합니다.

계정 작성 창에 가입자 정보를 입력합니다.

가입 당시 만 13세 미만인 경우
부모님의 메일주소를 입력하고 계정을 만들 수 있습니다.

만 13세 미만인 경우 [초대 코드 입력 창]에서 선생님 또는 부모님의 초대 코드를 입력합니다.

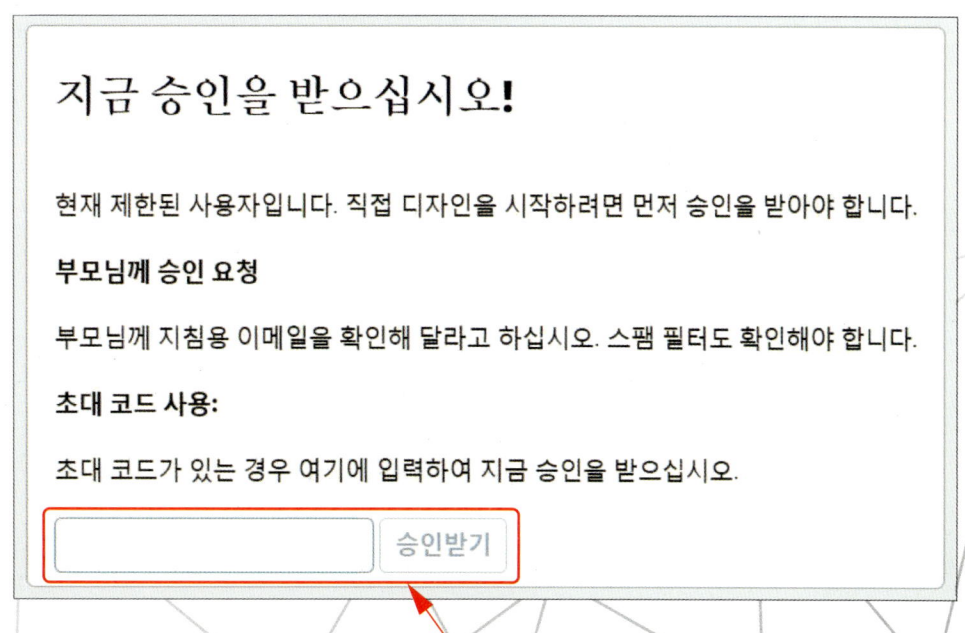

만 13세 이상의 일반인 사용자가 초대코드를 생성하기 위해서는
상단의 '교육'을 클릭하면 8자리의 코드가 생성됩니다.

가입 후 로그인을 다시 하면 아래와 같은 대시보드가 나옵니다.

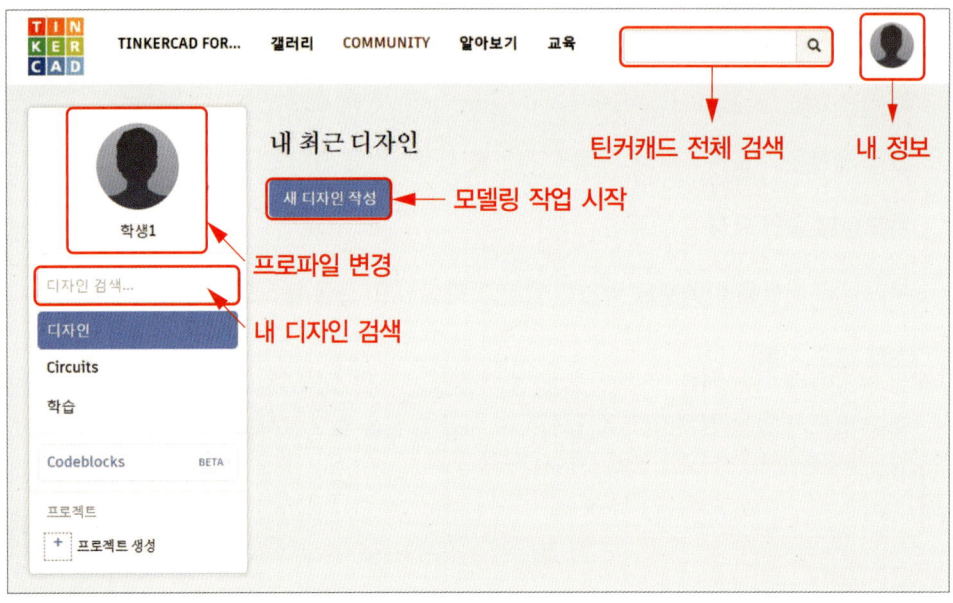

틴커캐드 작업화면 구성!

▲ 작업 평면의 크기, 단위 편집   ▲ 도형 메뉴

 ## 틴커캐드 화면 조작!

❶ **작업 평면 이동** : 작업 평면 위에서 마우스 휠 버튼을 누른 채 드래그하면 작업 평면이 화면의 원하는 곳으로 이동합니다.
   Shift 를 누른 채 드래그하여도 화면이 똑같이 이동합니다.

❷ **작업 평면 회전** : 작업 평면 위에서 마우스 오른쪽 버튼을 누른 채 드래그하면 작업 평면이 360도 원하는대로 회전합니다.

❸ **작업 평면 맞춤** : F 키를 누르면 선택도형 맞춤 또는 모든 도형맞춤으로 뷰전환을 합니다.

❹ **작업 평면 확대/축소** : 작업 평면 위에서 마우스 휠 버튼을 돌리면 작업 평면이 확대 또는 축소됩니다.

모델링파일 내보내기!

3D 프린팅을 하기 위해서는 모델링 파일을 내보내기 해야 합니다.
틴커캐드 작업 화면의 오른쪽 상단 내보내기 버튼을 클릭합니다.

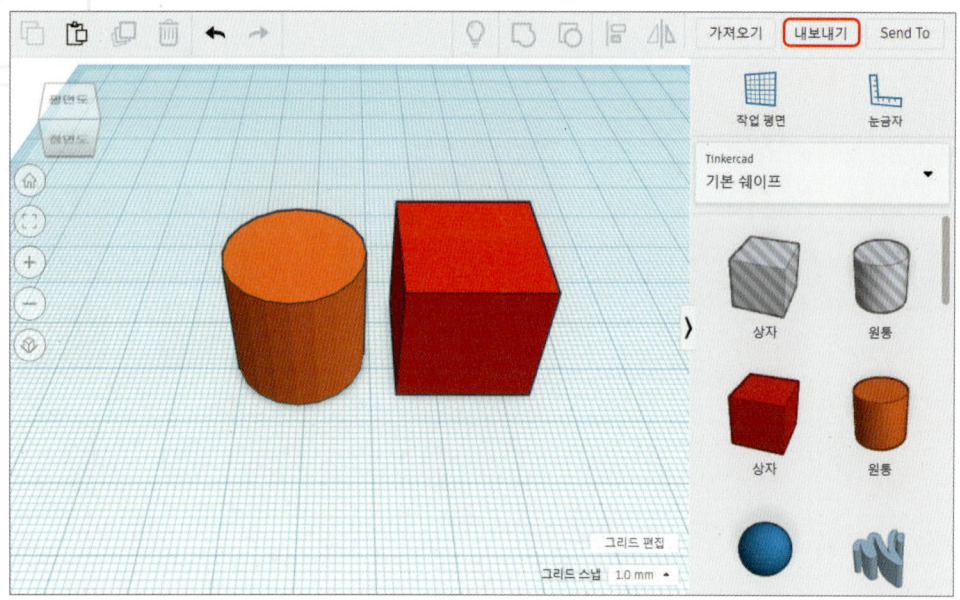

디자인에 있는 모든 것을 선택하고 ".STL" 버튼을 누릅니다.

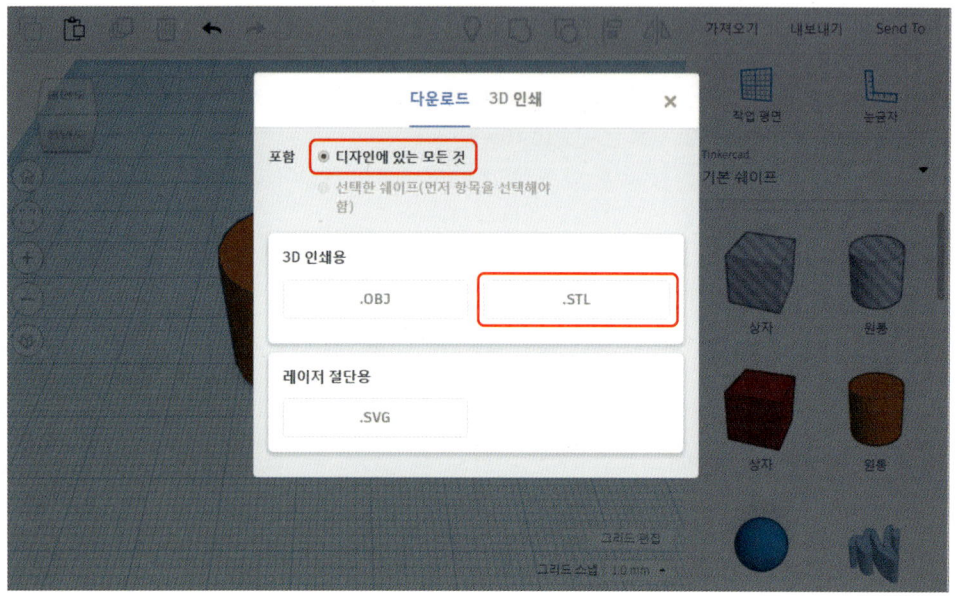

내보내기 한 파일은 "내컴퓨터"의 "**다운로드**" 폴더 안에서 확인합니다.
(슬라이싱 프로그램을 열고 저장된 stl 파일을 불러오기 할 수 있습니다.)

만약, ".OBJ" 버튼을 누르면 색상정보가 포함된 모델링 도형이 압축된 파일형태로 저장이 됩니다. 압축파일을 풀면 "obj.mtl" 파일과 "tinker.obj" 파일이 함께 저장되어 있습니다.

".SVG" 버튼을 누르면 그림처럼 가장 아래면의 선만 내보내기 됩니다.

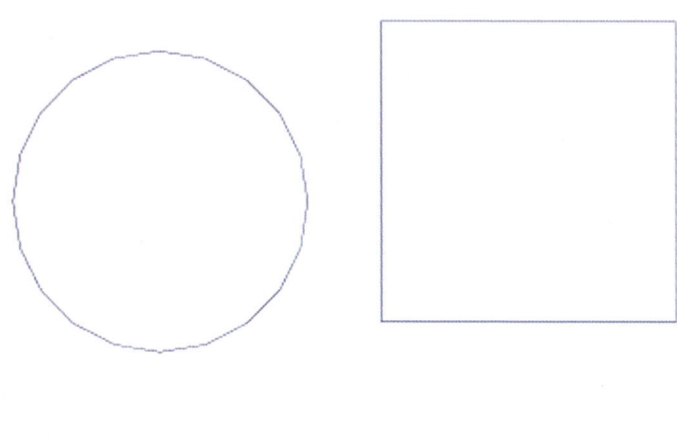

SECTION 01
픽토그램

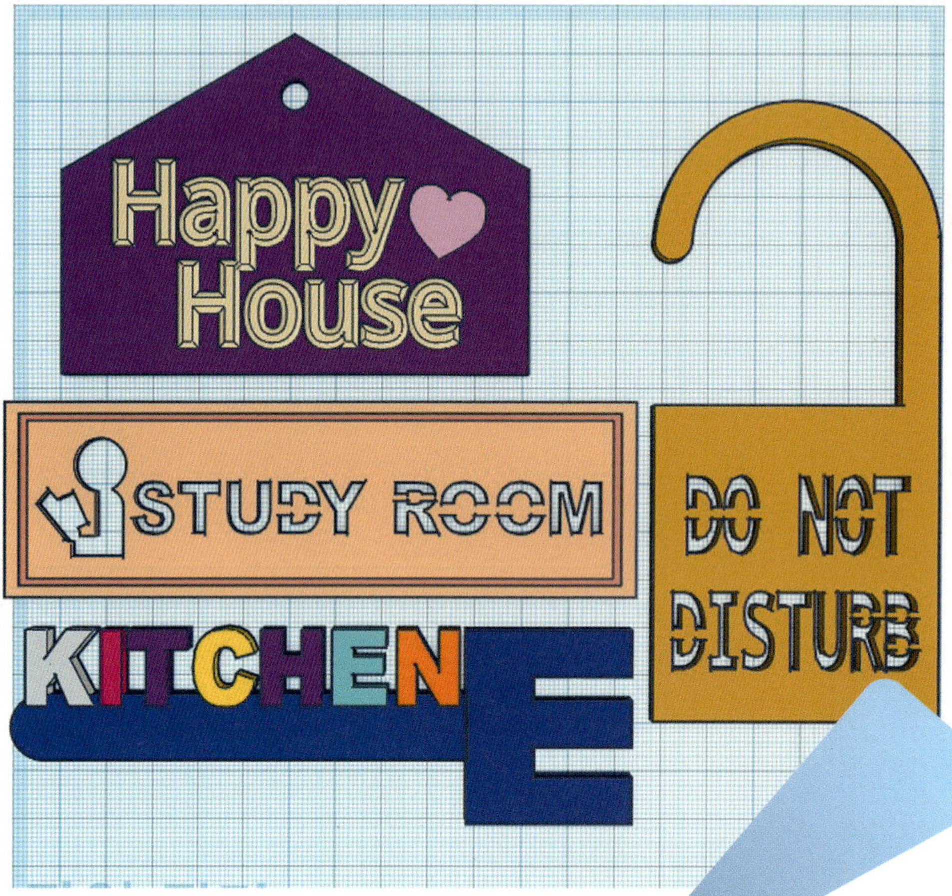

TINKERCAD DESIGN_For 3D PRINTING

● **픽토그램 만들기**

픽토그램에 대해 알아보고 다양한 픽토그램을 검색해 봅시다.
나만의 픽토그램을 스스로 모델링해 봅시다.

TINKERCAD DESIGN For 3D PRINTING _____ SECTION 01

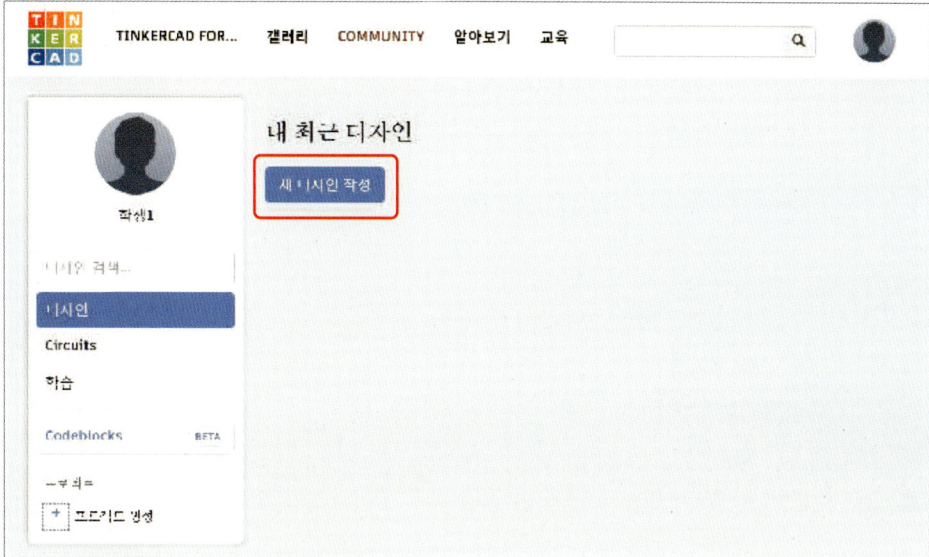

구글크롬 에서 틴커캐드 웹사이트(www.tinkercad.com)에 접속합니다.
로그인 후 대시보드의 새디자인작성 을 클릭합니다.

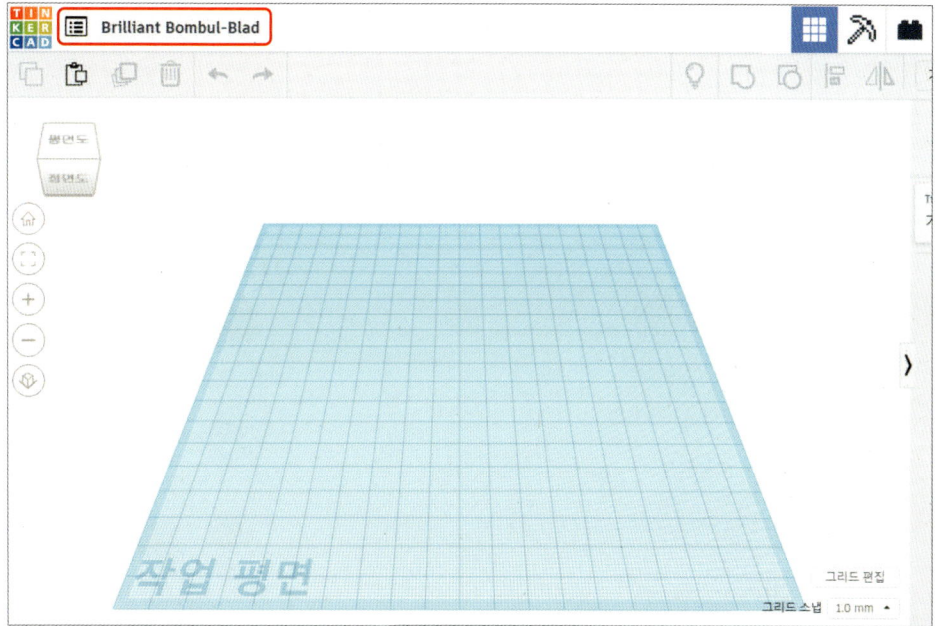

틴커캐드는 저장 버튼이 따로 없으며 웹에서 작업하고 모델링 작업파일 역시 인터넷 저장 공간에 자동으로 저장됩니다. 임의로 주어진 영어이름을 클릭하면 파일명을 수정할 수 있습니다.

TINKERCAD DESIGN For 3D PRINTING

SECTION 01

파일명을 "**픽토그램**"으로 수정하고 엔터키 또는 화면의 빈 공간 아무 곳이나 클릭합니다.

픽토그램 1 (양각) 디자인하기

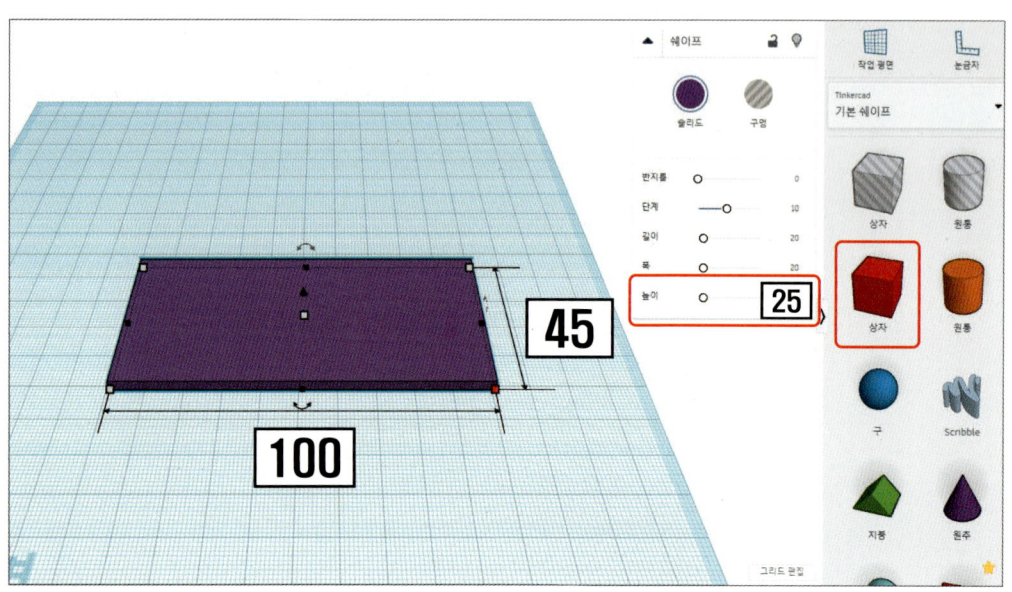

기본 쉐이프에서 상자를 선택하고 작업 평면에 놓은 후 치수를 조절합니다.
예 가로 100, 세로 45, 높이 25

TINKERCAD DESIGN For 3D PRINTING _____ SECTION 01

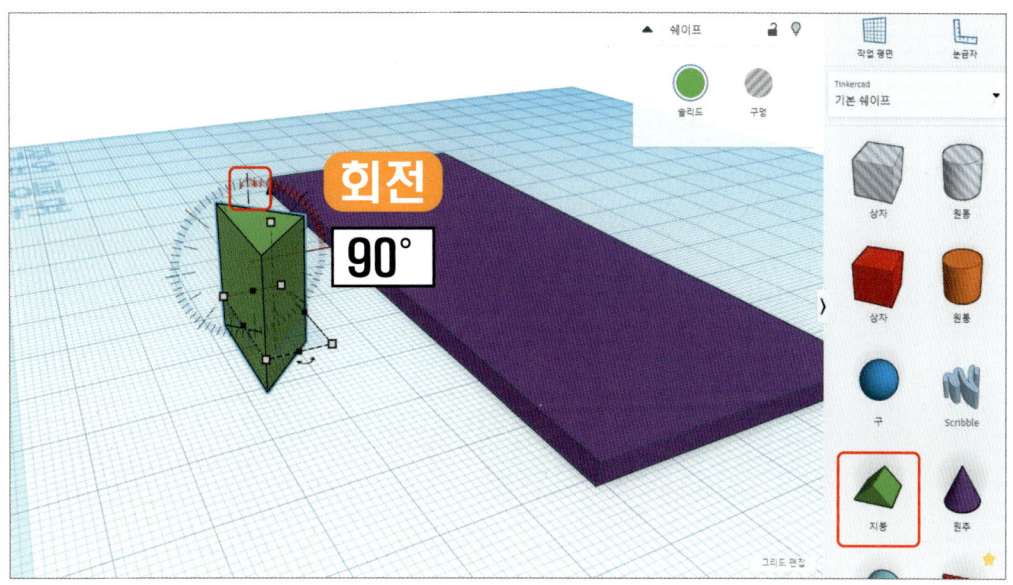

기본 쉐이프에서 지붕을 선택하고 작업 평면에 놓은 후 90° 회전하여 지붕 도형을 세워줍니다.

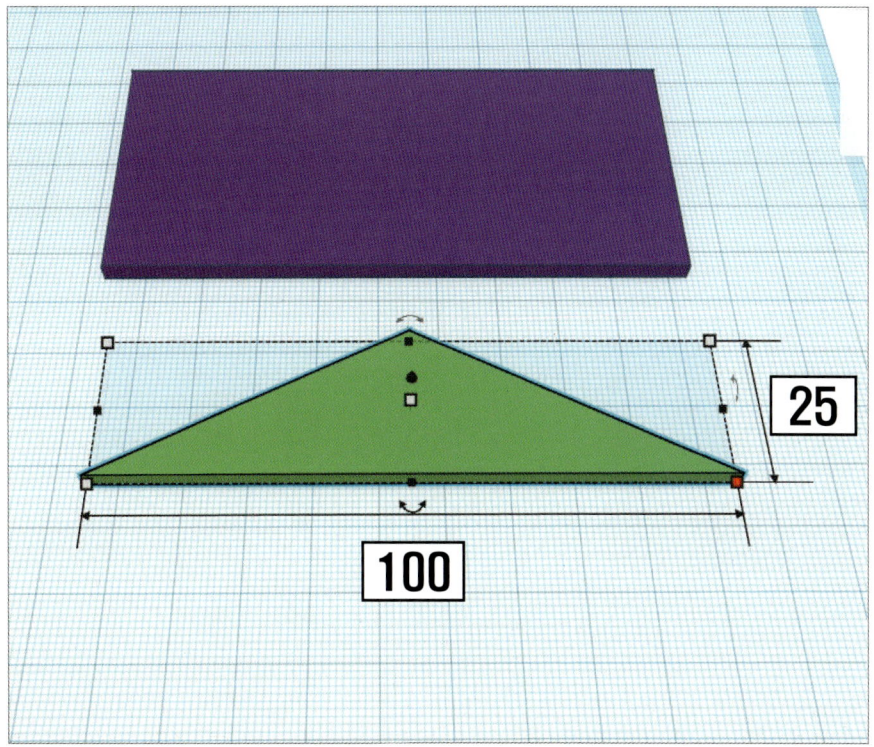

지붕 도형을 키보드의 " D "(Drop)를 눌러 바닥면으로 붙인 후 치수를 조절합니다.
예 가로 100, 세로 25, 높이 2

TINKERCAD DESIGN For 3D PRINTING   SECTION 01

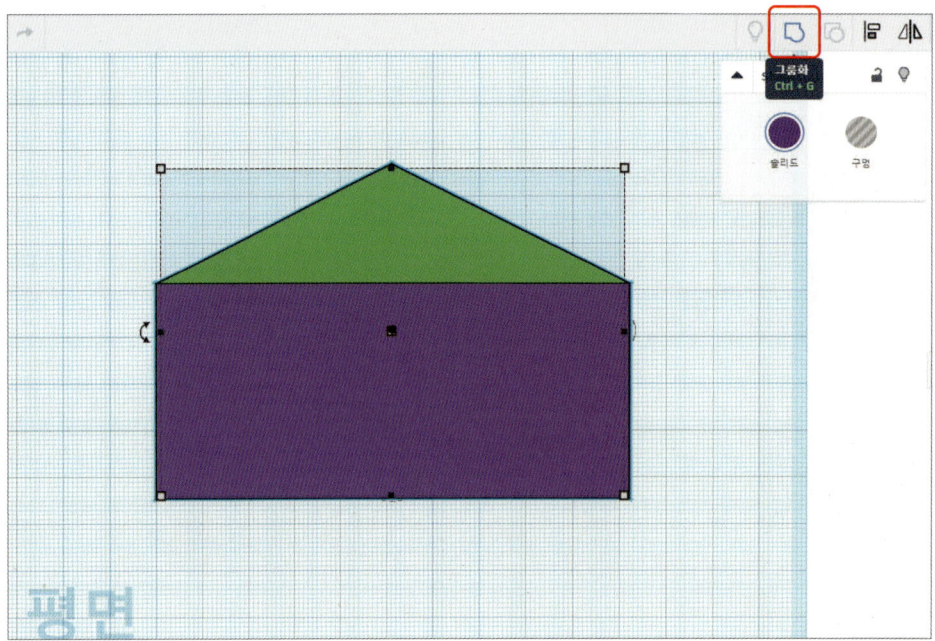

지붕 도형을 마우스로 움직이거나 키보드 방향키 로 그림과 같이 배치한 후 두 도형을 선택하여 그룹화합니다.

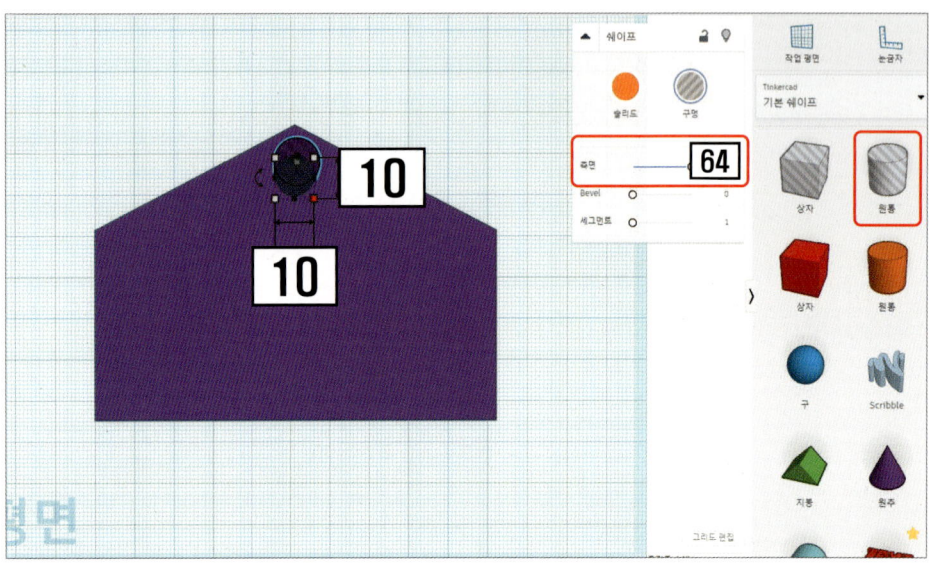

기본 쉐이프에서 구멍 원통을 선택하고 작업 평면에 놓은 후 치수를 조절합니다.
예 가로 10, 세로 10, 높이 20, 측면 64
   (모서리를 둥글게 만들기 위해 쉐이프에서 측면의 수치를 64로 조절합니다.)

TINKERCAD DESIGN For 3D PRINTING _____ SECTION 01

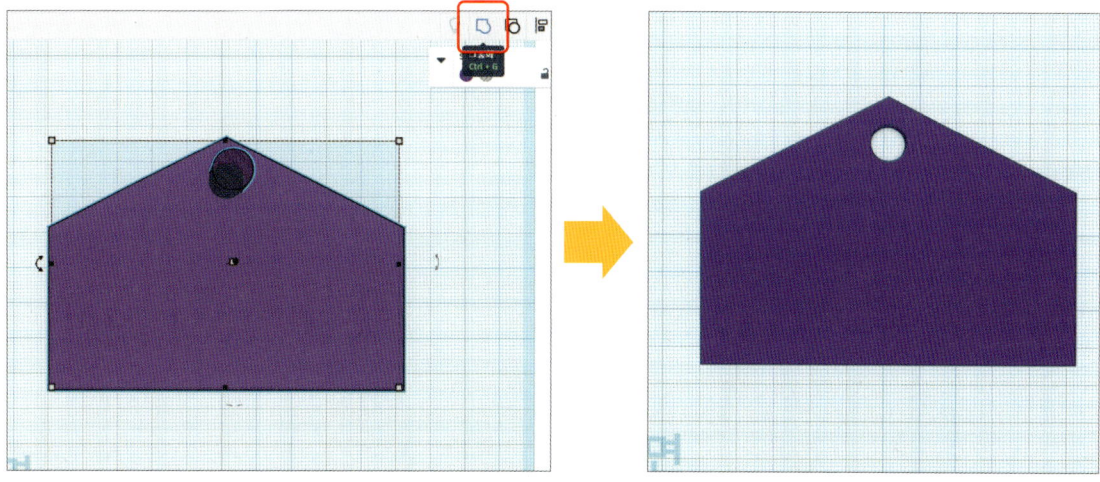

도형을 모두 선택한 후 그룹화합니다.

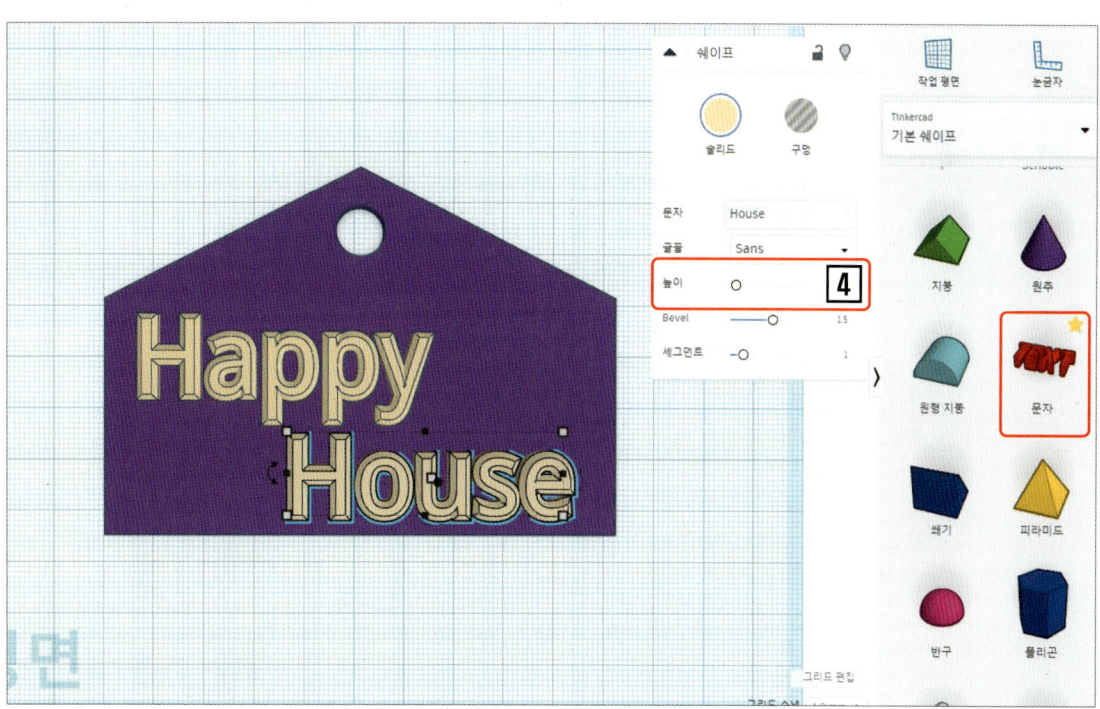

기본 쉐이프에서 문자를 선택하고 작업 평면에 놓은 후 문자를 작성해 봅니다.
문자의 가로, 세로 크기를 자유롭게 조절하여 배치합니다.
예 높이 4

TINKERCAD DESIGN For 3D PRINTING SECTION 01

픽토그램 1 (양각) 완성!

픽토그램 2 (음각) 디자인하기

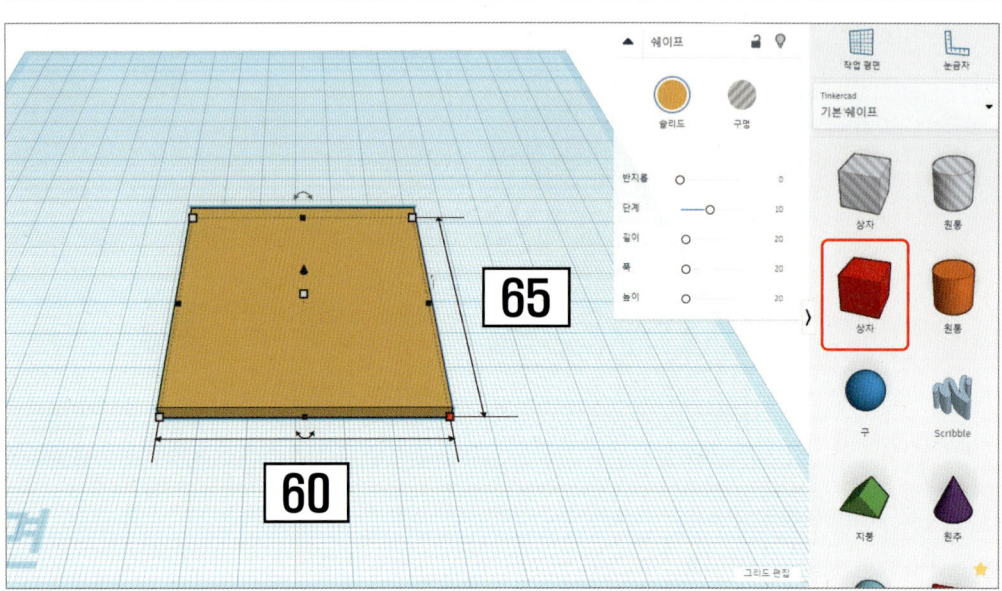

기본 쉐이프에서 상자를 선택하고 작업 평면에 놓은 후 치수를 조절합니다.
예) 가로 60, 세로 65, 높이 3

TINKERCAD DESIGN For 3D PRINTING

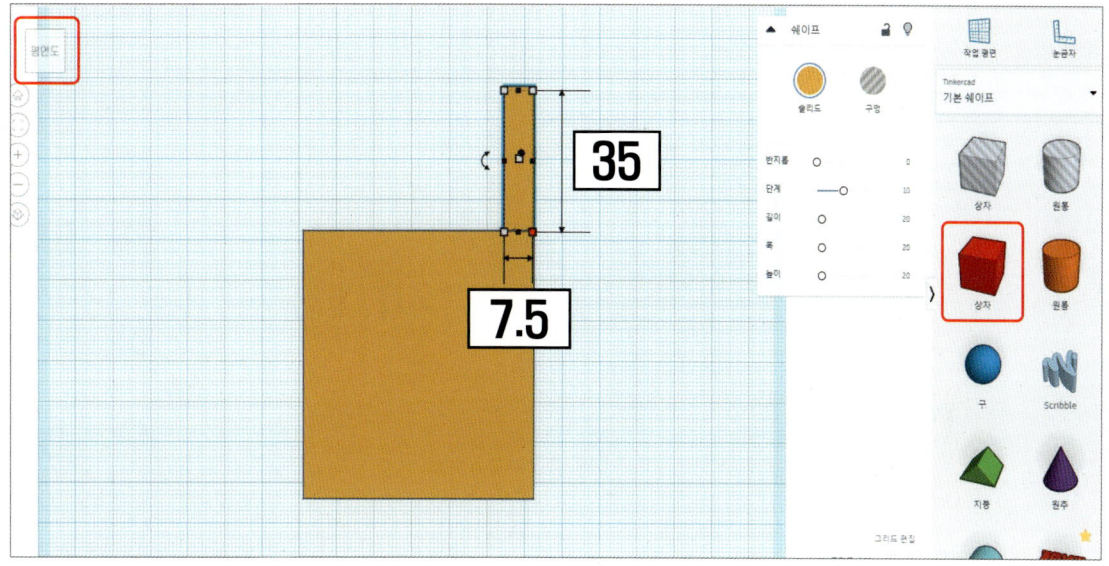

뷰박스를 평면도로 선택합니다.
기본 쉐이프에서 상자를 선택하고 작업 평면에 놓은 후 치수를 조절한 후 그림과 같이 배치합니다.
예 가로 7.5, 세로 35, 높이 3

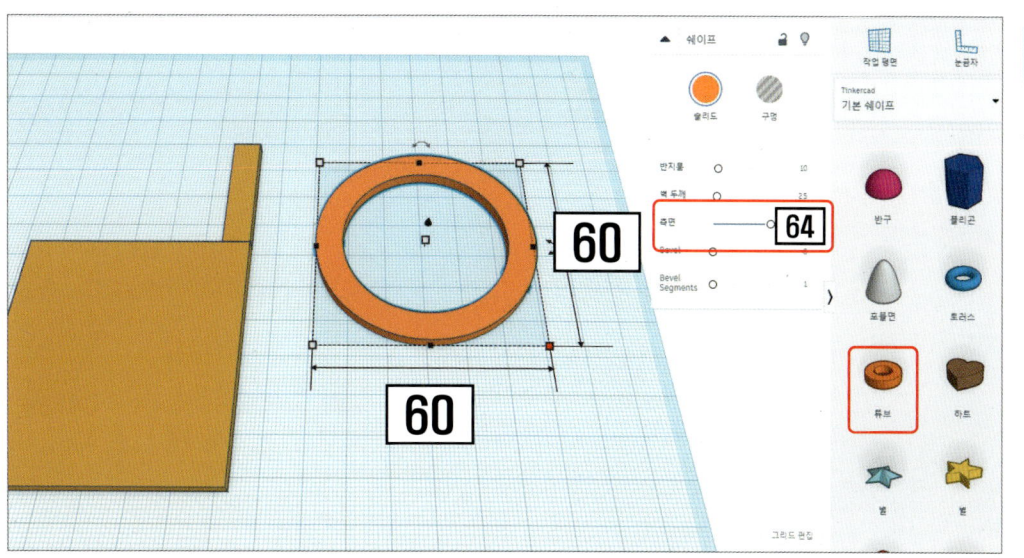

기본 쉐이프에서 튜브를 선택하고 작업 평면에 놓은 후 치수를 조절합니다.
예 가로 60, 세로 60, 높이 3, 측면 64
  (모서리를 둥글게 만들기 위해 쉐이프에서 측면의 수치를 64로 조절합니다.)

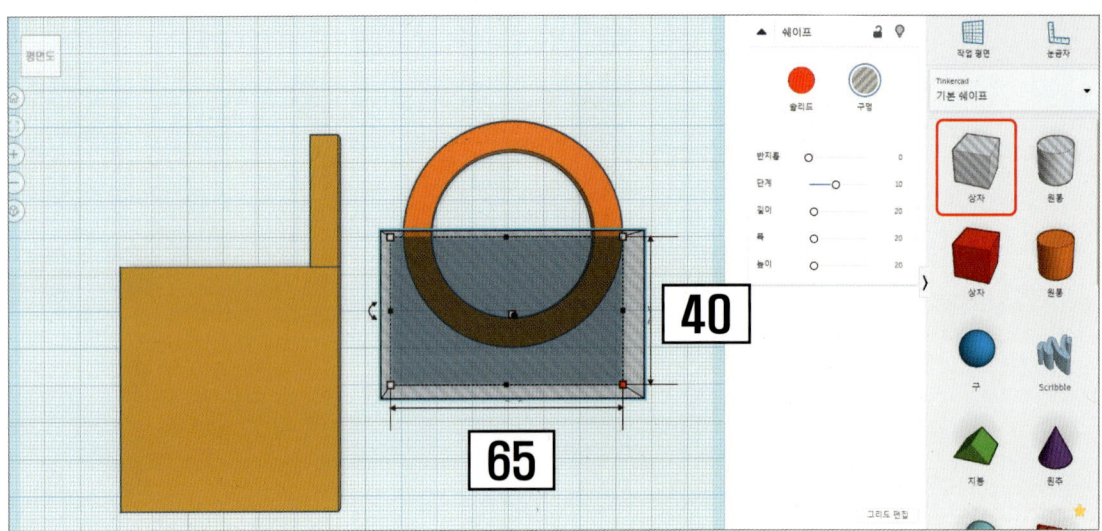

기본 쉐이프에서 구멍 상자를 선택하고 치수를 조절한 후 구멍 상자의 긴면이 튜브 중심을 지나도록 놓아줍니다.

예 가로 65, 세로 40, 높이 20

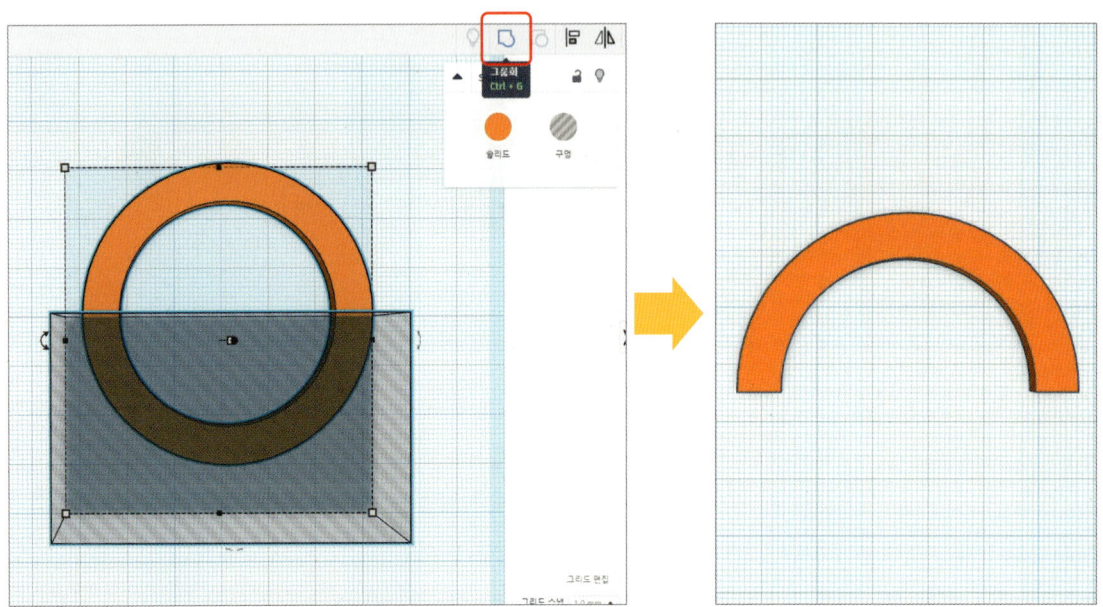

튜브와 구멍 상자를 선택한 후 그룹화합니다.

TINKERCAD DESIGN For 3D PRINTING ───────────────── SECTION 01

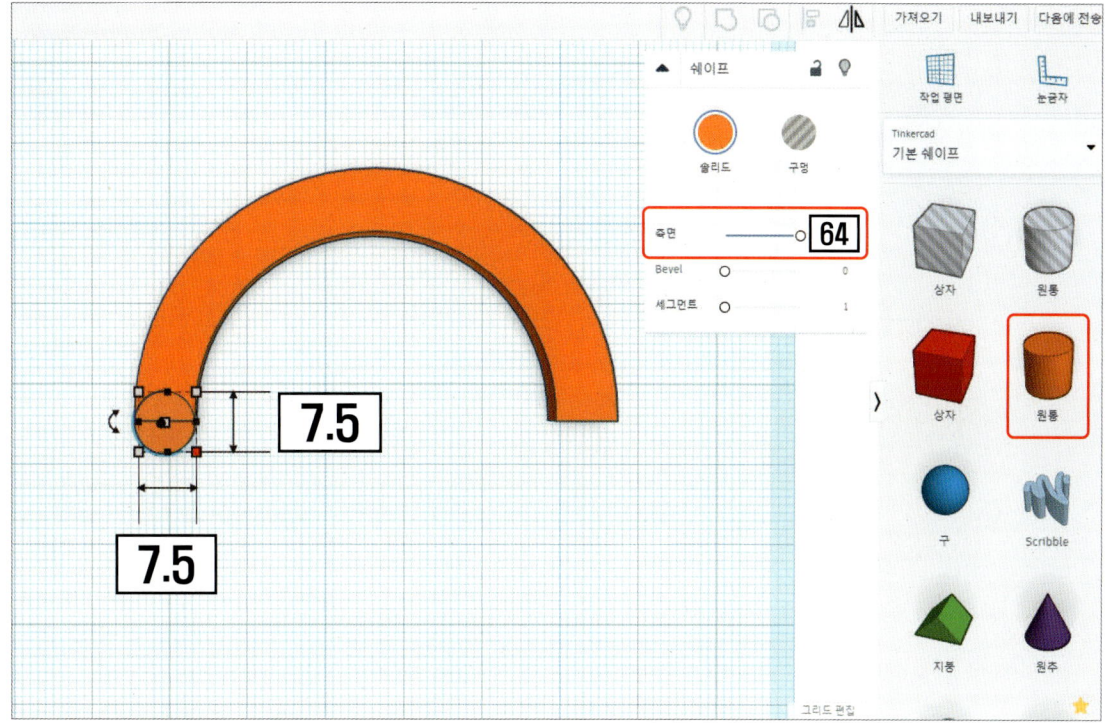

기본 쉐이프에서 원통을 선택하고 작업 평면에 놓은 후 치수를 조절합니다.
예 가로 7.5, 세로 7.5, 높이 3, 측면 64
(모서리를 둥글게 만들기 위해 쉐이프에서 측면의 수치를 64로 조절합니다.)

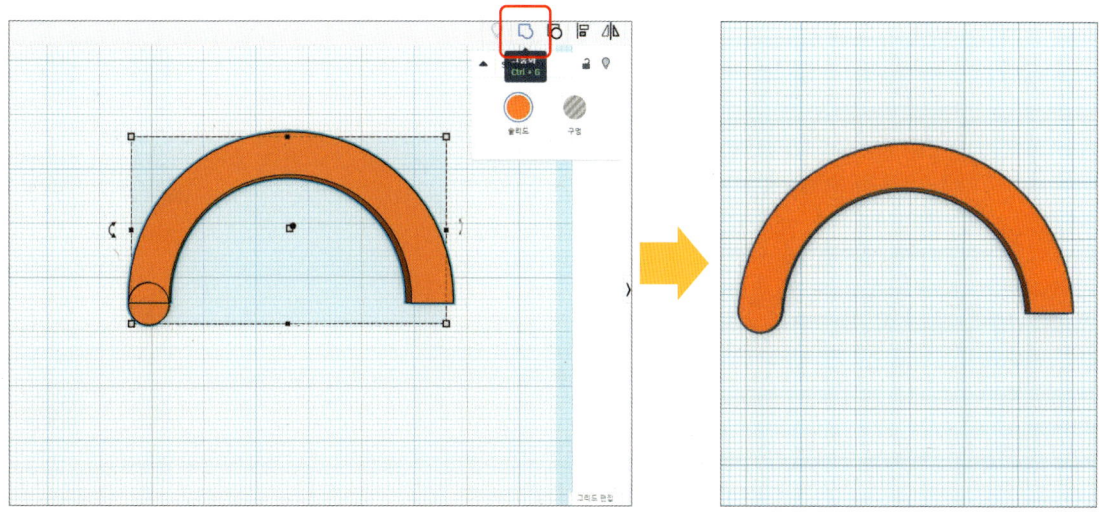

그림과 같이 원통 도형을 배치한 후 튜브와 원통 도형을 그룹화합니다.

TINKERCAD DESIGN For 3D PRINTING _____ SECTION 01

05

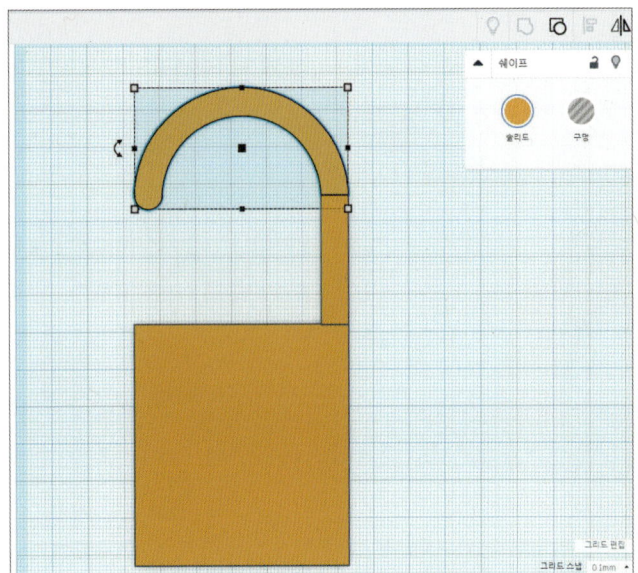

고리 모양 도형을 마우스로 움직이거나 키보드 방향키 로 그림과 같이 배치합니다.

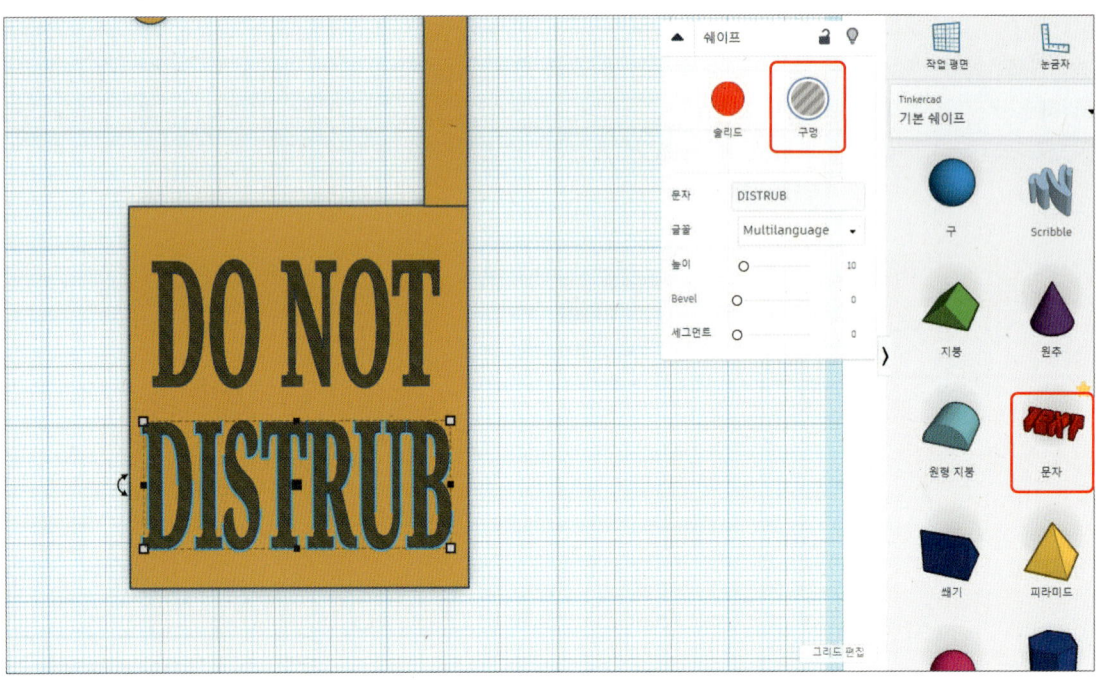

기본 쉐이프에서 문자를 선택하고 구멍 도형으로 바꾸고 작업 평면에 놓은 후 문자를 작성해 봅니다.
문자의 가로, 세로 크기를 자유롭게 조절하여 배치합니다.

예 높이 20

TINKERCAD DESIGN For 3D PRINTING _____ SECTION 01

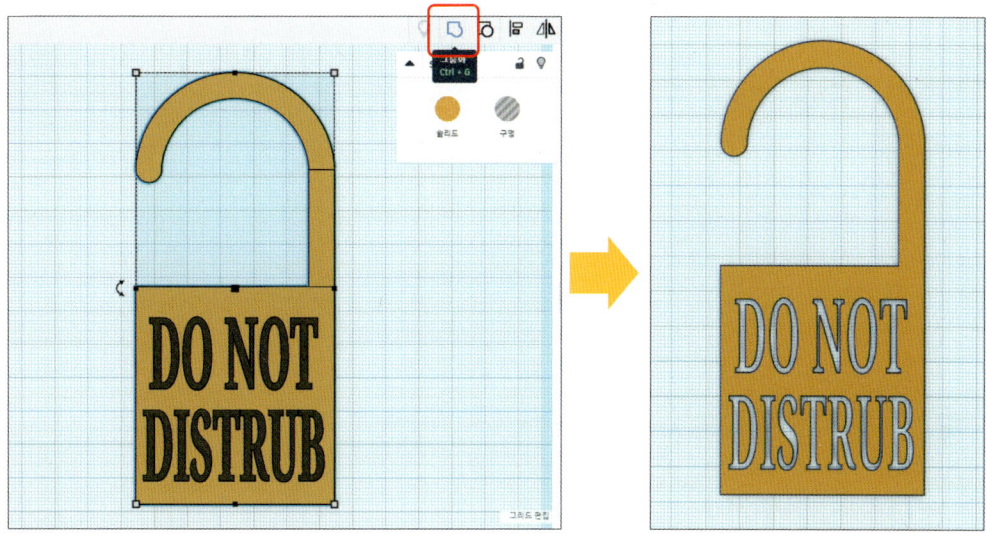

도형을 모두 선택한 후 그룹화합니다.

음각작품 출력 시 주의사항

음각작품 출력 시 ⬚ 부분은 따로 출력이 됩니다.
글자 모두가 연결되어 출력될 수 있도록 상자 도형을 이용하여 글자 부분을 연결해줍니다.

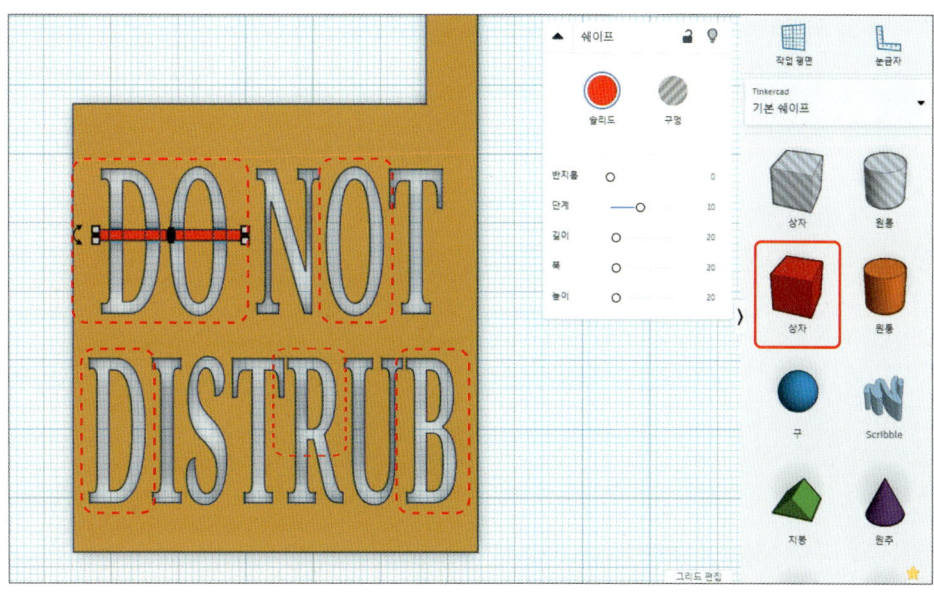

기본 쉐이프에서 상자를 선택하고 작업 평면에 놓은 후 치수를 조절합니다.
예 세로 1.5~2, 높이 3(가로는 글자 모양에 맞게 조절)

픽토그램 2 (음각) 완성!

TINKERCAD DESIGN For 3D PRINTING _____ SECTION 01

도 | 전 | 과 | 제

- 다양한 도형을 활용하여 나만의 픽토그램을 모델링해 봅시다.

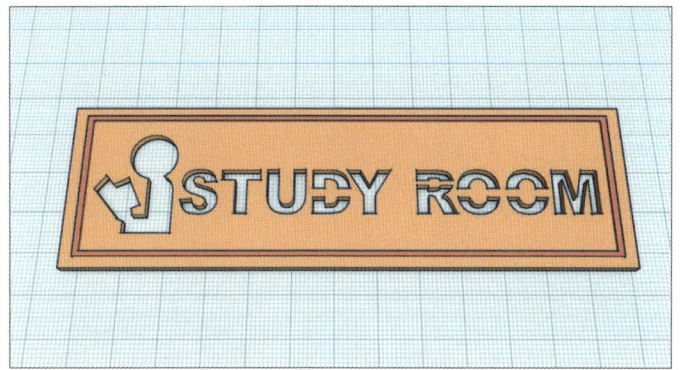

SECTION 02 비누 받침대

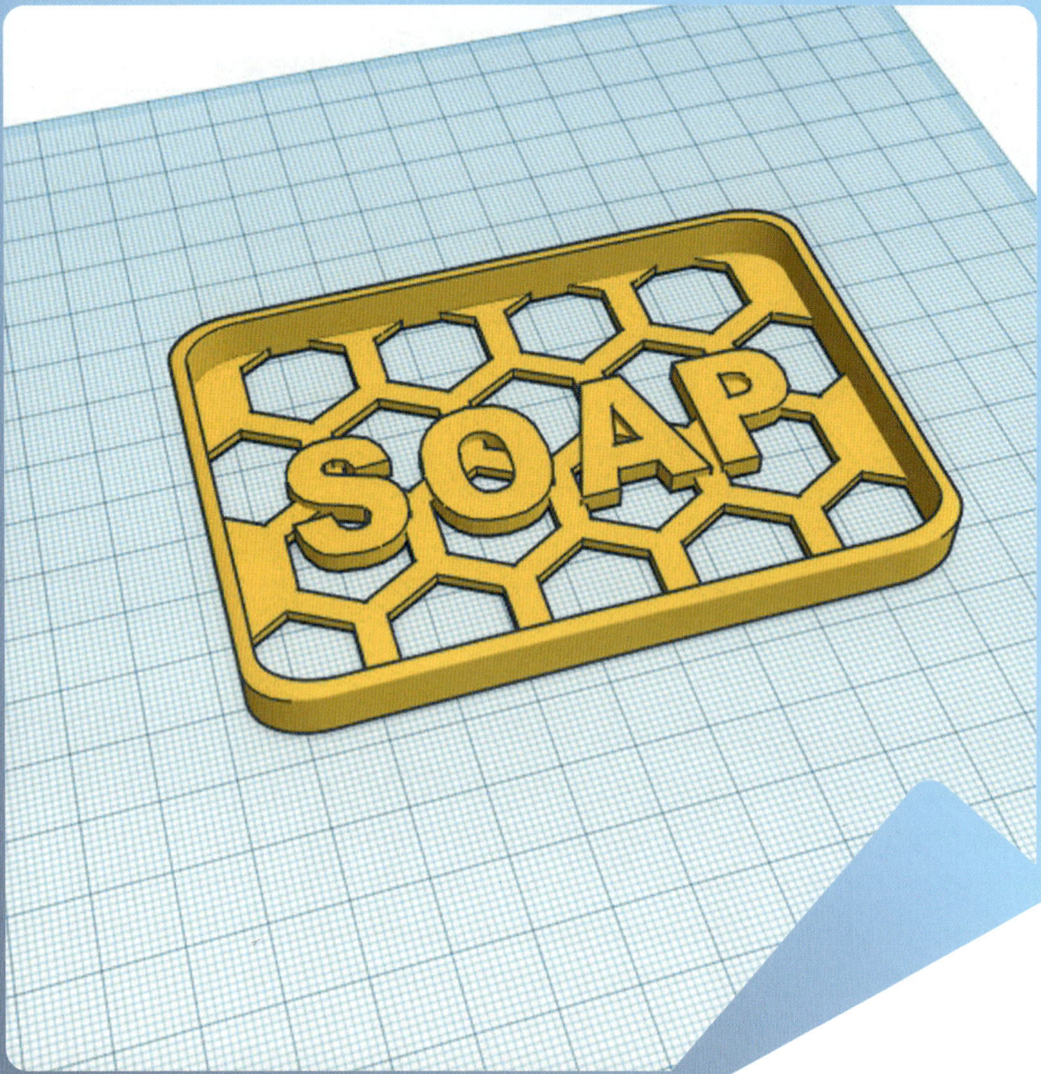

비누 받침대 만들기

복제 기능을 반복적으로 사용하여 비누 받침대를 모델링해 봅시다.
스스로 모델링한 비누 받침대를 실생활에 활용해 봅시다.

TINKERCAD DESIGN For 3D PRINTING

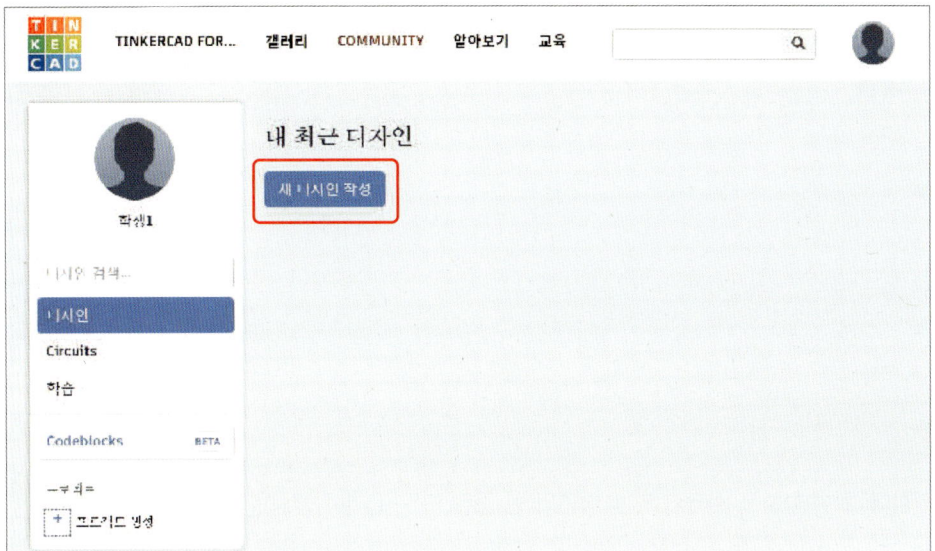

구글크롬 에서 틴커캐드 웹사이트(www.tinkercad.com)에 접속합니다.
로그인 후 대시보드의 새 디자인 작성 을 클릭합니다.

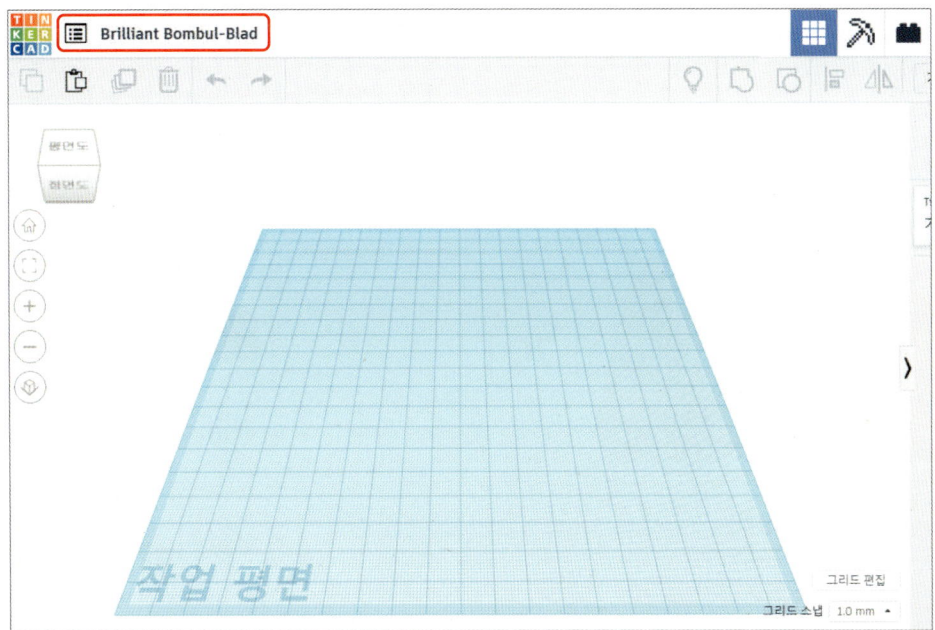

틴커캐드는 저장 버튼이 따로 없으며 웹에서 작업하고 모델링 작업파일 역시 인터넷 저장 공간에 자동으로 저장됩니다. 임의로 주어진 영어이름을 클릭하면 파일명을 수정할 수 있습니다.

TINKERCAD DESIGN For 3D PRINTING

파일명을 "**비누 받침대**"로 수정하고 엔터키 또는 화면의 빈 공간 아무 곳이나 클릭합니다.

 비누 외각 만들기

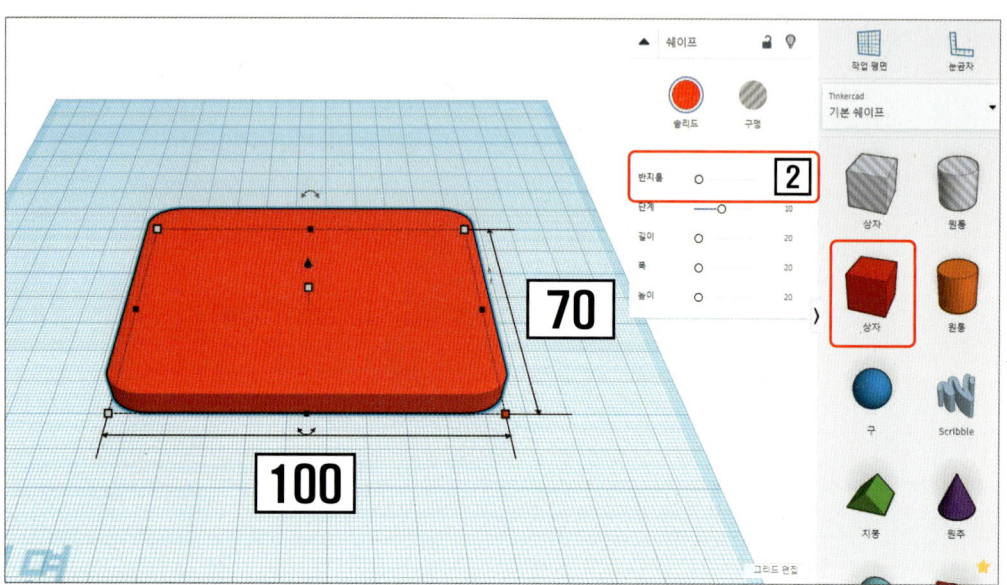

기본 쉐이프에서 상자를 선택하고 작업 평면에 놓은 후 치수를 조절합니다.
예) 가로 100, 세로 70, 높이 8, 반지름 2

TINKERCAD DESIGN For 3D PRINTING _____ SECTION 02

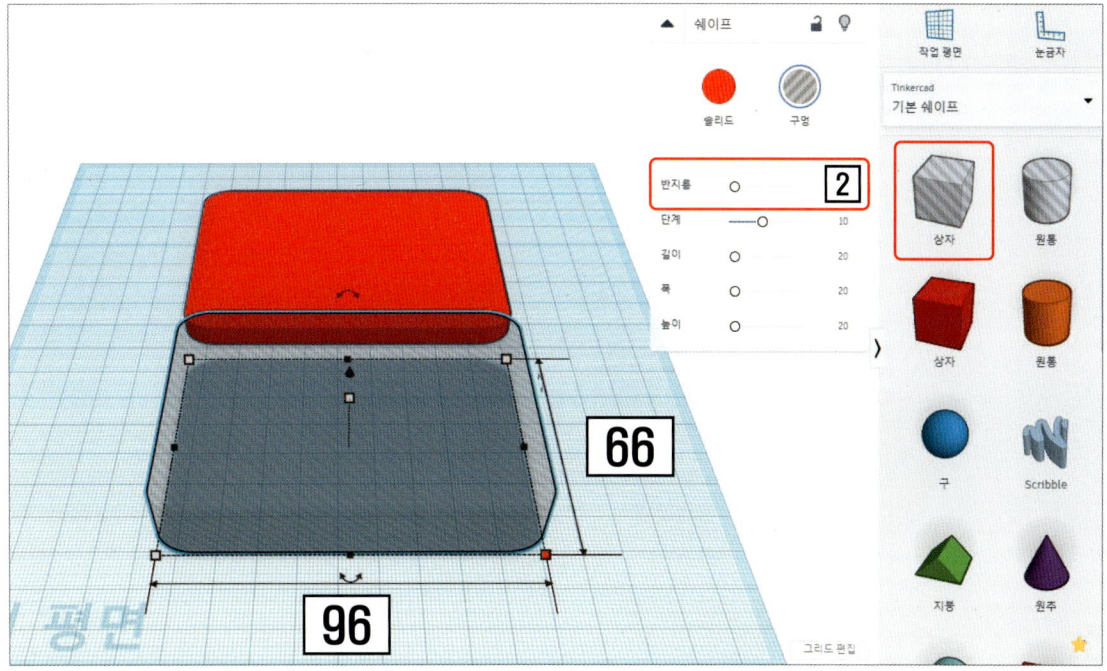

기본 쉐이프에서 구멍 상자를 선택하고 작업 평면에 놓은 후 치수를 조절합니다.
예 가로 96, 세로 66, 높이 20, 반지름 2

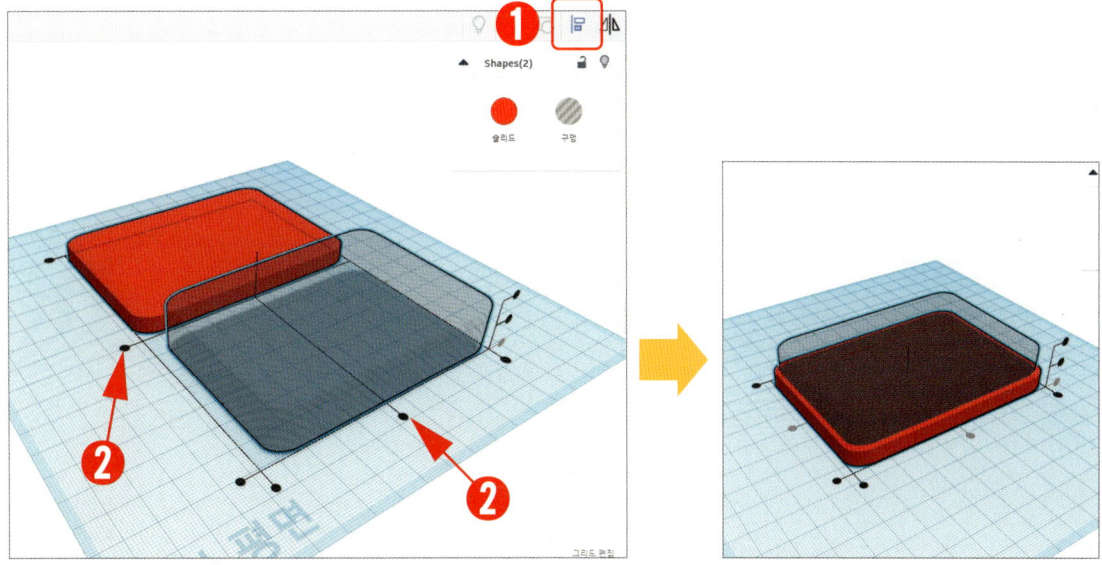

도형을 모두 선택하고 ❶ 정렬 버튼을 클릭한 후 ❷를 클릭하여 가운데 정렬합니다.

TINKERCAD DESIGN For 3D PRINTING

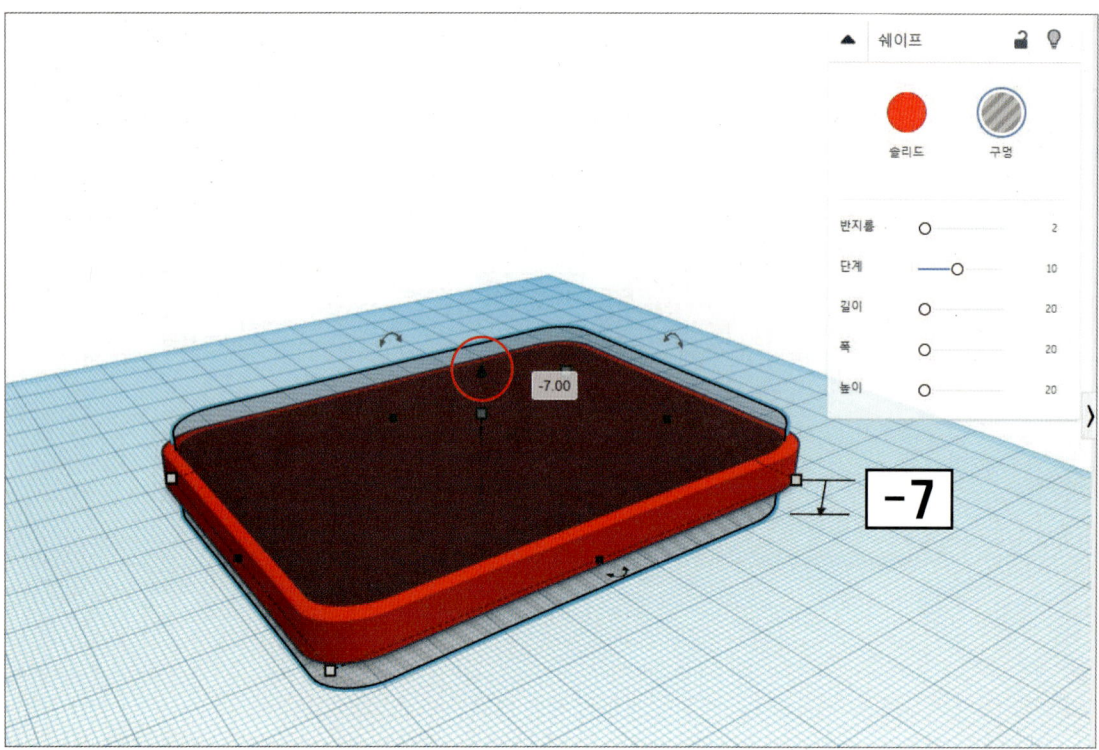

구멍 상자를 아래로 "-7"만큼 내려줍니다.

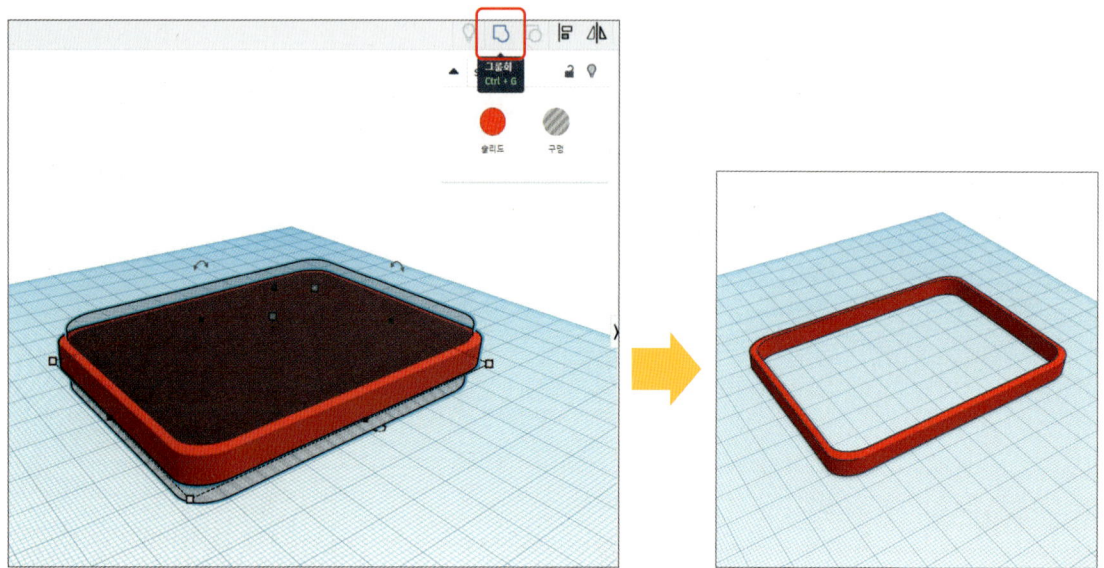

도형을 모두 선택한 후 그룹화합니다.

도형을 선택한 후 키보드의 " D "(Drop)를 눌러 바닥면으로 내립니다.

TINKERCAD DESIGN For 3D PRINTING

 비누 받침대 만들기

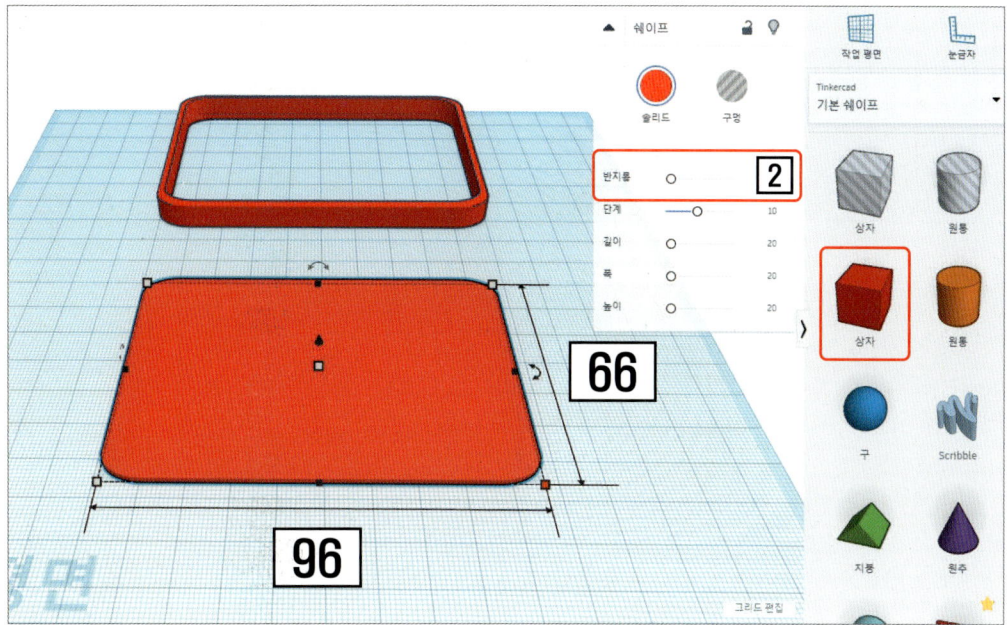

기본 쉐이프에서 상자를 선택하고 작업 평면에 놓은 후 치수를 조절합니다.
예 가로 96, 세로 66, 높이 1.5, 반지름 2

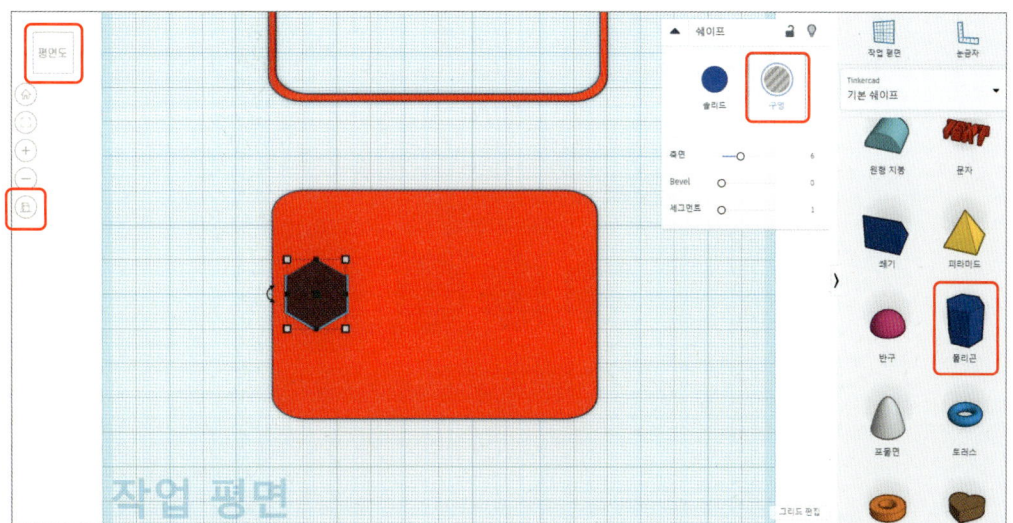

뷰박스를 평면도 · 직교뷰로 선택합니다.
기본 쉐이프에서 폴리곤을 선택하고 비누 받침대 바닥에 놓은 후 구멍 상자로 바꿔줍니다.

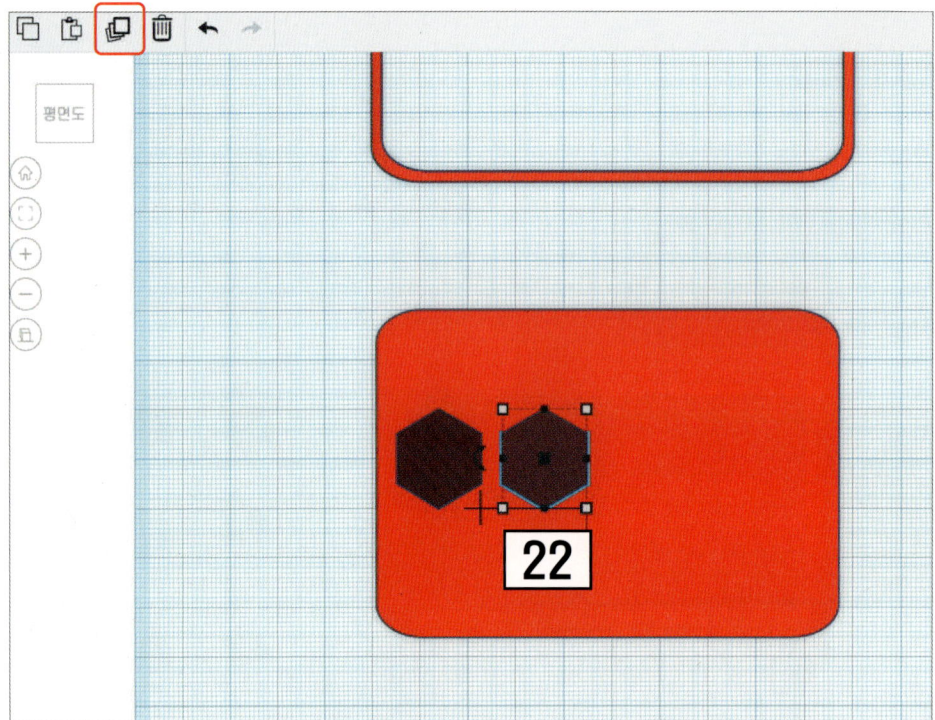

구멍 폴리곤 도형을 복제한 뒤 Shift 키를 누른 채로 옆으로 "22"만큼 이동합니다.

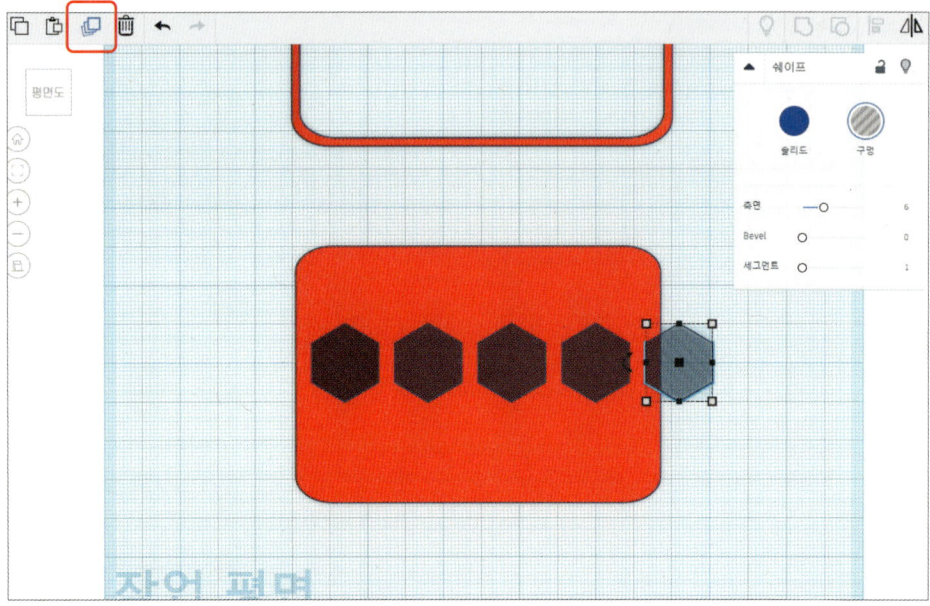

복제 버튼을 세번 더 클릭하여 줍니다.
"22"만큼 옆으로 반복하여 그림과 같이 복제합니다.

TINKERCAD DESIGN For 3D PRINTING

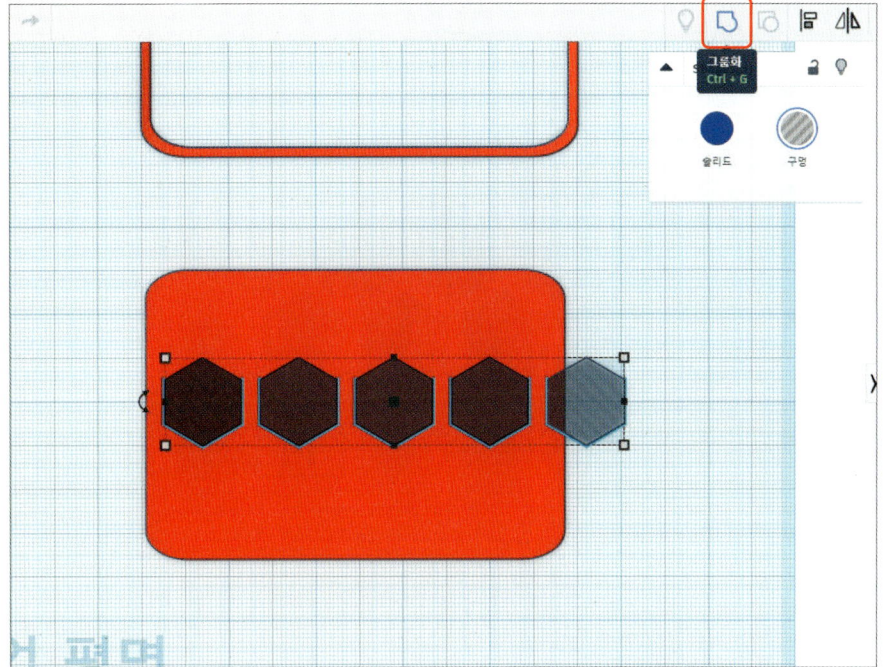

Shift 키를 누른 채로 구멍 폴리곤 도형을 모두 클릭하여 그룹화합니다.

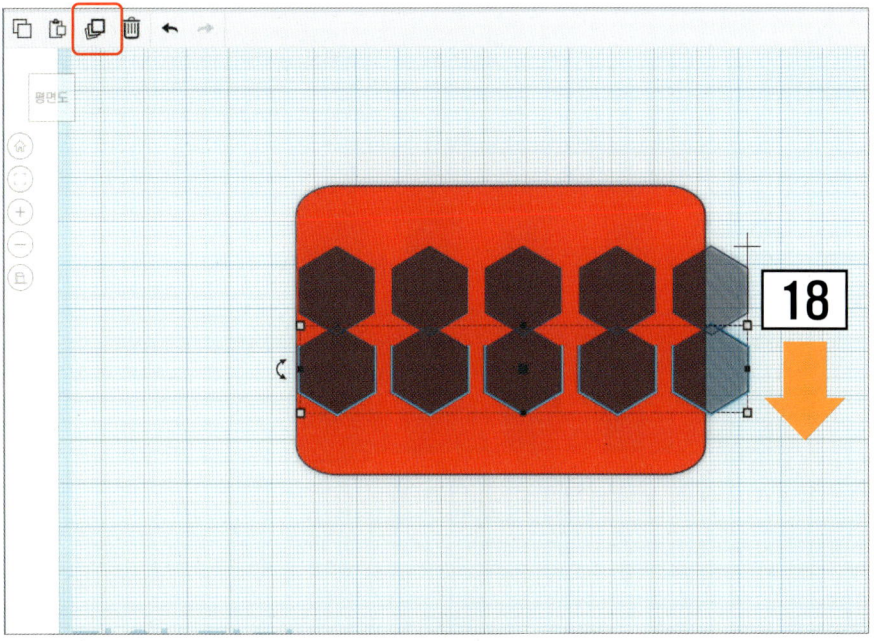

그룹화된 구멍 폴리곤 도형을 복제한 뒤 Shift 키를 누른 채로 아래로 "18"만큼 이동합니다.

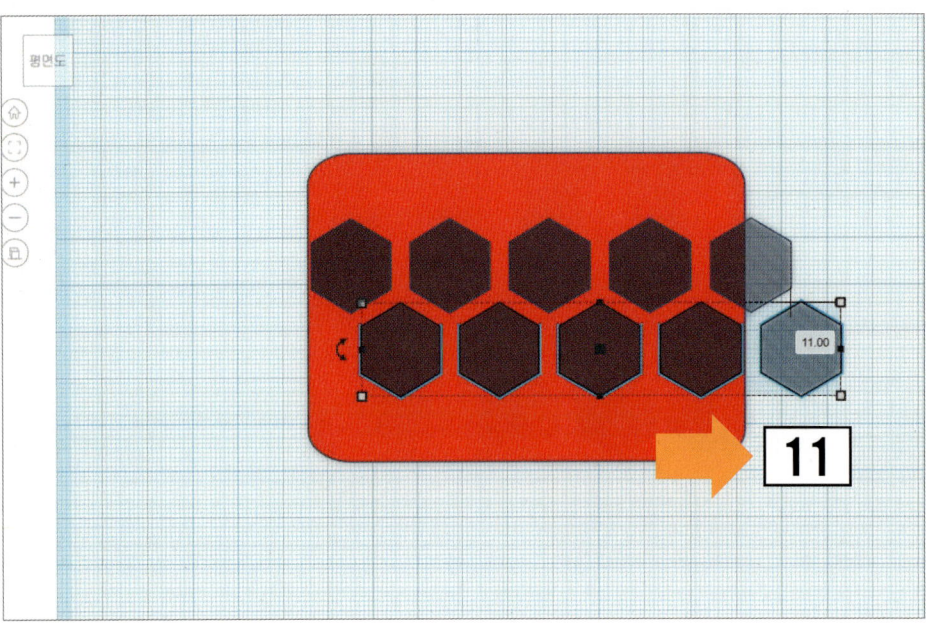

Shift 키를 누른 채로 도형을 옆으로 "11"만큼 이동합니다.

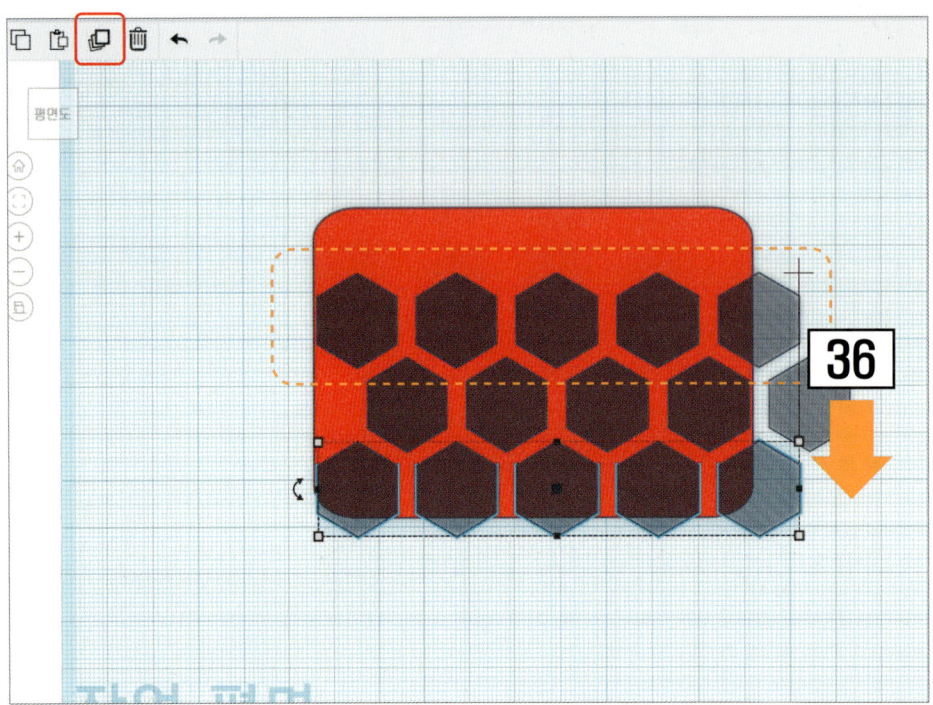

첫번째 그룹화된 구멍 폴리곤 도형을 복제한 뒤 Shift 키를 누른 채로 아래로 "36"만큼 이동합니다.

TINKERCAD DESIGN For 3D PRINTING

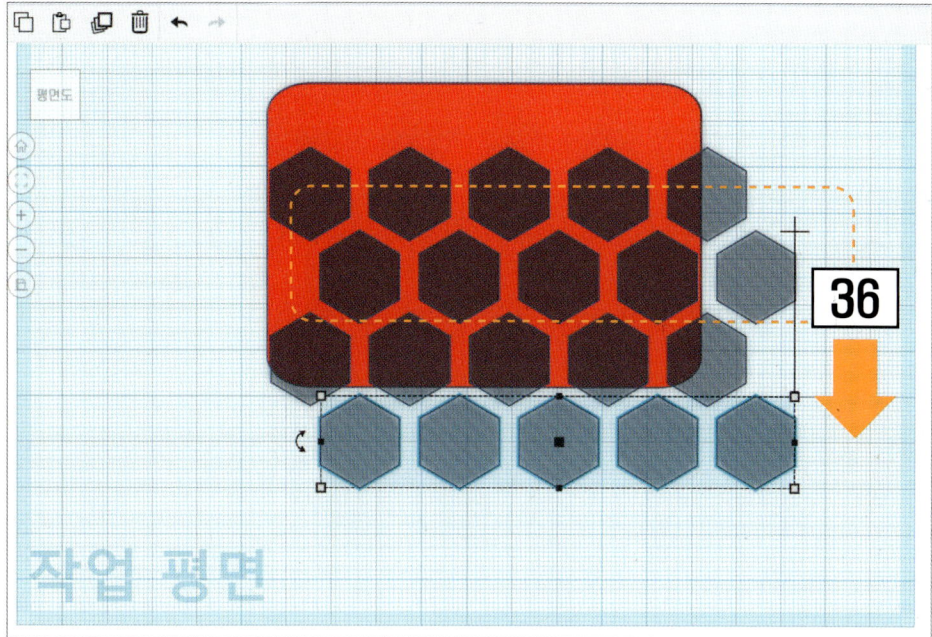

두번째 그룹화된 구멍 폴리곤 도형을 복제한 뒤 Shift 키를 누른 채로 아래로 "36"만큼 이동합니다.

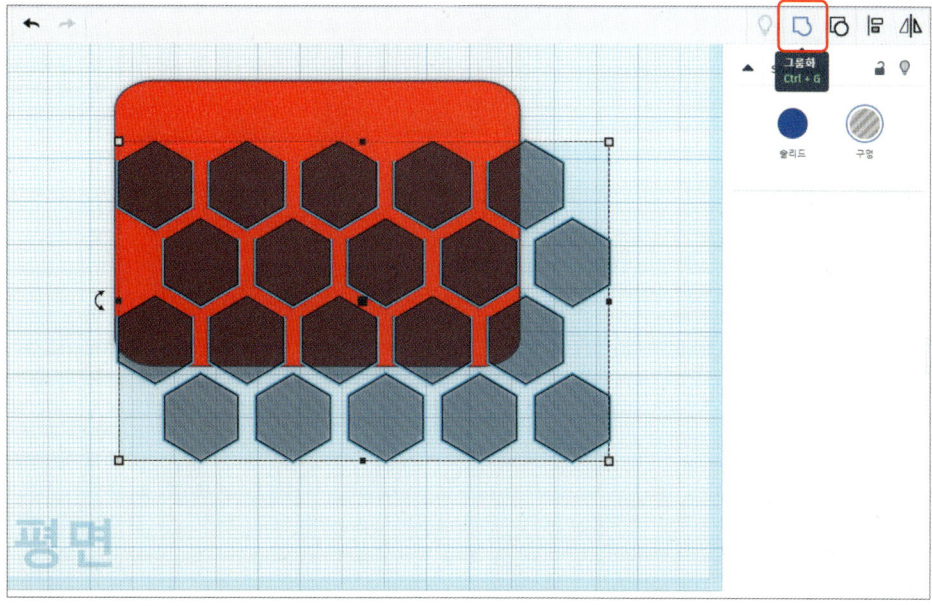

Shift 키를 누른 채로 구멍 폴리곤 도형을 모두 클릭하여 그룹화합니다.

TINKERCAD DESIGN For 3D PRINTING   SECTION 02

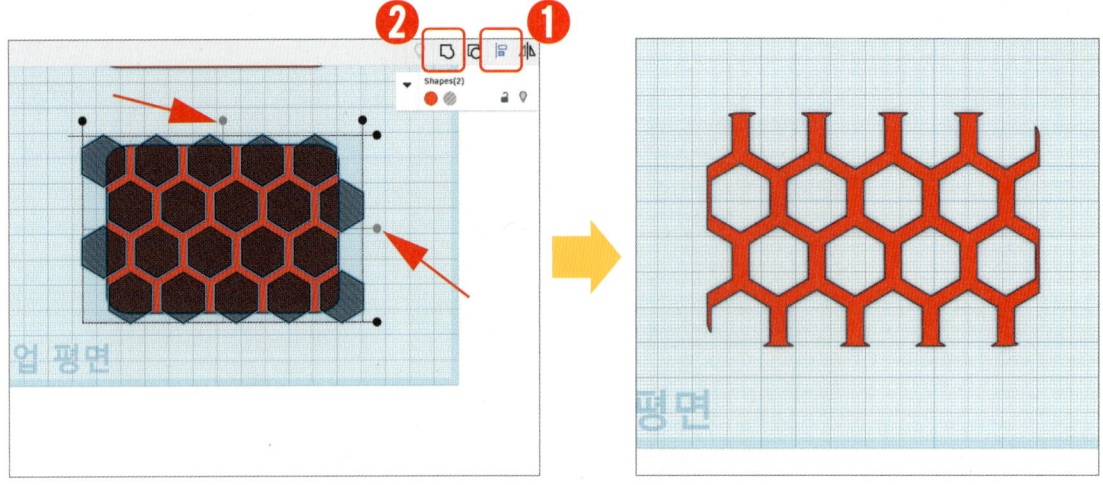

두 도형을 선택하고 ❶ 가운데 정렬 후 ❷ 그룹화합니다.

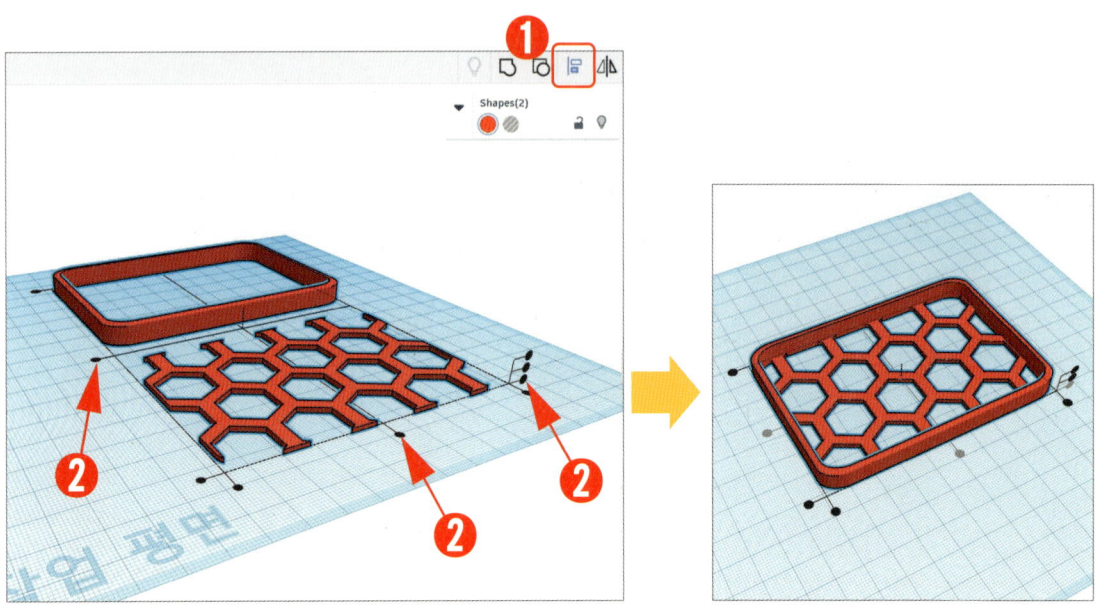

비누외각과 받침대 도형을 모두 선택하고 ❶ 정렬 버튼을 클릭한 후 ❷ 정렬합니다.

비누 받침대 기본모양 완성!

TINKERCAD DESIGN For 3D PRINTING　　　　　　　　　　　　　　　　SECTION 02

 비누 받침대 꾸미기

04

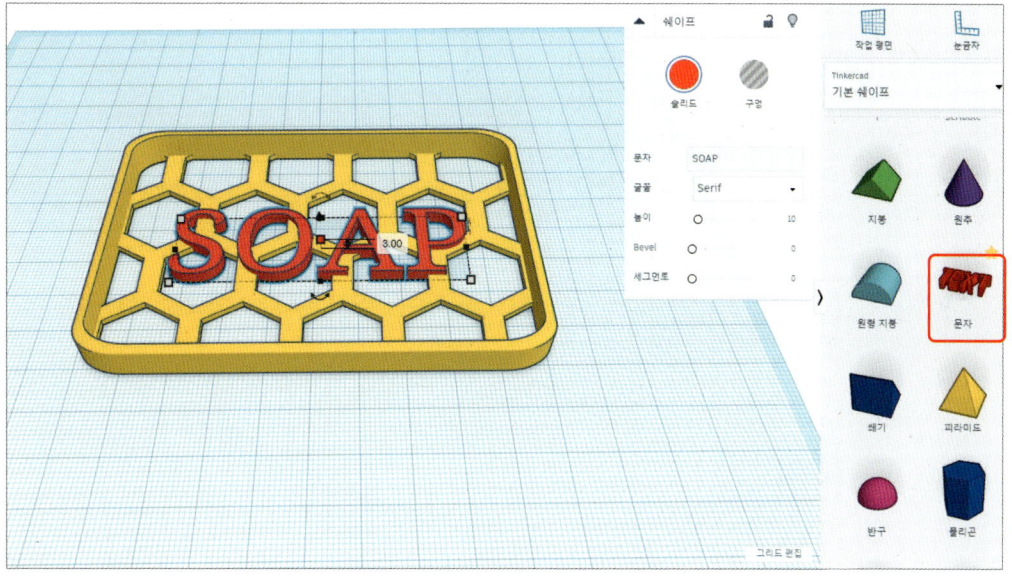

문자를 선택하여 받침대를 꾸며봅시다.
예 문자 높이 3

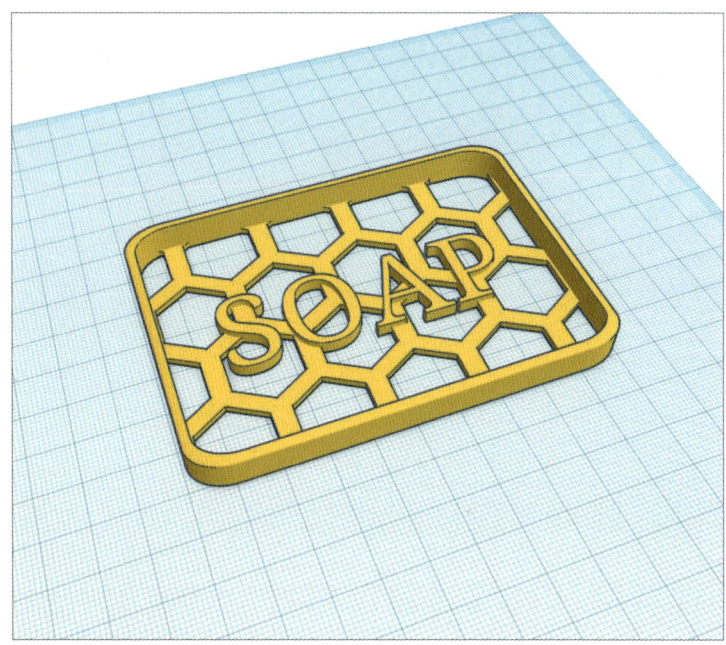

비누 받침대 완성!

39　　　　　　　　　　　　　　　　　　　　　　　　　　　SECTION 02_ 비누 받침대

TINKERCAD DESIGN For 3D PRINTING

도|전|과|제

- 다양한 디자인의 비누 받침대를 모델링해 봅시다.

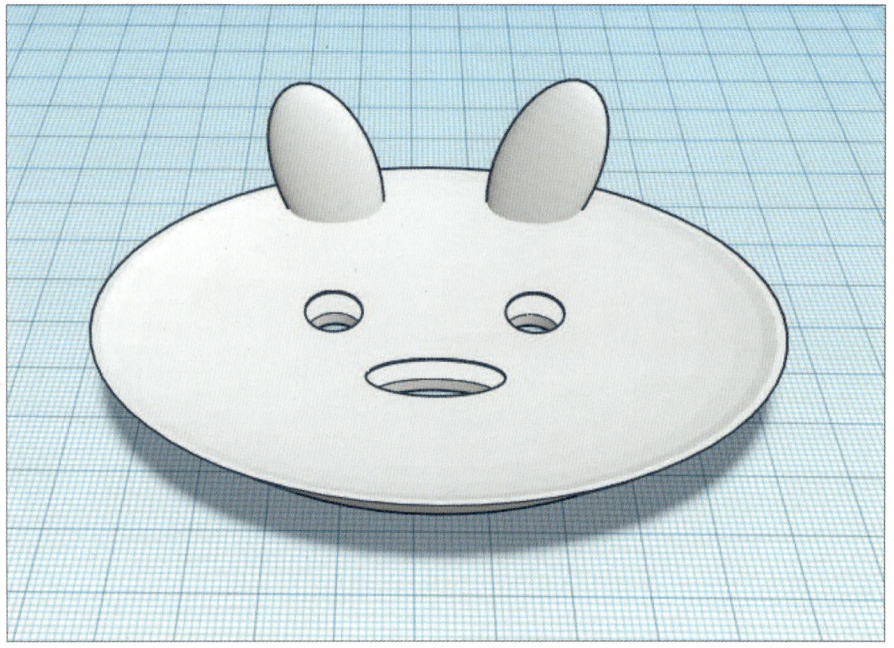

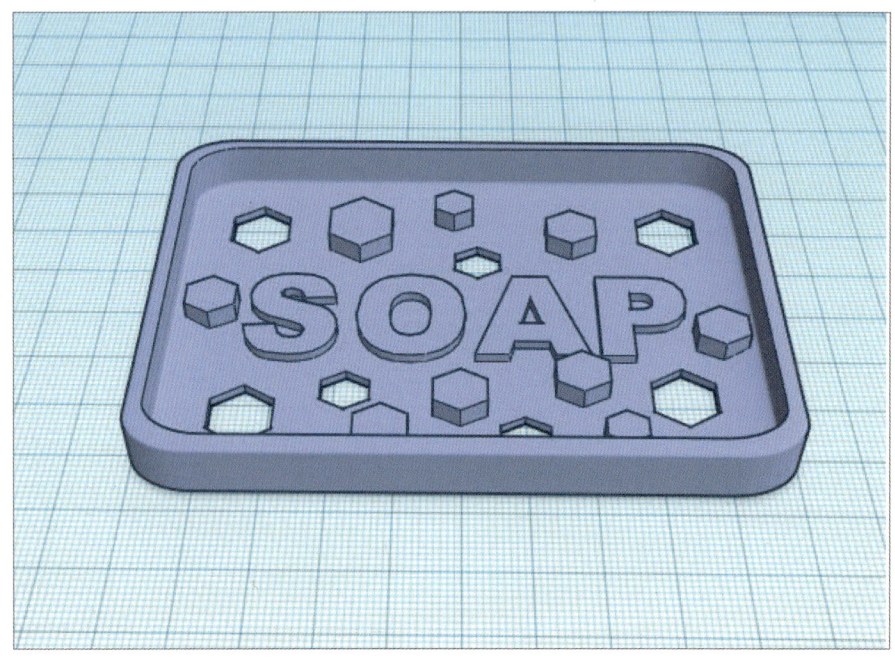

SECTION 03 핸드 헬리콥터

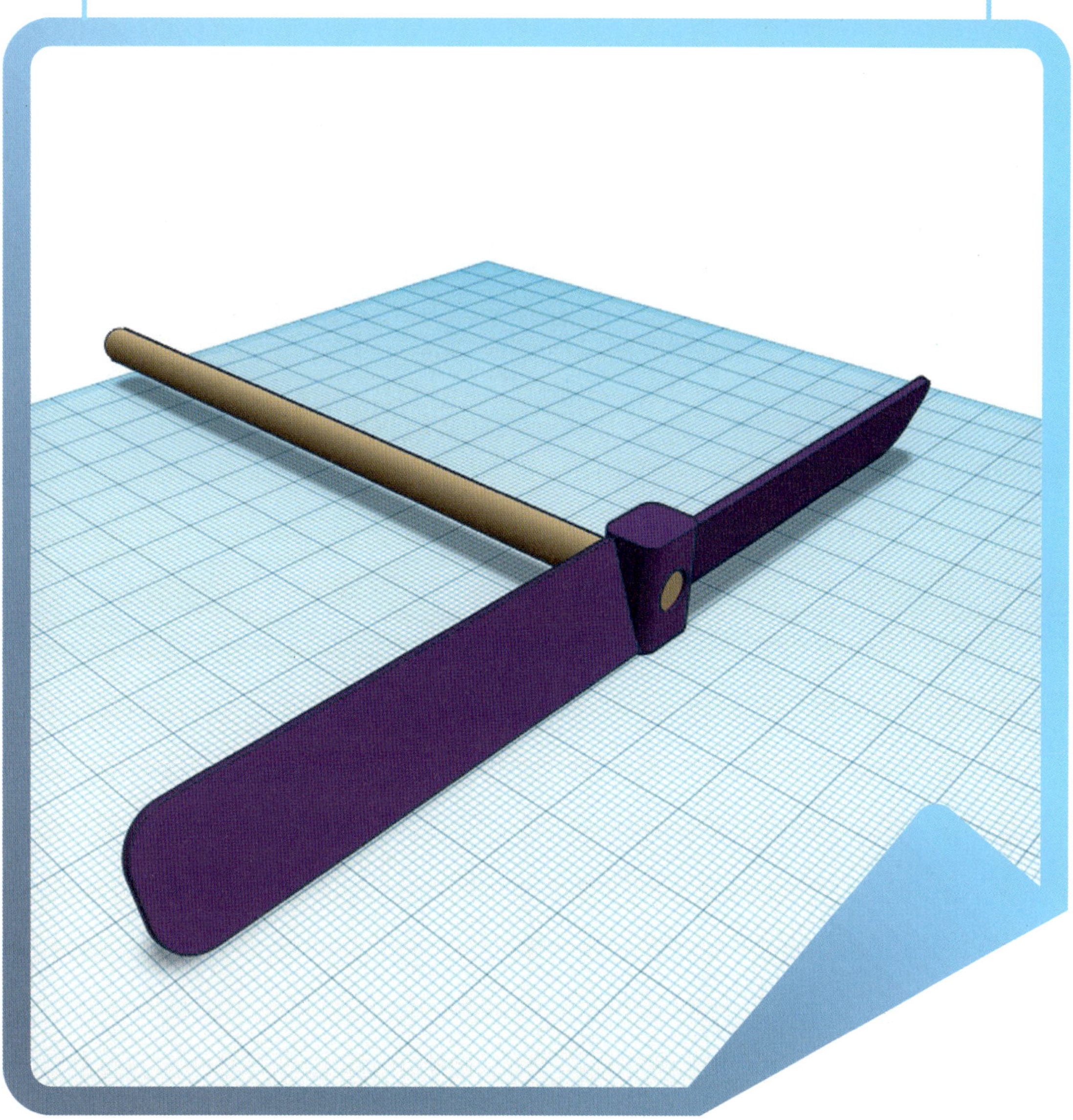

핸드 헬리콥터 만들기

회전 기능을 활용하여 핸드 헬리콥터를 모델링해 봅시다.
손으로 양력을 만들어 핸드 헬리콥터를 날려봅시다.

TINKERCAD DESIGN For 3D PRINTING

SECTION 03

01

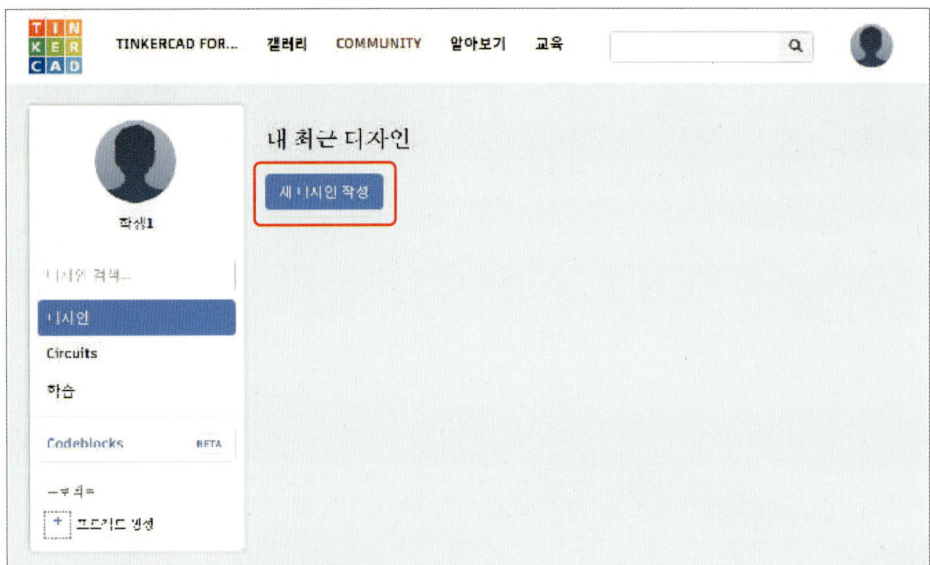

구글크롬 에서 틴커캐드 웹사이트(www.tinkercad.com)에 접속합니다.
로그인 후 대시보드의 새 디자인 작성 을 클릭합니다.

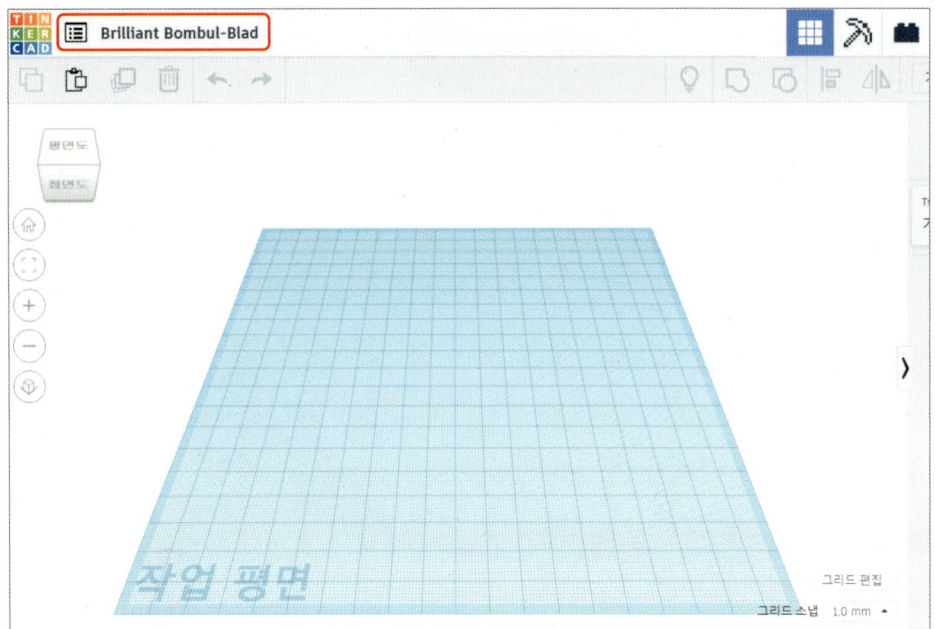

틴커캐드는 저장 버튼이 따로 없으며 웹에서 작업하고 모델링 작업파일 역시 인터넷 저장 공간에 자동으로 저장됩니다. 임의로 주어진 영어이름을 클릭하면 파일명을 수정할 수 있습니다.

TINKERCAD DESIGN For 3D PRINTING SECTION 03

파일명을 "**핸드 헬리콥터**"로 수정하고 엔터키 또는 화면의 빈 공간 아무 곳이나 클릭합니다.

 모깎기 구멍 도형 만들기

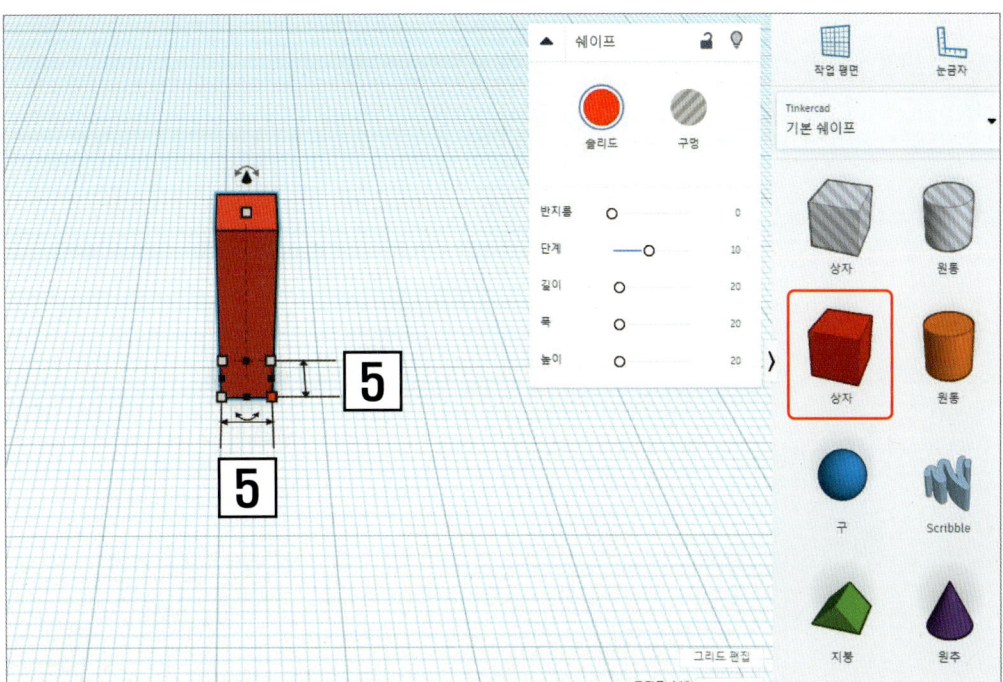

기본 쉐이프에서 상자를 선택하고 작업 평면에 놓은 후 치수를 조절합니다.
예 가로 5, 세로 5, 높이 20

43　　　　　　　　　　　　　　　　　　　　　　　　　SECTION 03_ 핸드 헬리콥터

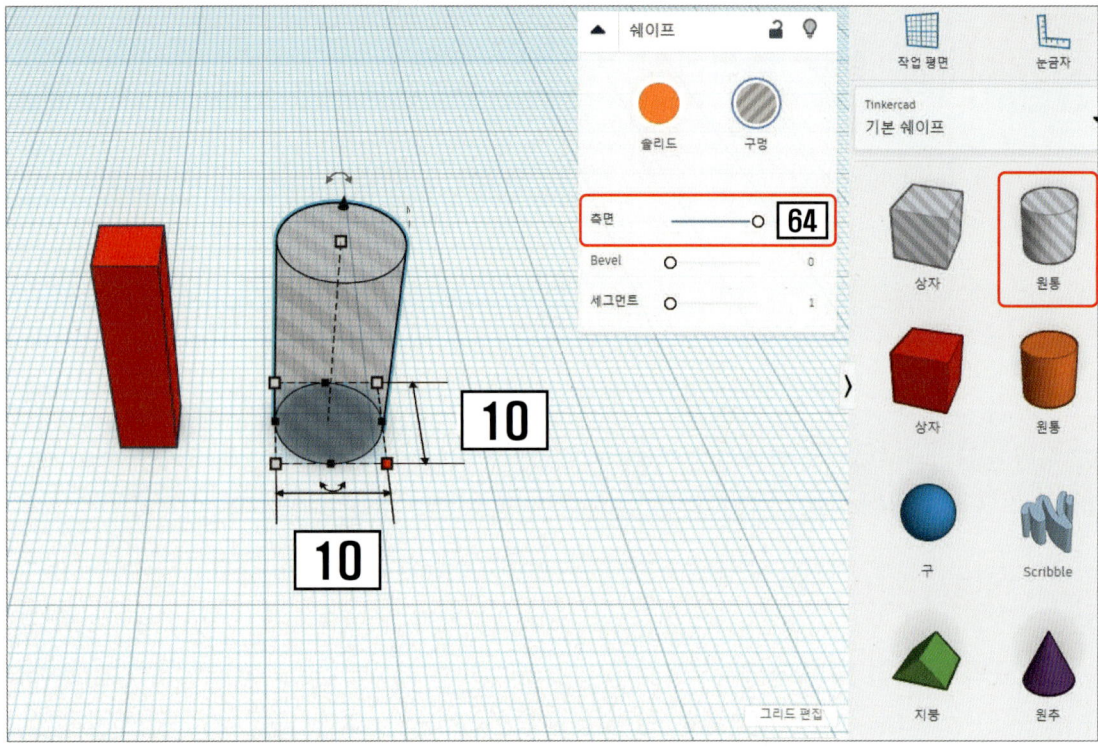

기본 쉐이프에서 구멍 원통을 선택하고 작업 평면에 놓은 후 치수를 조절합니다.

예 가로 10, 세로 10, 높이 20, 측면 64
 (모서리를 둥글게 만들기 위해 쉐이프에서 측면의 수치를 64로 조절합니다.)

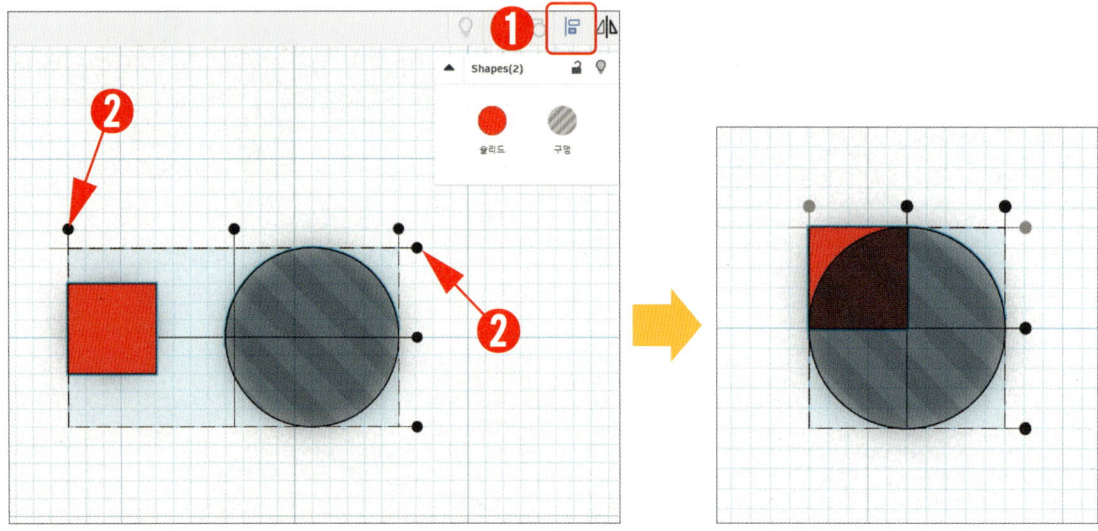

두 도형을 선택하고 ❶ 정렬 버튼을 클릭한 후 ❷ 를 클릭하여 정렬합니다.

TINKERCAD DESIGN For 3D PRINTING

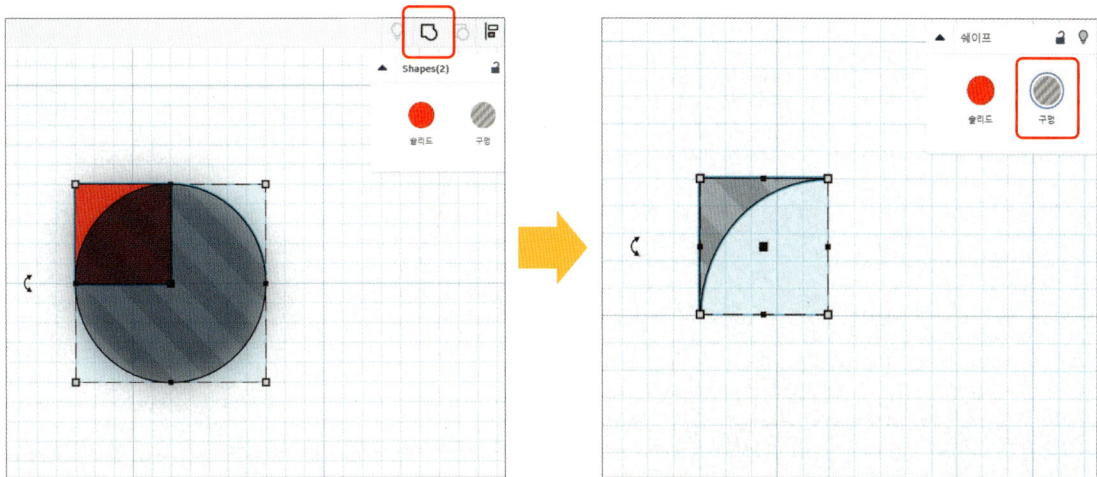

상자와 구멍 원통을 그룹화합니다.   구멍 도형으로 바꿔줍니다.

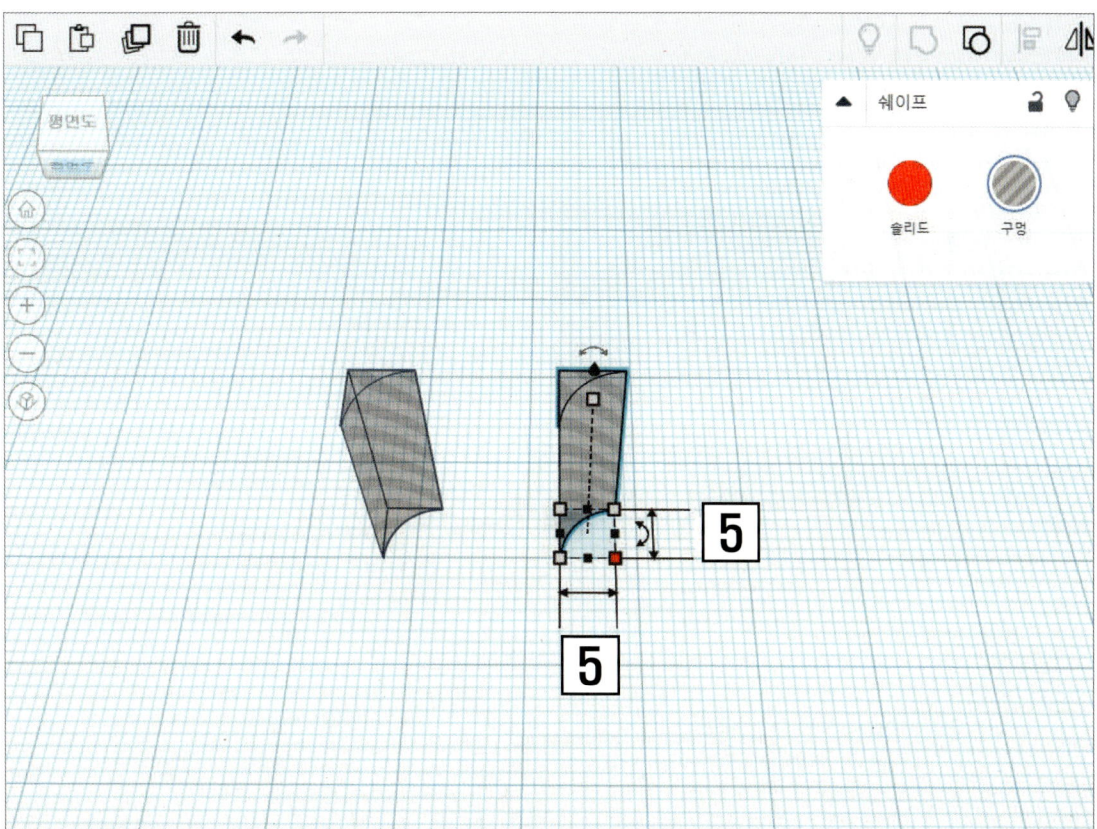

모깎기 구멍 도형을 하나 더 복제한 후 치수를 조절합니다.
예 가로 5, 세로 5, 높이 20

날개부 만들기

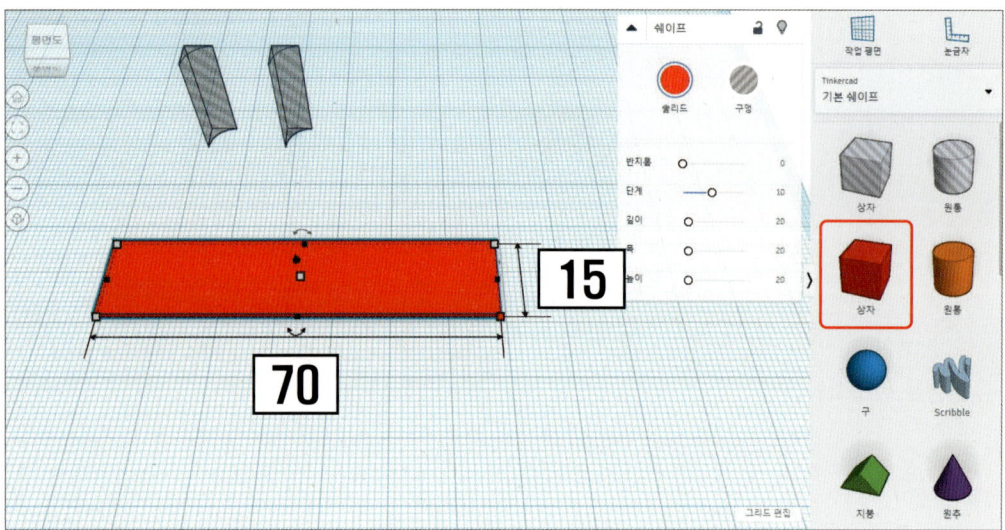

기본 쉐이프에서 상자를 선택하고 작업 평면에 놓은 후 치수를 조절합니다.
예 가로 70, 세로 15, 높이 1

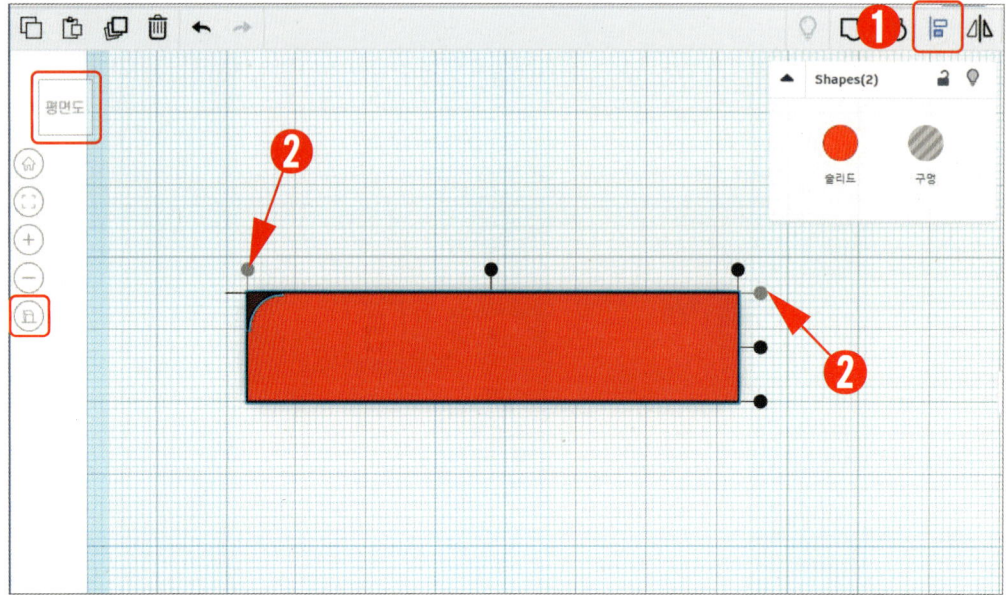

뷰박스를 평면도 · 직교뷰로 선택합니다.
모깍기 구멍 도형(가로 5, 세로 5 도형)과 날개부 상자를 선택하고 ❶ 정렬 버튼을 클릭한 후 ❷ 를 클릭하여 정렬합니다.

TINKERCAD DESIGN For 3D PRINTING _____ SECTION 03

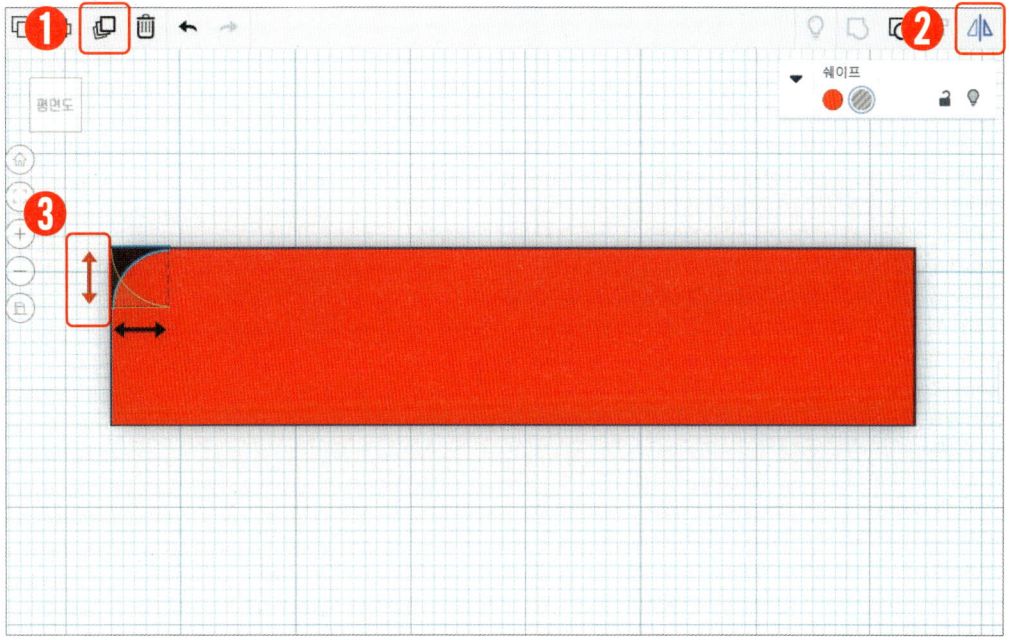

모깎기 구멍 도형을 ❶ 복제한 후 ❷ 대칭 버튼으로 ❸ 상하 대칭합니다.

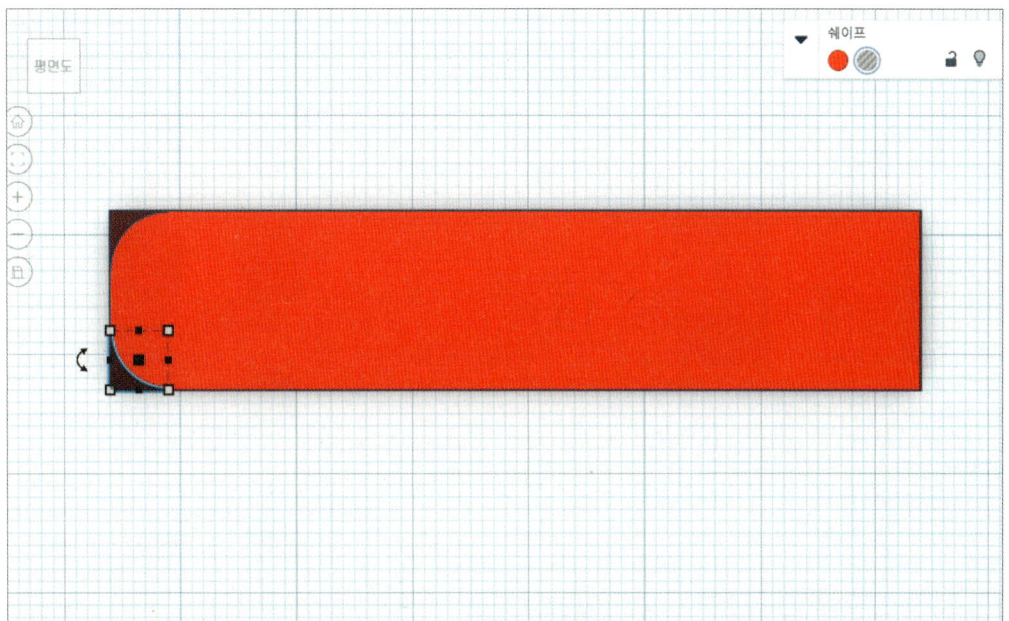

복제된 도형을 마우스로 움직이거나 키보드 방향키 로 그림과 같이 배치합니다.

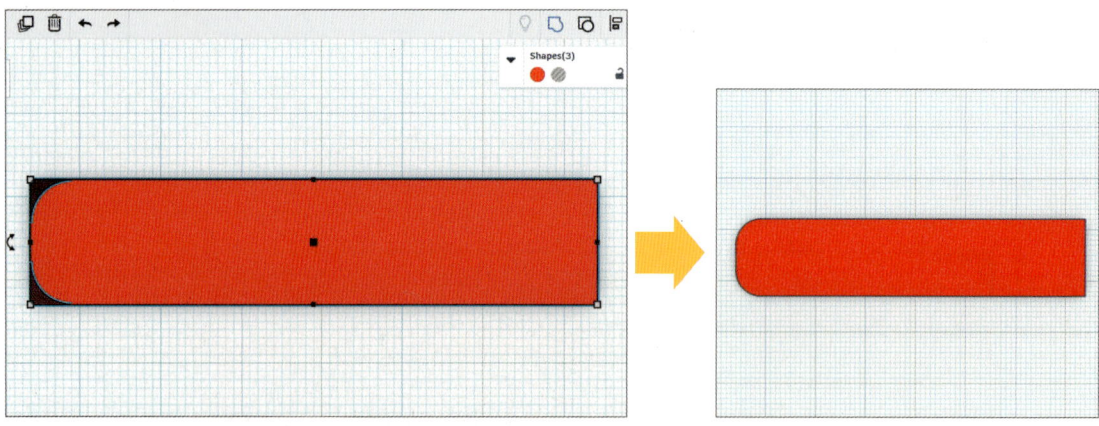

도형을 모두 선택한 후 그룹화합니다.

중심부 만들기

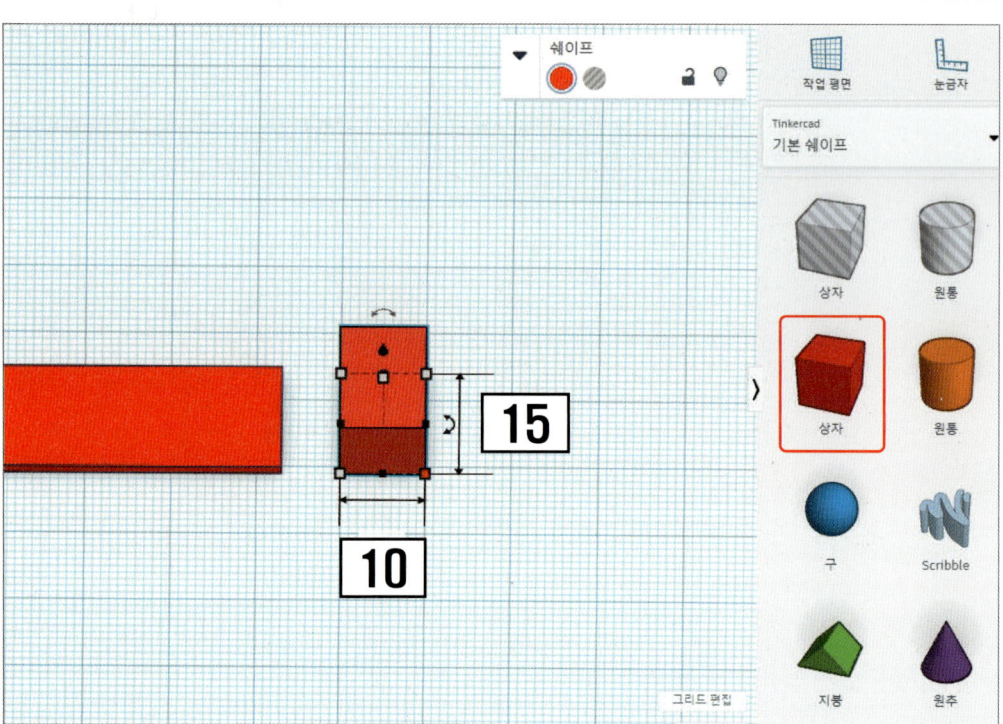

기본 쉐이프에서 상자를 선택하고 작업 평면에 놓은 후 치수를 조절합니다.
예 가로 10, 세로 15, 높이 8

TINKERCAD DESIGN For 3D PRINTING — SECTION 03

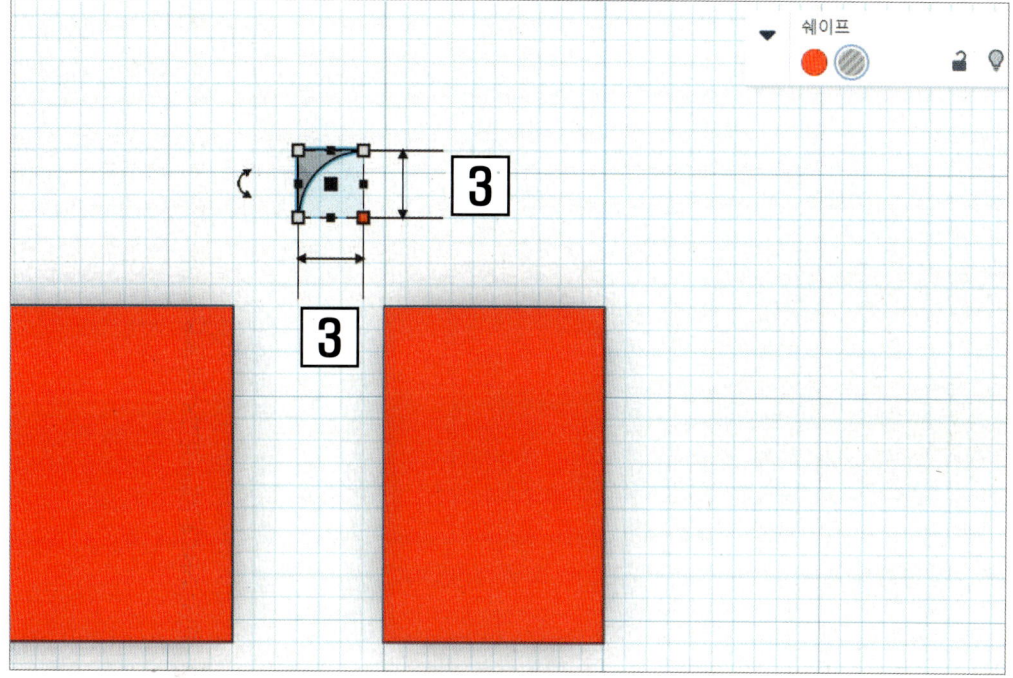

처음 만든 모깎기 구멍 도형 치수를 조절합니다.
예 가로 3, 세로 3, 높이 20

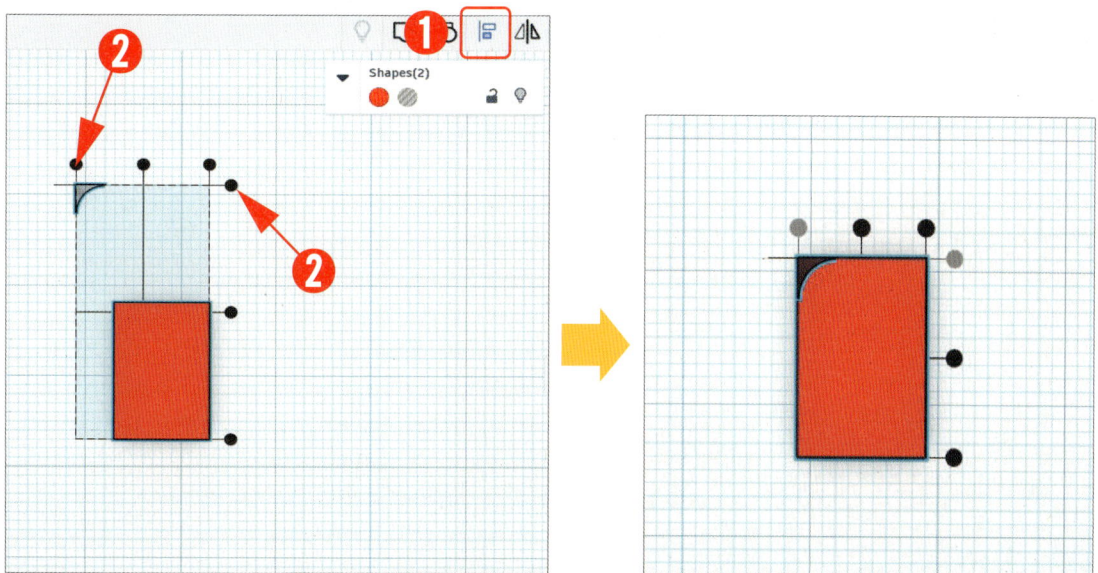

모깎기 구멍 도형(가로 3, 세로 3 도형)과 중심부 상자를 선택하고 ❶ 정렬 버튼을 클릭한 후 ❷를 클릭하여 정렬합니다.

TINKERCAD DESIGN For 3D PRINTING   SECTION 03

모깍기 구멍 도형을 ❶ 복제한 후 ❷ 대칭 버튼으로 ❸ 좌우 대칭합니다.

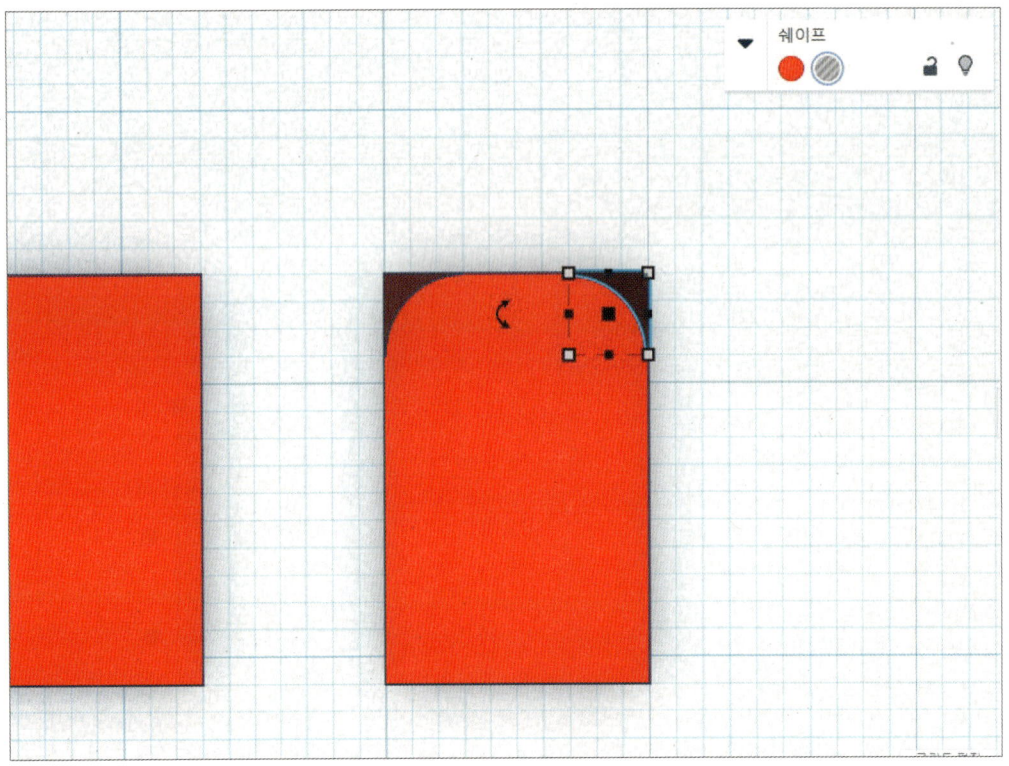

복제된 도형을 마우스로 움직이거나 키보드 방향키 로 그림과 같이 배치합니다.

TINKERCAD DESIGN For 3D PRINTING _____ SECTION 03

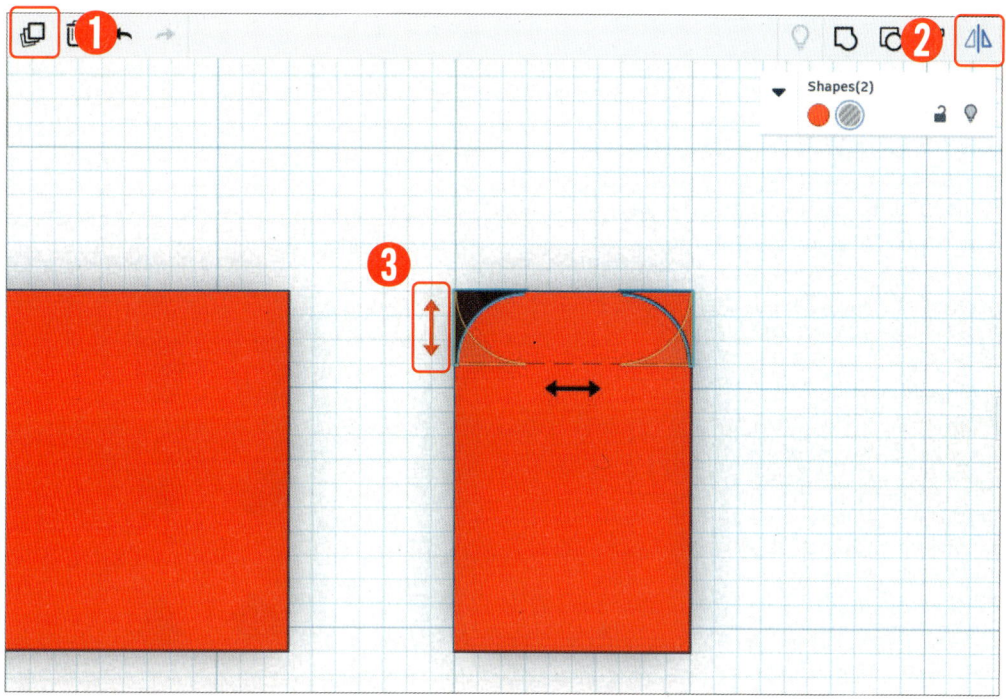

Shift 키를 누른 채 모깎기 구멍 도형을 모두 선택하고 ❶ 복제한 후 ❷ 대칭 버튼으로 ❸ 상하 대칭합니다.

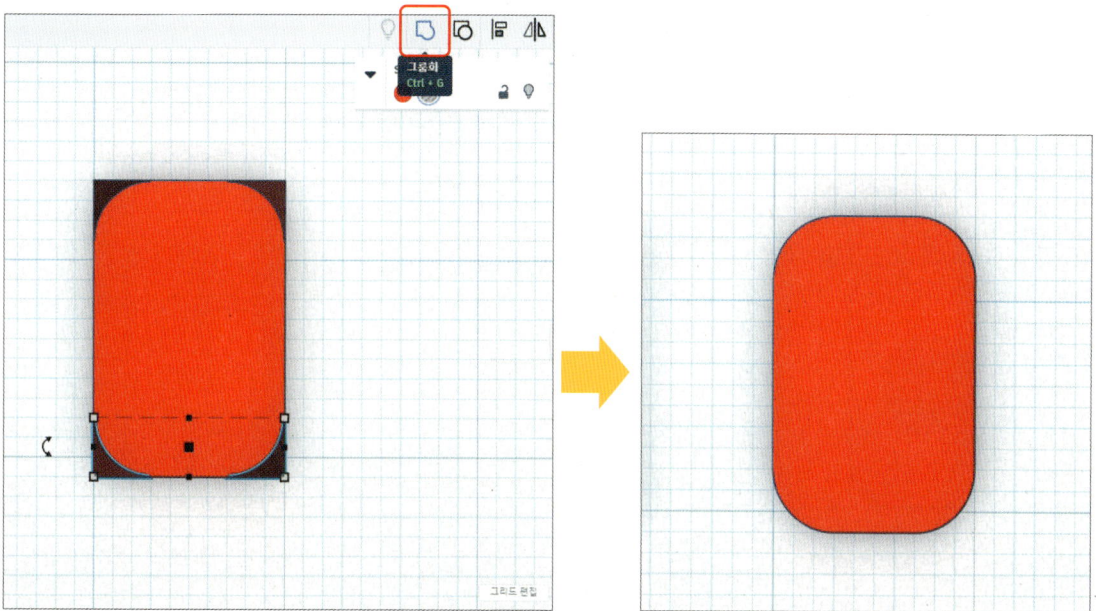

복제하여 대칭된 도형을 그림과 같이 배치하여 모두 선택한 후 그룹화합니다.

SECTION 03

TINKERCAD DESIGN For 3D PRINTING

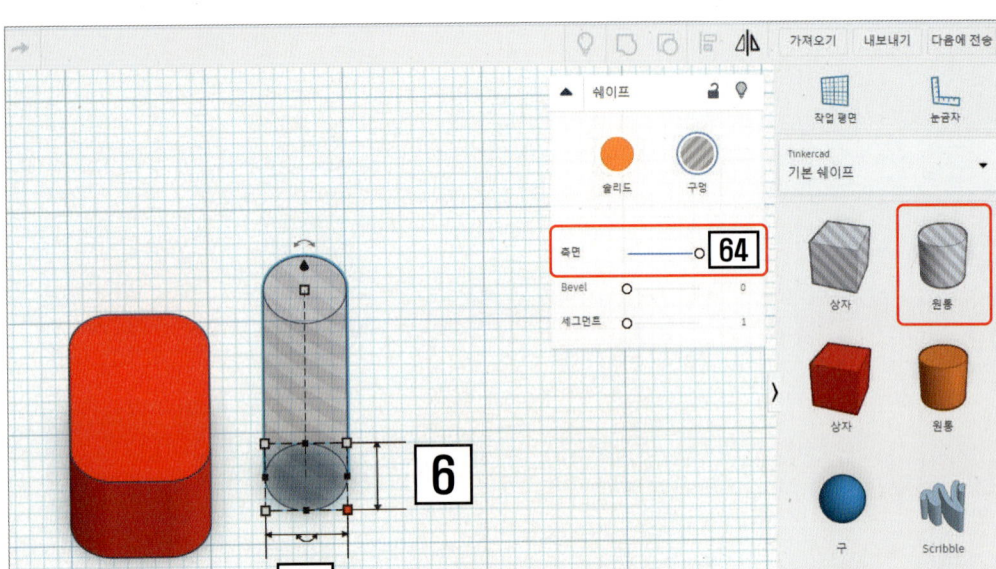

기본 쉐이프에서 구멍 원통을 선택하고 작업 평면에 놓은 후 치수를 조절합니다.

예 가로 6, 세로 6, 높이 20, 측면 64
   (모서리를 둥글게 만들기 위해 쉐이프에서 측면의 수치를 64로 조절합니다.)

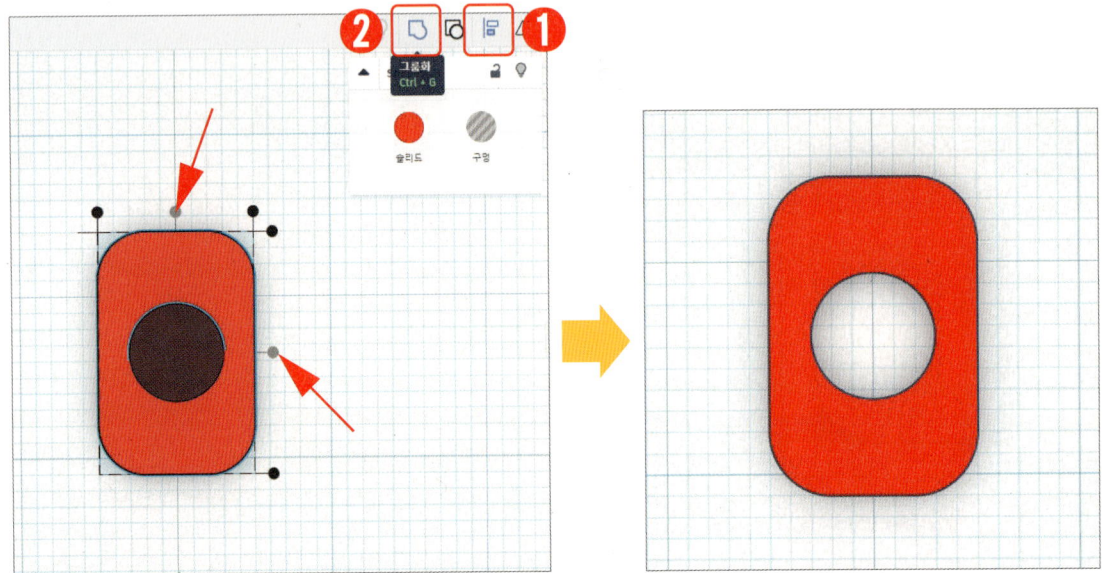

두 도형을 선택하고 ❶ 가운데 정렬 후 ❷ 그룹화합니다.

TINKERCAD DESIGN For 3D PRINTING

핸드 헬리콥터 완성하기

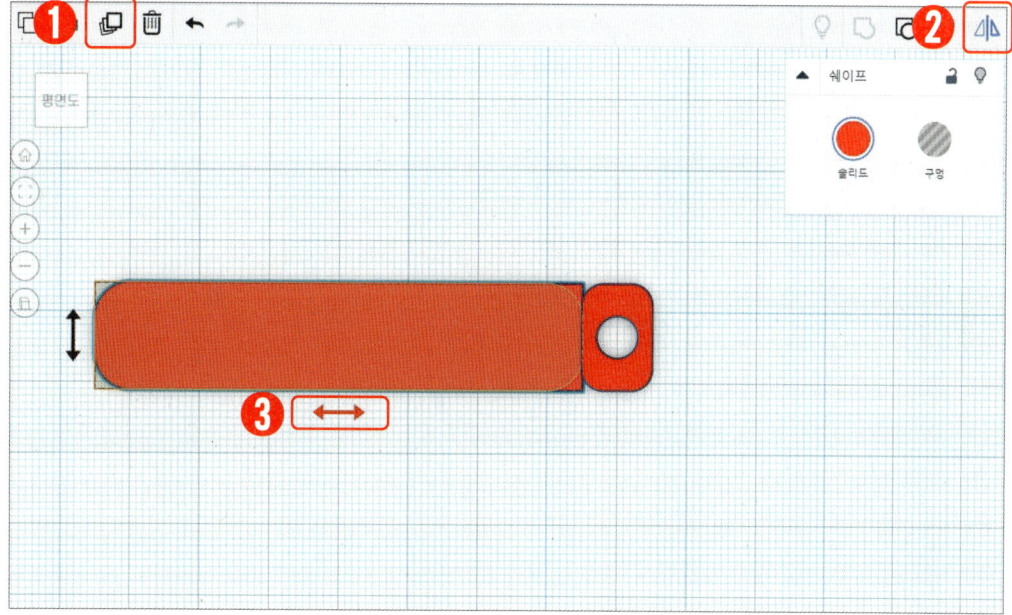

날개부 도형을 ❶ 복제한 후 ❷ 대칭 버튼으로 ❸ 좌우 대칭합니다.

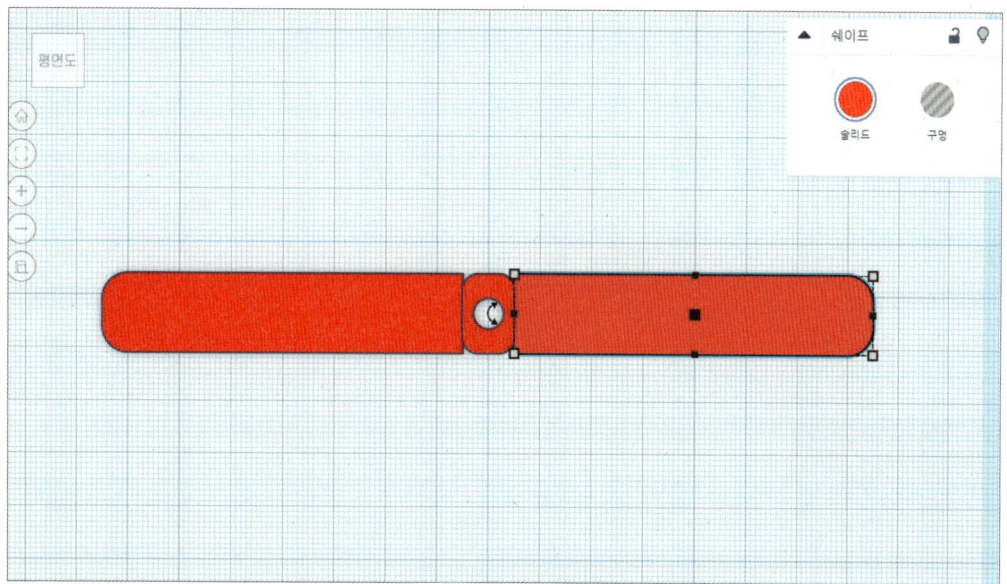

복제된 도형을 마우스로 움직이거나 키보드 방향키 로 그림과 같이 배치합니다.

TINKERCAD DESIGN For 3D PRINTING

SECTION 03

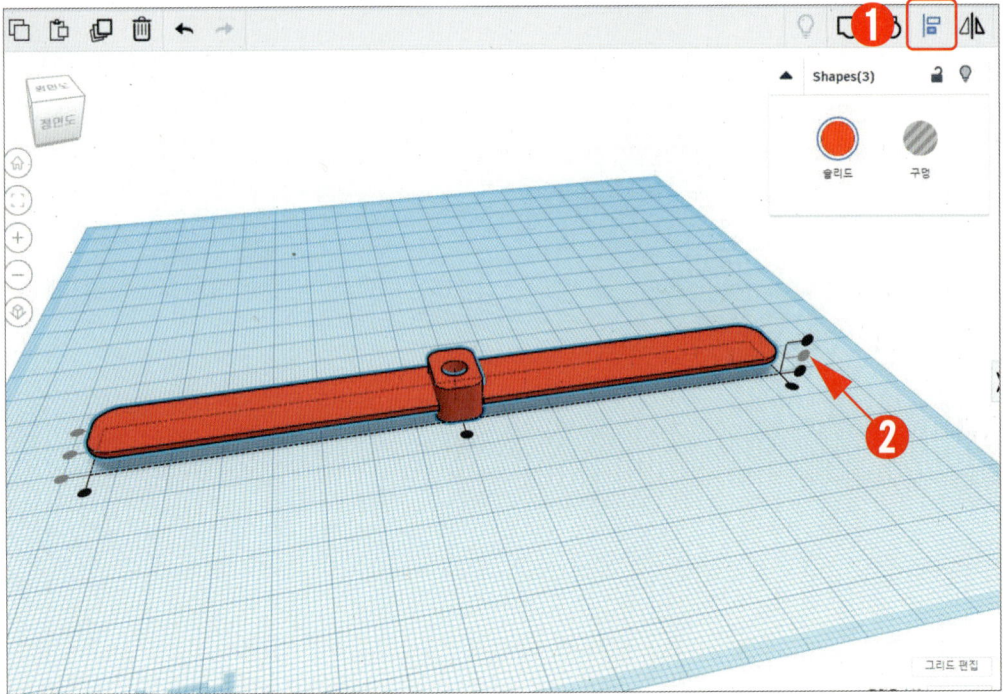

도형을 모두 선택하고 ❶ 정렬 버튼을 클릭한 후 ❷를 클릭하여 정렬합니다.

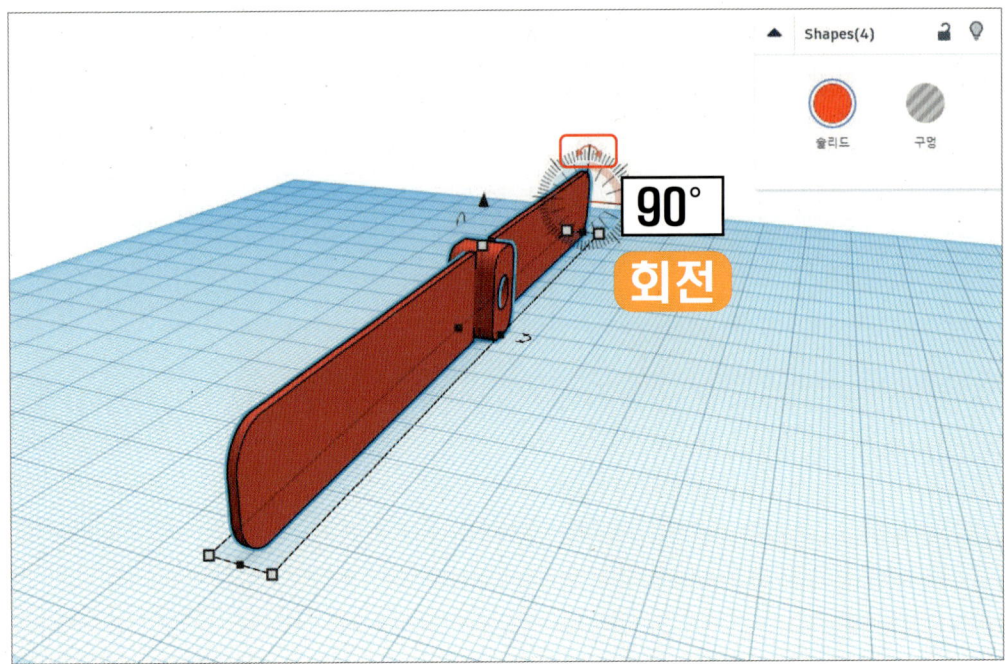

도형을 모두 선택하고 90˚ 회전한 후 키보드의 "D"(Drop)를 눌러 바닥면에 붙여줍니다.

TINKERCAD DESIGN For 3D PRINTING _____ SECTION 03

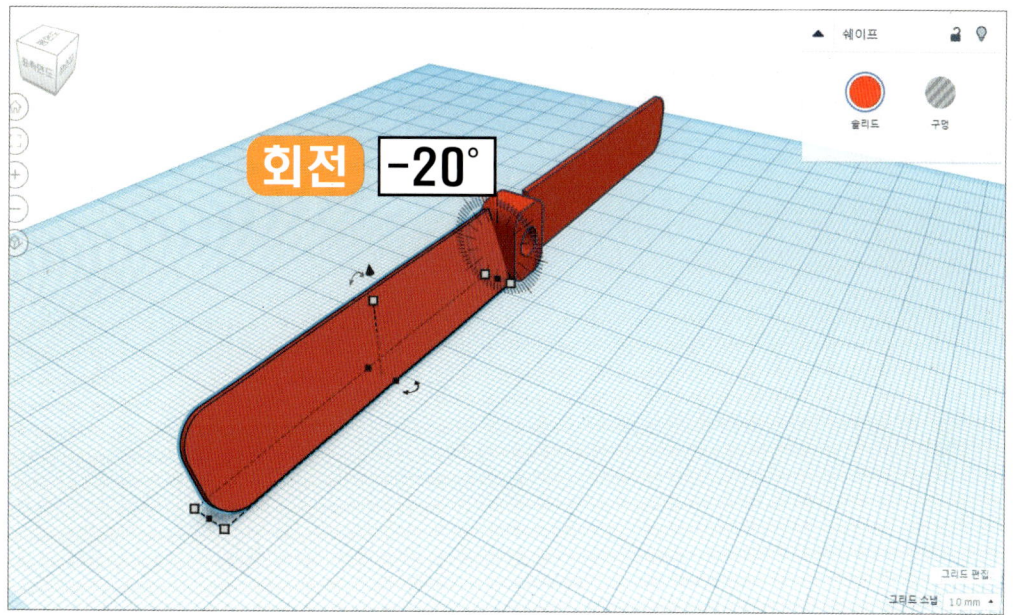

한쪽 날개부를 -20° 회전하여 그림과 같이 기울여 줍니다.

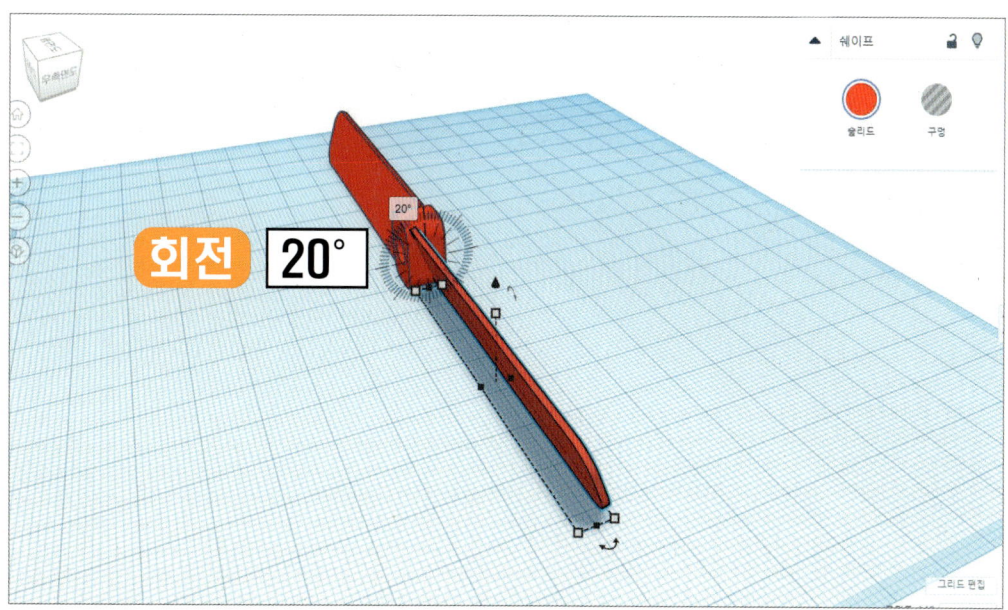

반대쪽 날개부도 20° 회전하여 그림과 같이 기울여 줍니다.

TINKERCAD DESIGN For 3D PRINTING　　　　　SECTION 03

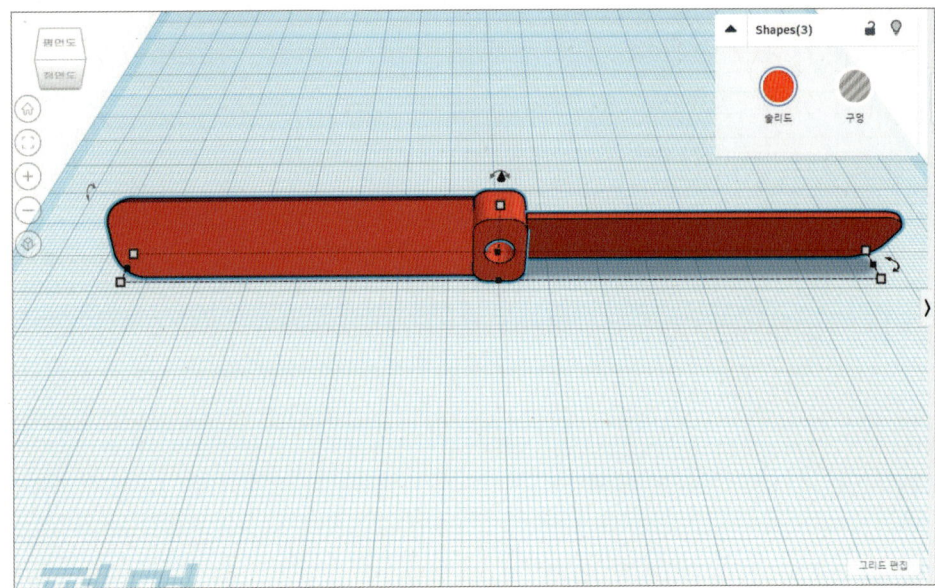

완성! 나무막대를 결합하여 핸드 헬리콥터 날리기를 체험해 봅시다.

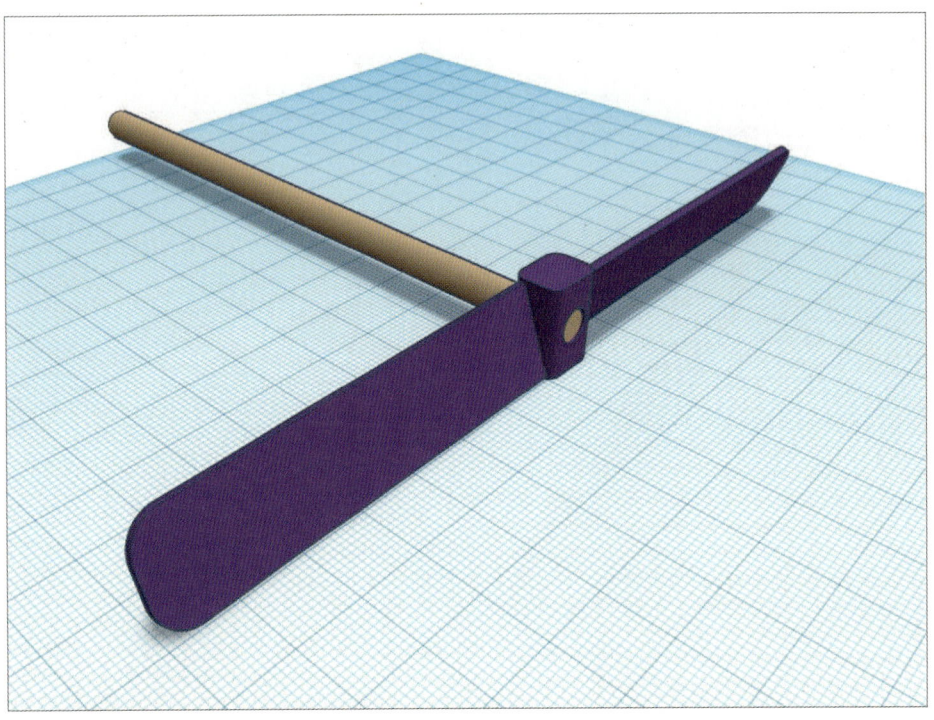

※ 둥근막대 나무스틱(5.5mm)를 구매하여 중심부에 결합하여 체험해 봅시다.

SECTION 04 롤링스틱

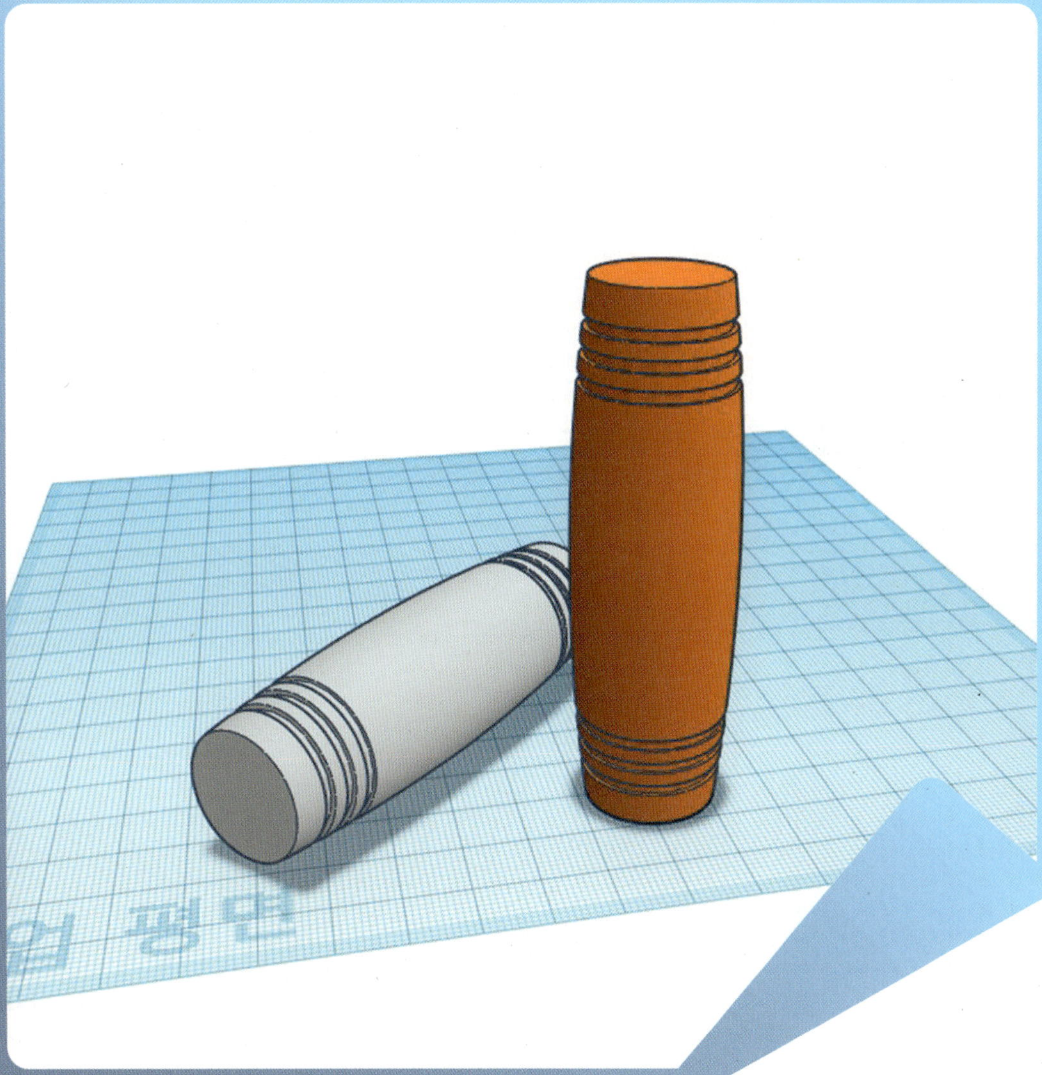

● 롤링스틱 만들기

손으로 밀었을 때 넘어지지 않고 계속해서 굴러가는 피젯토이 롤링스틱을 모델링해 봅시다.
피젯토이 롤링스틱의 다양한 기술을 검색해보고 체험해 봅시다.

TINKERCAD DESIGN For 3D PRINTING

01

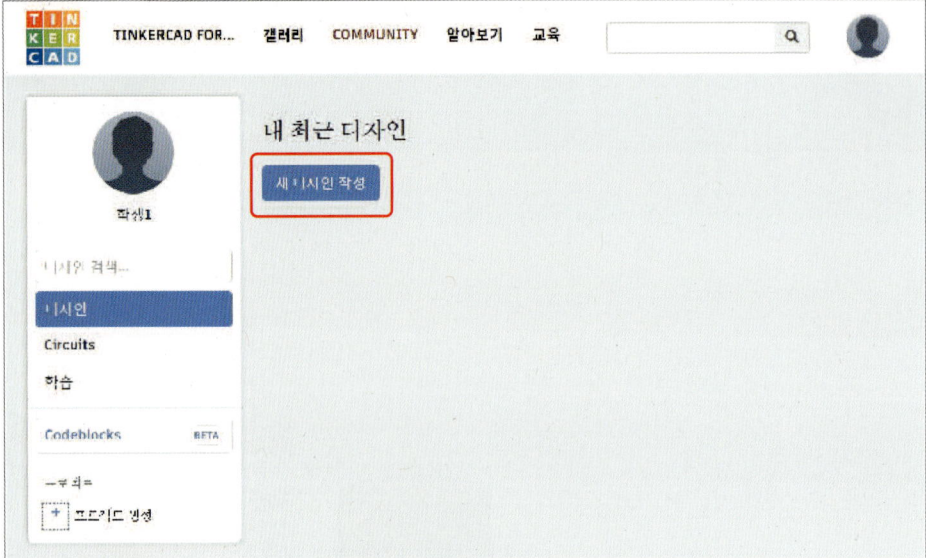

구글크롬 에서 틴커캐드 웹사이트(www.tinkercad.com)에 접속합니다.
로그인 후 대시보드의 새 디자인 작성 을 클릭합니다.

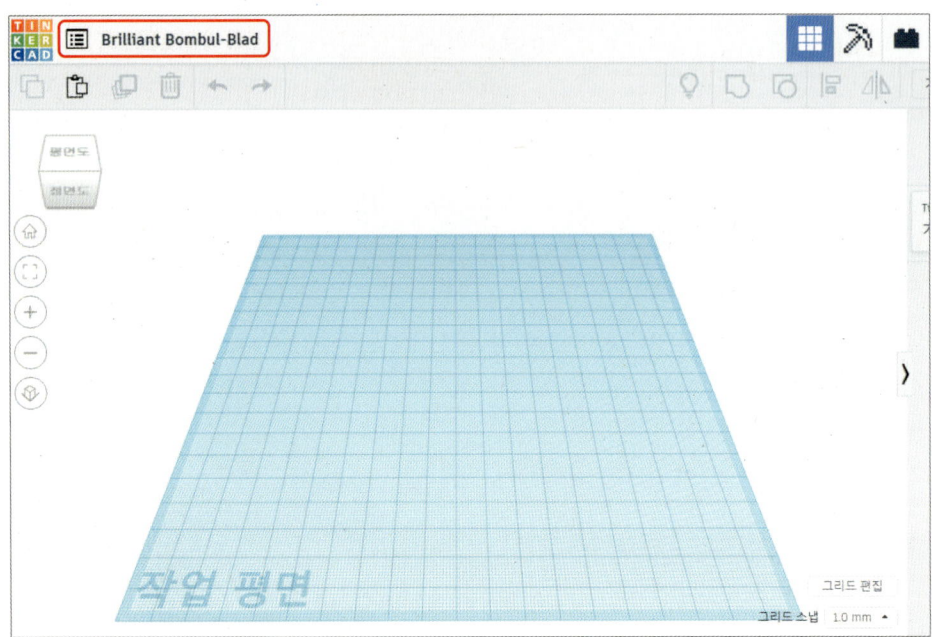

틴커캐드는 저장 버튼이 따로 없으며 웹에서 작업하고 모델링 작업파일 역시 인터넷 저장 공간에
자동으로 저장됩니다. 임의로 주어진 영어이름을 클릭하면 파일명을 수정할 수 있습니다.

TINKERCAD DESIGN For 3D PRINTING — SECTION 04

파일명을 "**롤링스틱**"으로 수정하고 엔터키 또는 화면의 빈 공간 아무 곳이나 클릭합니다.

 몸통 만들기

02

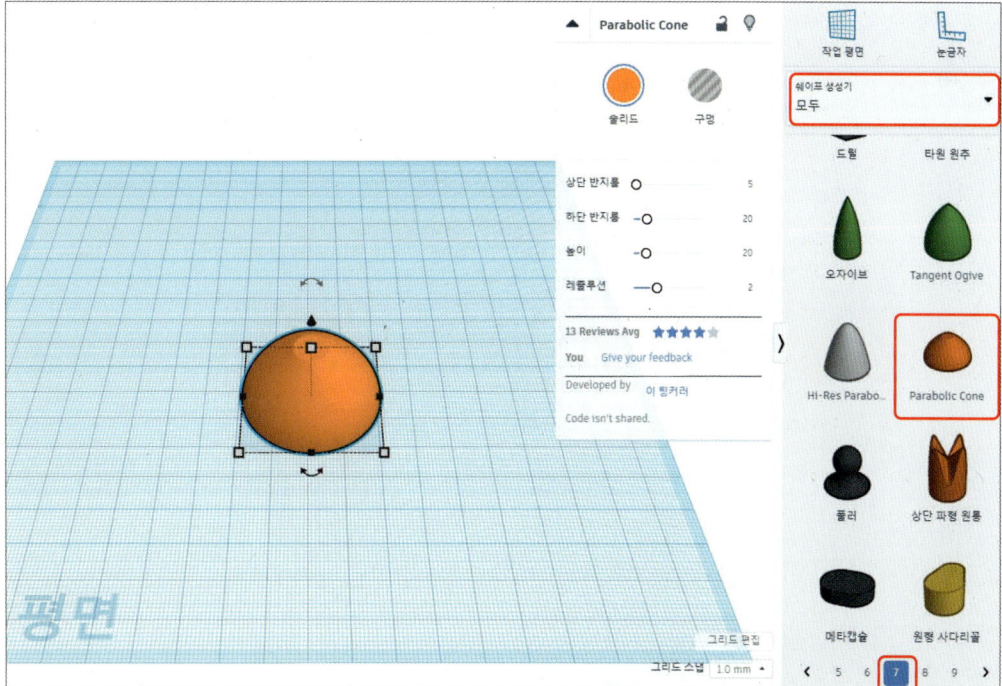

쉐이프 생성기 모두에서 Parabolic cone(포물선 모양의 원뿔)을 선택하여 작업 평면에 놓습니다.

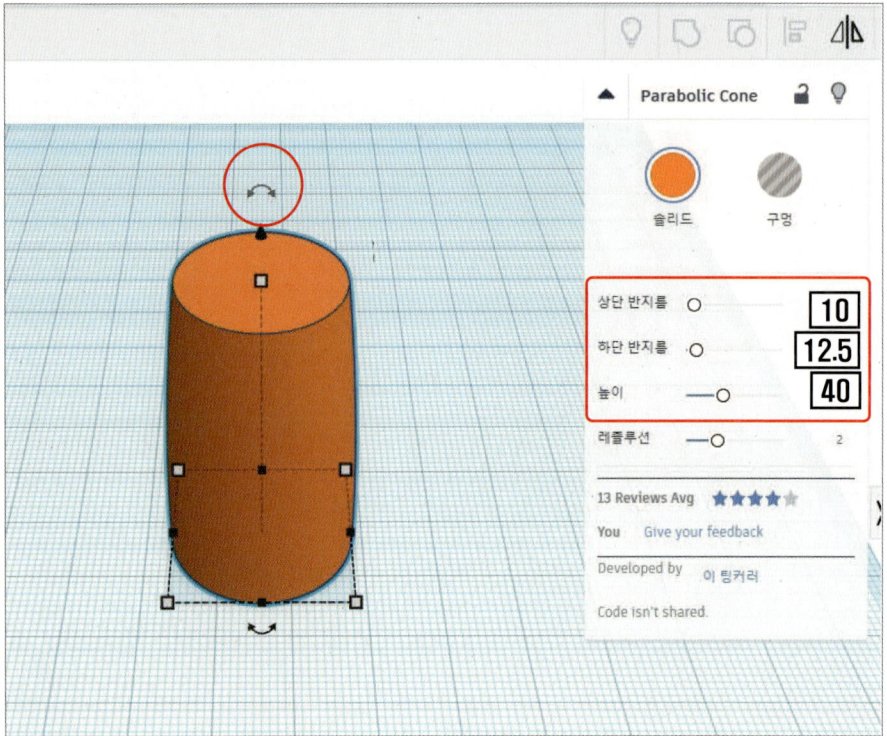

쉐이프에서 치수를 조절합니다.

예 상단 반지름 10, 하단 반지름 12.5, 높이 40

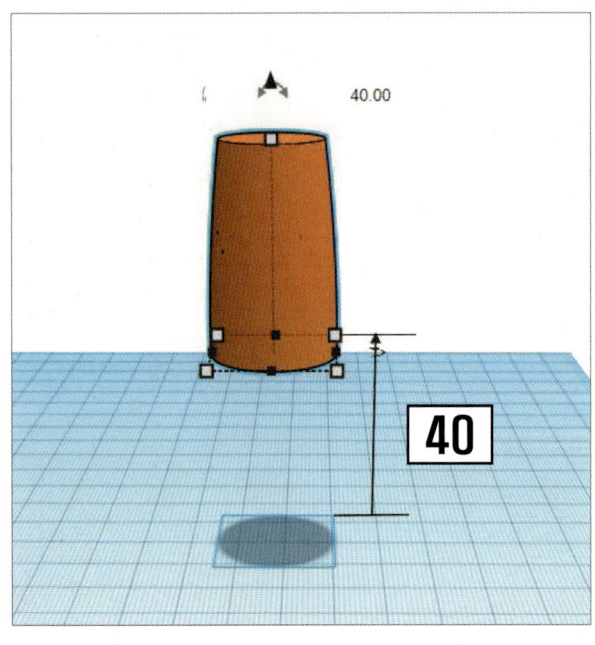

도형을 위로 "40"만큼 올려줍니다.

TINKERCAD DESIGN For 3D PRINTING　　　　　　　　　　　　　　　SECTION 04

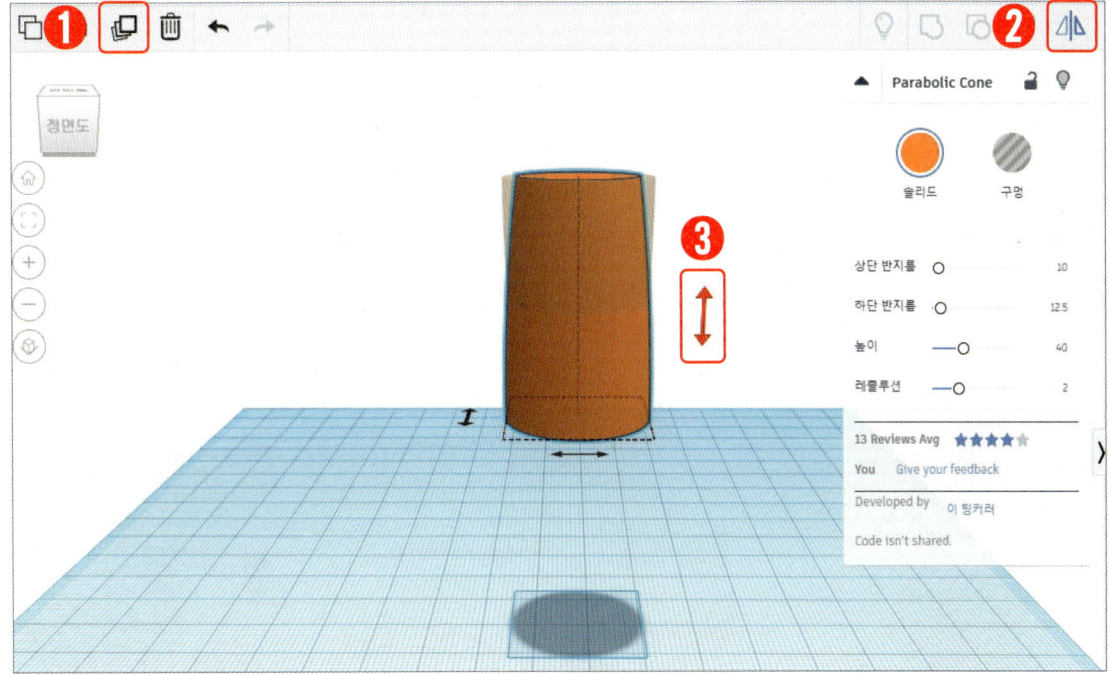

도형을 ❶ 복제한 후 ❷ 대칭 버튼으로 ❸ 상하 대칭합니다.

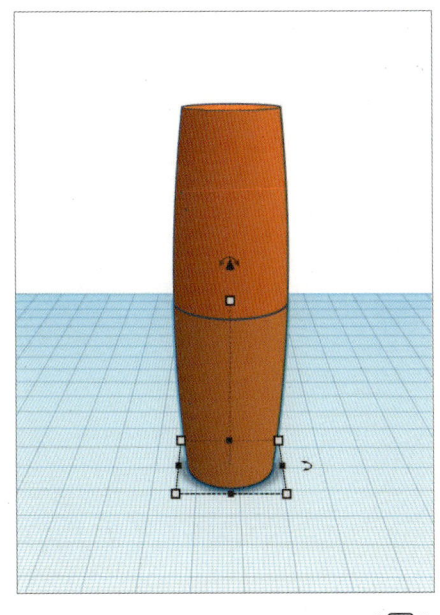 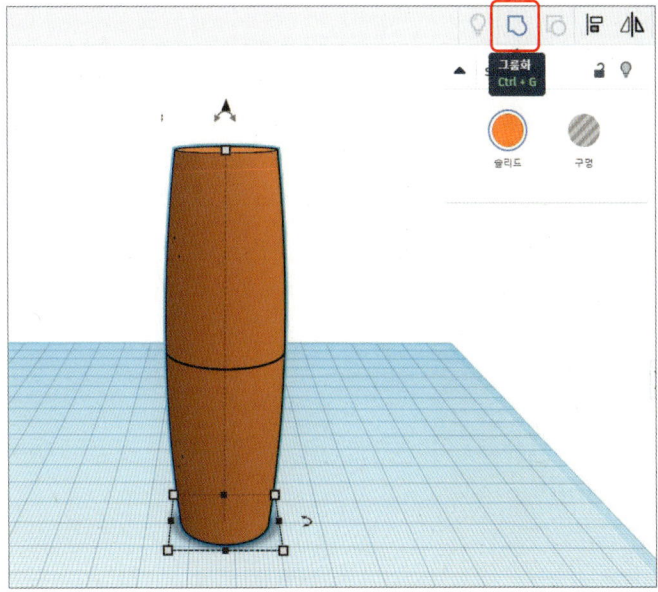

복제된 도형을 선택한 후 키보드의 "D" (Drop)를 눌러 바닥면으로 내립니다.

도형을 모두 선택한 후 그룹화합니다.

구멍통 만들기

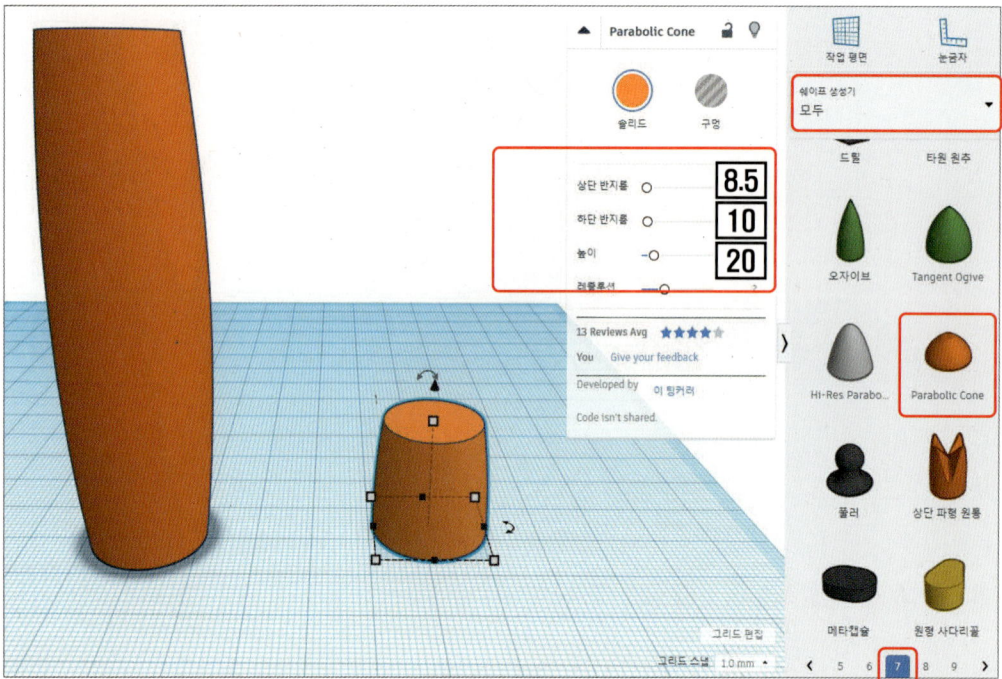

쉐이프 생성기 모두에서 Parabolic cone(포물선 모양의 원뿔)을 하나 더 선택하고 작업 평면에 놓은 후 치수를 조절합니다.

예 상단 반지름 8.5, 하단 반지름 10, 높이 20

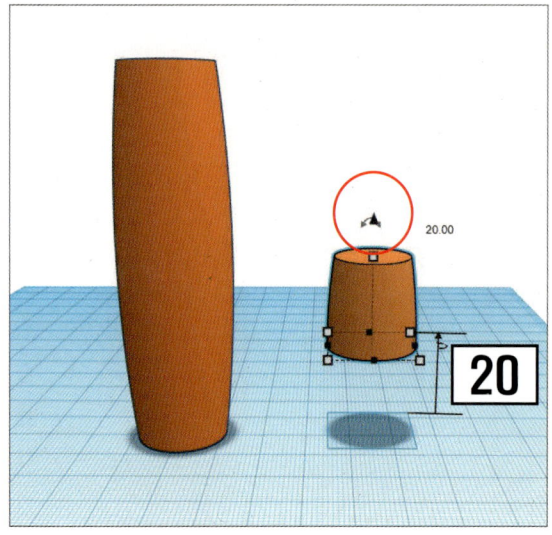

도형을 위로 "20"만큼 올려줍니다.

TINKERCAD DESIGN For 3D PRINTING _____ SECTION 04

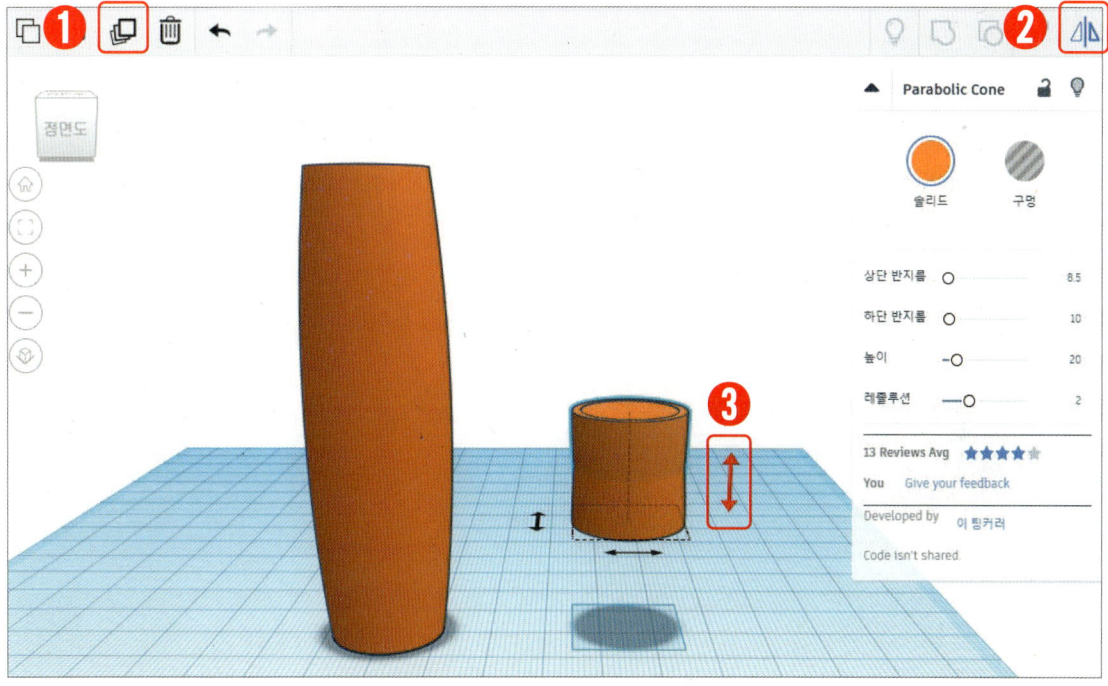

도형을 ❶ 복제한 후 ❷ 대칭 버튼으로 ❸ 상하 대칭합니다.

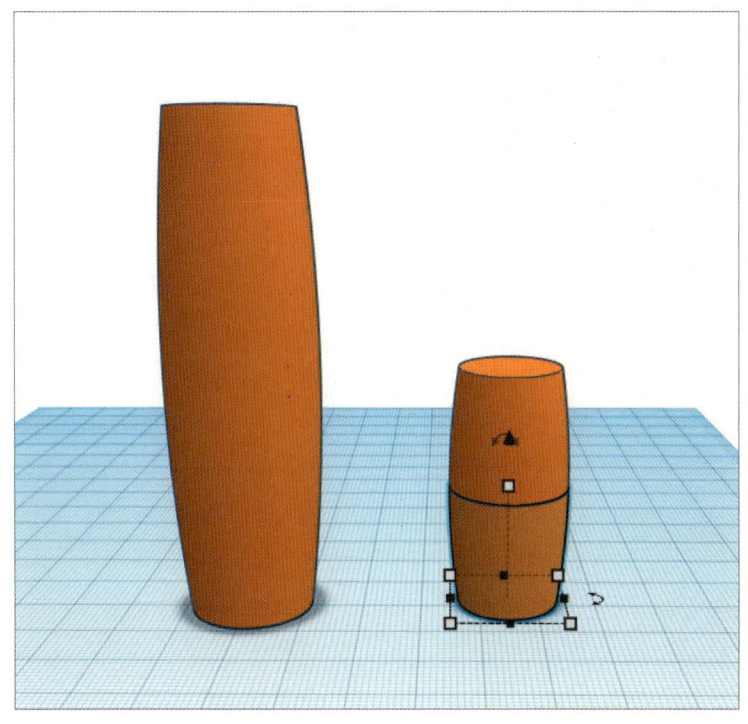

복제된 도형을 선택한 후 키보드의 "D"(Drop)를 눌러 바닥면으로 내립니다.

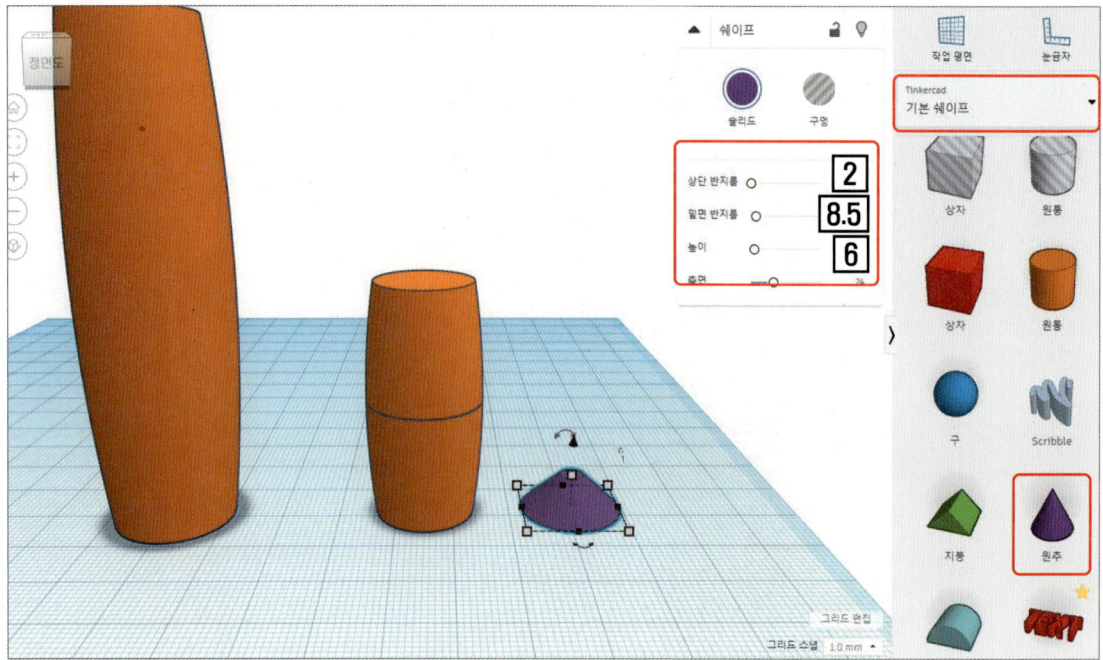

기본 쉐이프에서 원주를 선택하고 작업 평면에 놓은 후 쉐이프에서 치수를 조절합니다.

예 상단 반지름 2, 하단 반지름 8.5, 높이 6

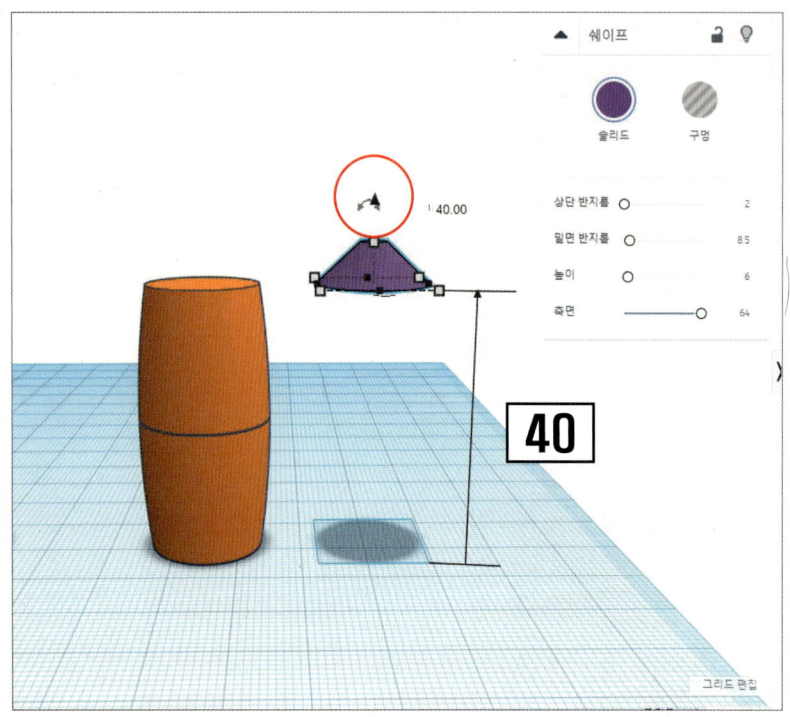

도형을 위로 "40"만큼 올려 줍니다.

TINKERCAD DESIGN For 3D PRINTING   SECTION 04

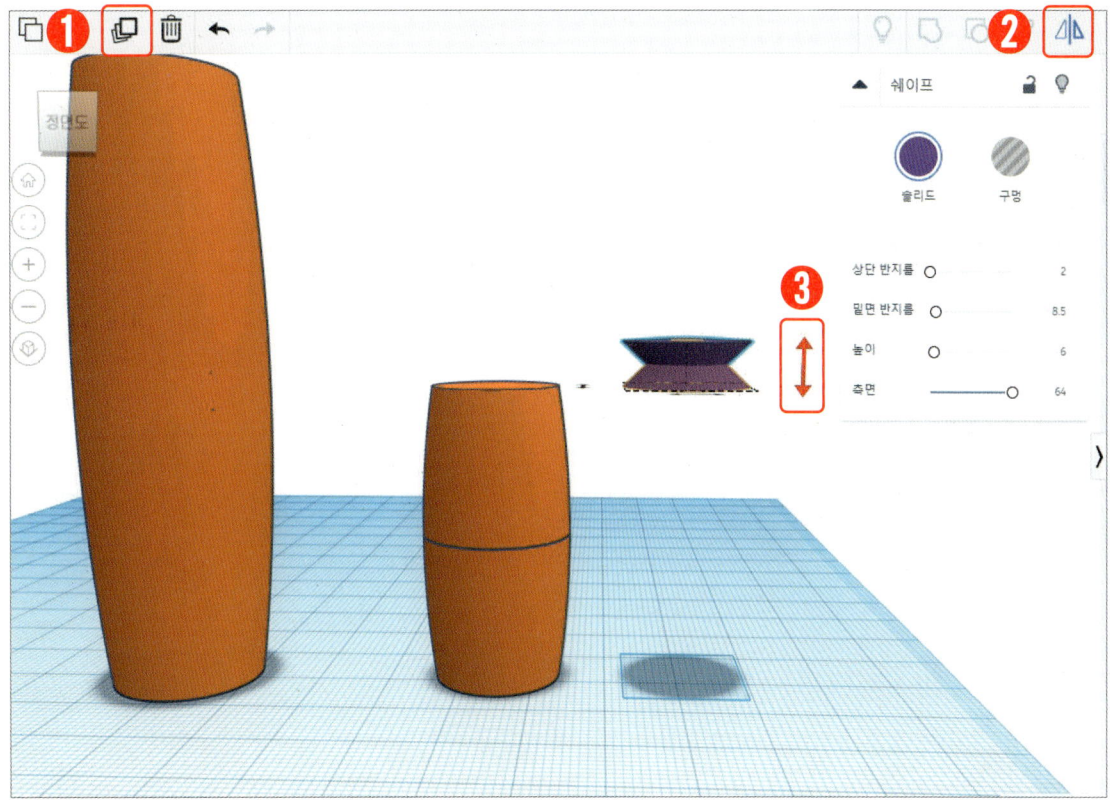

도형을 ❶ 복제한 후 ❷ 대칭 버튼으로 ❸ 상하 대칭합니다.

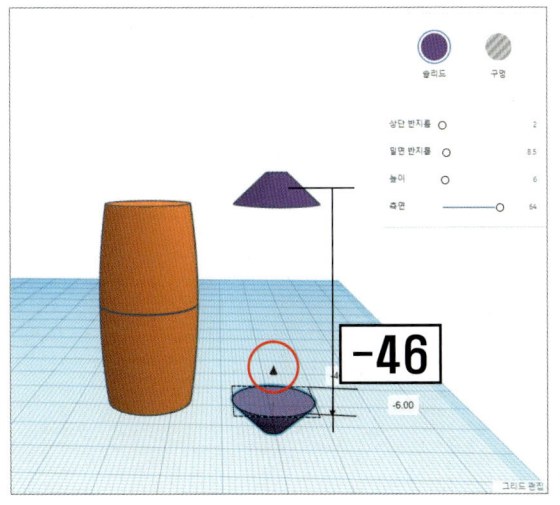

도형을 아래로 "-46"만큼 내려줍니다.

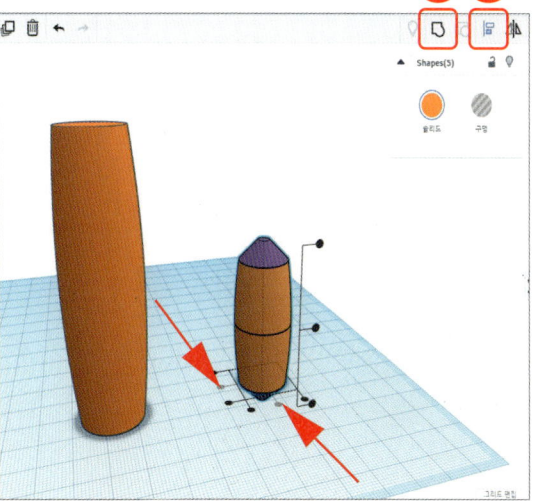

작은 구멍통 도형과 원추를 모두 선택하고 ❶ 가운데 정렬 후 ❷ 그룹화합니다.

TINKERCAD DESIGN For 3D PRINTING   SECTION 04

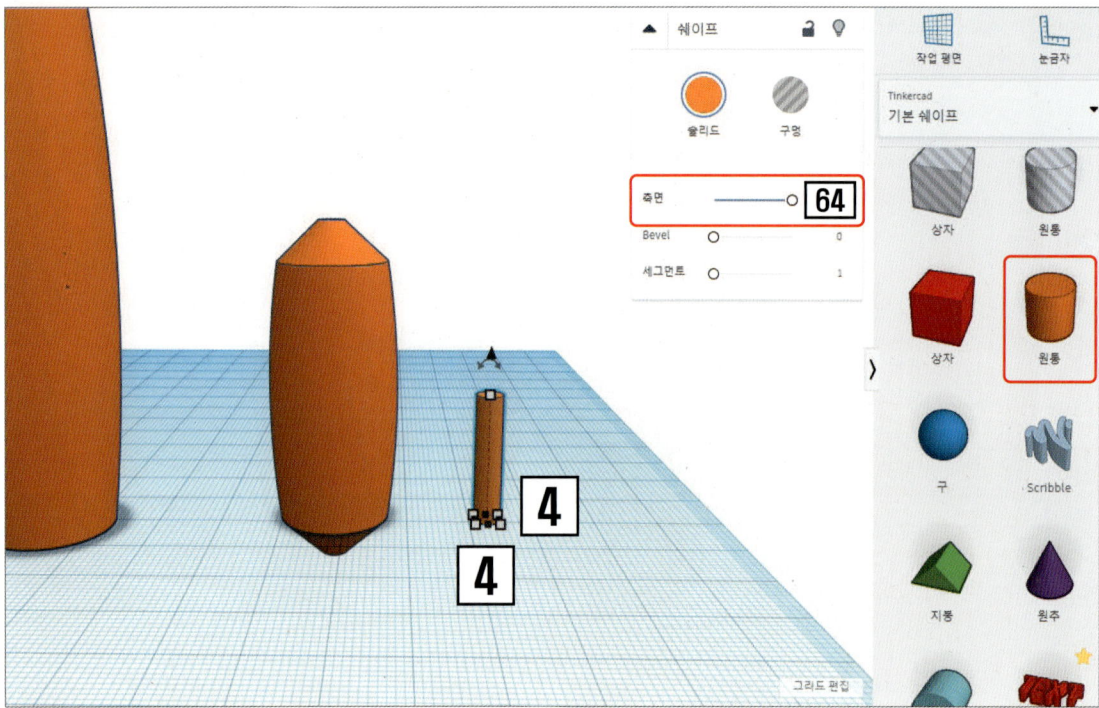

기본 쉐이프에서 원통을 선택하고 작업 평면에 놓은 후 치수를 조절합니다.

예 가로 4, 세로 4, 높이 20, 측면 64
  (모서리를 둥글게 만들기 위해 쉐이프에서 측면의 수치를 64로 조절합니다.)

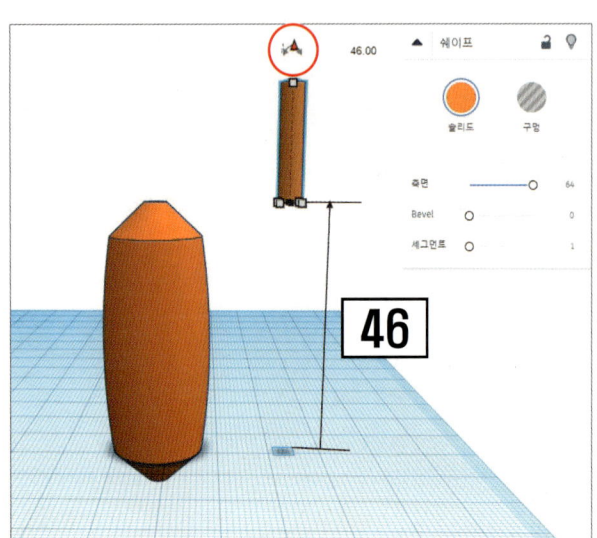

원통을 위로 "46"만큼 올려줍니다.

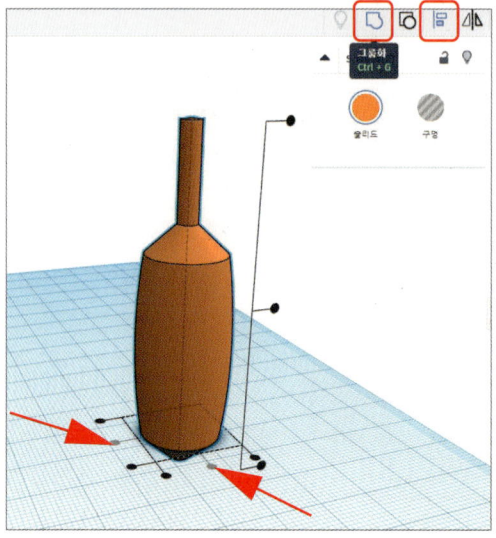

구멍통과 원통을 선택하고 ❶ 가운데 정렬 후 ❷ 그룹화합니다.

TINKERCAD DESIGN For 3D PRINTING _____ SECTION 04

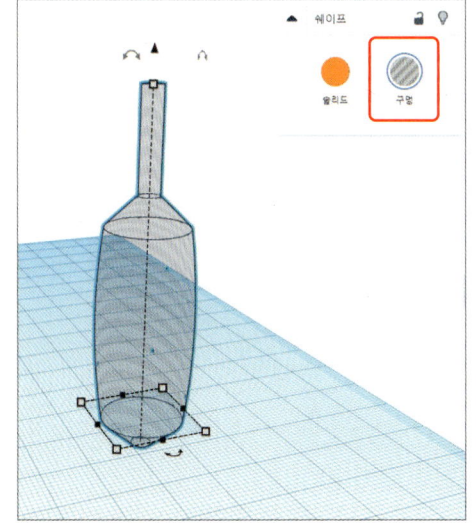

구멍통을 구멍 도형으로 바꿔줍니다.   구멍통을 위로 "80"만큼 올려줍니다.

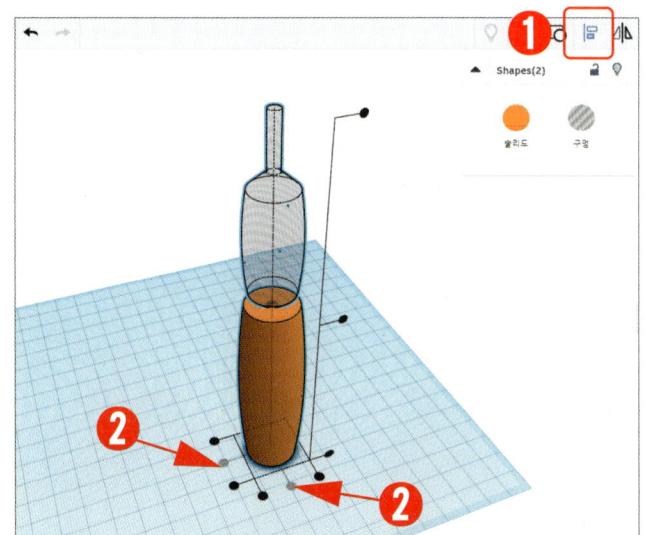

도형을 모두 선택하고 ❶ 정렬 버튼을 클릭한 후 ❷를 클릭하여 가운데 정렬합니다.

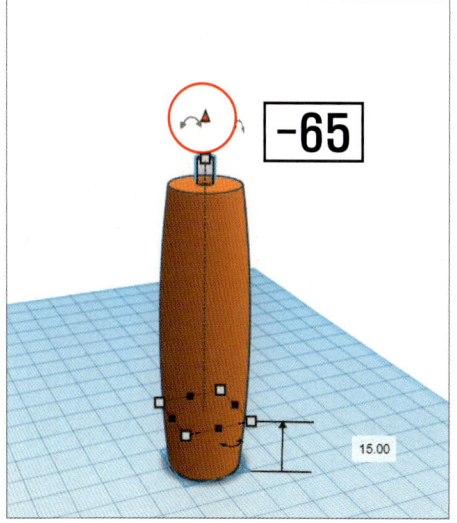

구멍통 모양을 아래로 "-65"만큼 내려줍니다. (바닥에서 "15"만큼 띄워집니다.)

TINKERCAD DESIGN For 3D PRINTING

● 내부 확인하기

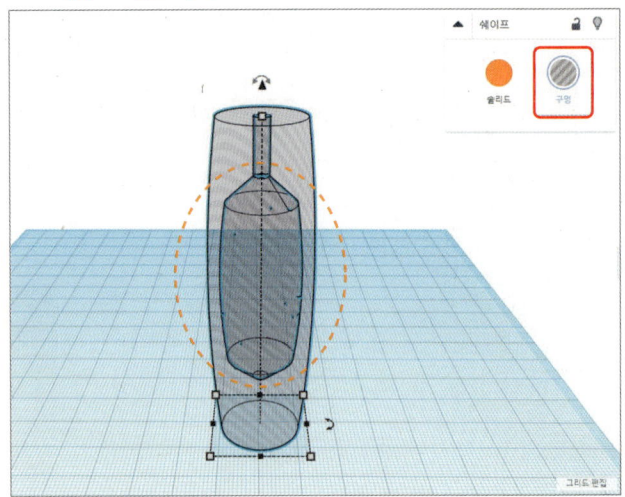

도형을 모두 그룹화합니다.

도형을 구멍으로 바꾸어 주면 내부를 확인할 수 있습니다.
(출력 시 점선 부분만큼 비워집니다.)

기본형 완성하기

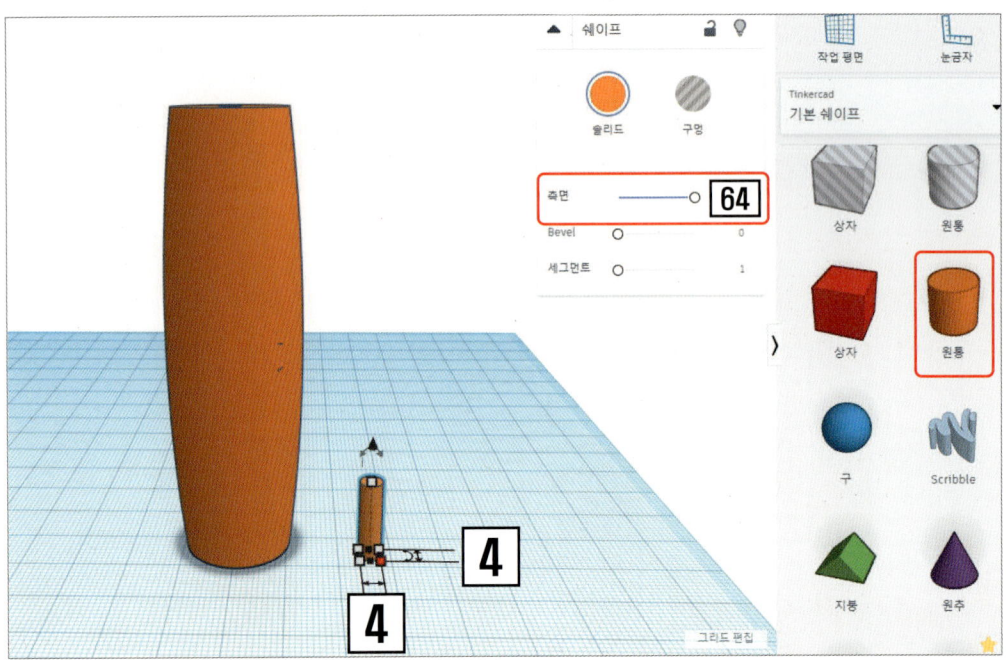

상단 구멍을 메워주기 위해 기본 쉐이프에서 원통을 선택하고 작업 평면에 놓은 후 치수를 조절합니다.

 가로 4, 세로 4, 높이 15, 측면 64
　　(모서리를 둥글게 만들기 위해 쉐이프에서 측면의 수치를 64로 조절합니다.)

TINKERCAD DESIGN For 3D PRINTING _____ SECTION 04

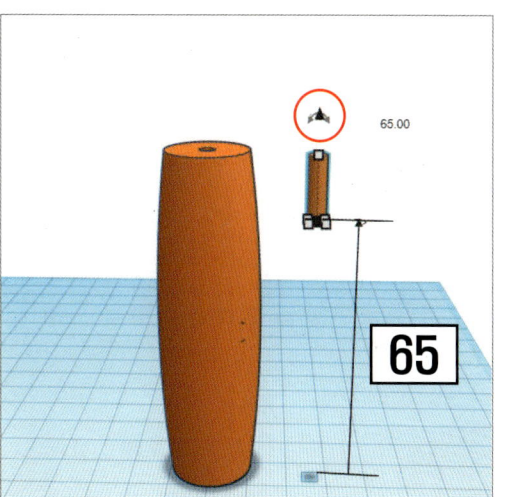

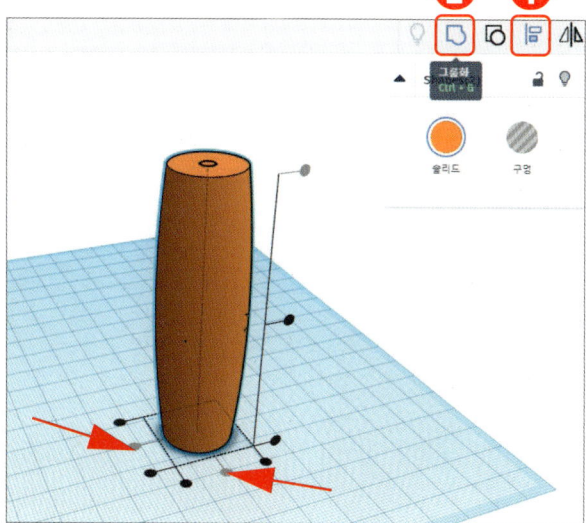

원통을 위로 "65"만큼 올려줍니다. 도형을 모두 선택하고 ❶ 가운데 정렬 후 ❷ 그룹화합니다.

 롤링스틱 꾸미기

05

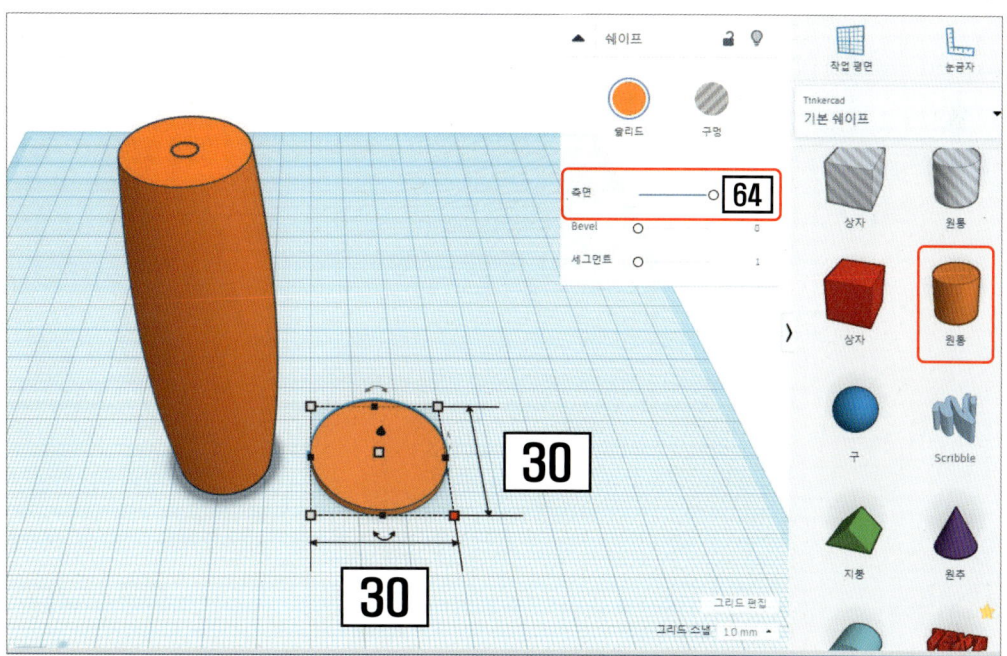

기본 쉐이프에서 원통을 선택하고 작업 평면에 놓은 후 치수를 조절합니다.
예 가로 30, 세로 30, 높이 2, 측면 64
　　(모서리를 둥글게 만들기 위해 쉐이프에서 측면의 수치를 64로 조절합니다.)

TINKERCAD DESIGN For 3D PRINTING

SECTION 04

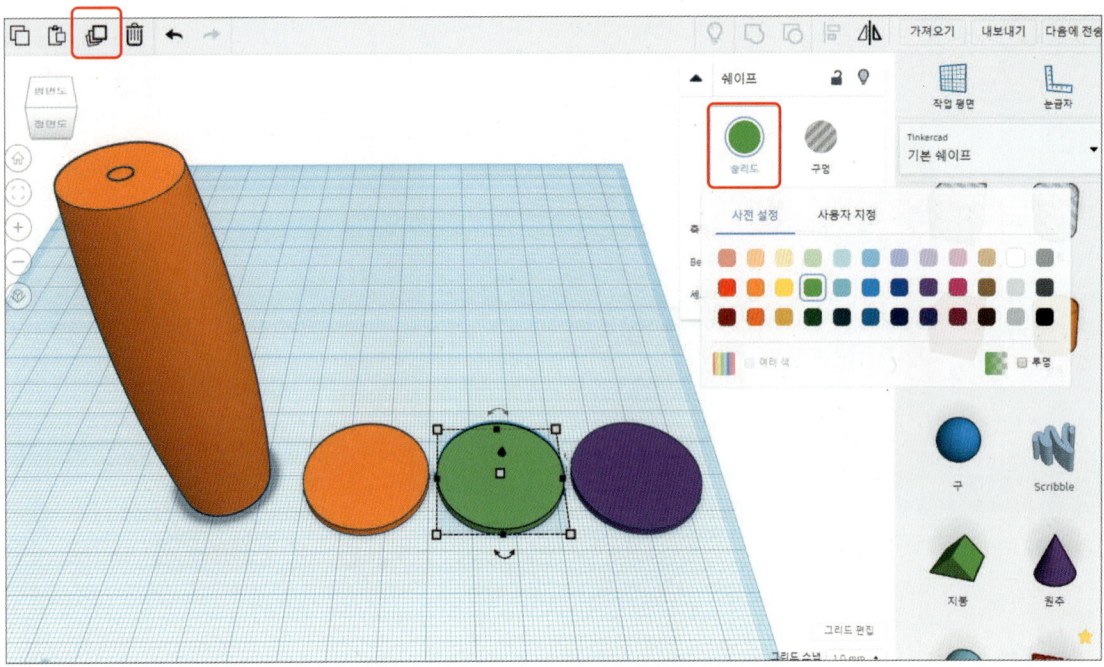

복제 버튼으로 원통을 2개 더 복제한 후 솔리드로 각각의 색상을 다르게 바꿔줍니다.

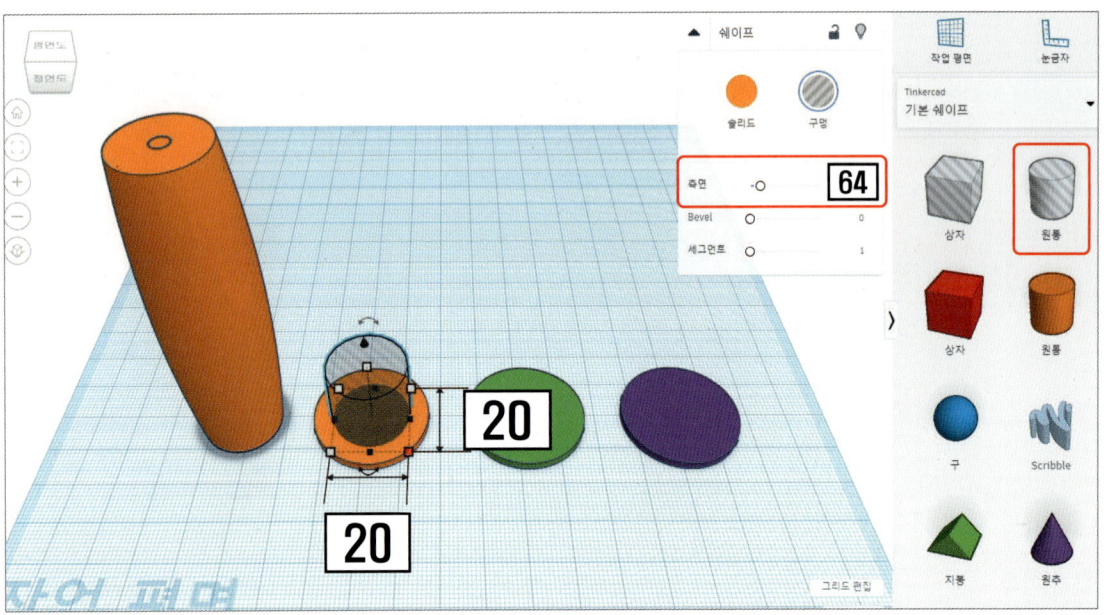

기본 쉐이프에서 구멍 원통을 선택하고 첫번째 원통 위에 놓은 후 치수를 조절합니다.

예 가로 20, 세로 20, 측면 64
　　(모서리를 둥글게 만들기 위해 쉐이프에서 측면의 수치를 64로 조절합니다.)

TINKERCAD DESIGN For 3D PRINTING _____ SECTION 04

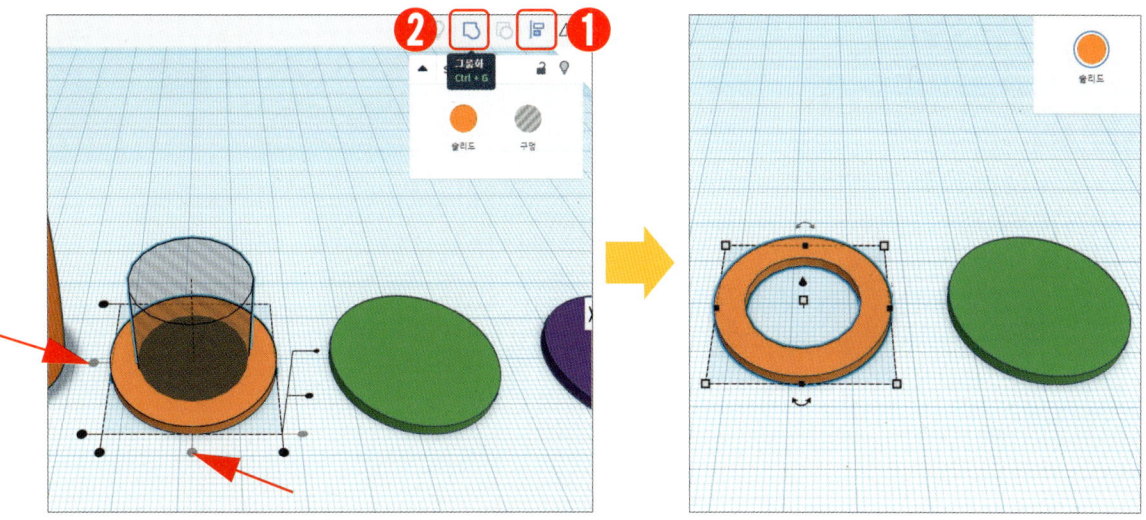

두 원통을 선택하고 ❶ 가운데 정렬 후 ❷ 그룹화합니다.

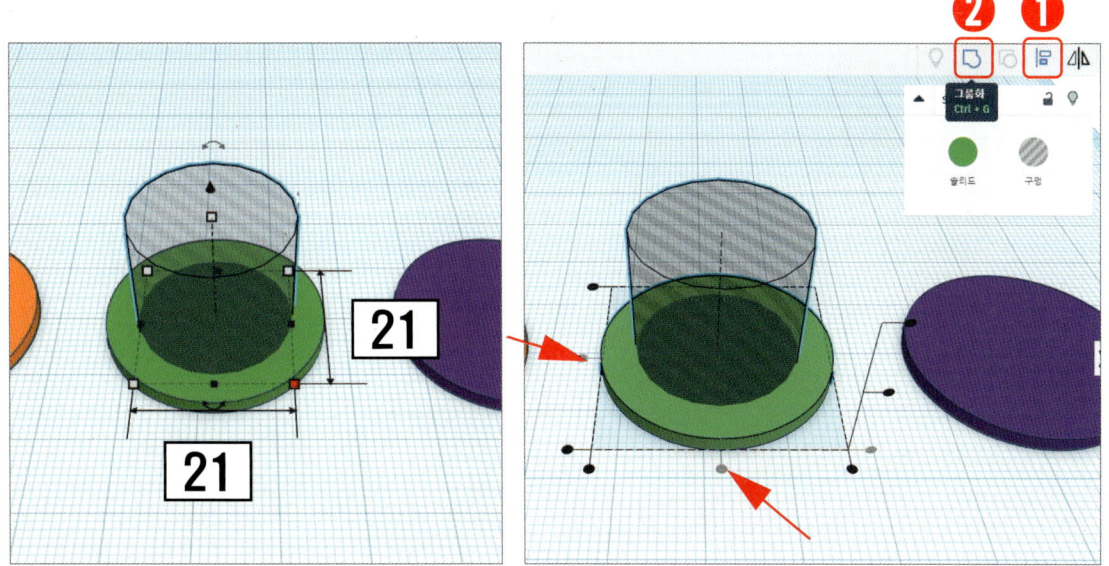

동일한 방법으로 구멍 원통을 두번째 원통 위에 놓은 후 치수를 조절합니다.
예 가로 21, 세로 21

두 원통을 선택하고 ❶ 가운데 정렬 후 ❷ 그룹화합니다.

TINKERCAD DESIGN For 3D PRINTING   SECTION 04

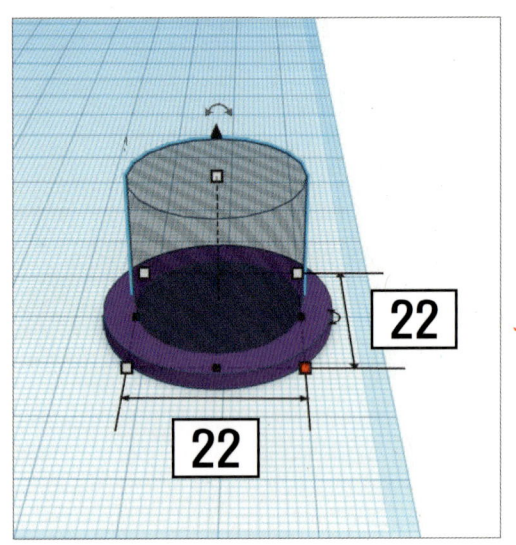

동일한 방법으로 구멍 원통을 세번째 원통 위에 놓은 후 치수를 조절합니다.

예 가로 22, 세로 22

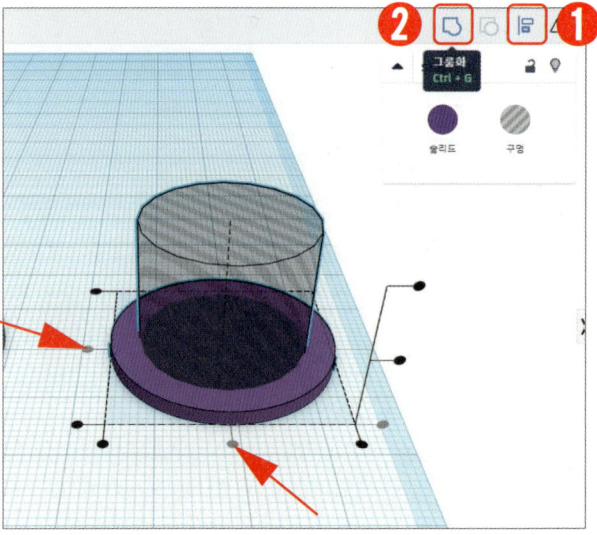

두 원통을 선택하고 ❶ 가운데 정렬 후 ❷ 그룹화합니다.

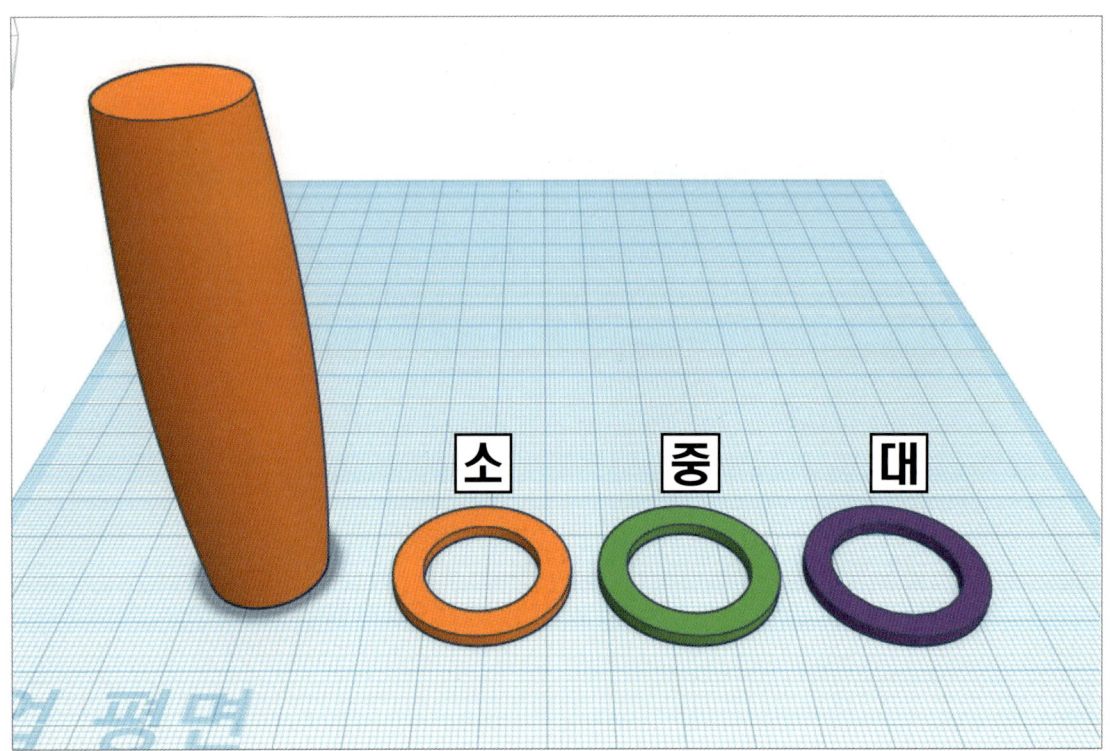

구멍 원통의 크기에 따라 소, 중, 대로 나눠집니다.

TINKERCAD DESIGN For 3D PRINTING SECTION 04

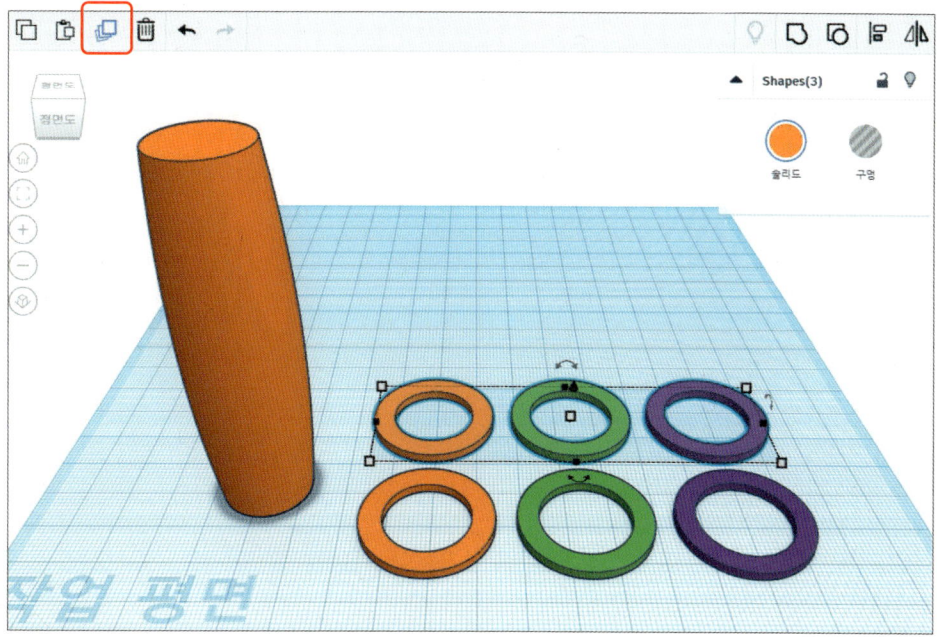

복제 버튼으로 세 링 모양을 하나 더 복제합니다.

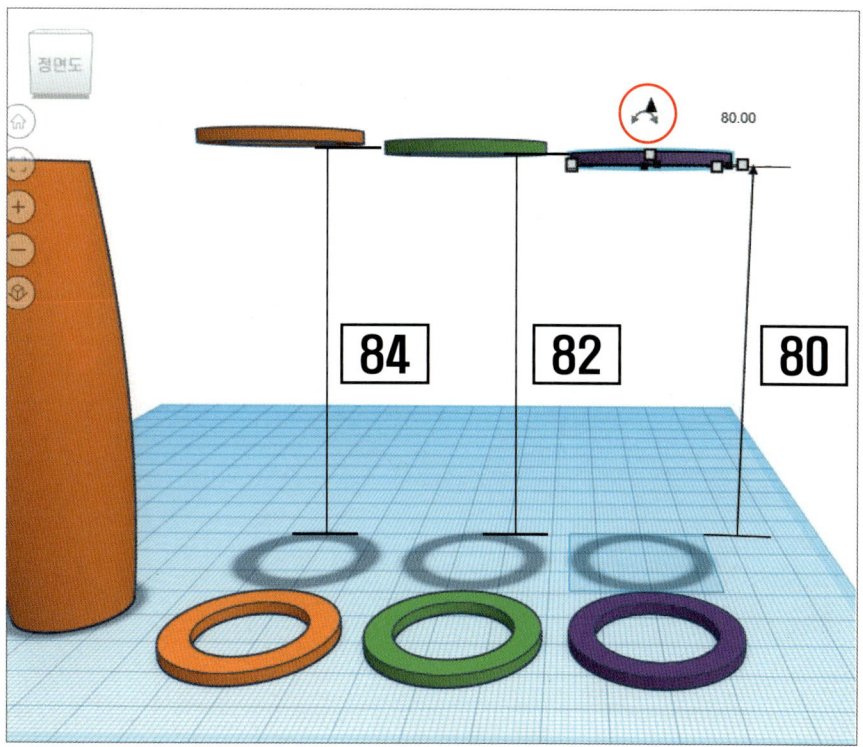

그림과 같이 각각의 치수만큼 링 모양을 위로 올려줍니다.

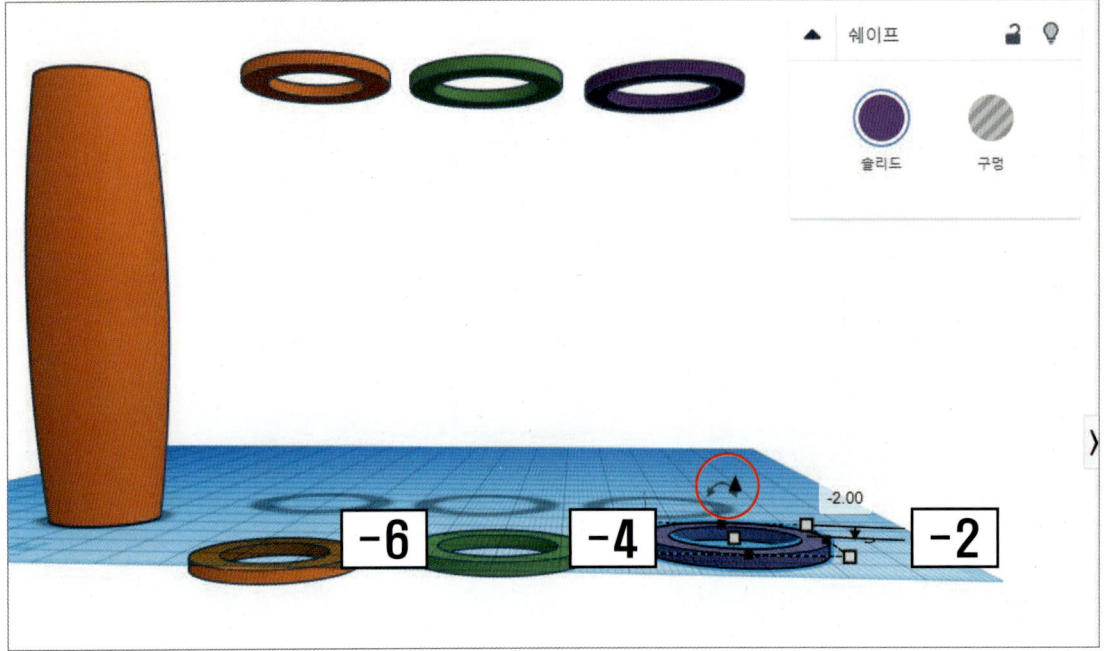

그림과 같이 각각의 치수만큼 링 모양을 아래로 내려줍니다.

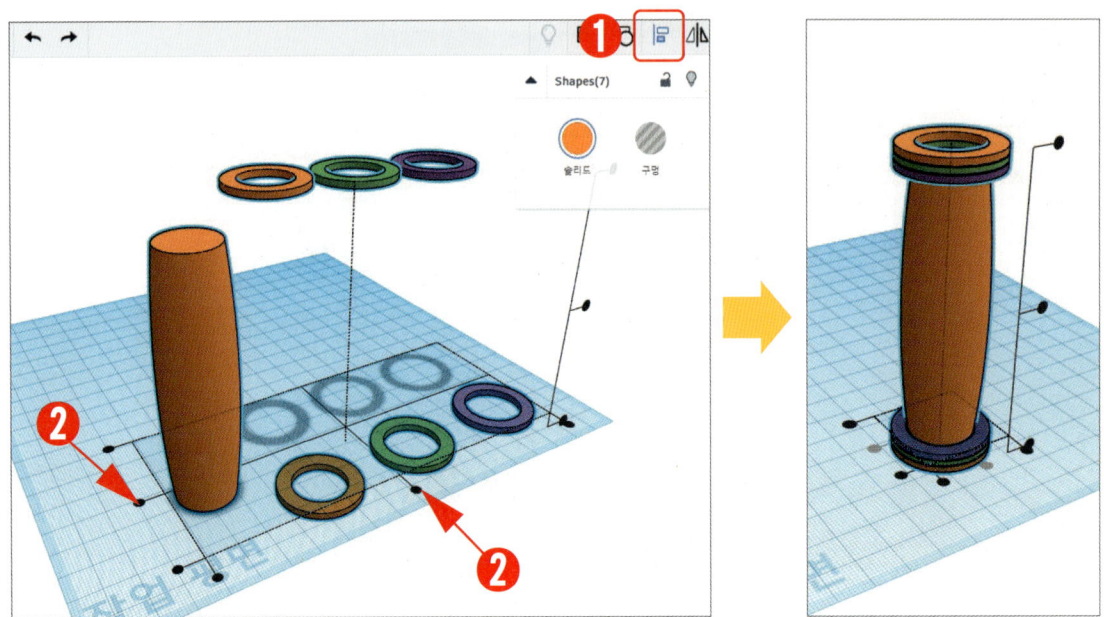

도형을 모두 선택하고 ❶ 정렬 버튼을 클릭한 후 ❷를 클릭하여 가운데 정렬합니다.

TINKERCAD DESIGN For 3D PRINTING SECTION 04

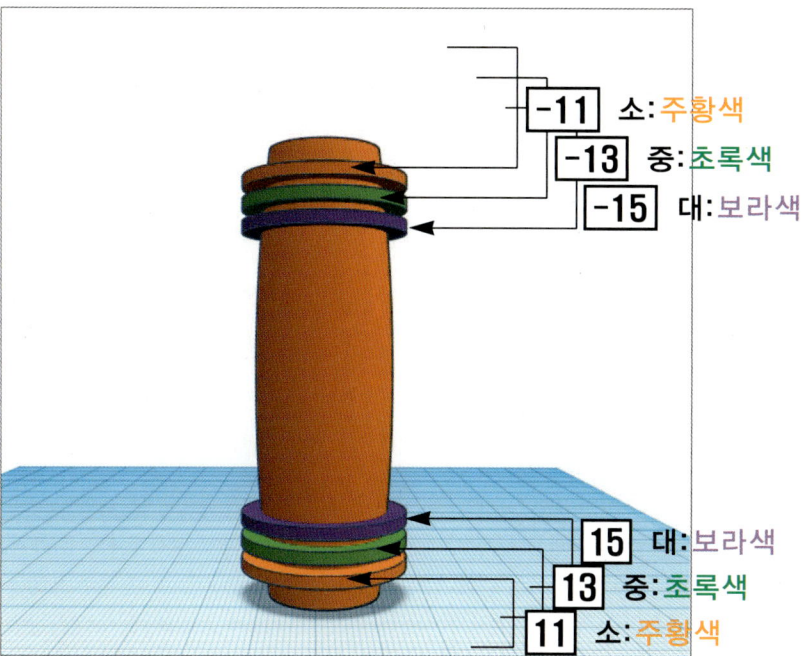

각각의 링 모양을 그림의 치수와 같이 내려주고 올려줍니다.

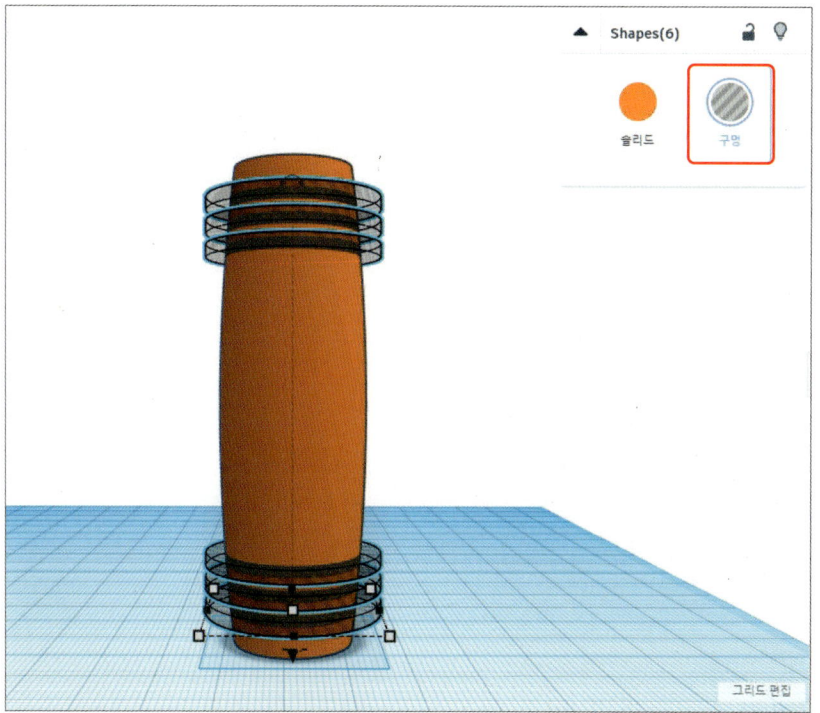

링 모양을 모두 구멍 도형으로 바꿔줍니다.

TINKERCAD DESIGN For 3D PRINTING — SECTION 04

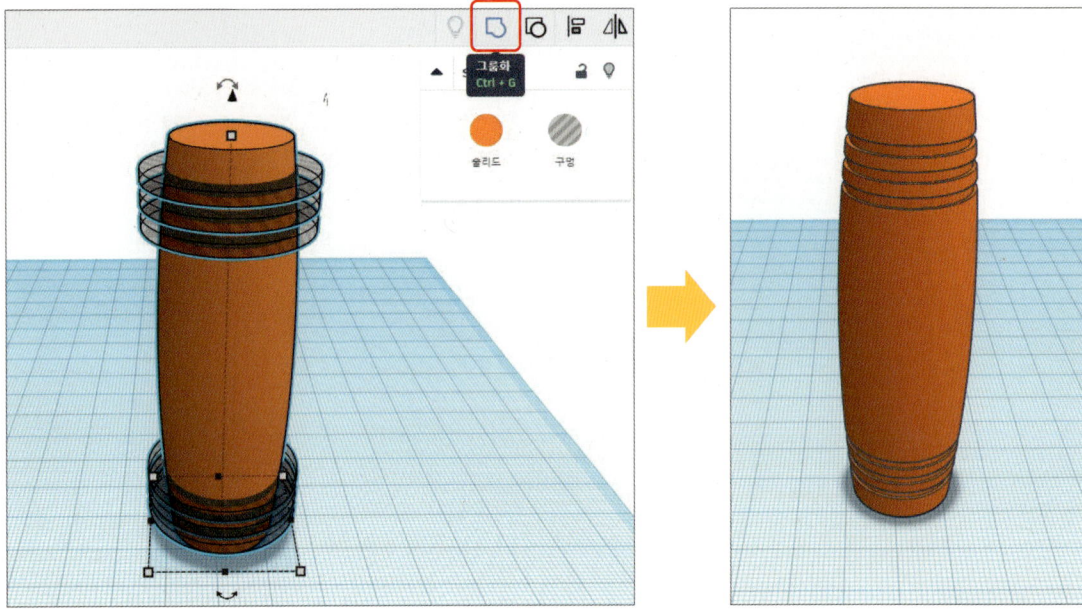

도형을 모두 선택한 후 그룹화합니다.   완성!

※ 롤링스틱 출력시 채움 밀도(density)는 60~70%로 설정해 줍니다.
※ 원형 양면 테이프(3M) 사이즈 20mm를 구매하여 롤링스틱 상하단에 접착하여 활용해 봅시다.

SECTION 05 에펠탑

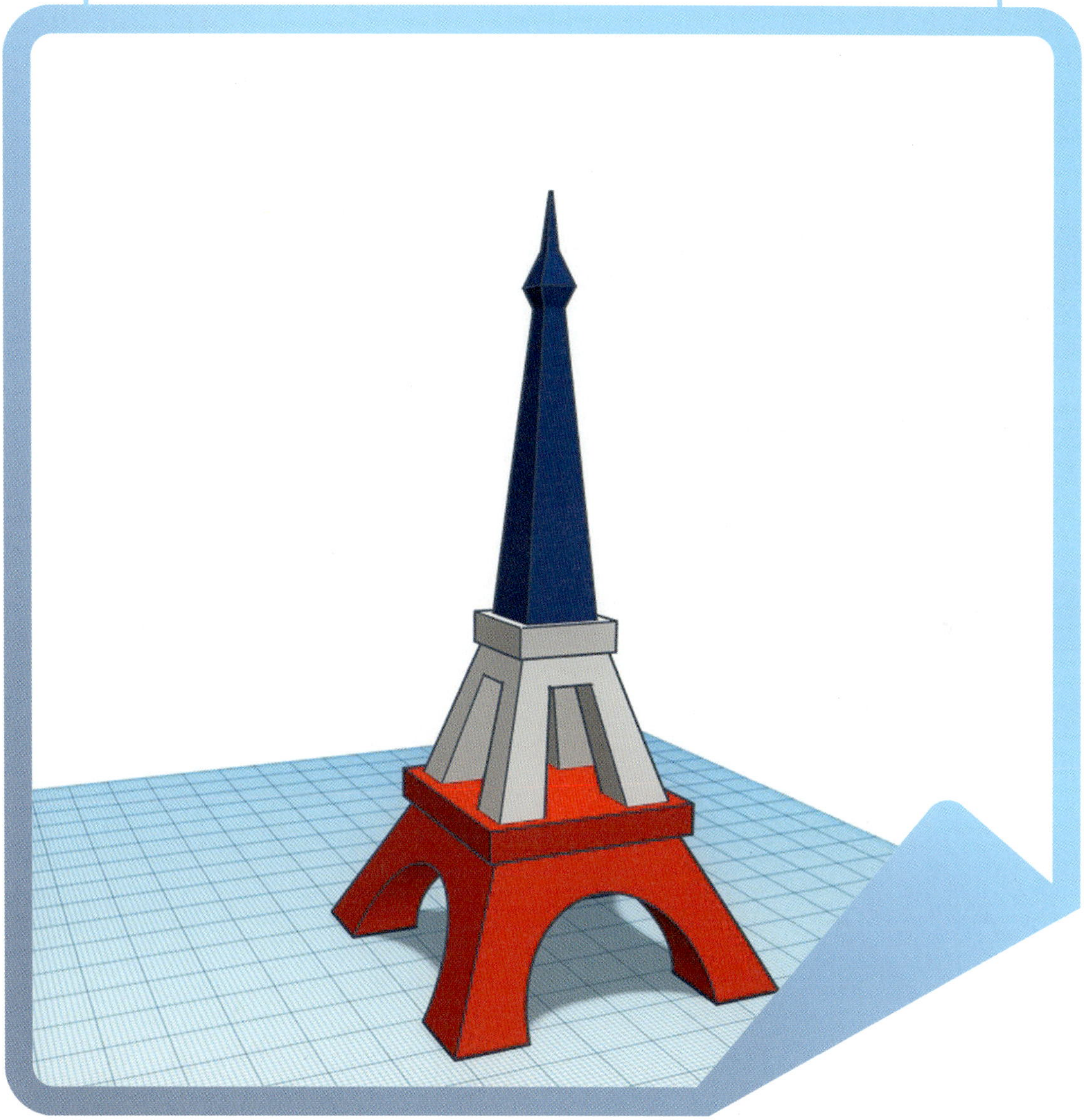

● **에펠탑 만들기**

도형의 정렬과 그룹화를 활용하여 에펠탑을 모델링해 봅시다.
에펠탑의 구조를 알아보고 디테일한 에펠탑 모형을 완성해 봅시다.

TINKERCAD DESIGN For 3D PRINTING

SECTION 05 01

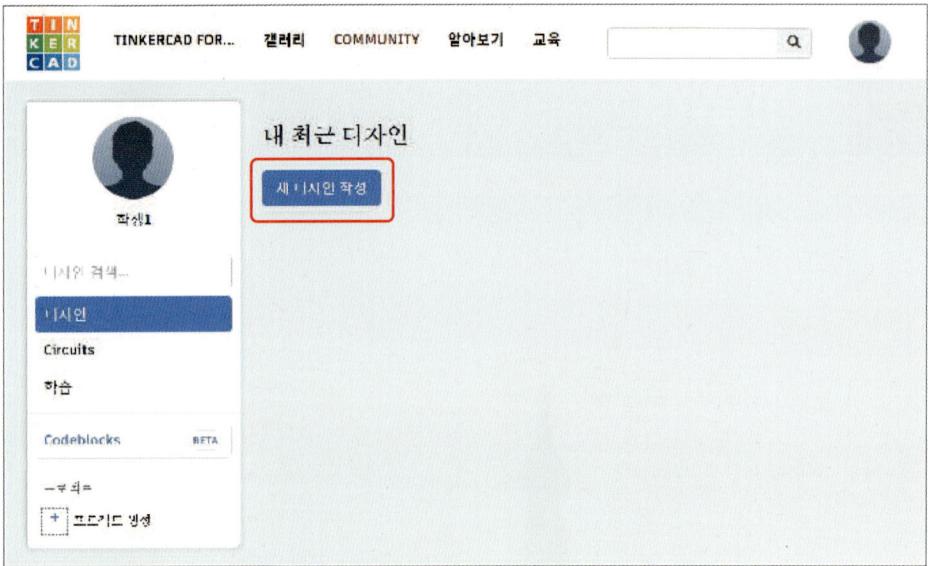

구글크롬 에서 틴커캐드 웹사이트(www.tinkercad.com)에 접속합니다.
로그인 후 대시보드의 새 디자인 작성 을 클릭합니다.

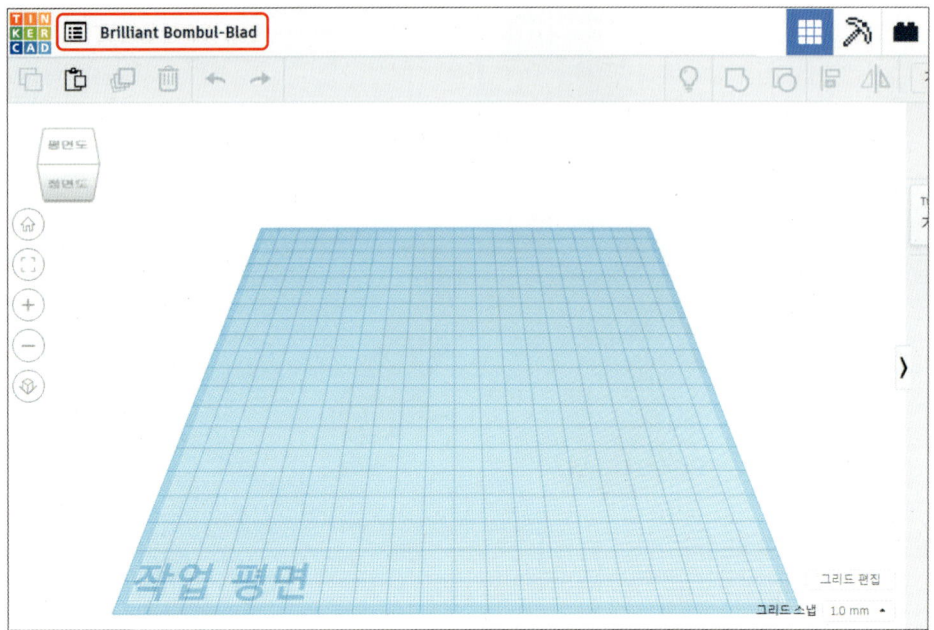

틴커캐드는 저장 버튼이 따로 없으며 웹에서 작업하고 모델링 작업파일 역시 인터넷 저장 공간에
자동으로 저장됩니다. 임의로 주어진 영어이름을 클릭하면 파일명을 수정할 수 있습니다.

TINKERCAD DESIGN For 3D PRINTING   SECTION 05

파일명을 "**에펠탑**"으로 수정하고 엔터키 또는 화면의 빈 공간 아무 곳이나 클릭합니다.

 1층부 만들기

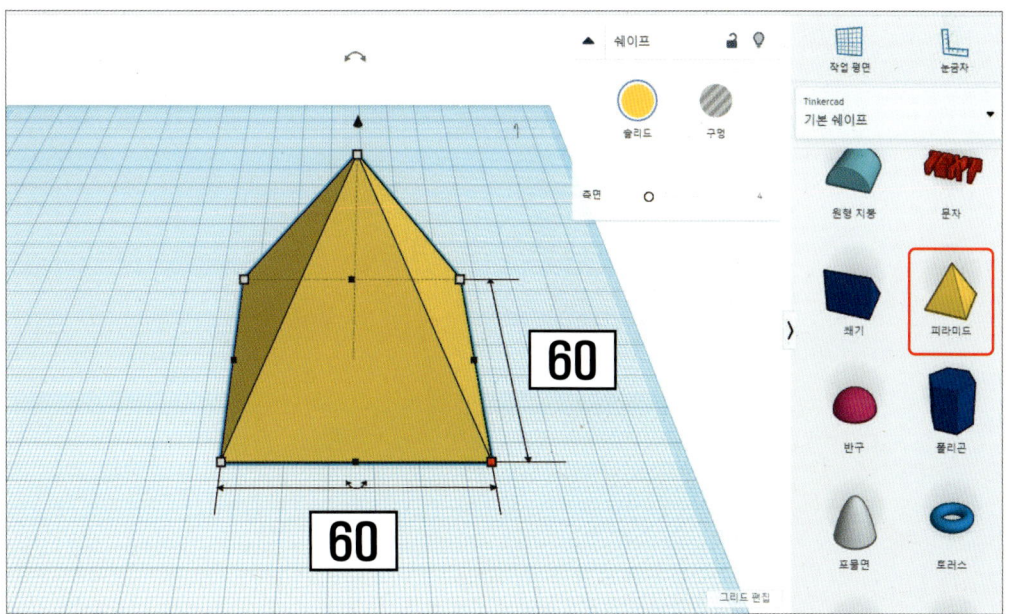

기본 쉐이프에서 피라미드를 선택하고 작업 평면에 놓은 후 치수를 조절합니다.
예) 가로 60, 세로 60, 높이 58

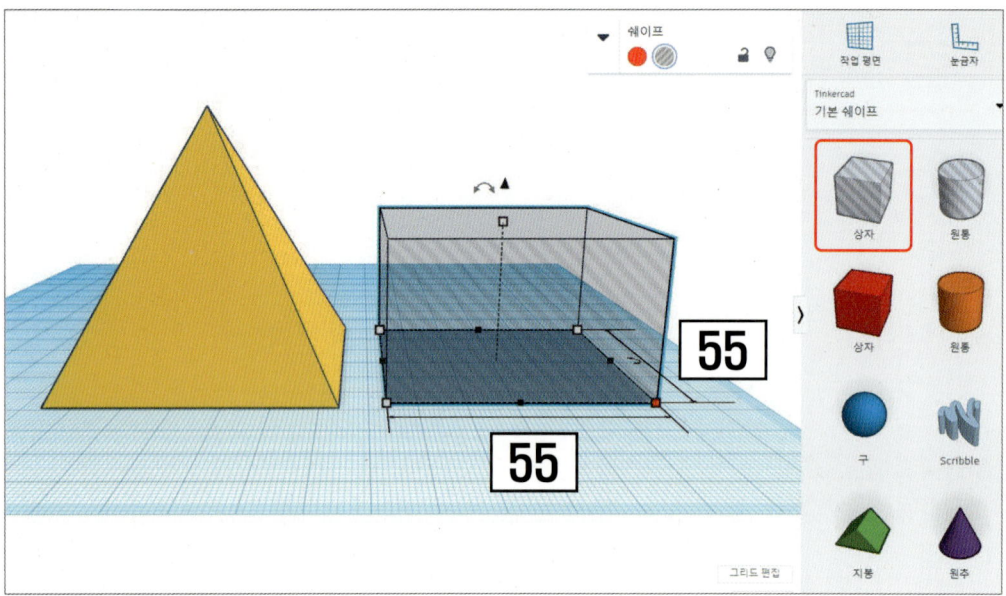

기본 쉐이프에서 구멍 상자를 선택하고 작업 평면에 놓은 후 치수를 조절합니다.

예 가로 55, 세로 55, 높이 33

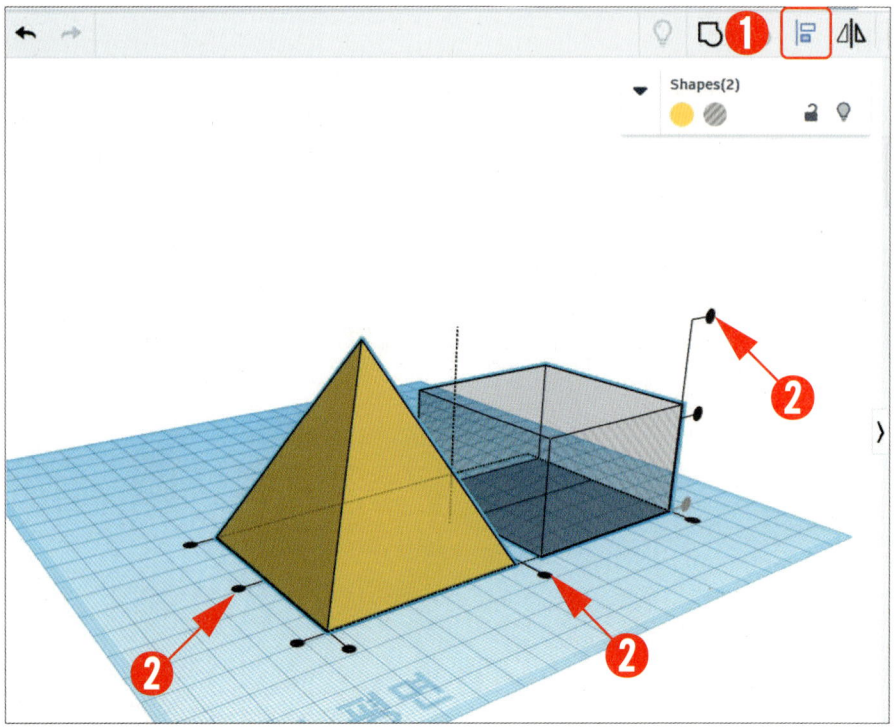

도형을 모두 선택하고 ❶ 정렬 버튼을 클릭한 후 ❷를 클릭하여 정렬합니다.

TINKERCAD DESIGN For 3D PRINTING _____ SECTION 05

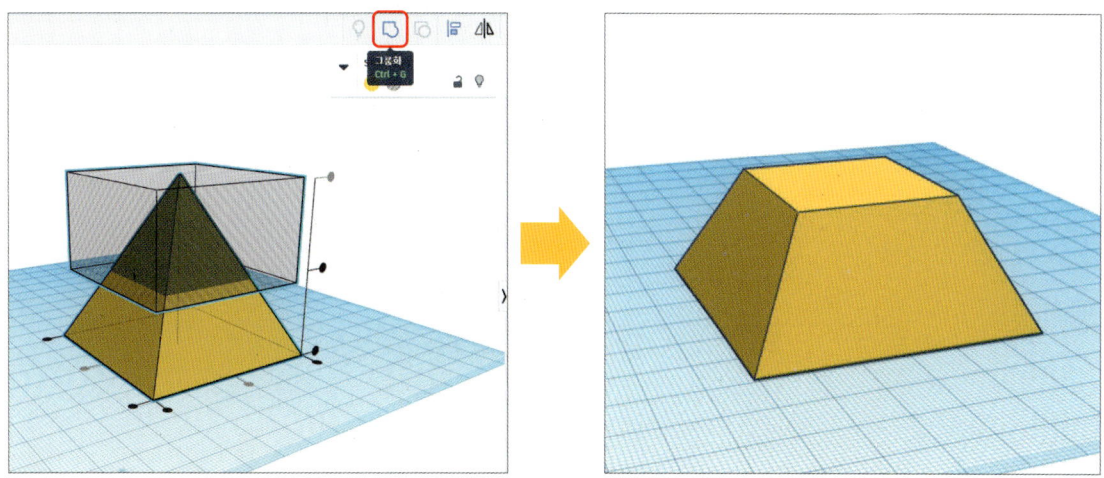

정렬된 도형을 그룹화합니다.

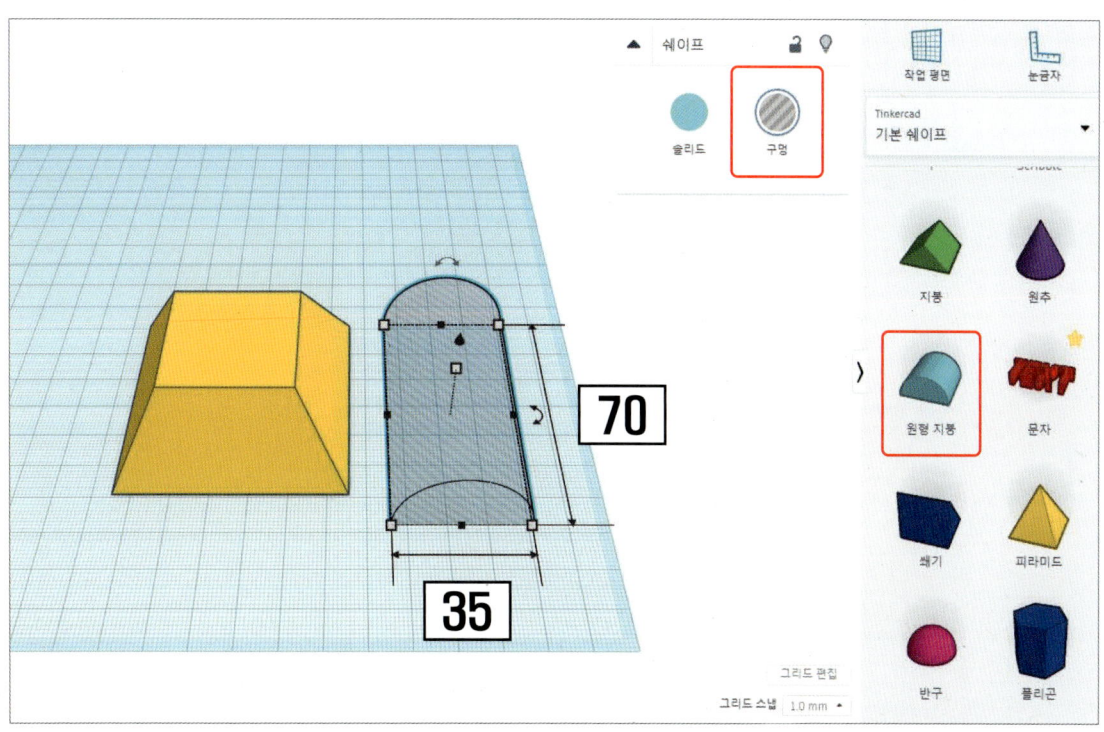

기본 쉐이프에서 원형 지붕을 선택하고 작업 평면에 놓은 후 구멍 도형으로 바꾸고 치수를 조절합니다.
예 가로 35, 세로 70, 높이 18

TINKERCAD DESIGN For 3D PRINTING   SECTION 05

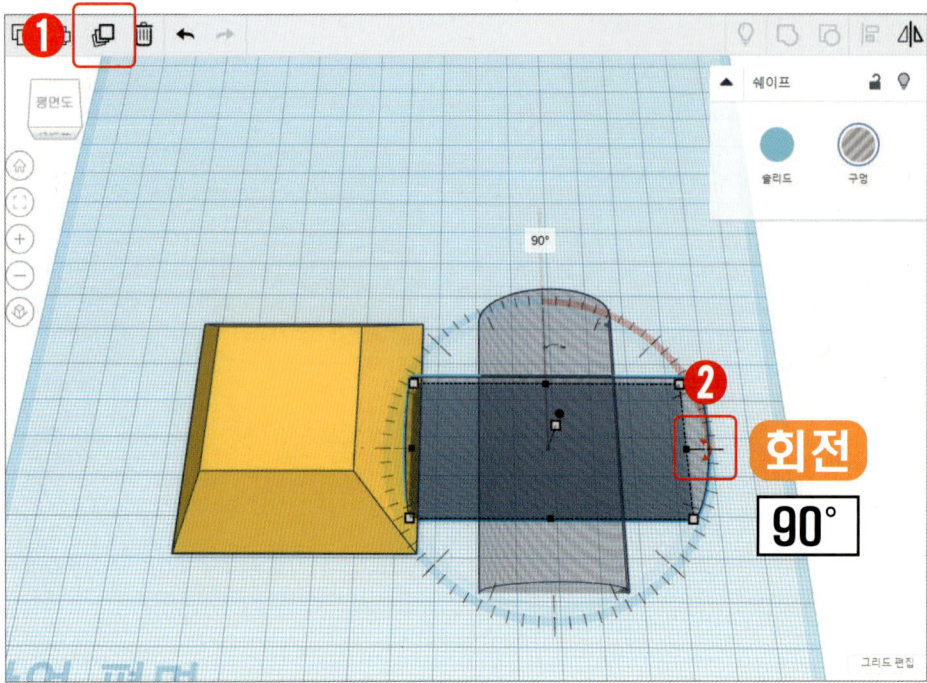

구멍 지붕 원형을 ❶ 복제한 후 ❷ 90° 회전합니다.

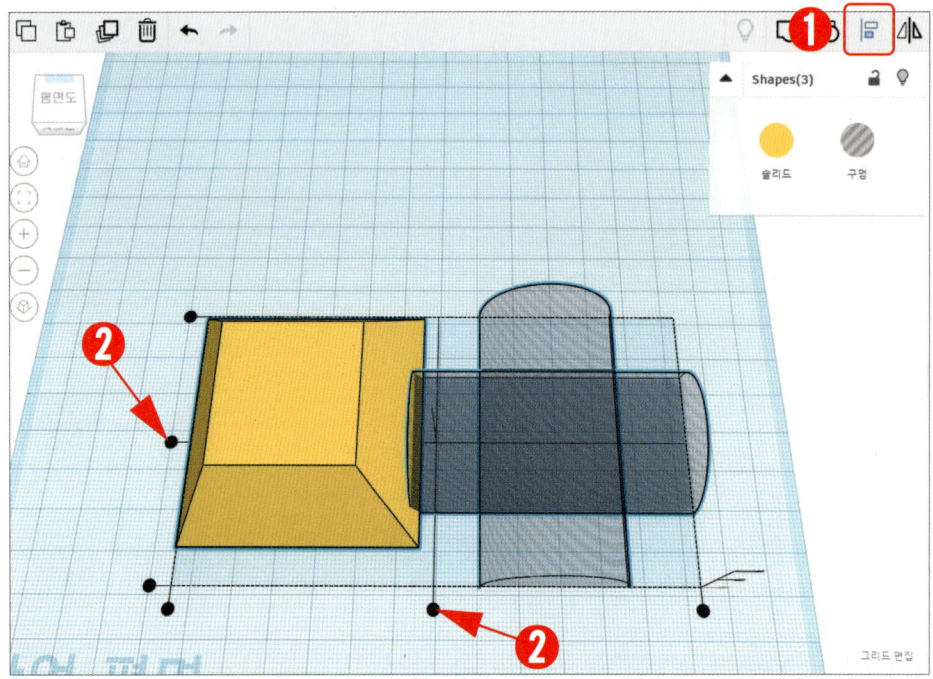

도형을 모두 선택하고 ❶ 정렬 버튼을 클릭한 후 ❷를 클릭하여 가운데 정렬합니다.

TINKERCAD DESIGN For 3D PRINTING _____ SECTION 05

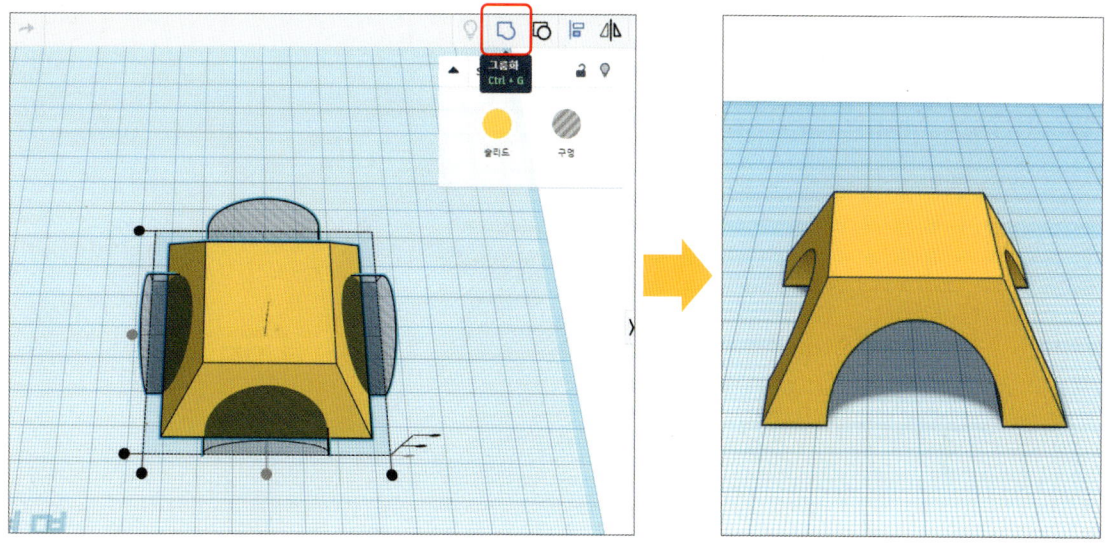

정렬된 도형을 그룹화합니다.

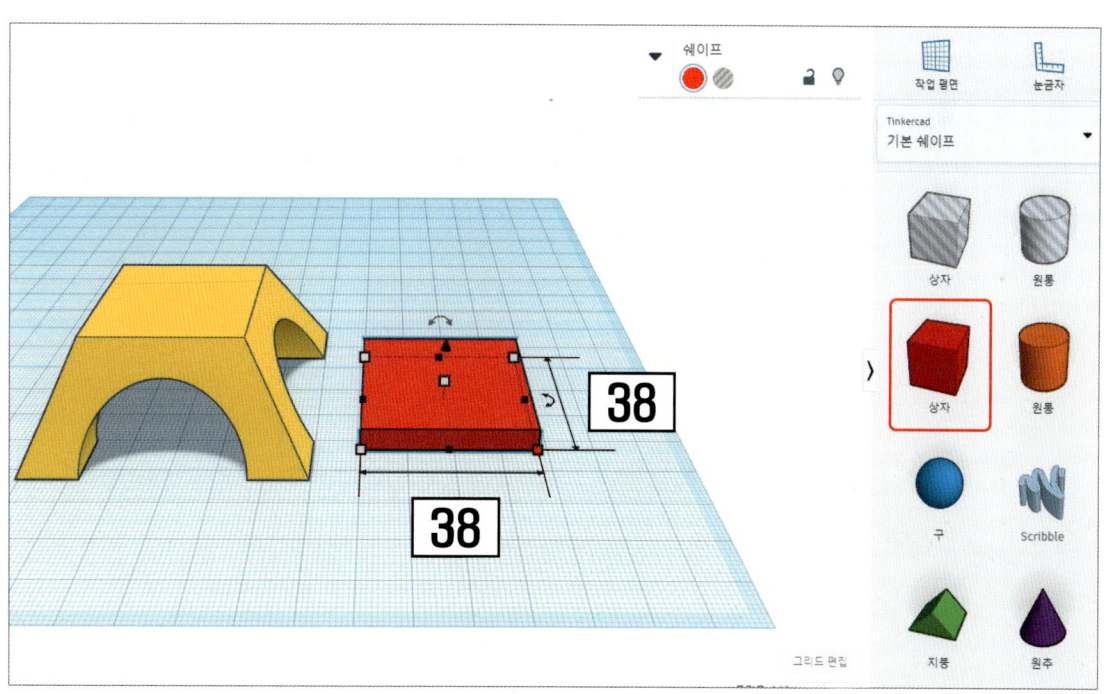

기본 쉐이프에서 상자를 선택하고 작업 평면에 놓은 후 치수를 조절합니다.
예 가로 38, 세로 38, 높이 5

TINKERCAD DESIGN For 3D PRINTING _____ SECTION 05

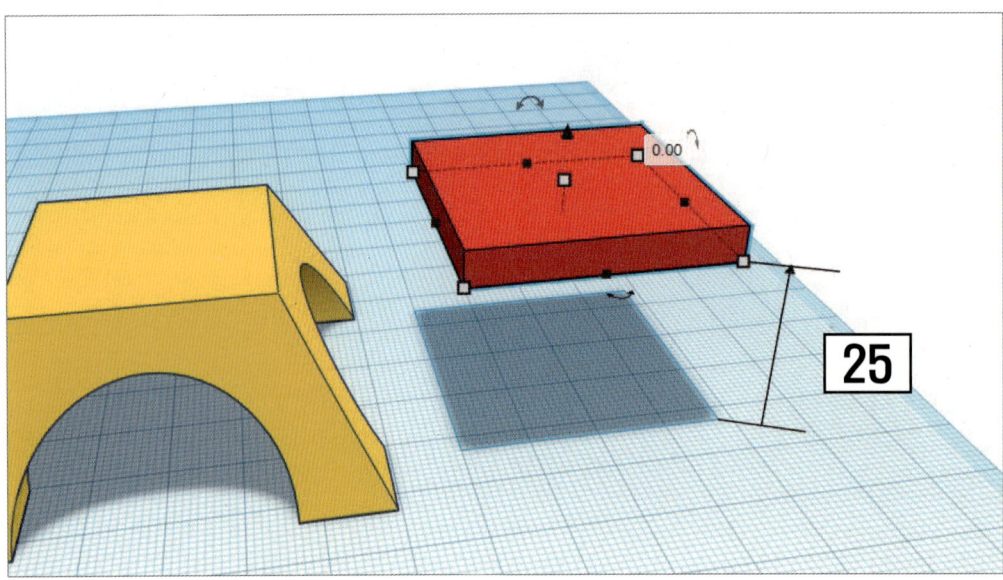

상자를 위로 "25"만큼 올려줍니다.

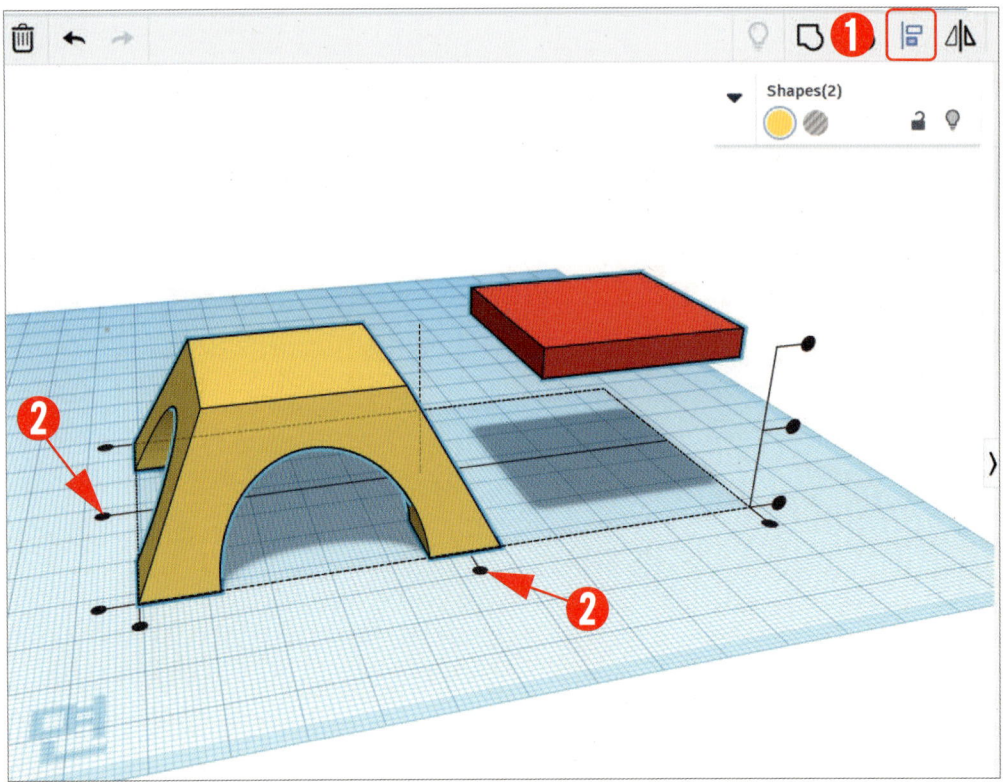

도형을 모두 선택하고 ❶ 정렬 버튼을 클릭한 후 ❷를 클릭하여 가운데 정렬합니다.

TINKERCAD DESIGN For 3D PRINTING _____ SECTION 05

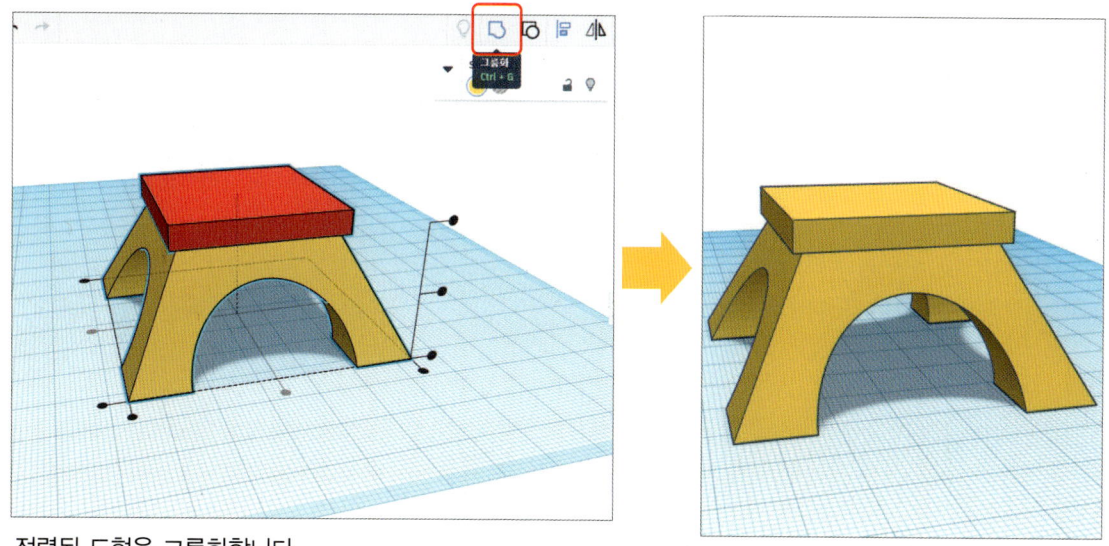

정렬된 도형을 그룹화합니다.

 2층부 만들기

 03

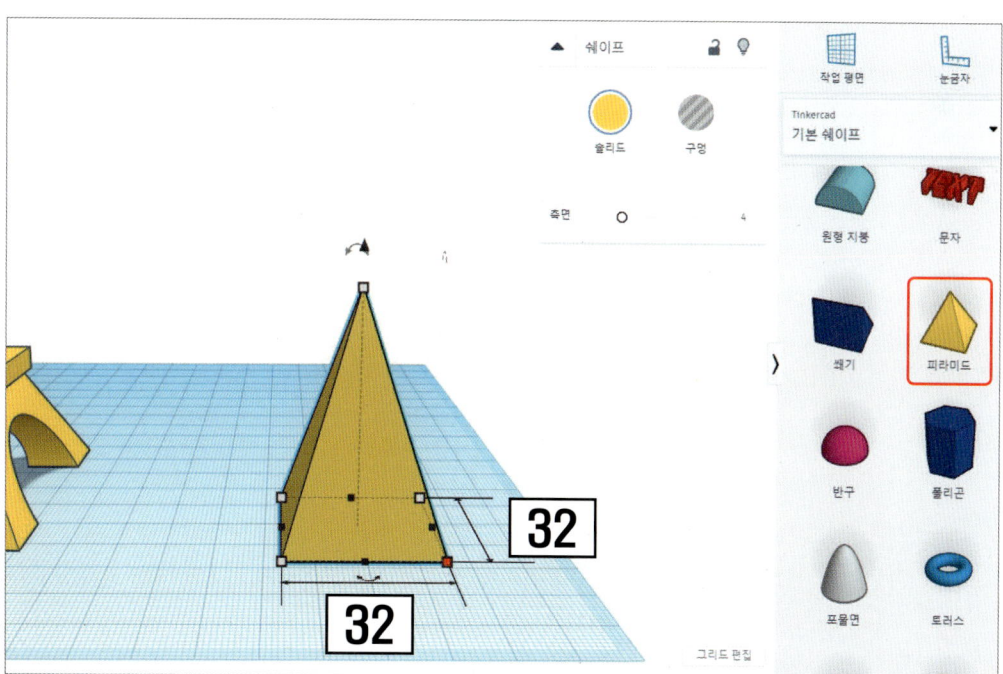

기본 쉐이프에서 피라미드를 선택하고 작업 평면에 놓은 후 치수를 조절합니다.
예 가로 32, 세로 32, 높이 50

TINKERCAD DESIGN For 3D PRINTING   SECTION 05

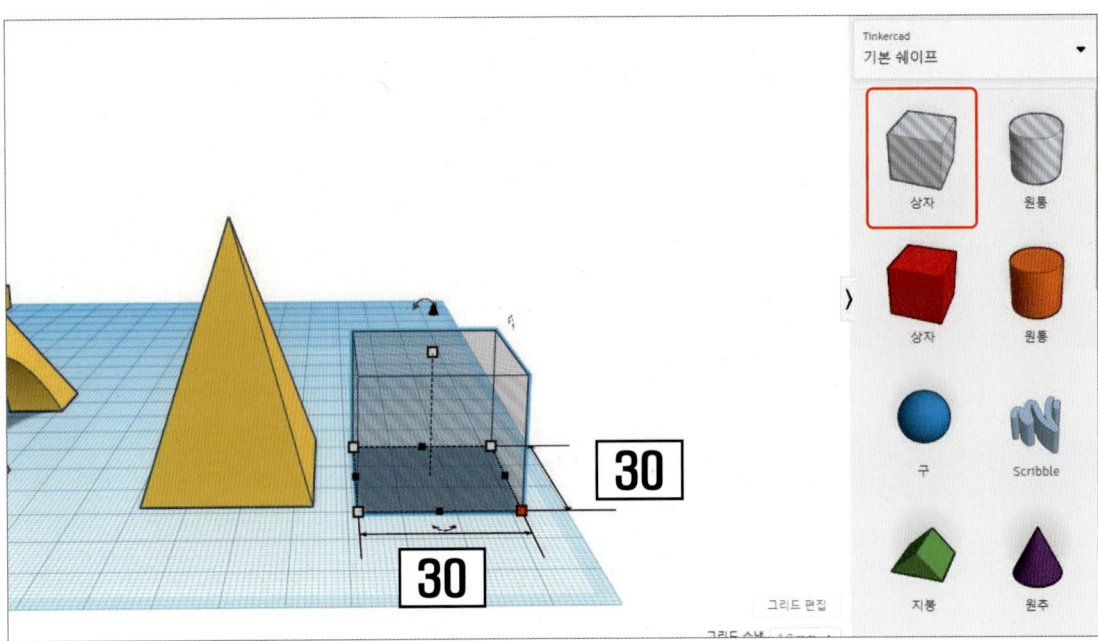

기본 쉐이프에서 구멍 상자를 선택하고 작업 평면에 놓은 후 치수를 조절합니다.
예 가로 30, 세로 30, 높이 25

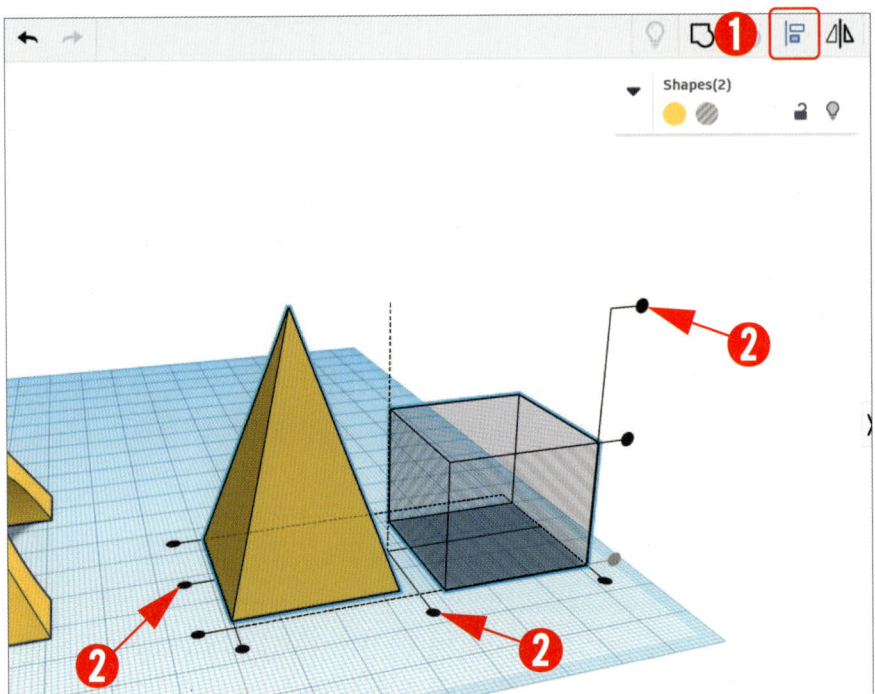

도형을 모두 선택하고 ❶ 정렬 버튼을 클릭한 후 ❷를 클릭하여 가운데 정렬합니다.

TINKERCAD DESIGN For 3D PRINTING SECTION 05

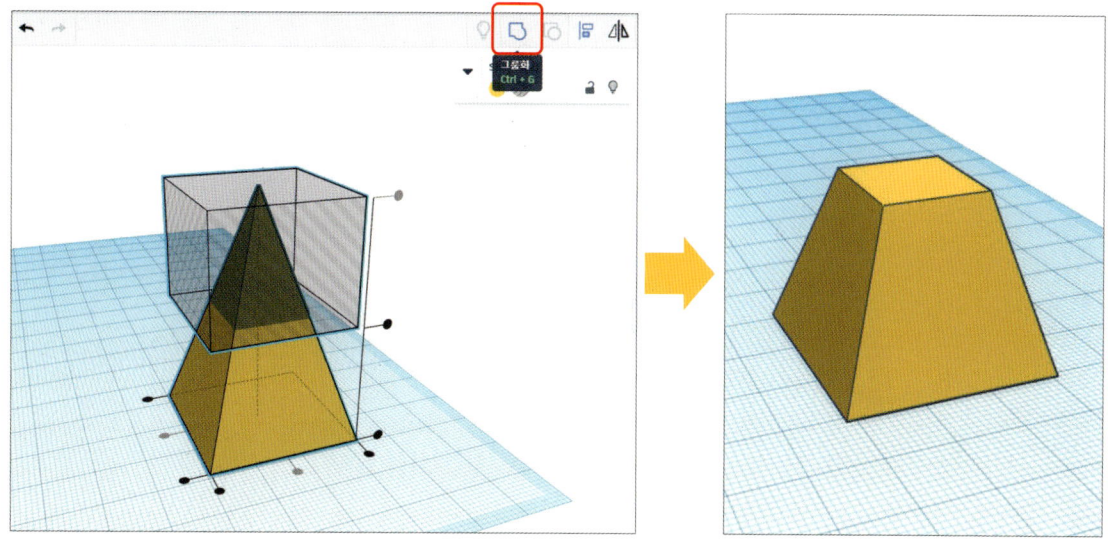
정렬된 도형을 그룹화합니다.

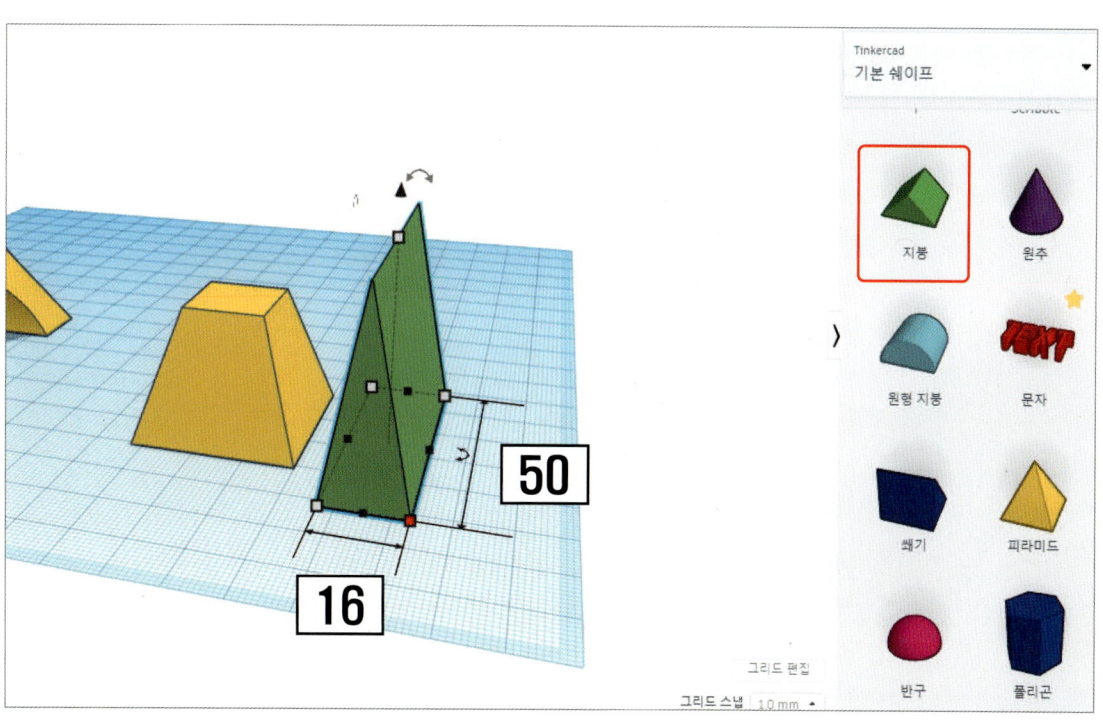
기본 쉐이프에서 지붕을 선택하고 작업 평면에 놓은 후 치수를 조절합니다.
예 가로 16, 세로 50, 높이 40

TINKERCAD DESIGN For 3D PRINTING _____ SECTION 05

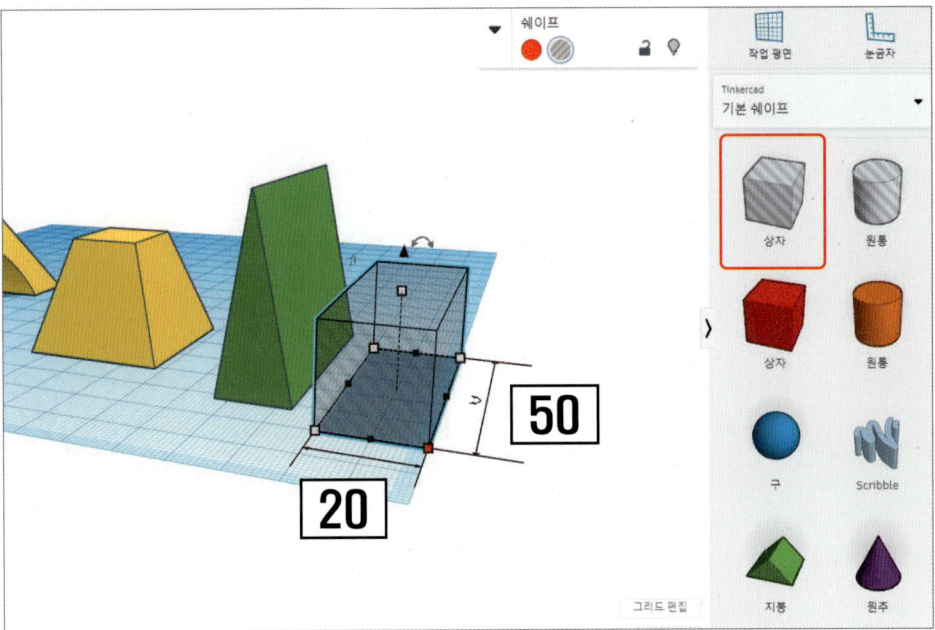

기본 쉐이프에서 구멍 상자를 선택하고 작업 평면에 놓은 후 치수를 조절합니다.
예 가로 20, 세로 50, 높이 20

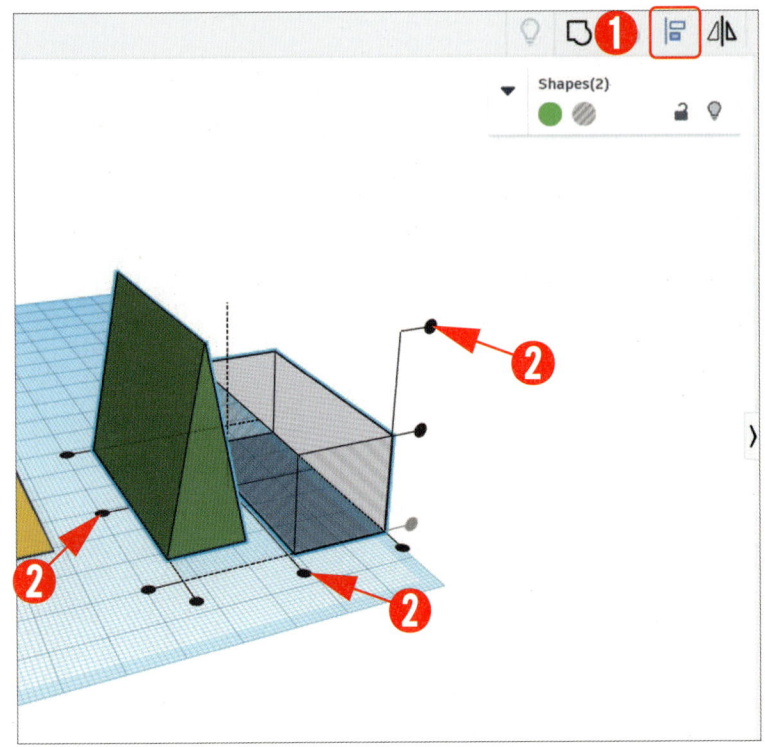

도형을 모두 선택하고 ❶ 정렬 버튼을 클릭한 후 ❷를 클릭하여 가운데 정렬합니다.

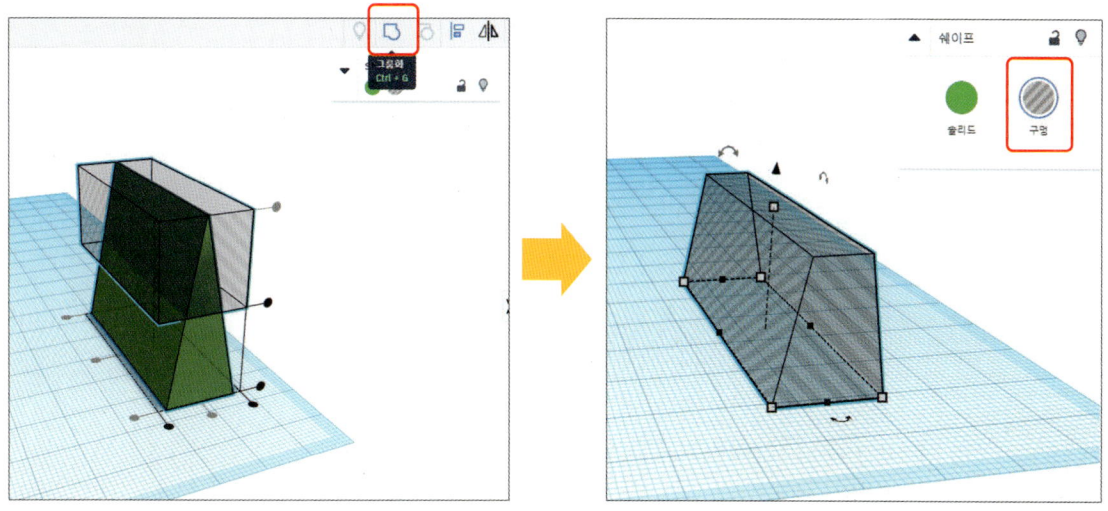

정렬된 도형을 그룹화합니다.　　　　　　　　도형을 구멍 도형으로 바꿔줍니다.

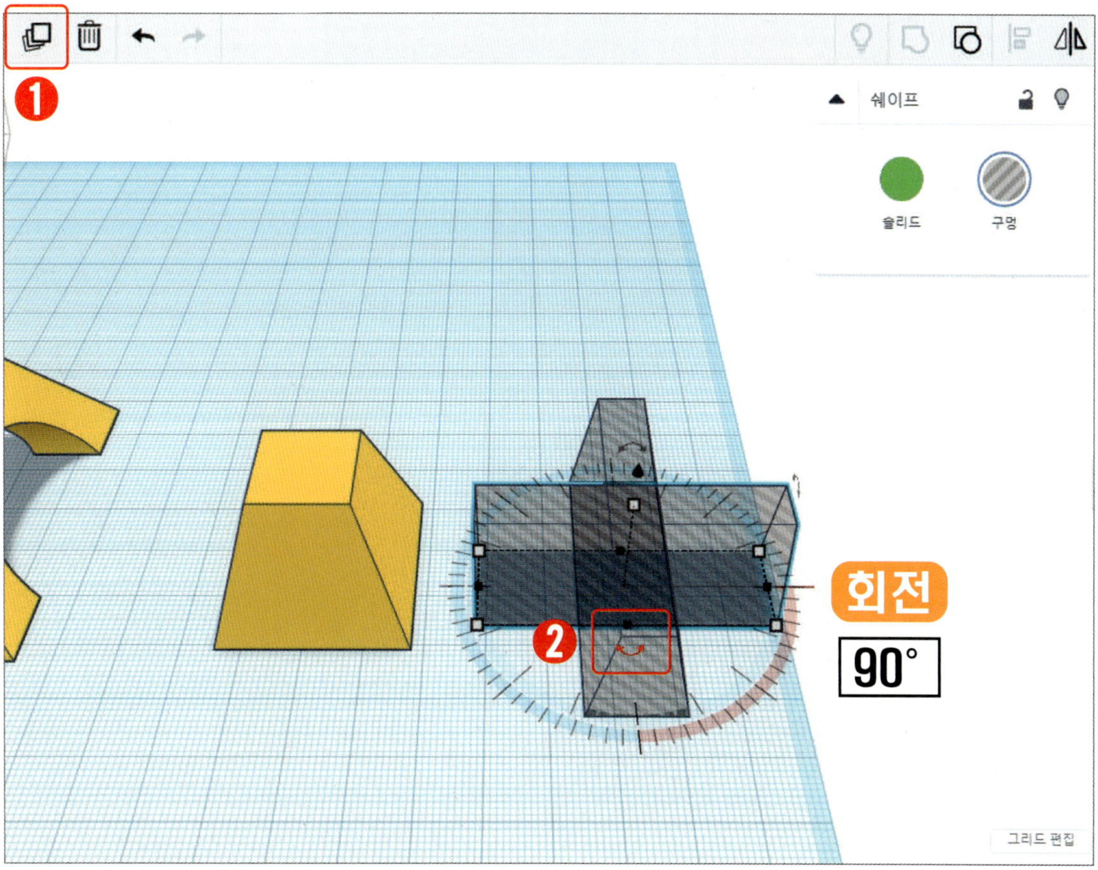

구멍 지붕 원형을 ❶ 복제한 후 ❷ 90° 회전합니다.

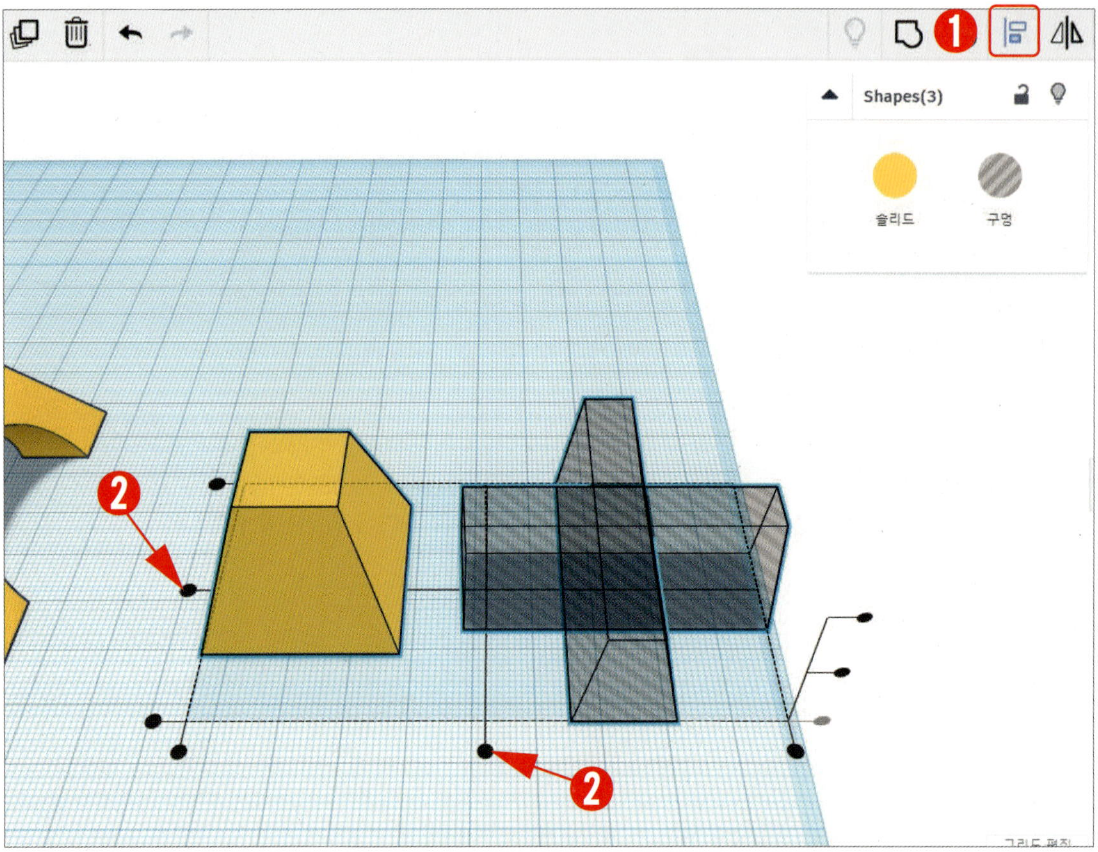

TINKERCAD DESIGN For 3D PRINTING SECTION 05

도형을 모두 선택하고 ❶ 정렬 버튼을 클릭한 후 ❷를 클릭하여 가운데 정렬합니다.

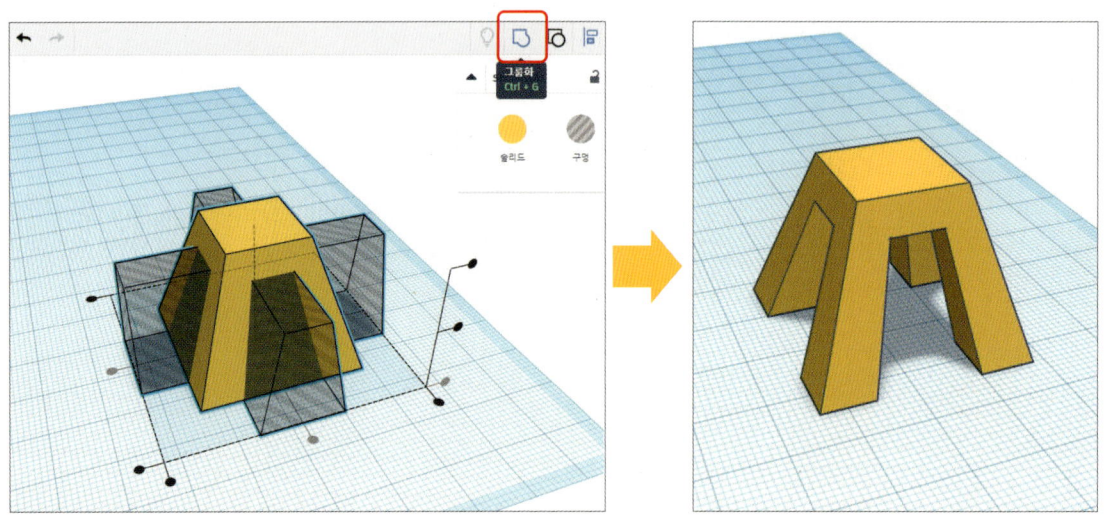

정렬된 도형을 그룹화합니다.

TINKERCAD DESIGN For 3D PRINTING

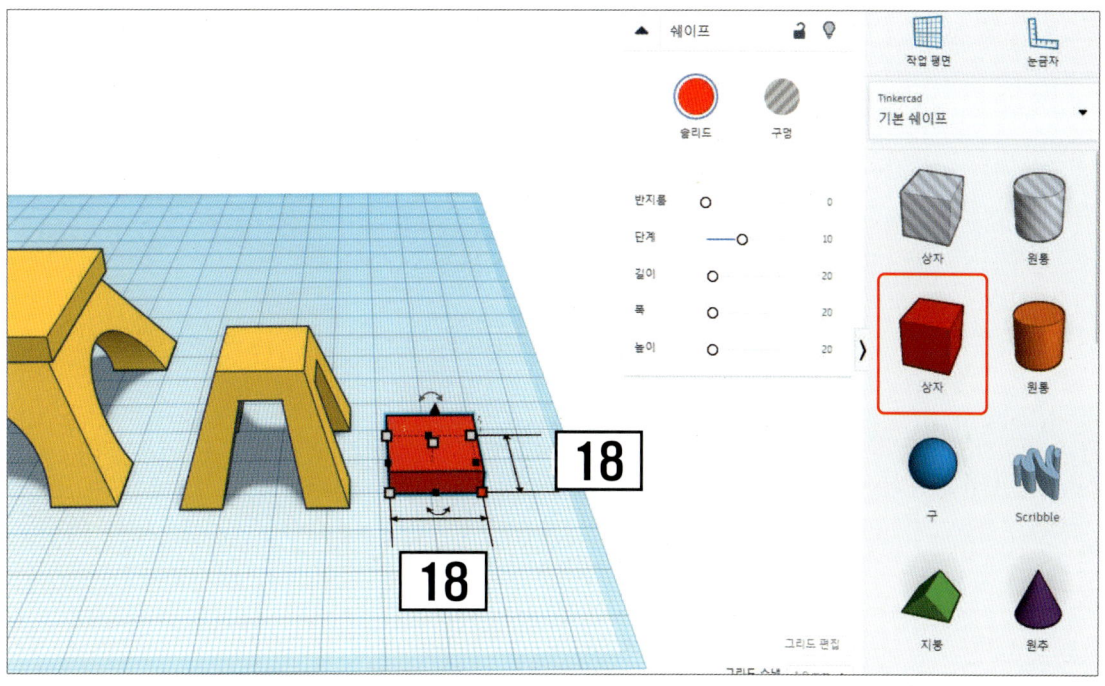

기본 쉐이프에서 상자를 선택하고 작업 평면에 놓은 후 치수를 조절합니다.
예 가로 18, 세로 18, 높이 5

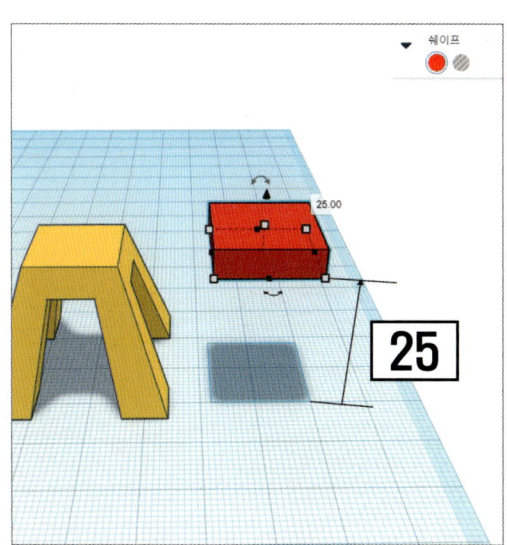

상자를 위로 "25"만큼 올려줍니다.

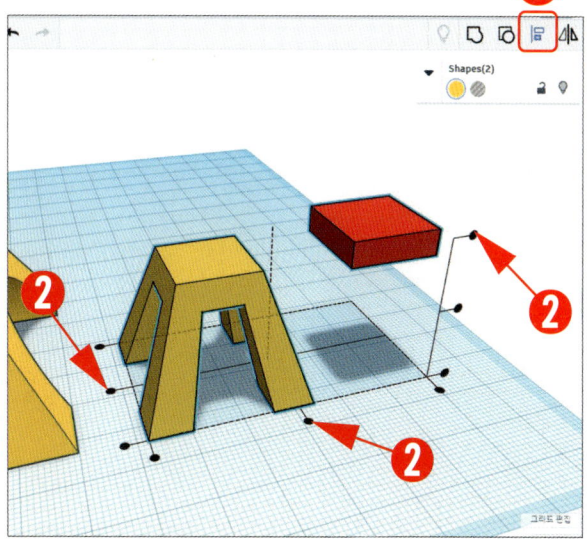

도형을 모두 선택하고 ❶ 정렬 버튼을 클릭한 후 ❷를 클릭하여 가운데 정렬합니다.

TINKERCAD DESIGN For 3D PRINTING   SECTION 05

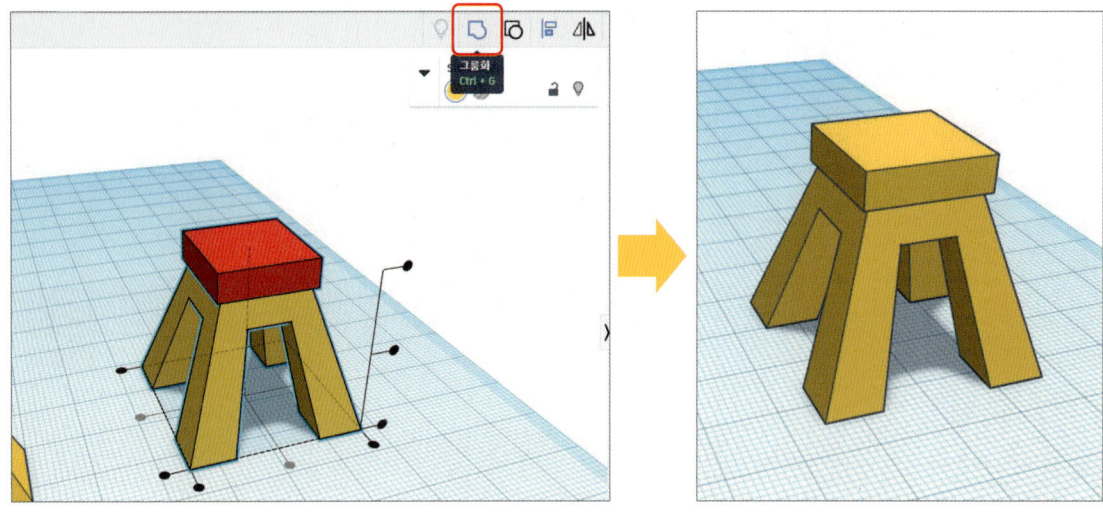

정렬된 도형을 그룹화합니다.

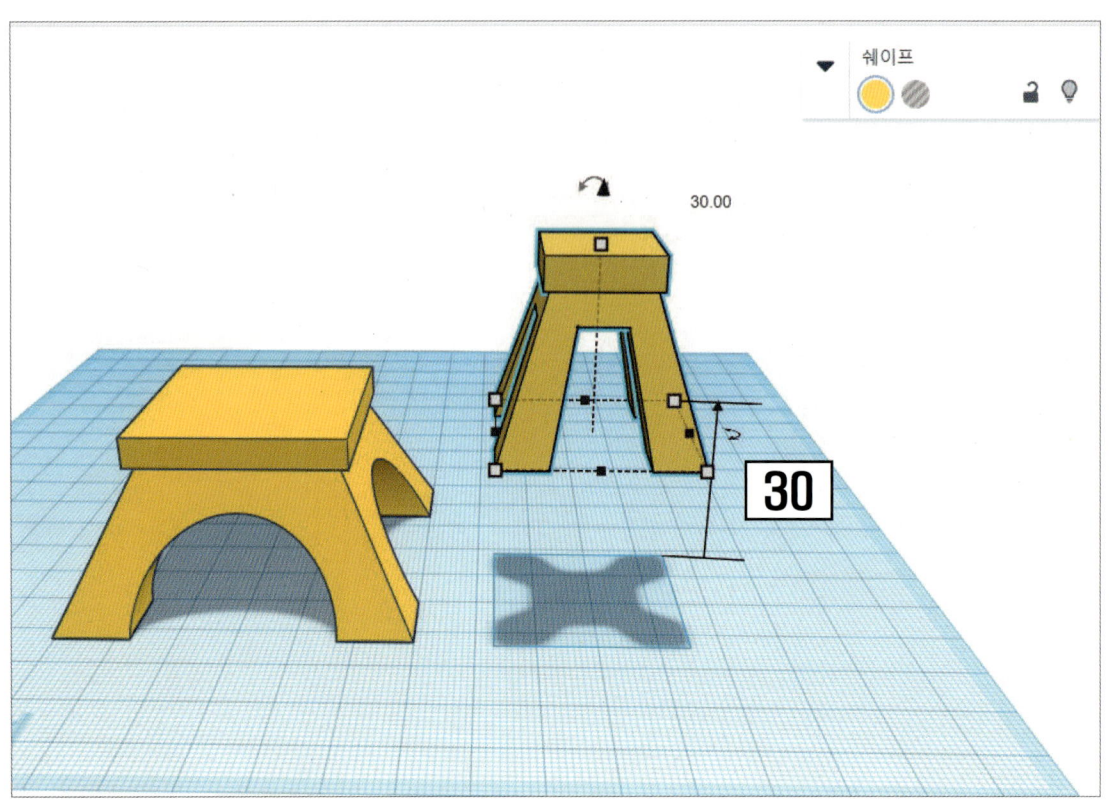

상자를 위로 "30"만큼 올려줍니다.

TINKERCAD DESIGN For 3D PRINTING   SECTION 05

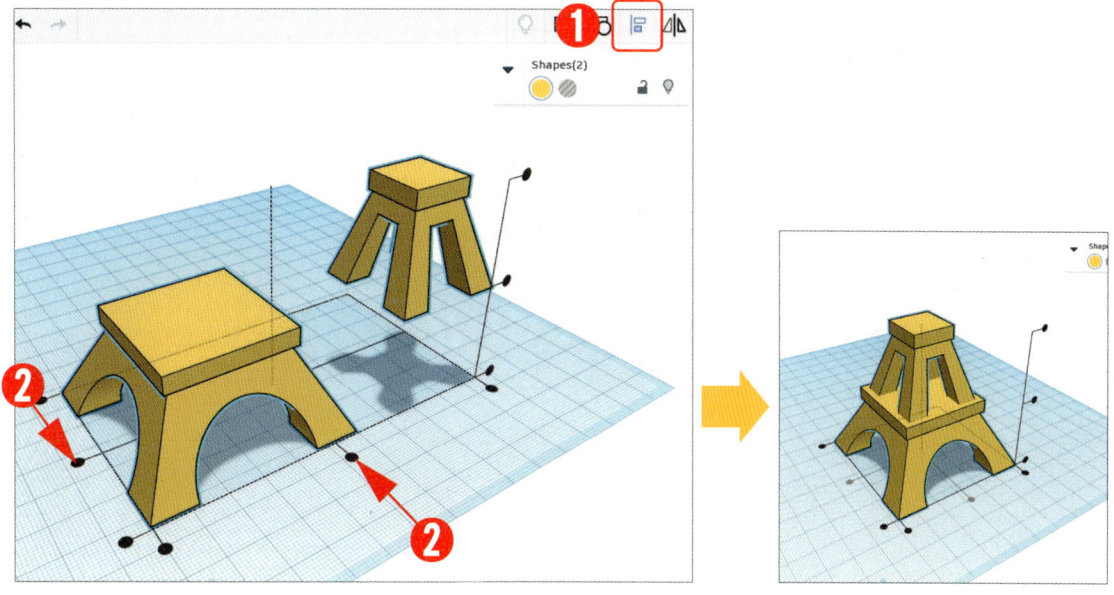

도형을 모두 선택하고 ❶ 정렬 버튼을 클릭한 후 ❷를 클릭하여 가운데 정렬합니다.

3층부 만들기

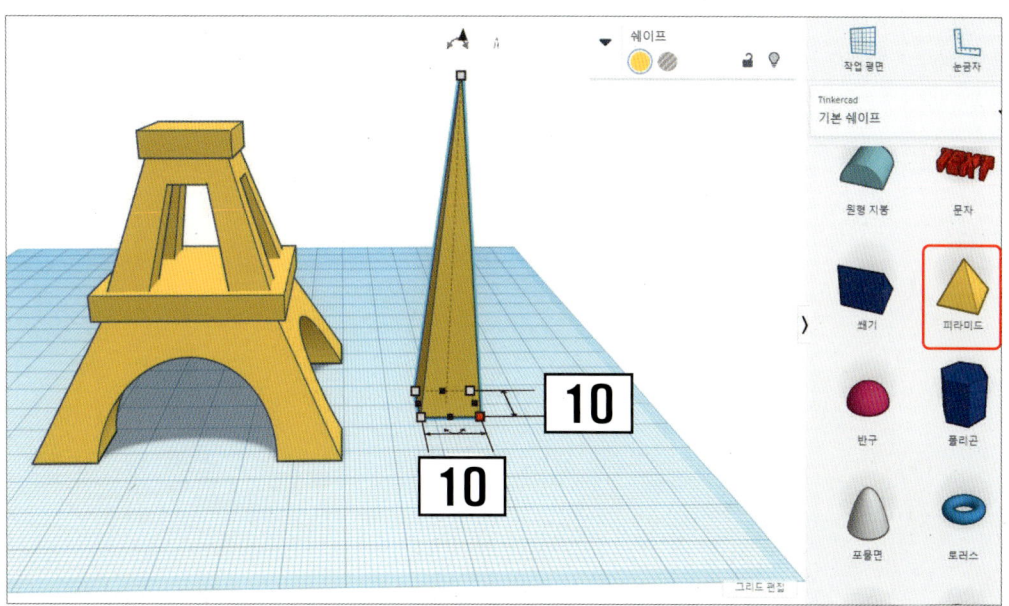

기본 쉐이프에서 피라미드를 선택하고 작업 평면에 놓은 후 치수를 조절합니다.
예 가로 10, 세로 10, 높이 70

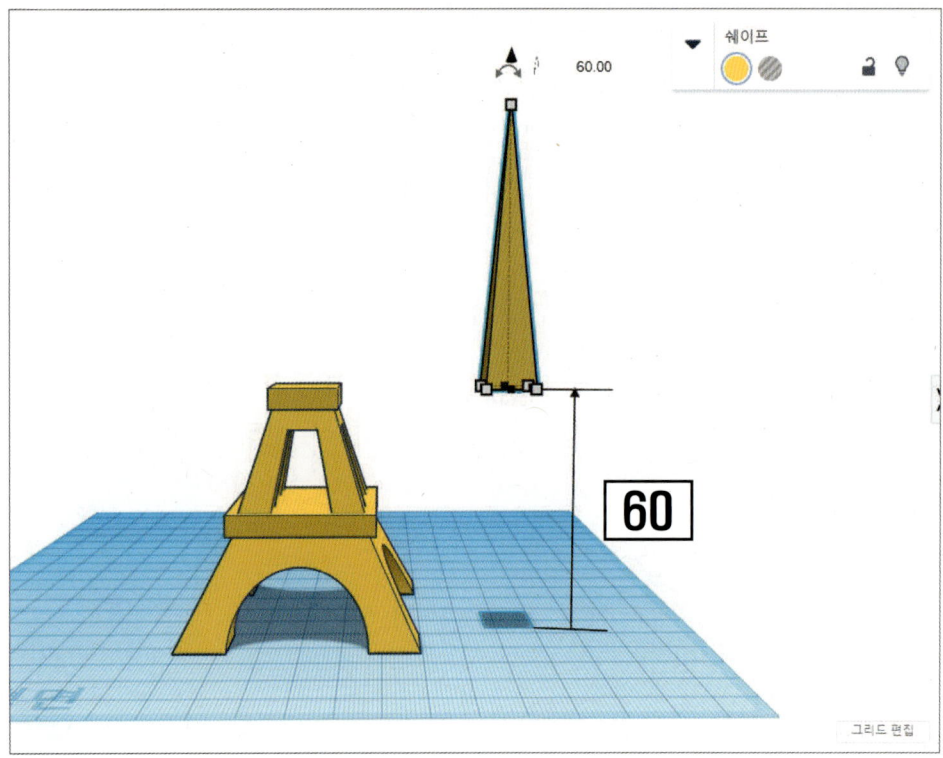

3층부 피라미드를 위로 "60"만큼 올려줍니다.

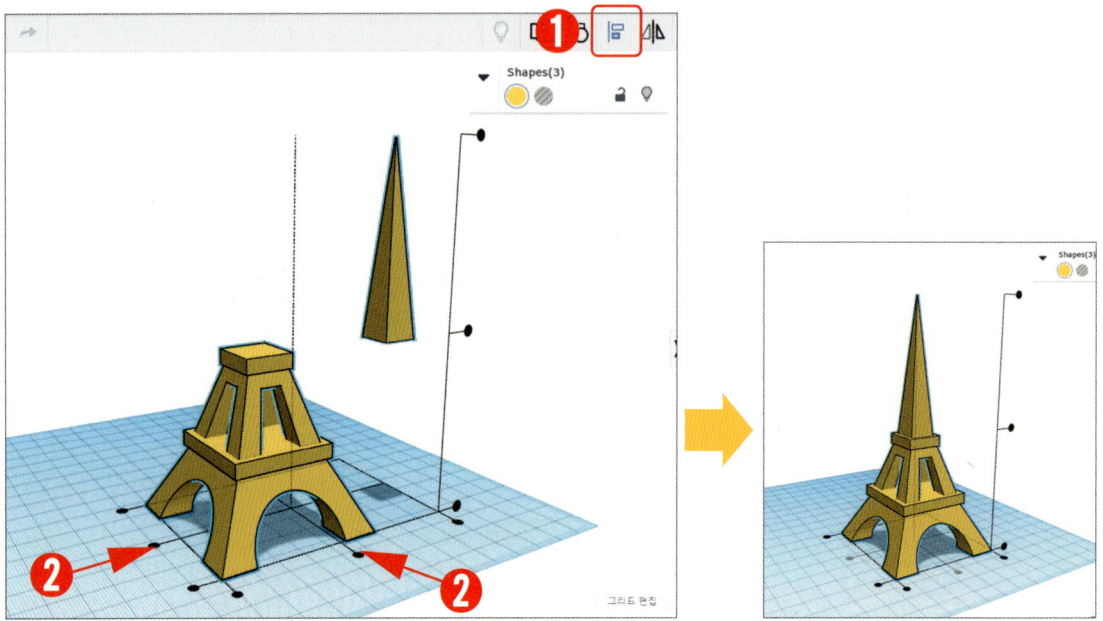

도형을 모두 선택하고 ❶ 정렬 버튼을 클릭한 후 ❷를 클릭하여 가운데 정렬합니다.

TINKERCAD DESIGN For 3D PRINTING

4층부 만들기

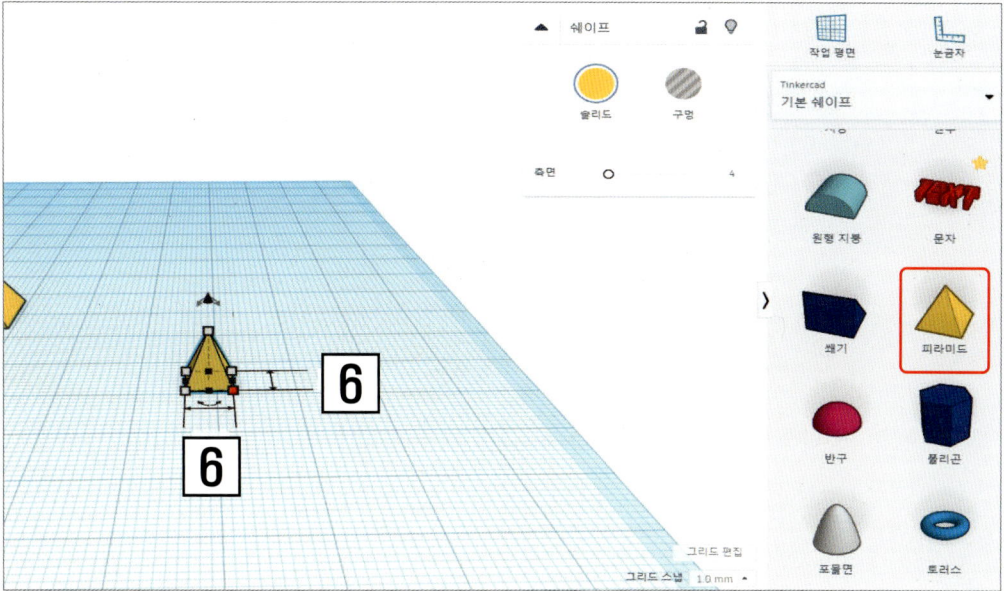

기본 쉐이프에서 피라미드를 선택하고 작업 평면에 놓은 후 치수를 조절합니다.
예 가로 6, 세로 6, 높이 8

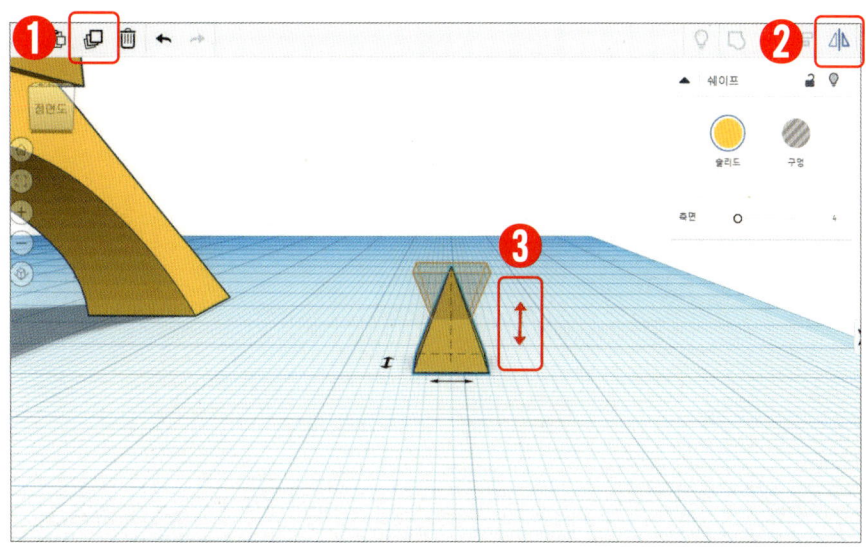

도형을 ❶ 복제한 후 ❷ 대칭 버튼으로 ❸ 상하 대칭합니다.

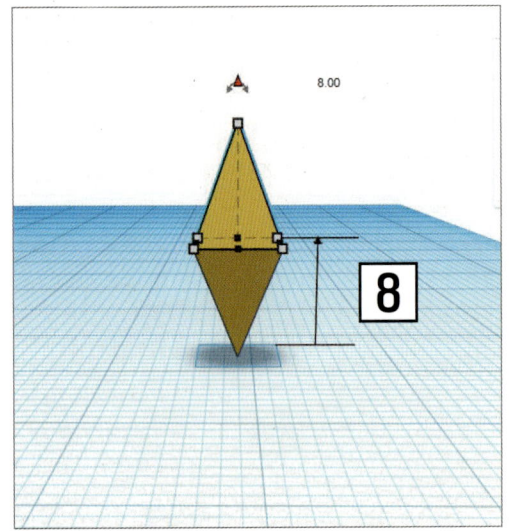
기존 하단 도형을 위로 "8"만큼 올려줍니다.

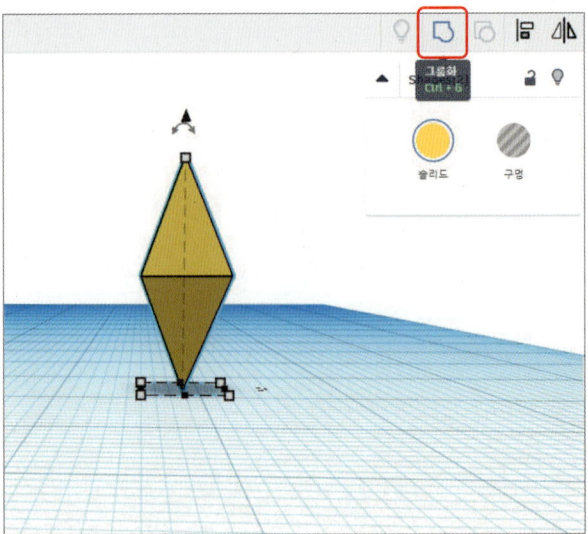
두 도형을 그룹화합니다.

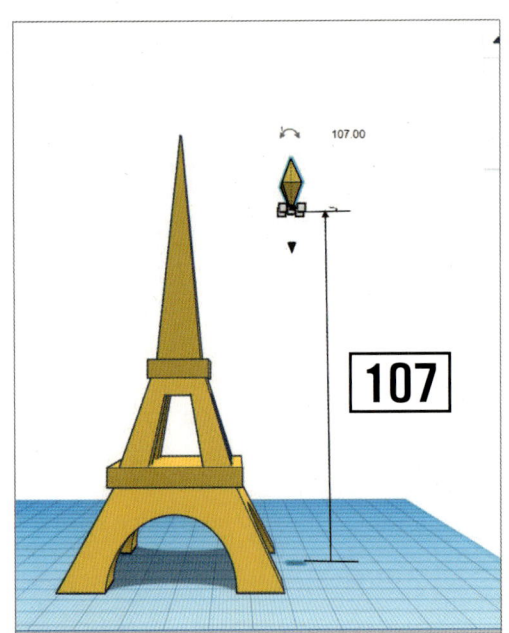
4층부를 위로 "107"만큼 올려줍니다.

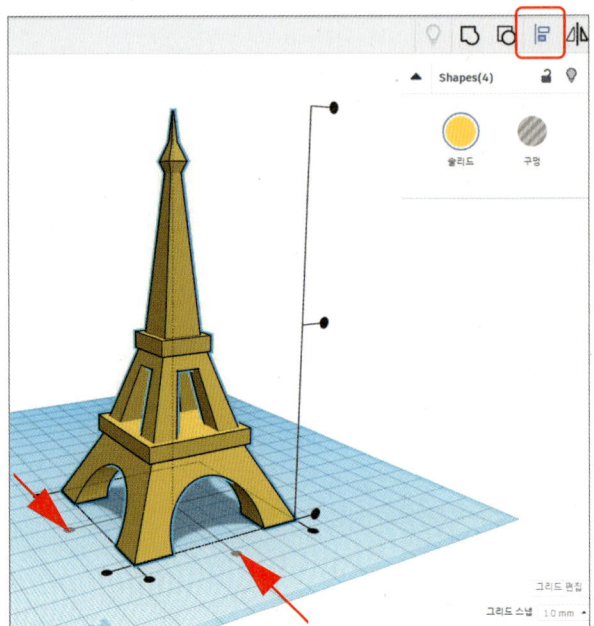
도형을 모두 선택한 후 가운데 정렬합니다.

TINKERCAD DESIGN For 3D PRINTING

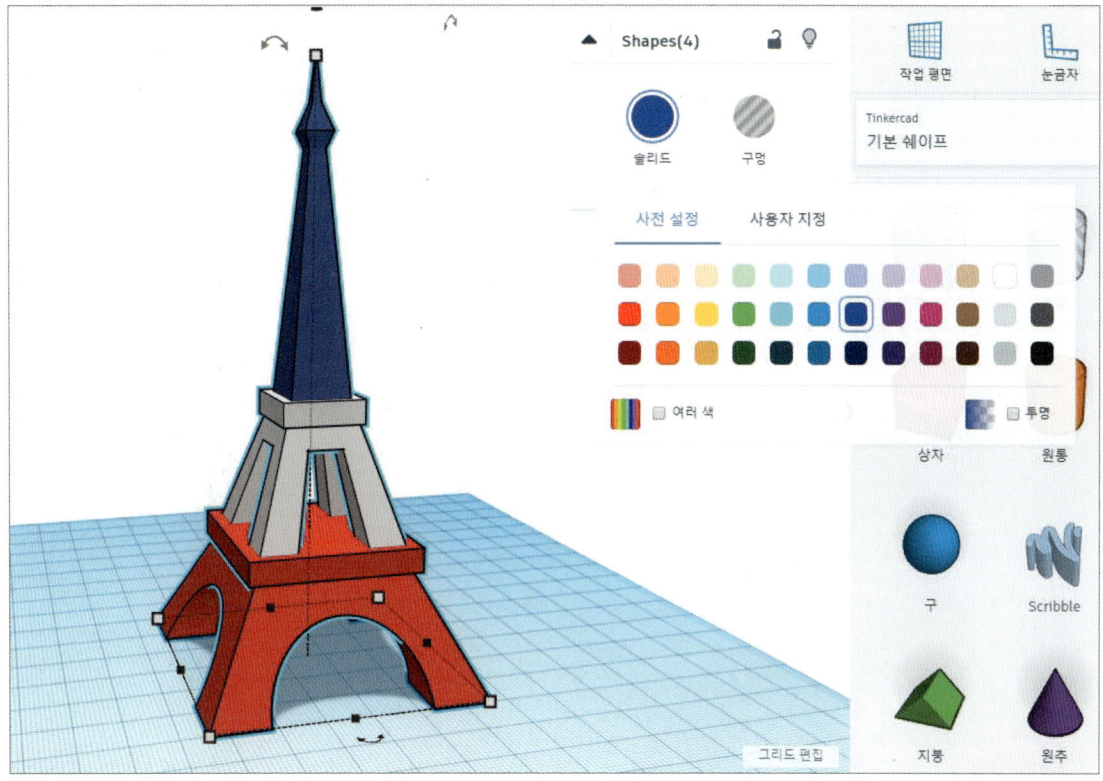

완성!
솔리드의 다양한 색상을 활용하여 에펠탑을 꾸며봅시다.

TINKERCAD DESIGN For 3D PRINTING — SECTION 05

도 | 전 | 과 | 제

- 자료를 참고하여 에펠탑에 대해 알아보고 나만의 에펠탑을 디자인하여 모델링해 봅시다.

1889년 3월 31일 준공되었고, 1889년 5월 6일 개관하였다. 이것을 세운 프랑스의 교량 기술자 구스타브 에펠의 이름을 따서 명명 되었다. 재료로는 프랑스에서 제조된 7,300t의 시멘즈 마르탕 평로강이 사용되었다.

탑에는 3개소에 각각 전망 테라스가 있다. 파리의 경치를 해치는 것이라고 해서 완공 당시 모파상과 같은 예술가와 지식인의 비판을 받았으나 그대로 남아 무전탑(無電塔)으로 이용되었다. 그러나 제2차 세계대전 후 55피트의 텔레비전 안테나가 덧붙여져서 텔레비전의 송신탑으로 사용되고 있다.

탑의 높이는 건설 후 약 40년간 인공 건조물로서는 세계 최고였다.

출처 : [네이버 지식백과] 에펠탑 [Eiffel Tower]

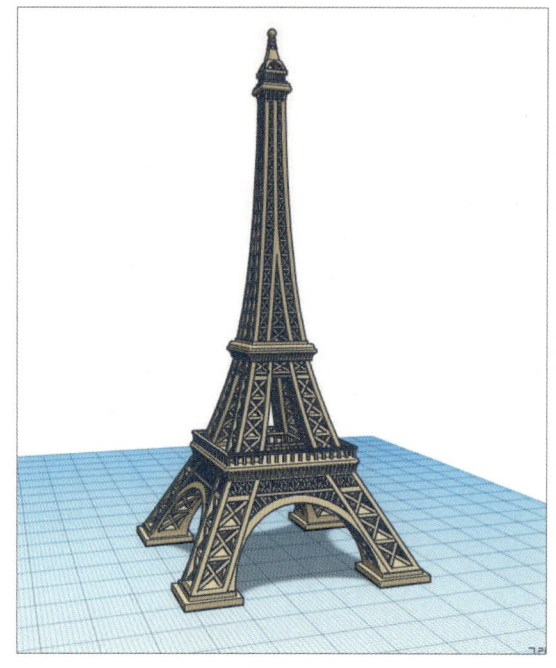

SECTION 06
LED 호박등

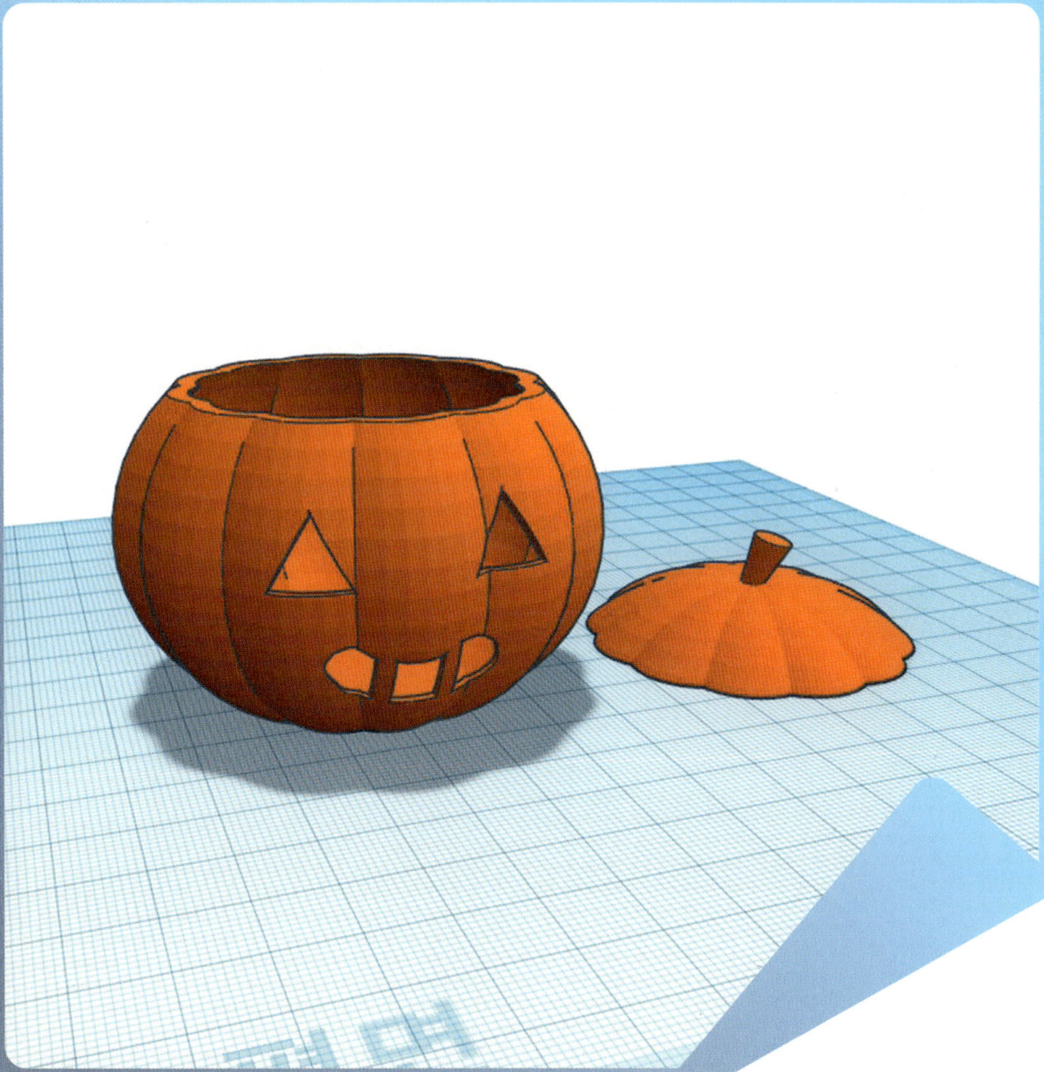

● LED 호박등 만들기

할로윈데이에 사용할 호박을 모델링해 봅시다.
호박통과 뚜껑을 만들어 LED 호박등으로 활용해 봅시다.

TINKERCAD DESIGN For 3D PRINTING SECTION 06

01

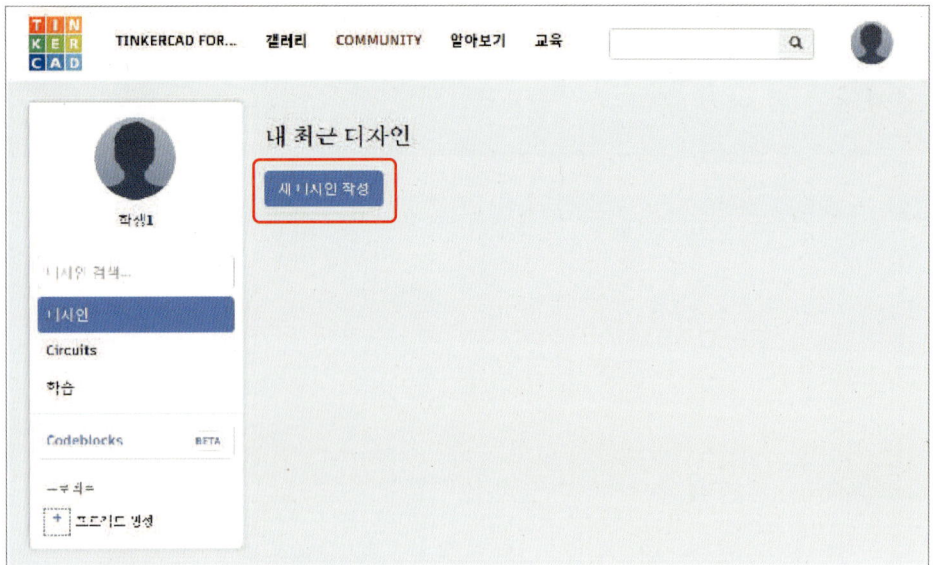

구글크롬 에서 팅커캐드 웹사이트(www.tinkercad.com)에 접속합니다.
로그인 후 대시보드의 새 디자인 작성 을 클릭합니다.

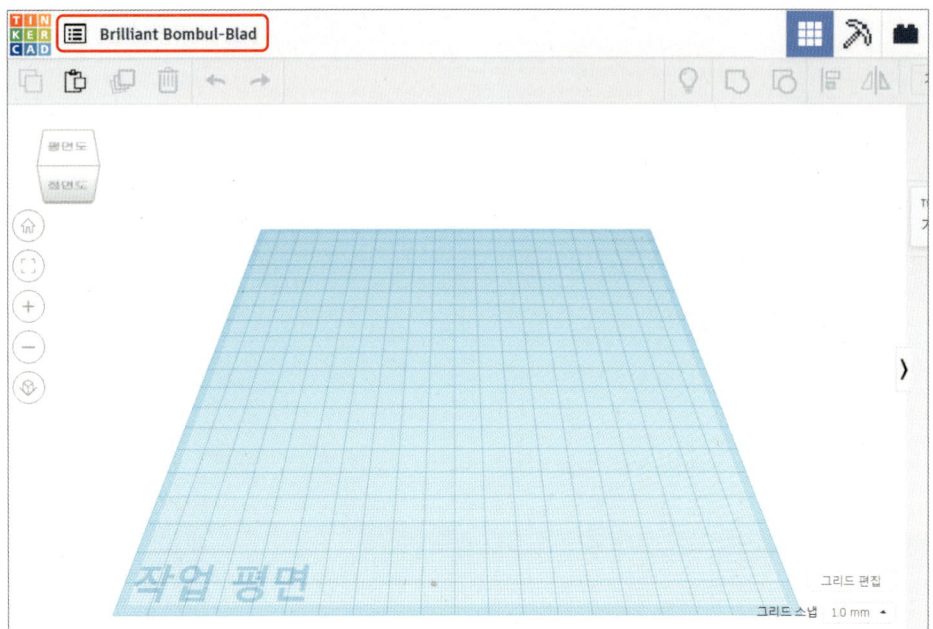

팅커캐드는 저장 버튼이 따로 없으며 웹에서 작업하고 모델링 작업파일 역시 인터넷 저장 공간에
자동으로 저장됩니다. 임의로 주어진 영어이름을 클릭하면 파일명을 수정할 수 있습니다.

TINKERCAD DESIGN For 3D PRINTING

파일명을 "LED 호박등"으로 수정하고 엔터키 또는 화면의 빈 공간 아무 곳이나 클릭합니다.

호박모양 통 만들기

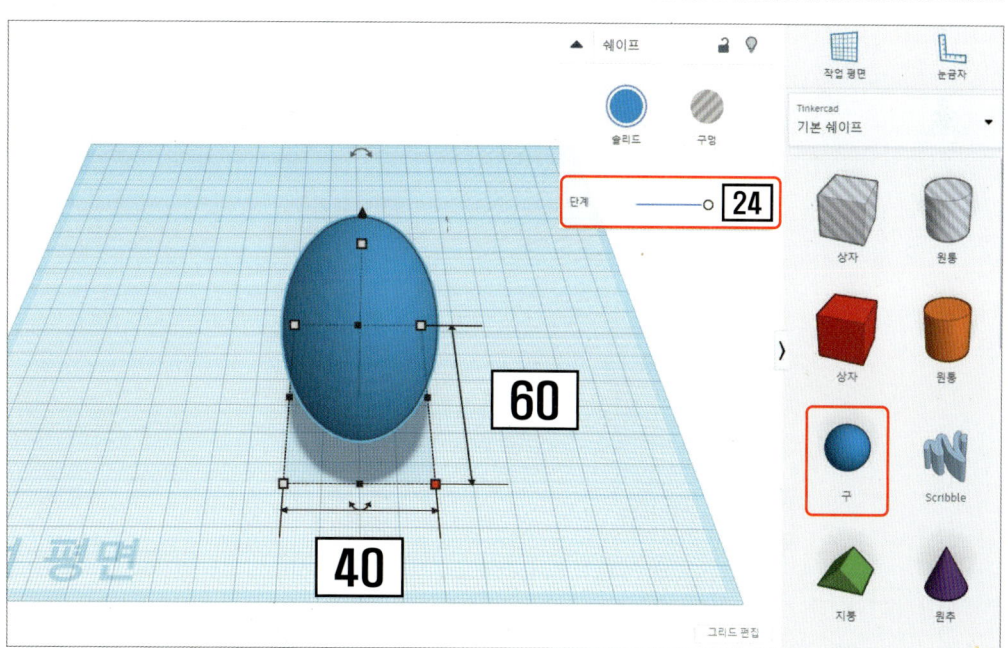

기본 쉐이프에서 구를 선택하고 작업 평면에 놓은 후 치수를 조절합니다.
예 가로 40, 세로 60, 높이 55, 단계 24
   (모서리를 둥글게 만들기 위해 쉐이프에서 단계의 수치를 24로 조절합니다.)

TINKERCAD DESIGN For 3D PRINTING — SECTION 06

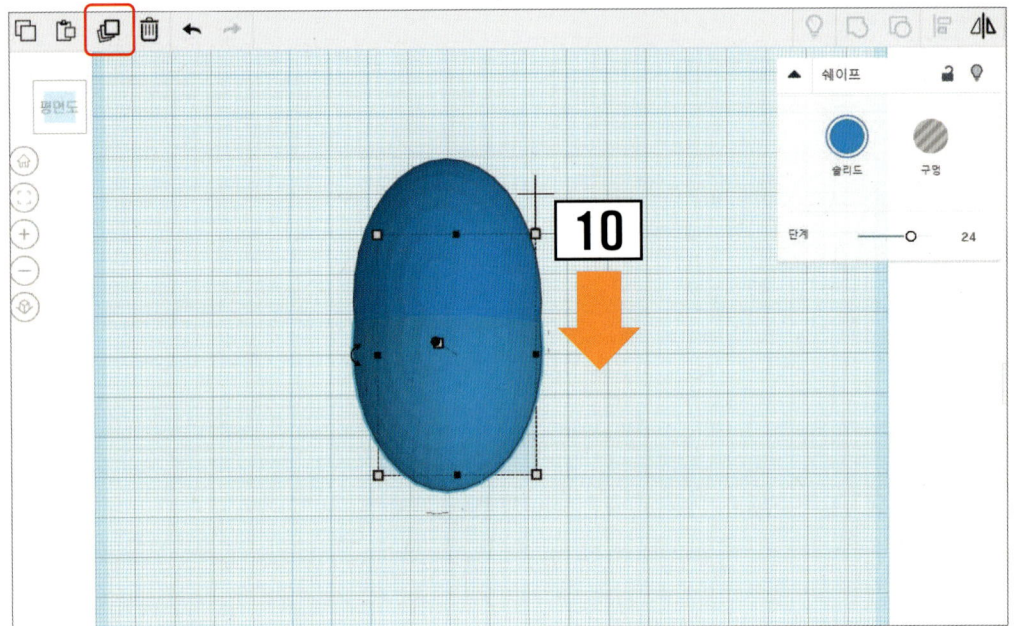

구를 복제하여 [Shift] 키를 누른 채로 아래로 "10"만큼 이동합니다.

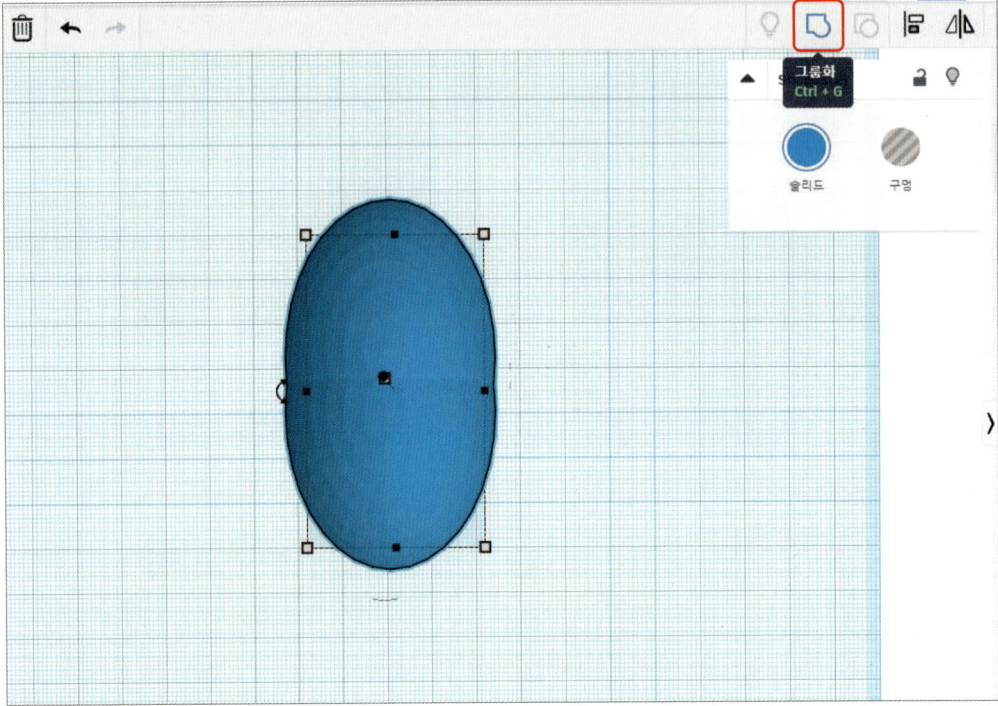

두 도형을 그룹화합니다.

TINKERCAD DESIGN For 3D PRINTING

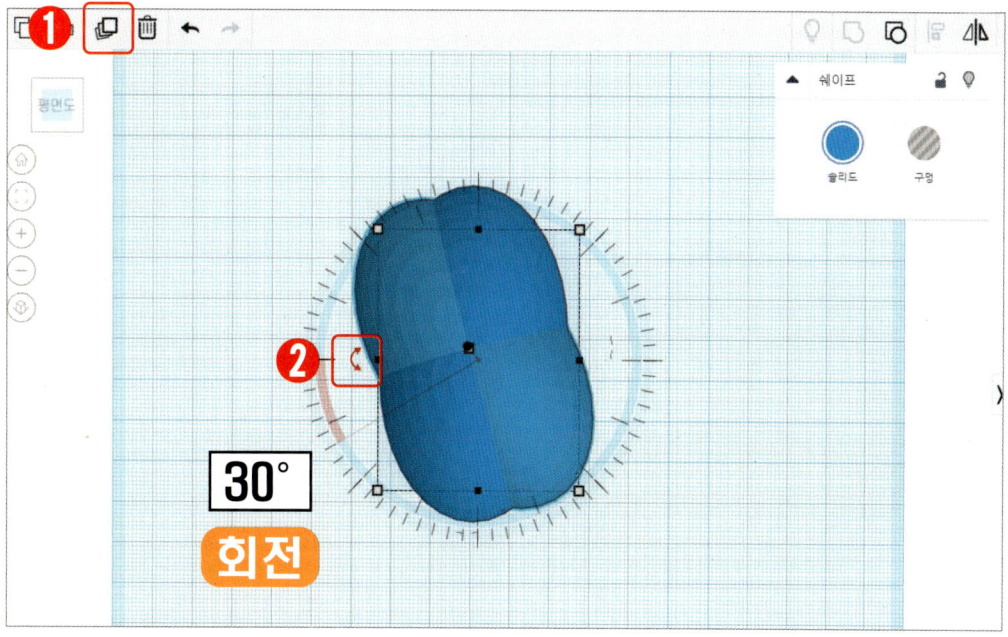

그룹화된 도형을 ❶ 복제한 후 ❷ 30° 회전합니다.

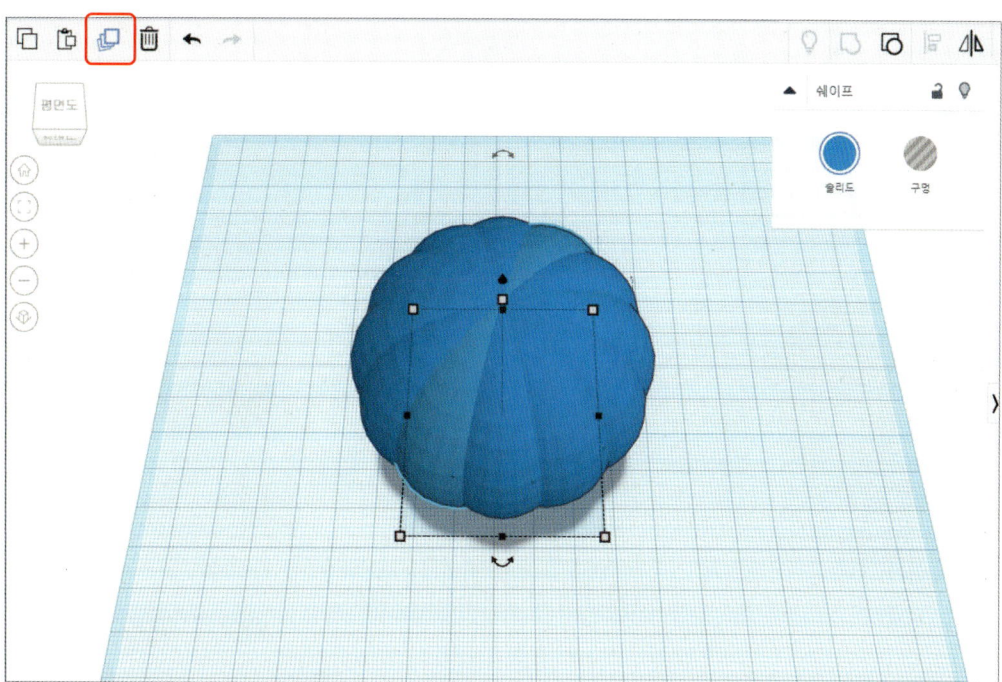

회전 복제된 상태에서 복제 버튼을 계속 눌러주면 30°로 계속 복제됩니다.
5개를 더 복제하여 호박 모양을 만들어 줍니다.

TINKERCAD DESIGN For 3D PRINTING
SECTION 06

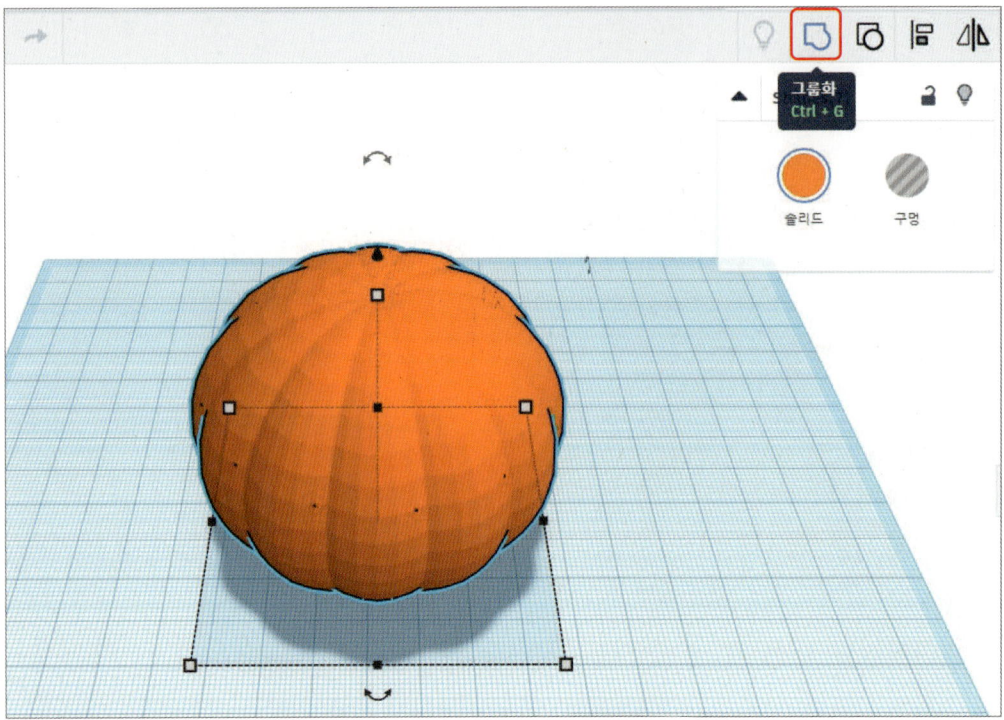

도형을 모두 선택한 후 그룹화하고 솔리드에서 색상도 바꿔줍니다.

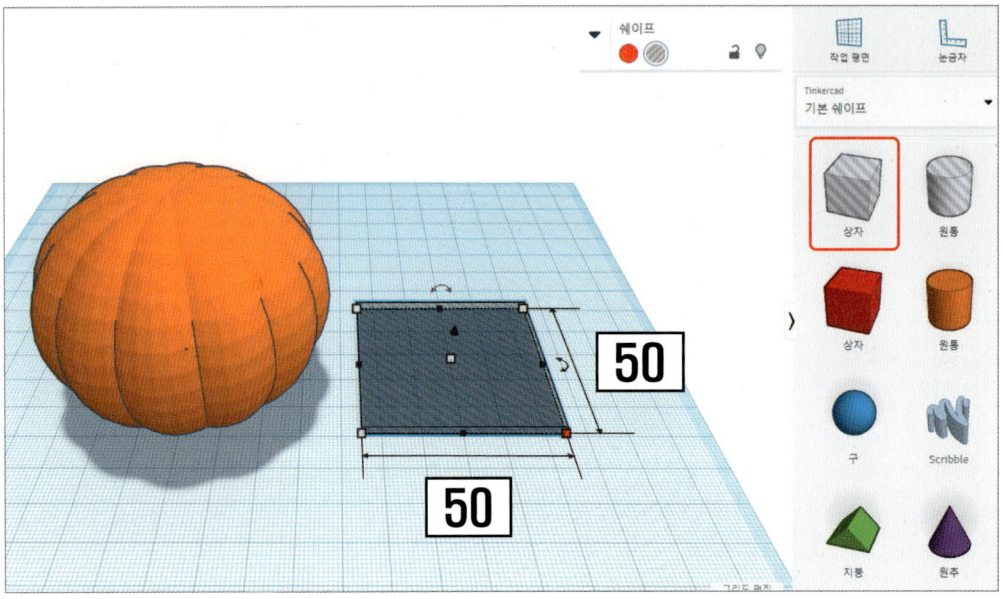

기본 쉐이프에서 구멍 상자를 선택하고 작업 평면에 놓은 후 치수를 조절합니다.
예 가로 50, 세로 50, 높이 2

TINKERCAD DESIGN For 3D PRINTING

SECTION 06

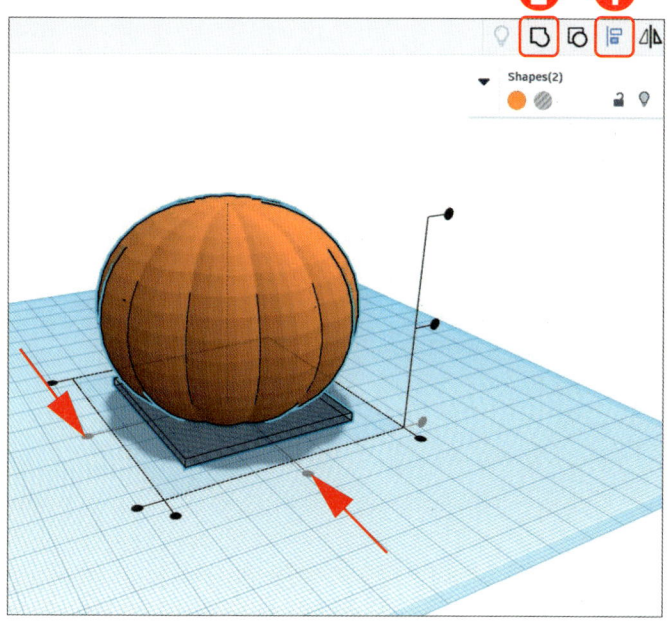
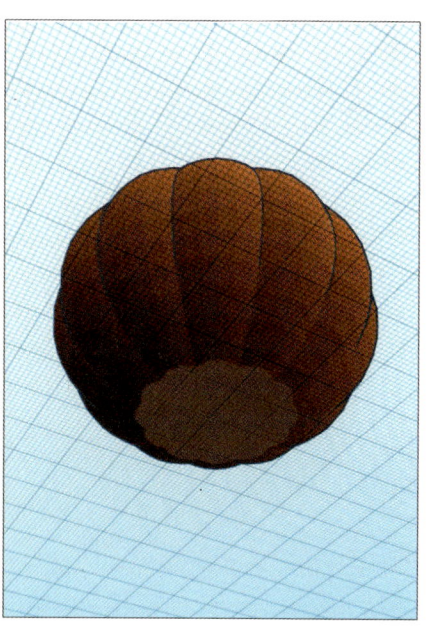

두 도형을 선택하고 ❶ 가운데 정렬한 뒤 ❷ 그룹화하여 바닥을 평평하게 만들어 줍니다.

도형을 선택한 후 키보드의 " D "(Drop)를 눌러 바닥면으로 내립니다.

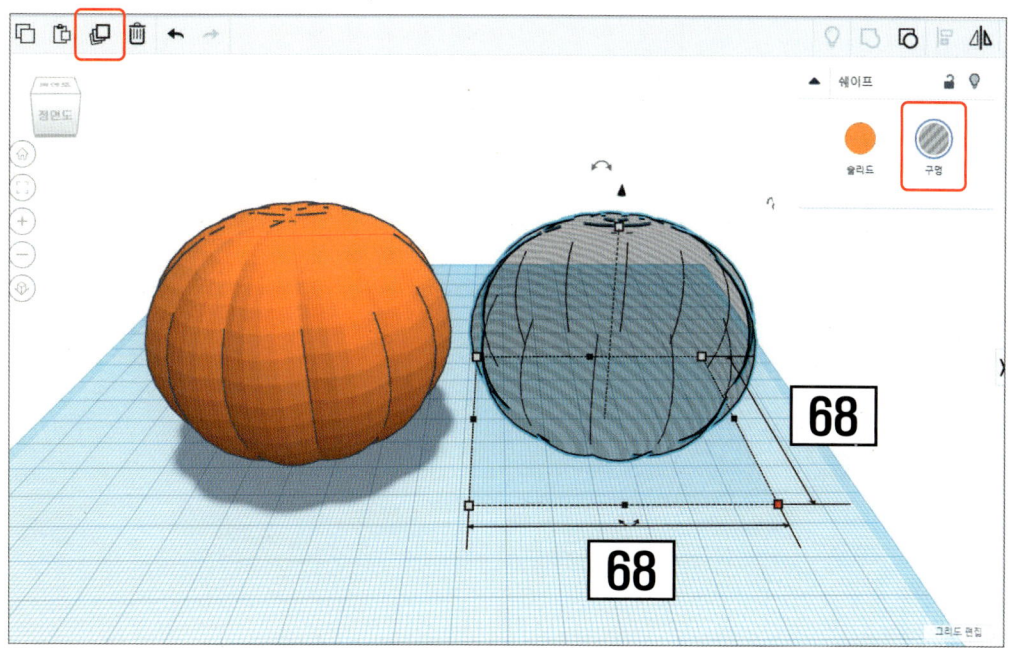

호박 모양을 복제한 뒤 구멍 도형으로 바꾸고 치수를 조절합니다.
예 가로 68, 세로 68, 높이 50

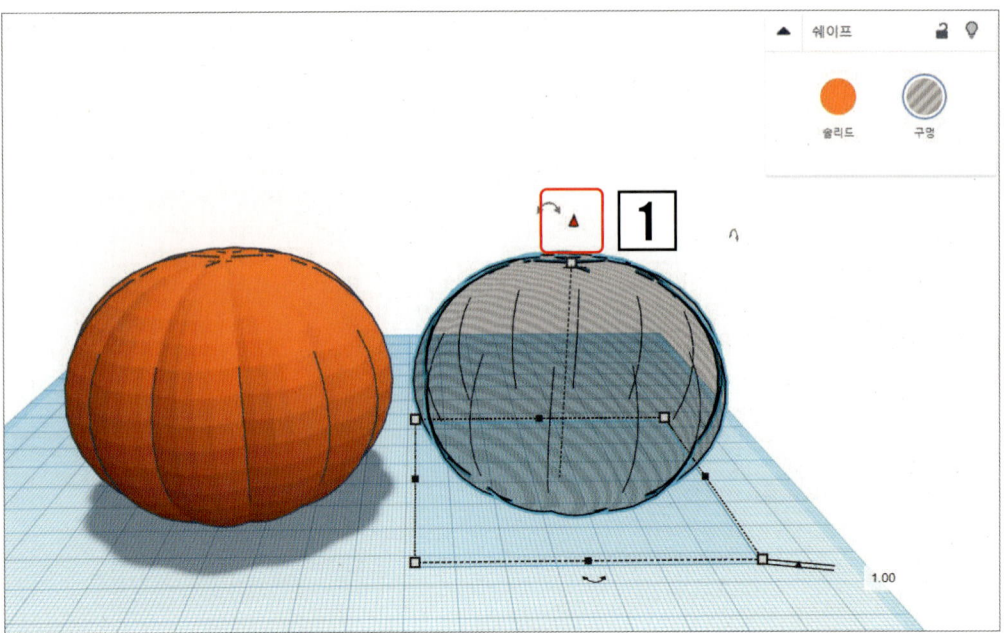

구멍 호박 모양을 위로 "1" 만큼 올려줍니다.

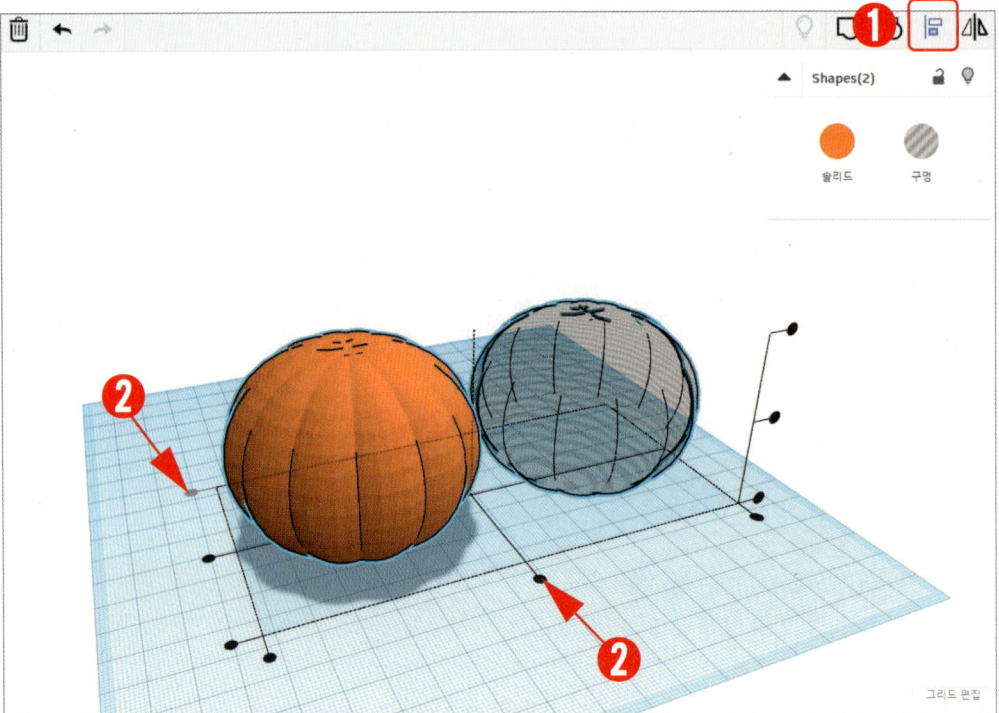

도형을 모두 선택하고 ❶ 정렬 버튼을 클릭한 후 ❷를 클릭하여 가운데 정렬합니다.

TINKERCAD DESIGN For 3D PRINTING _____ SECTION 06

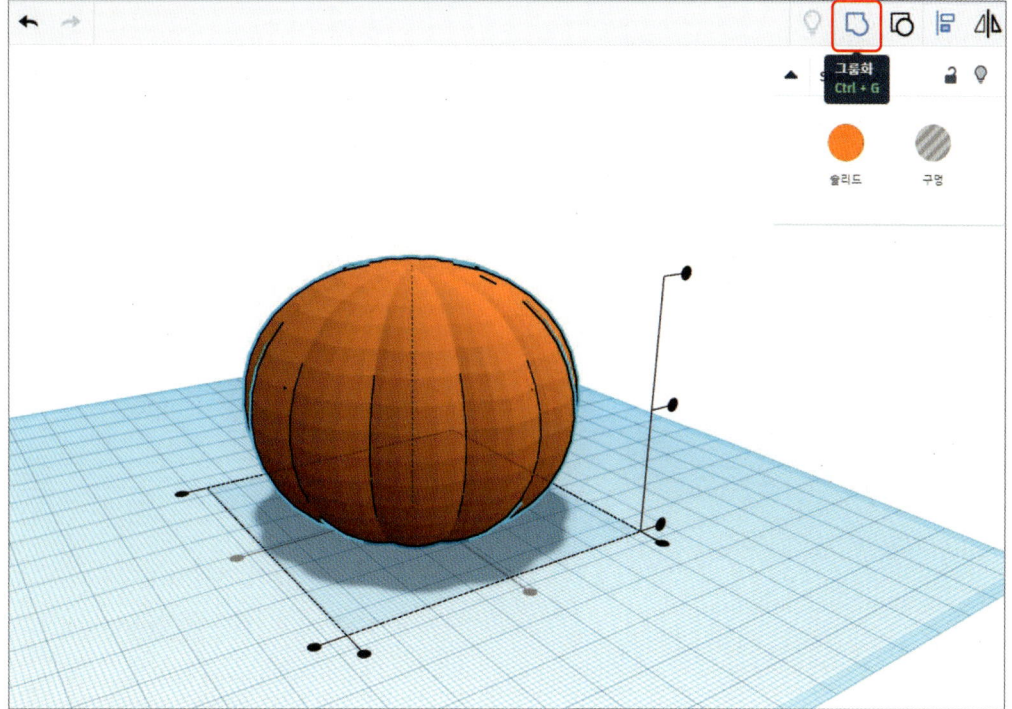

정렬된 도형을 그룹화합니다.

● 호박모양 통 내부 확인하기

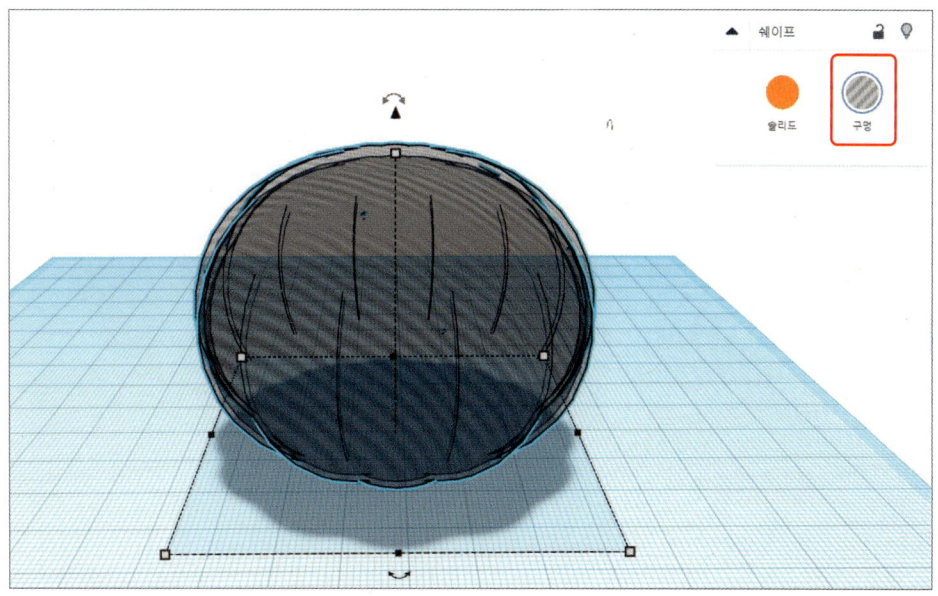

모든 도형을 구멍으로 바꾸어 주면 내부를 확인할 수 있습니다.

호박모양 통 꾸미기

03

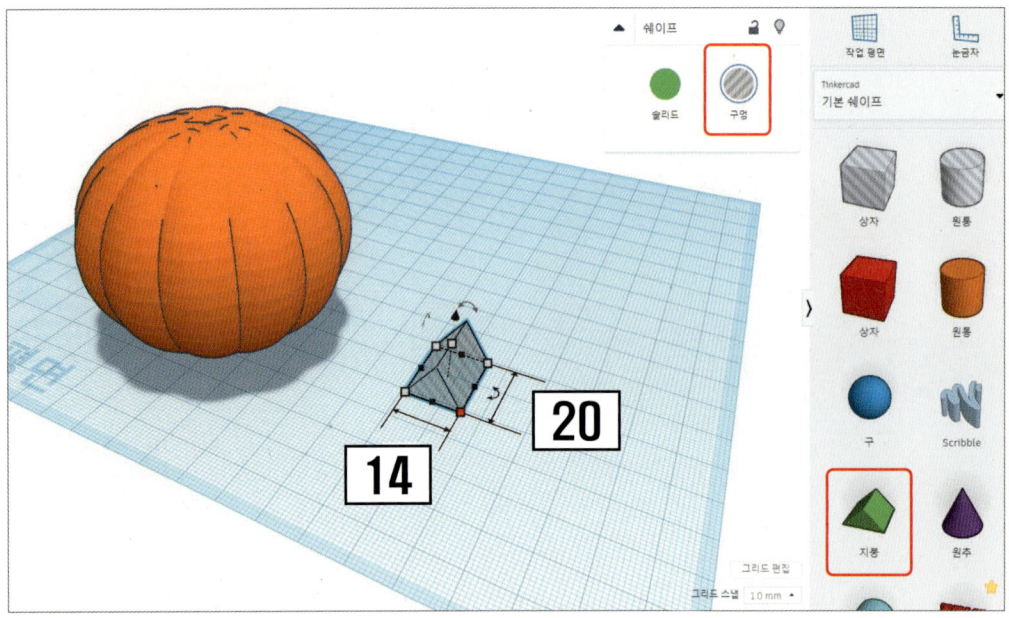

눈모양을 만들어주기 위해 기본 쉐이프에서 지붕을 선택하고 작업 평면에 놓은 후 구멍 상자로 바꾸고 치수를 조절합니다.
예 가로 14, 세로 20

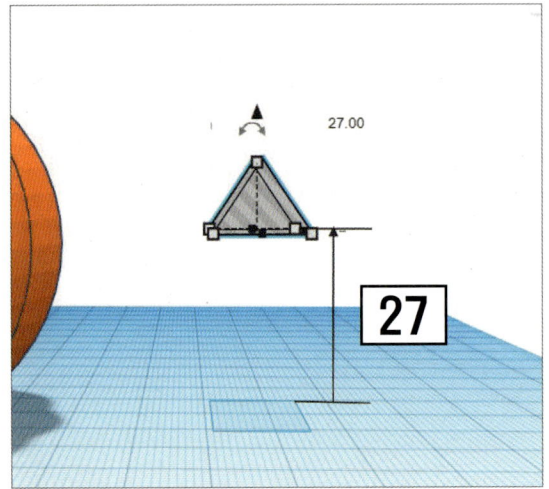

눈 모양 도형을 위로 "27"만큼 올려줍니다.

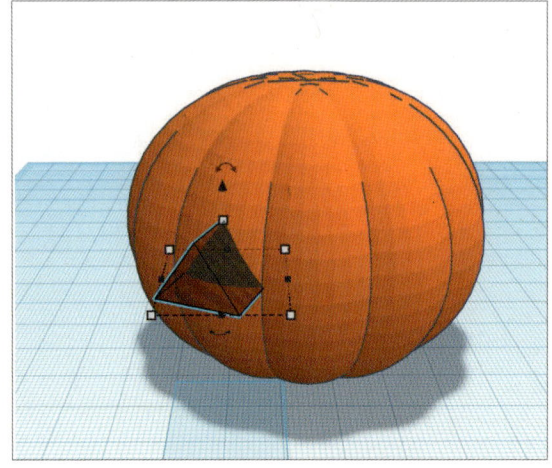

눈 모양 도형을 키보드 방향키 와 높이방향 화살표, 회전 화살표 등을 활용하여 적절한 위치에 배치합니다.

TINKERCAD DESIGN For 3D PRINTING   SECTION 06

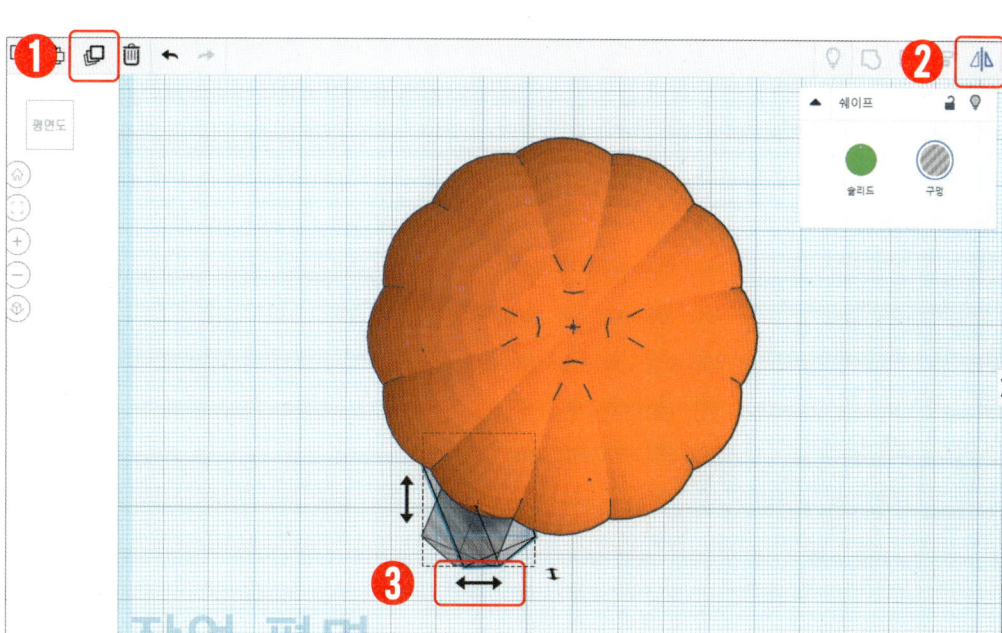

눈 모양 도형을 ❶ 복제한 후 ❷ 대칭 버튼으로 ❸ 좌우 대칭합니다.

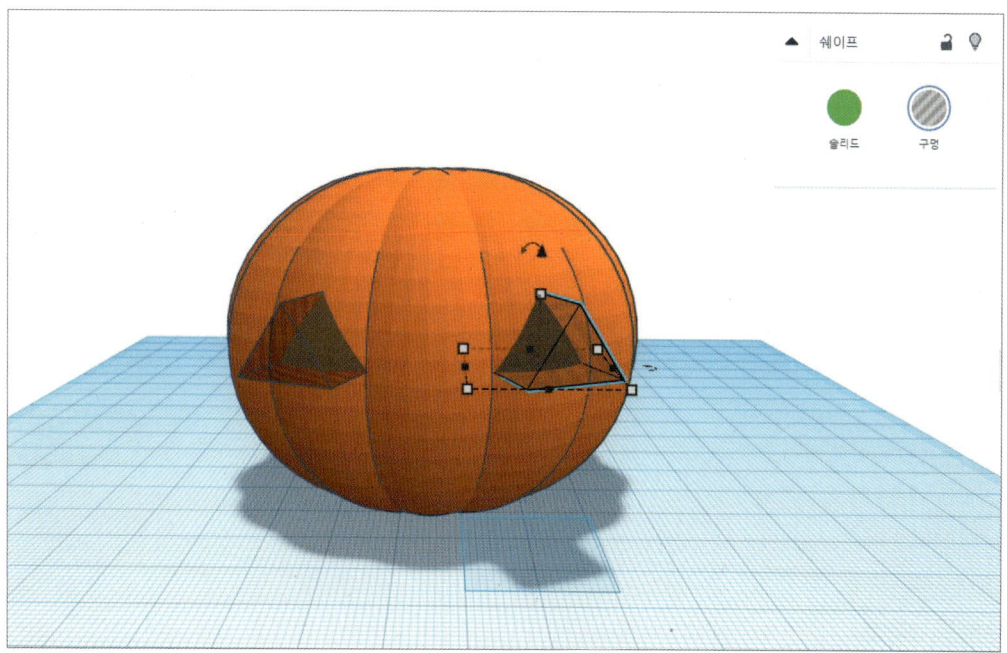

눈 모양 도형을 마우스로 움직이거나 키보드 방향키 로 적절한 위치에 배치합니다.

TINKERCAD DESIGN For 3D PRINTING

SECTION 06

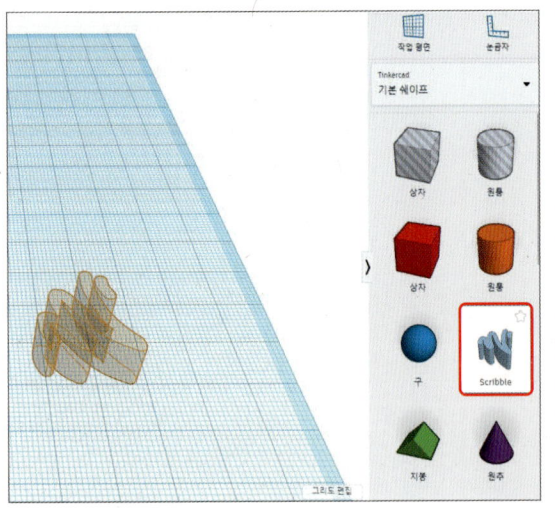

기본 쉐이프에서 Scribble를 작업 평면에 가져옵니다. 작업 평면에 놓는 순간 새로운 그림판이 생성됩니다.

그림판에서 호박등의 입모양을 그려준 후 모델링을 확인하고 종료를 누르면 모델링이 생성됩니다.

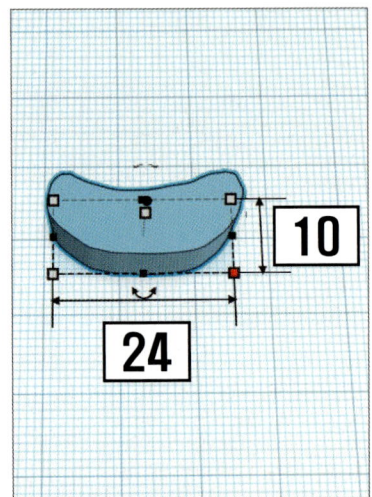

입모양의 치수를 조절합니다.
예 가로 24, 세로 10

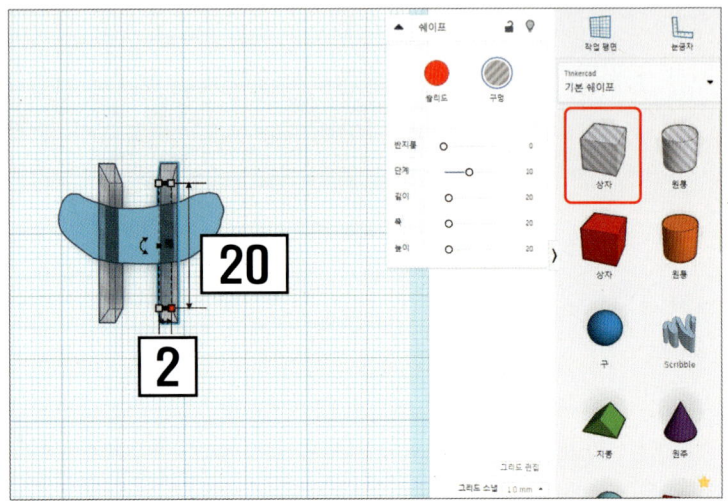

기본 쉐이프에서 구멍 상자를 선택하고 치수를 조절하여 그림과 같이 입모양을 적절한 위치에 배치합니다.
예 가로 2, 세로 20

TINKERCAD DESIGN For 3D PRINTING

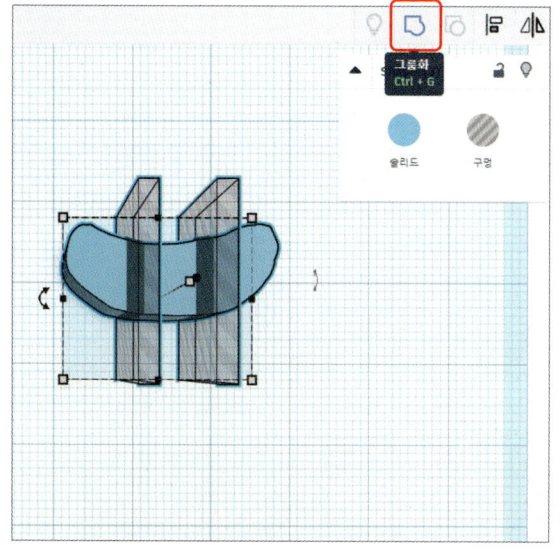

도형 모두를 선택하여 그룹화합니다.

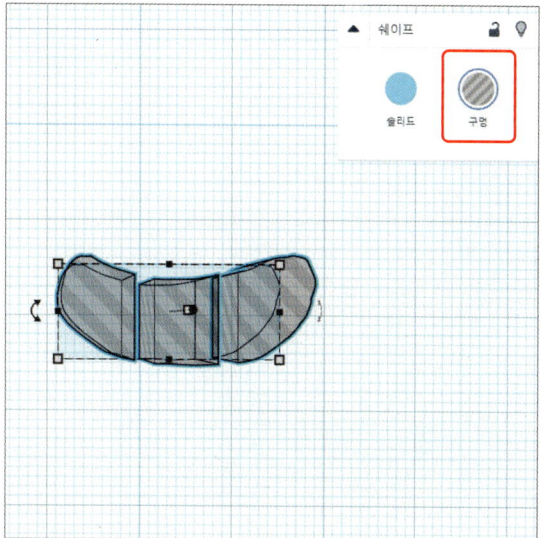

그룹화된 도형을 구멍 도형으로 바꿔줍니다.

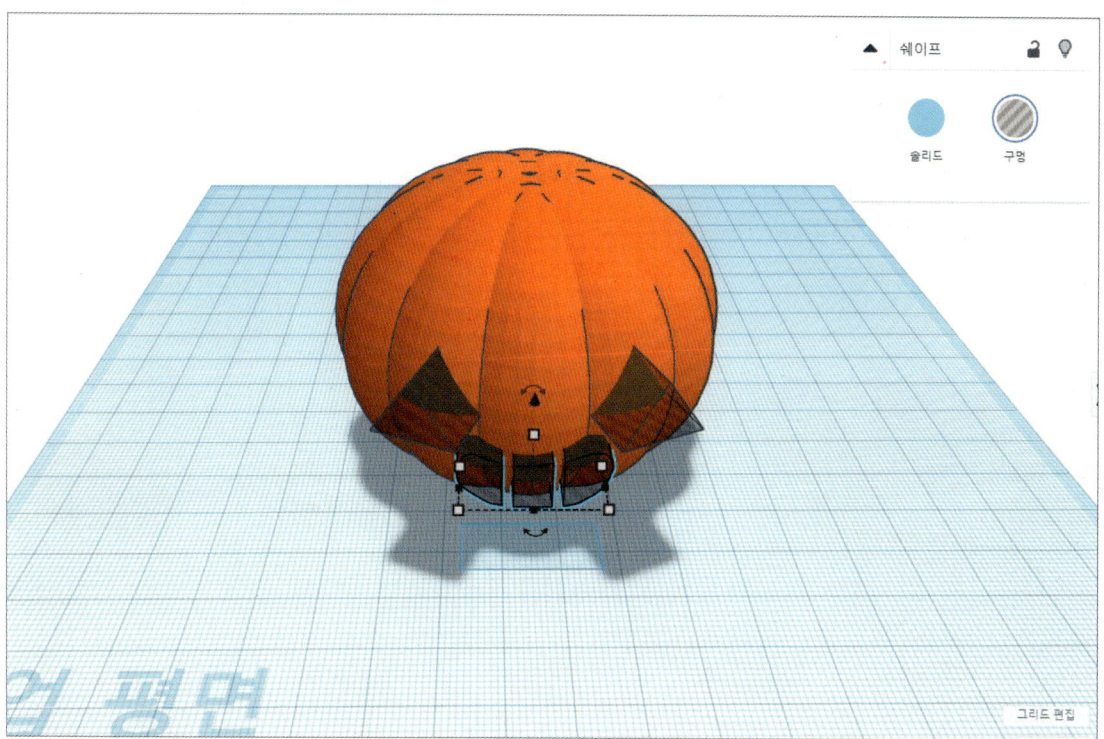

입 모양 도형을 키보드 방향키 ←↓→ 와 높이방향 화살표, 회전 화살표 등을 활용하여 적절한 위치에 배치합니다.

TINKERCAD DESIGN For 3D PRINTING _____ SECTION 06

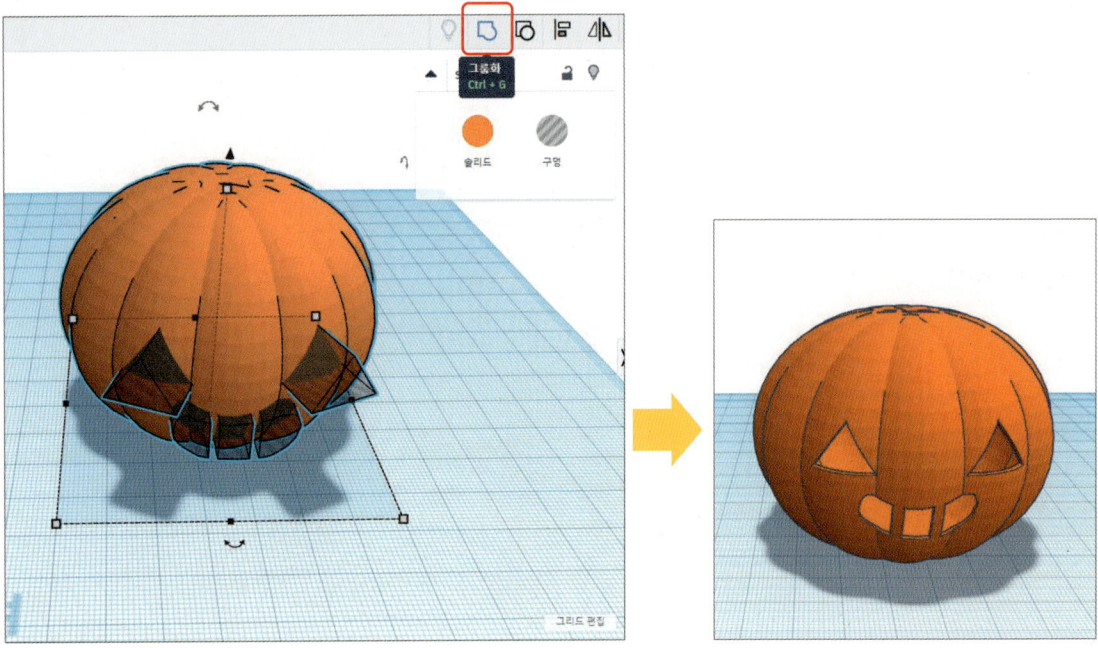

도형 모두를 선택하여 그룹화합니다.

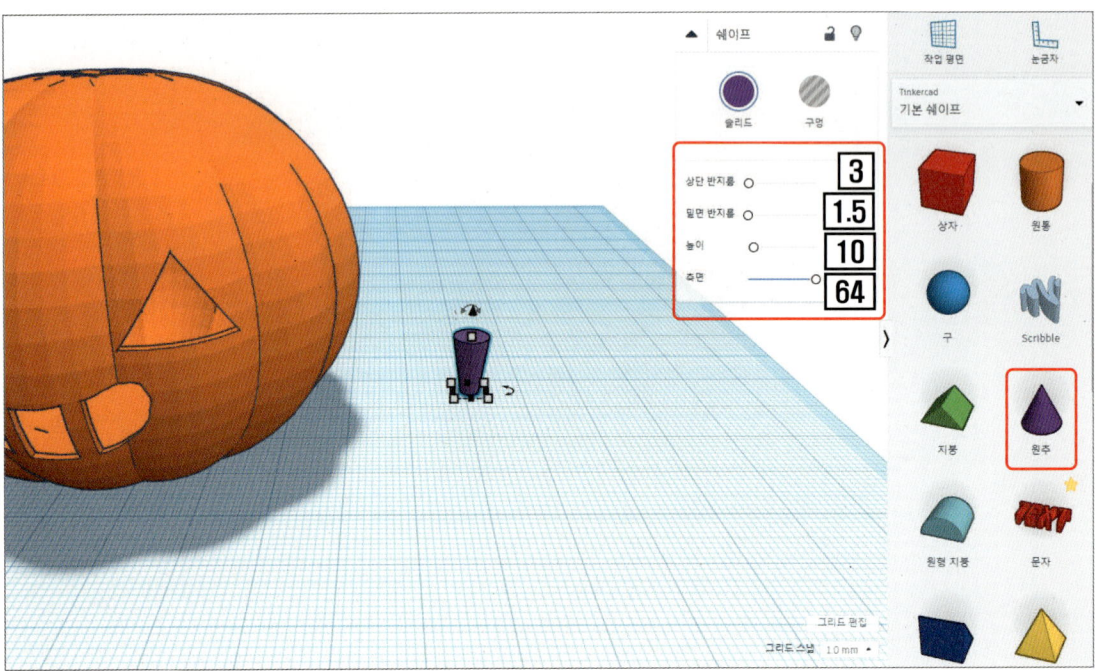

기본 쉐이프에서 원추를 선택하고 작업 평면에 놓은 후 치수를 조절합니다.
예 상단 반지름 3, 하단 반지름 1.5, 높이 10, 측면 64

TINKERCAD DESIGN For 3D PRINTING _____ SECTION 06

원추 도형을 위로 "52"만큼 올려줍니다.

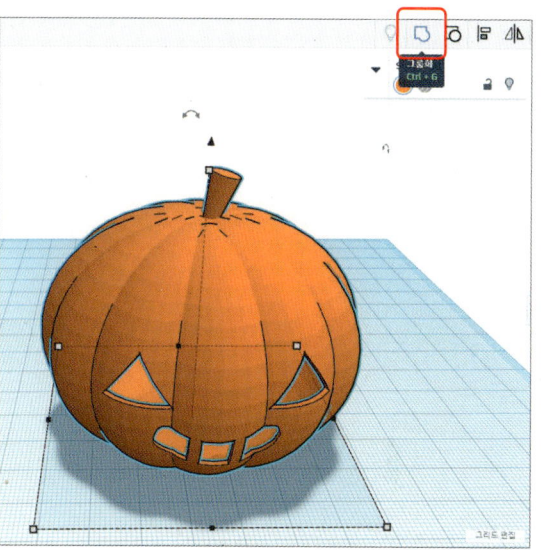

원추 도형을 키보드 방향키  와 높이방향 화살표, 회전 화살표 등을 활용하여 적절한 위치에 배치 후 그룹화합니다.

 호박등 분리하기

04

완성된 호박등을 하나 더 복제합니다.

113 SECTION 06_ LED 호박등

TINKERCAD DESIGN For 3D PRINTING　　　　　　　　　　　SECTION 06

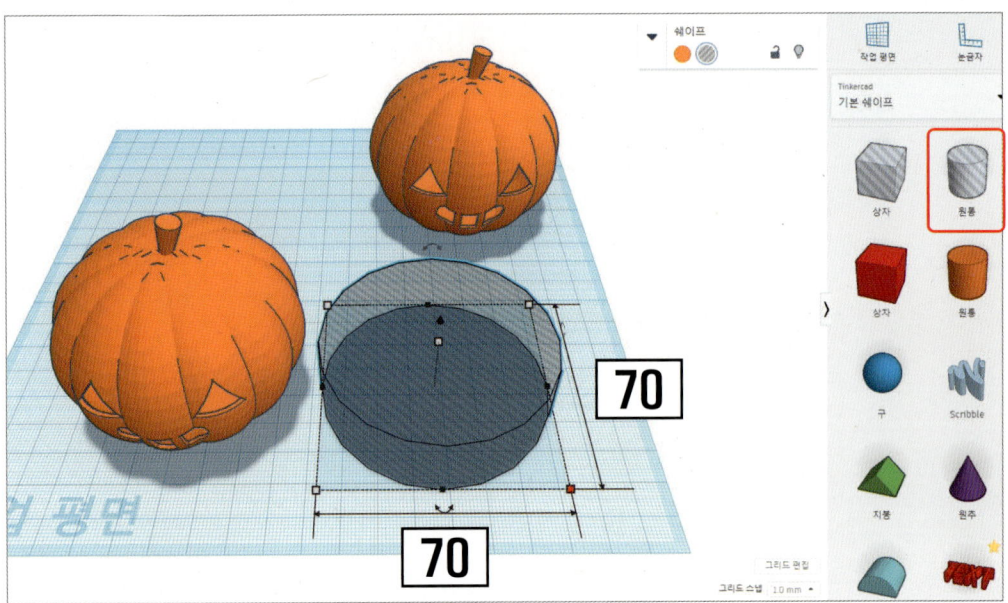

기본 쉐이프에서 구멍 원통을 선택하고 작업 평면에 놓은 후 치수를 조절합니다.
예 가로 70, 세로 70, 높이 20

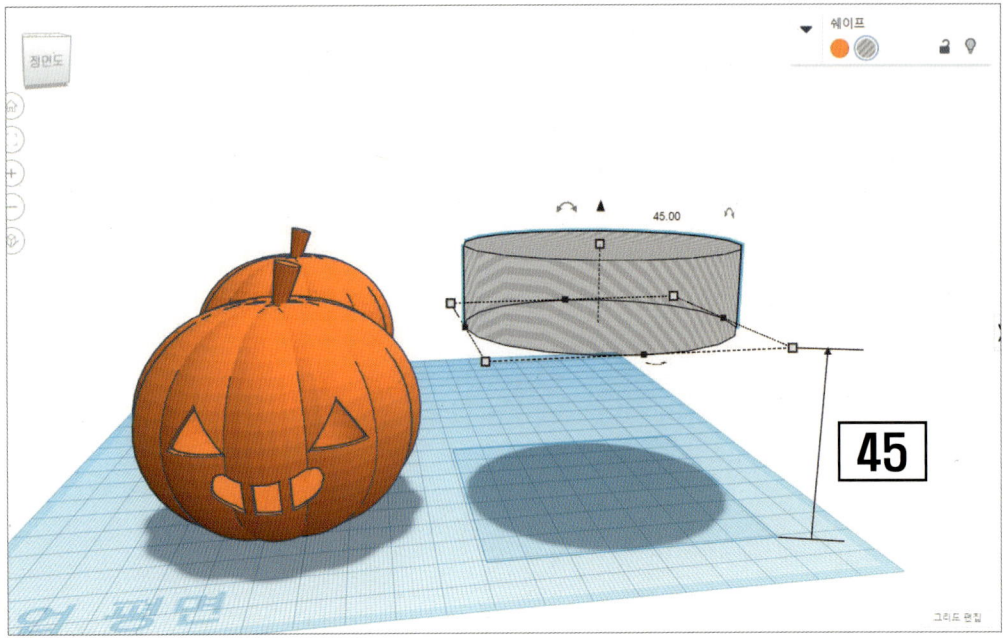

구멍 원통을 위로 "45"만큼 올려줍니다.

TINKERCAD DESIGN For 3D PRINTING _____ SECTION 06

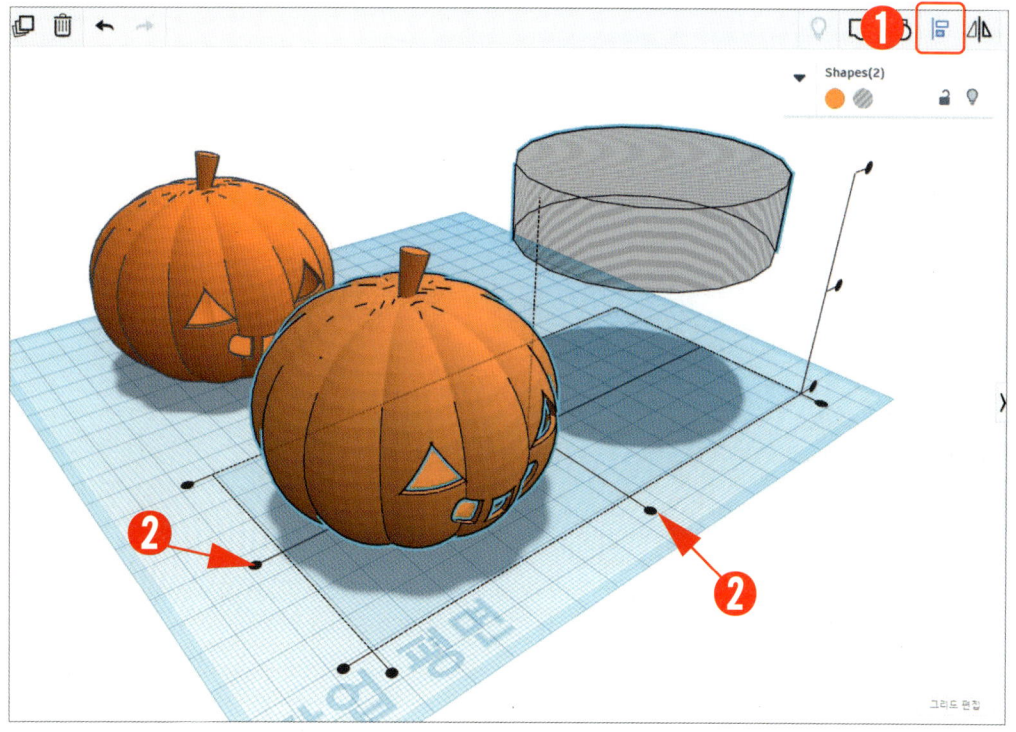

호박 모양과 구멍 원통 두 도형을 선택하고 ❶ 정렬 버튼을 클릭한 후 ❷를 클릭하여 가운데 정렬합니다.

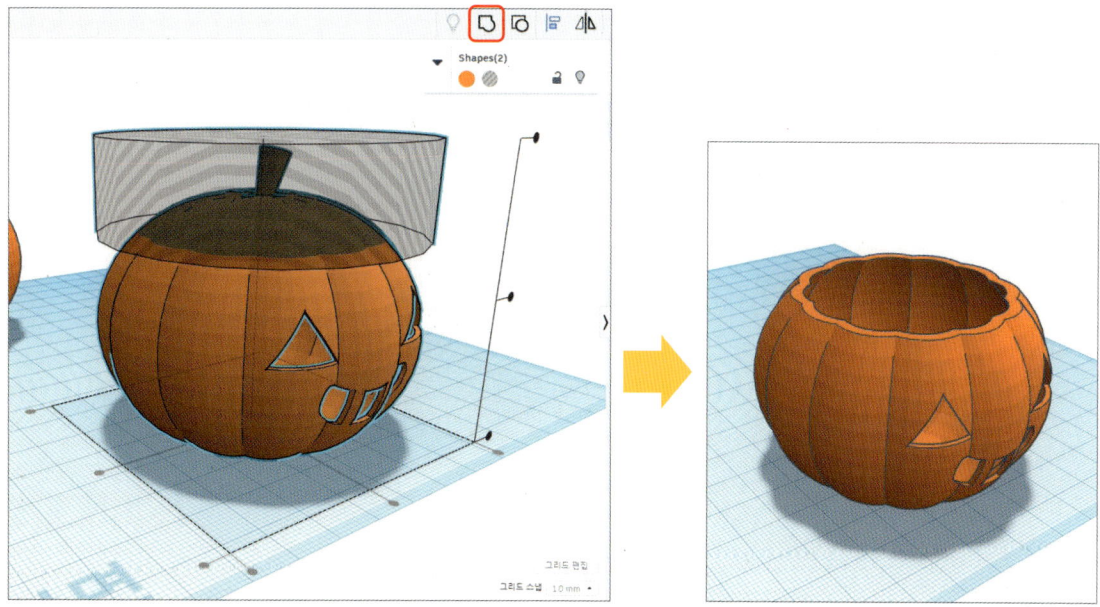

정렬된 도형을 그룹화합니다.

TINKERCAD DESIGN For 3D PRINTING _____ SECTION 06

호박 뚜껑 만들기

05

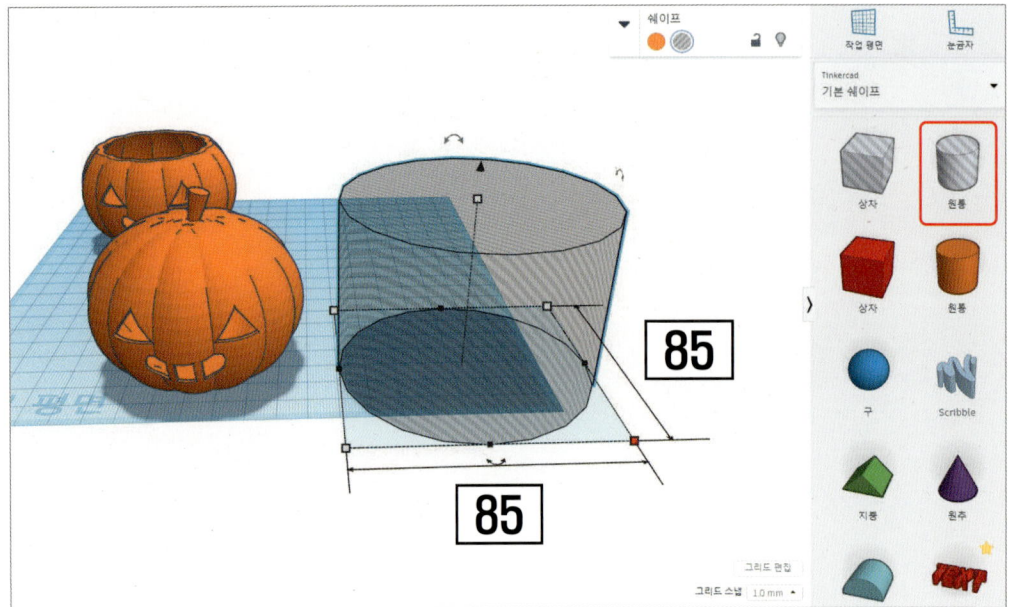

기본 쉐이프에서 구멍 원통을 선택하고 작업 평면에 놓은 후 치수를 조절합니다.
예 가로 85, 세로 85, 높이 60

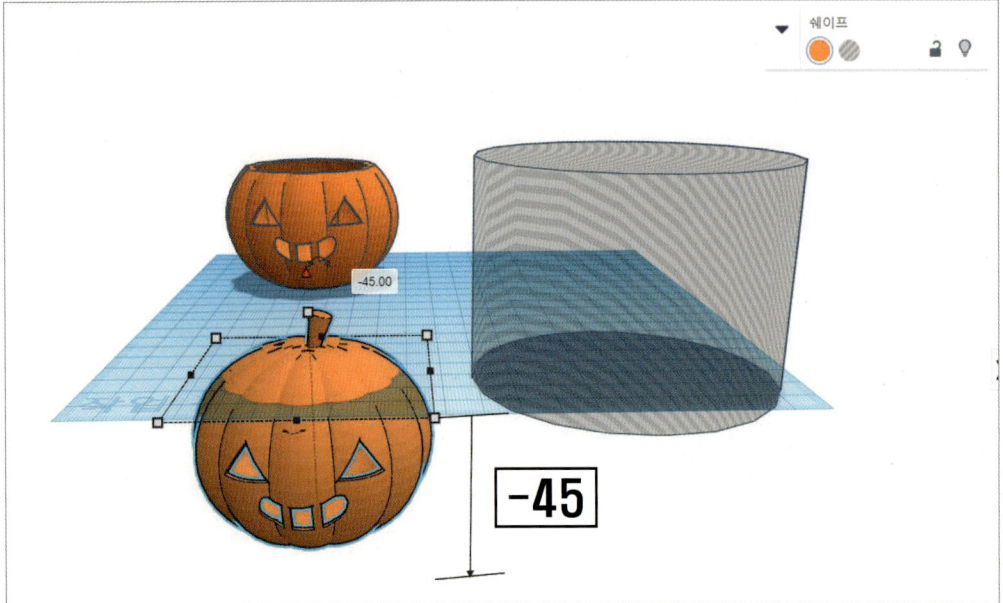

호박등 모양을 아래로 "-45"만큼 내려줍니다.

TINKERCAD DESIGN For 3D PRINTING _____ SECTION **06**

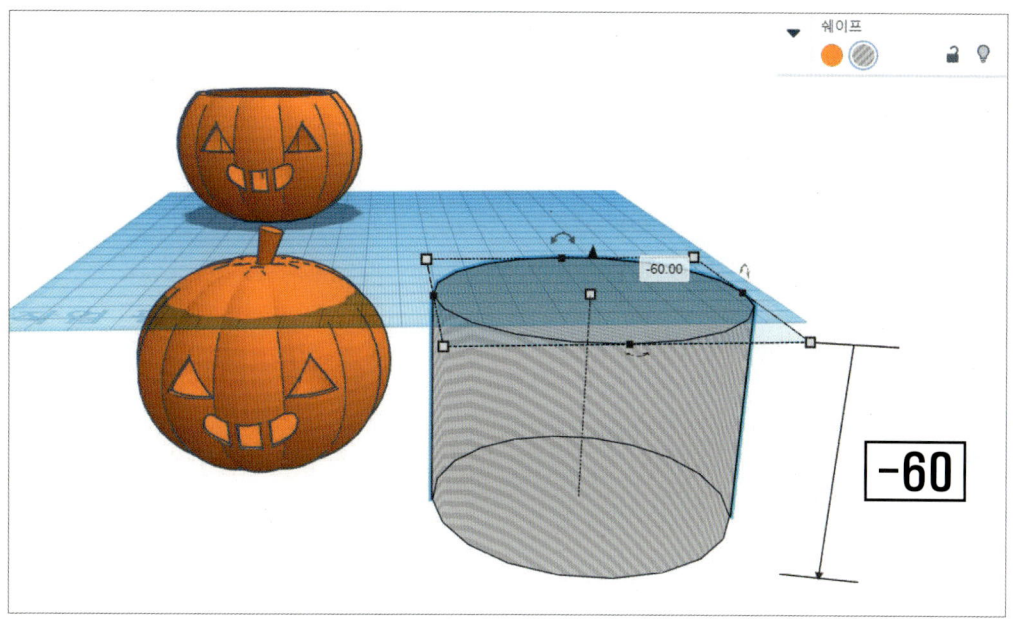

구멍 원통을 아래로 "-60"만큼 내려줍니다.

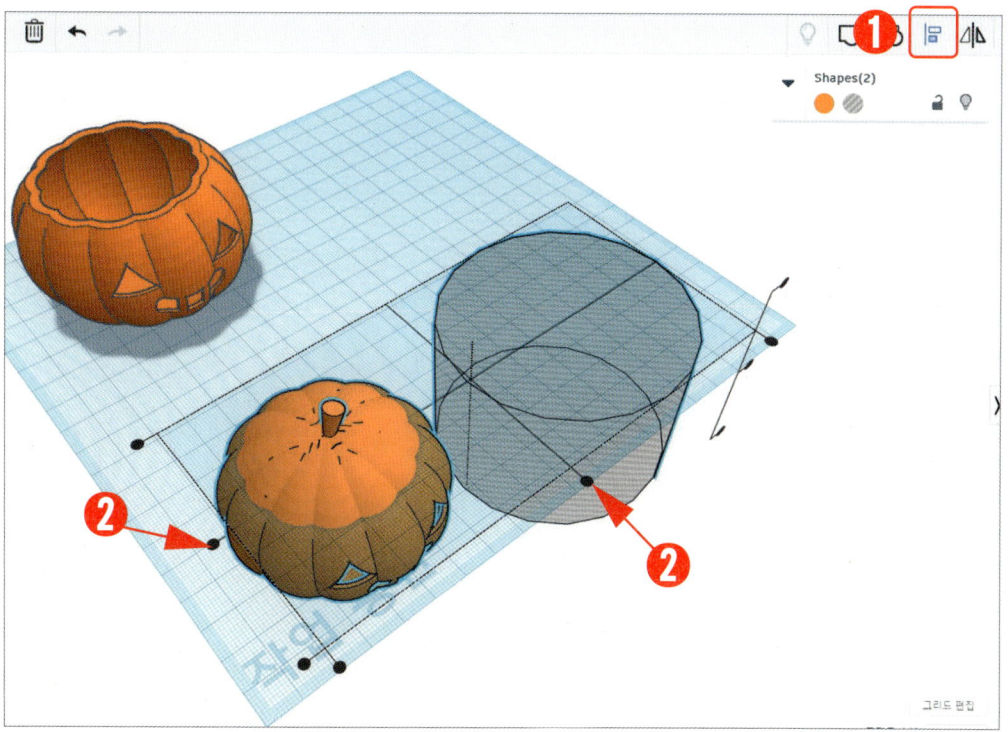

호박 모양과 구멍 원통 두 도형을 선택하고 ❶ 정렬 버튼을 클릭한 후 ❷를 클릭하여 가운데 정렬 합니다.

SECTION 06_ LED 호박등

TINKERCAD DESIGN For 3D PRINTING   SECTION 06

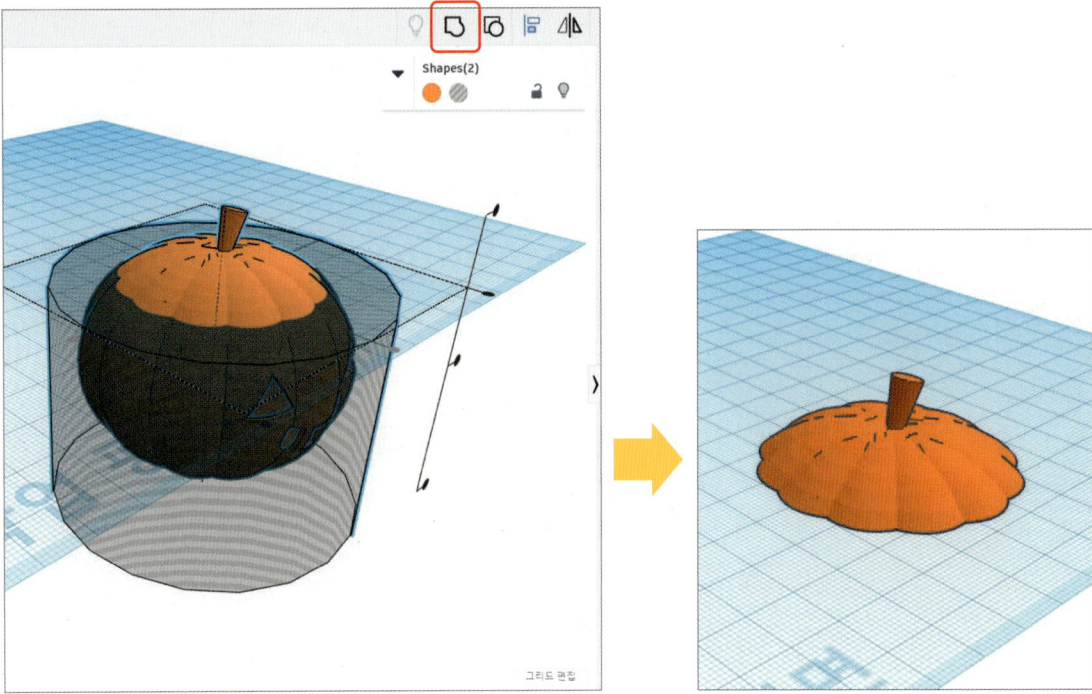

정렬된 도형을 그룹화합니다.

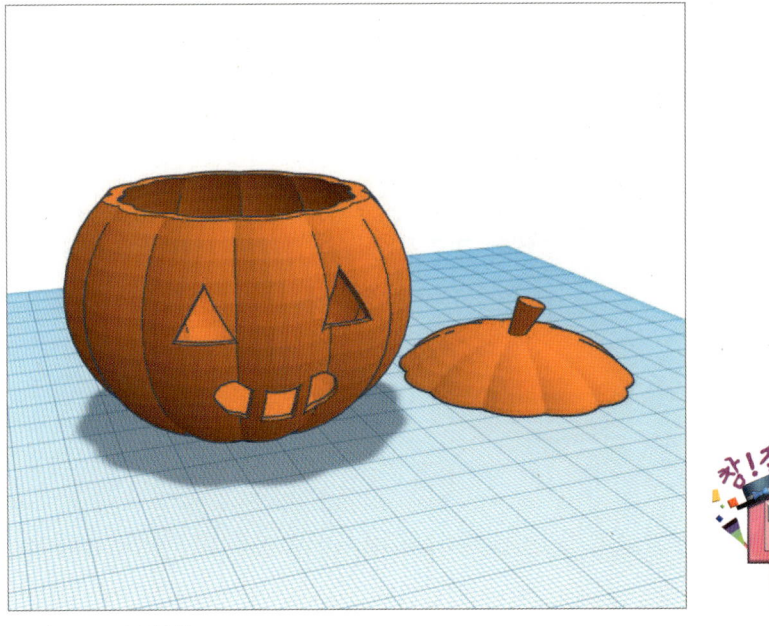

호박 무드등 완성!

※ LED 티라이트 전자 양초 캔들을 구매하여 호박 무드등에 넣어 LED 호박 무드등을 완성해 봅시다.

SECTION 07 건물 디오라마(1)

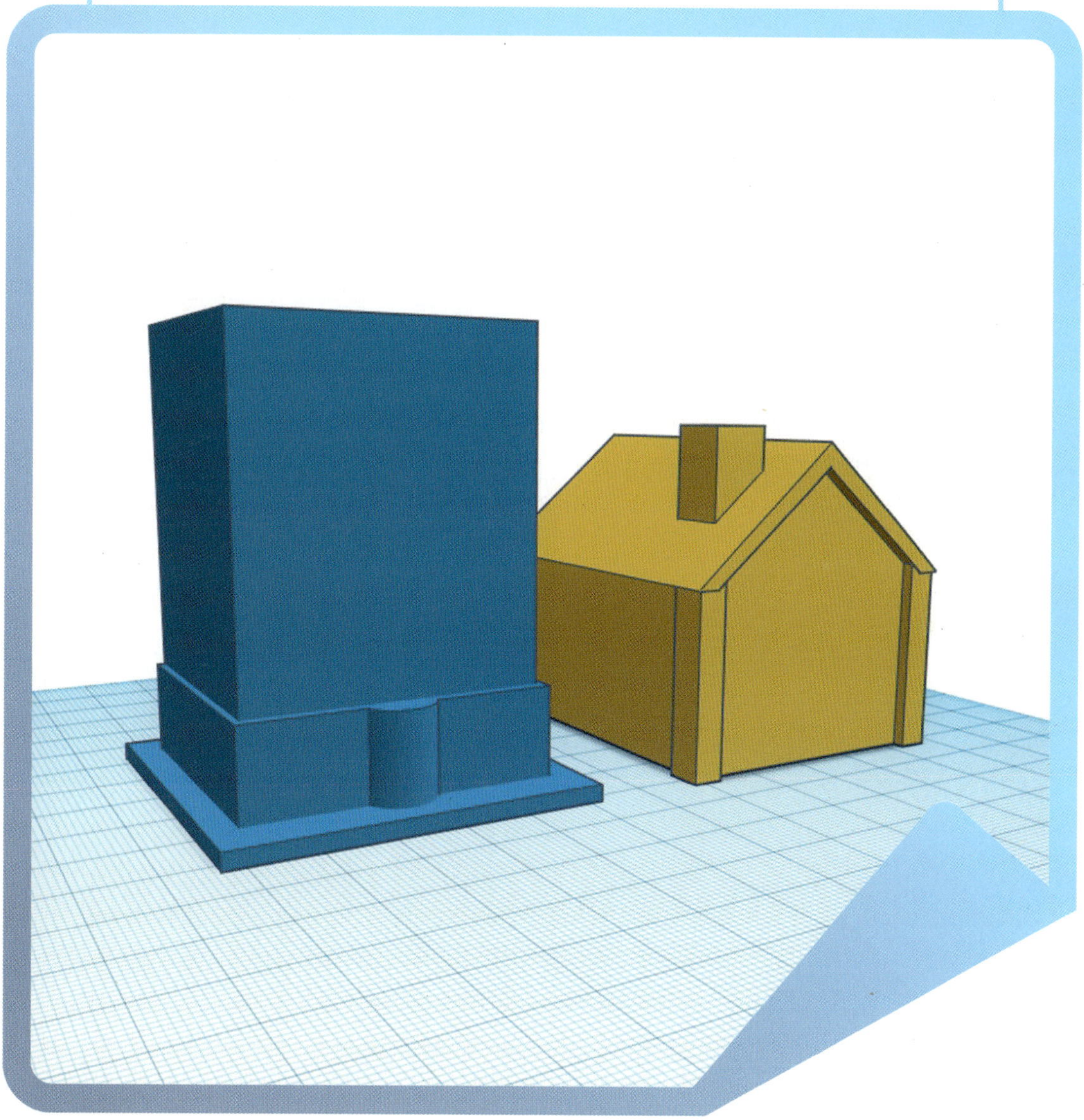

● 건물 디오라마(1)

다양한 건축물들의 자료를 수집하여 나만의 건축물을 디자인해 봅니다.
건축물의 기본 디자인을 모델링해 봅시다.

TINKERCAD DESIGN For 3D PRINTING

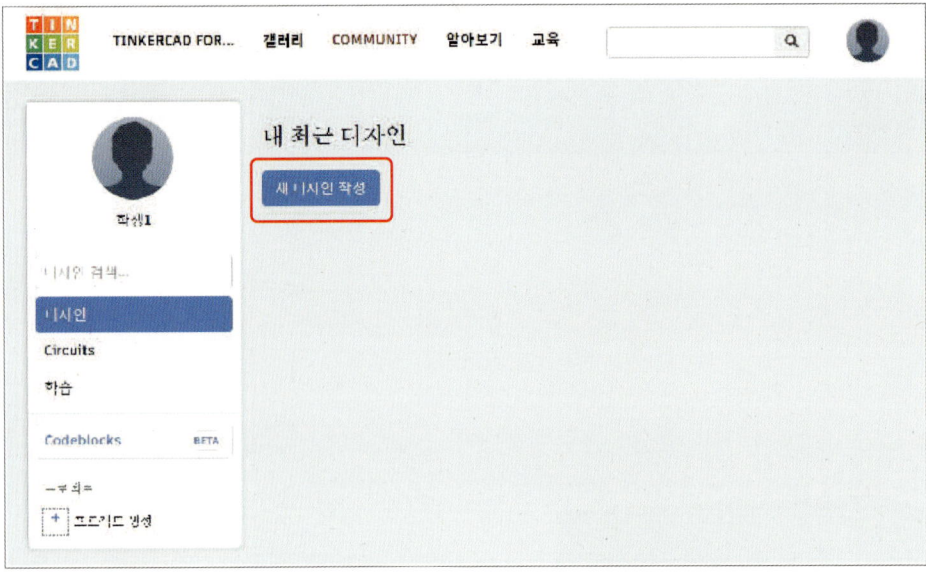

구글크롬 에서 틴커캐드 웹사이트(www.tinkercad.com)에 접속합니다.
로그인 후 대시보드의 [새 디자인 작성] 을 클릭합니다.

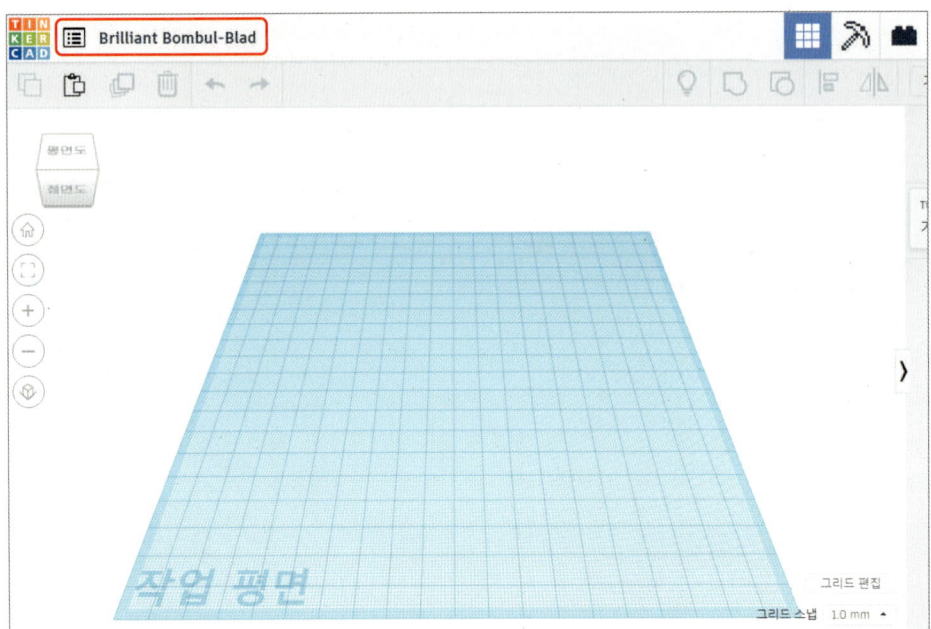

틴커캐드는 저장 버튼이 따로 없으며 웹에서 작업하고 모델링 작업파일 역시 인터넷 저장 공간에 자동으로 저장됩니다. 임의로 주어진 영어이름을 클릭하면 파일명을 수정할 수 있습니다.

TINKERCAD DESIGN For 3D PRINTING _____ SECTION 07

파일명을 "**건물 디오라마(1)**"로 수정하고 엔터키 또는 화면의 빈 공간 아무 곳이나 클릭합니다.

 건물 1 만들기

 02

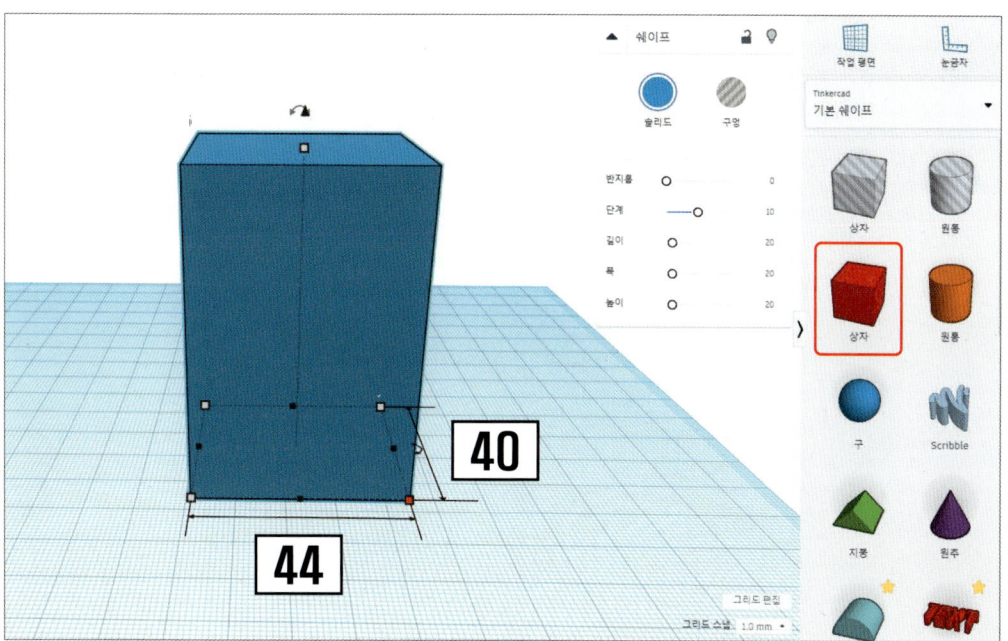

기본 쉐이프에서 상자를 선택하고 작업 평면에 놓은 후 치수를 조절합니다.
예 가로 44, 세로 40, 높이 66

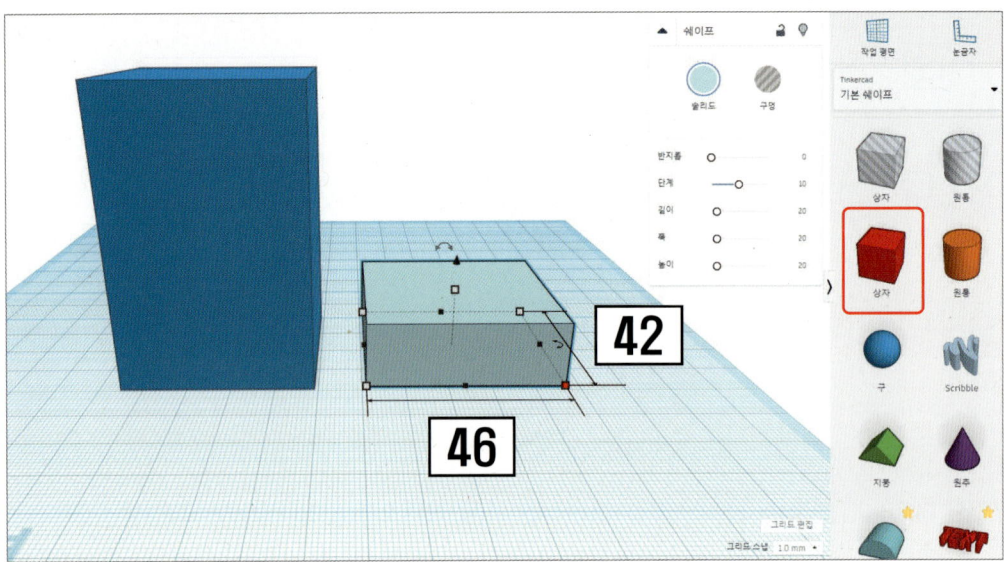

기본 쉐이프에서 상자를 선택하고 작업 평면에 놓은 후 치수를 조절합니다.
예 가로 46, 세로 42, 높이 15

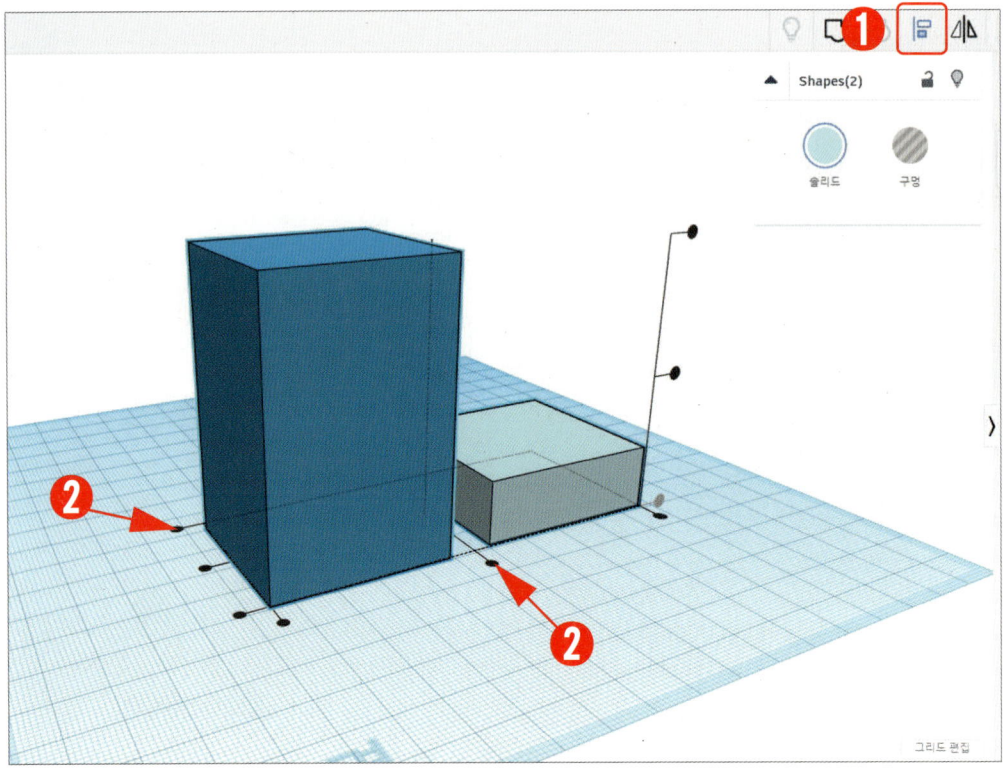

도형을 모두 선택하고 ❶ 정렬 버튼을 클릭한 후 ❷를 클릭하여 정렬합니다.

TINKERCAD DESIGN For 3D PRINTING _____ SECTION 07

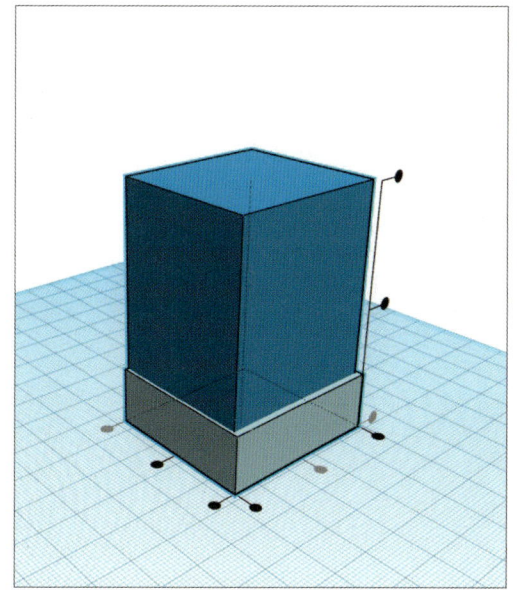
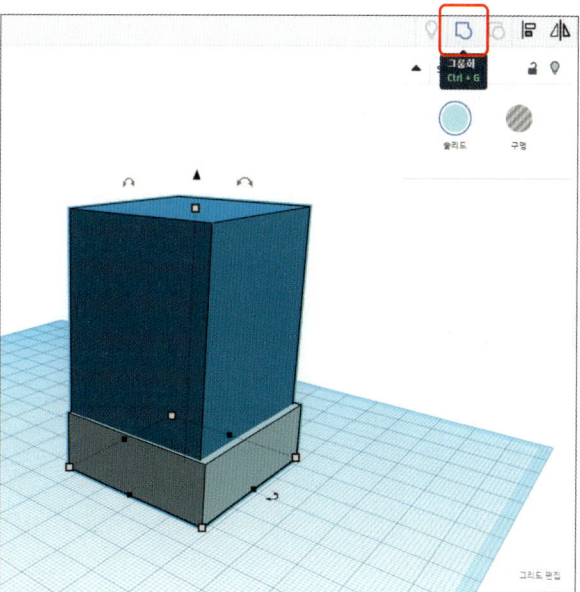

정렬된 두 도형을 그룹화합니다.

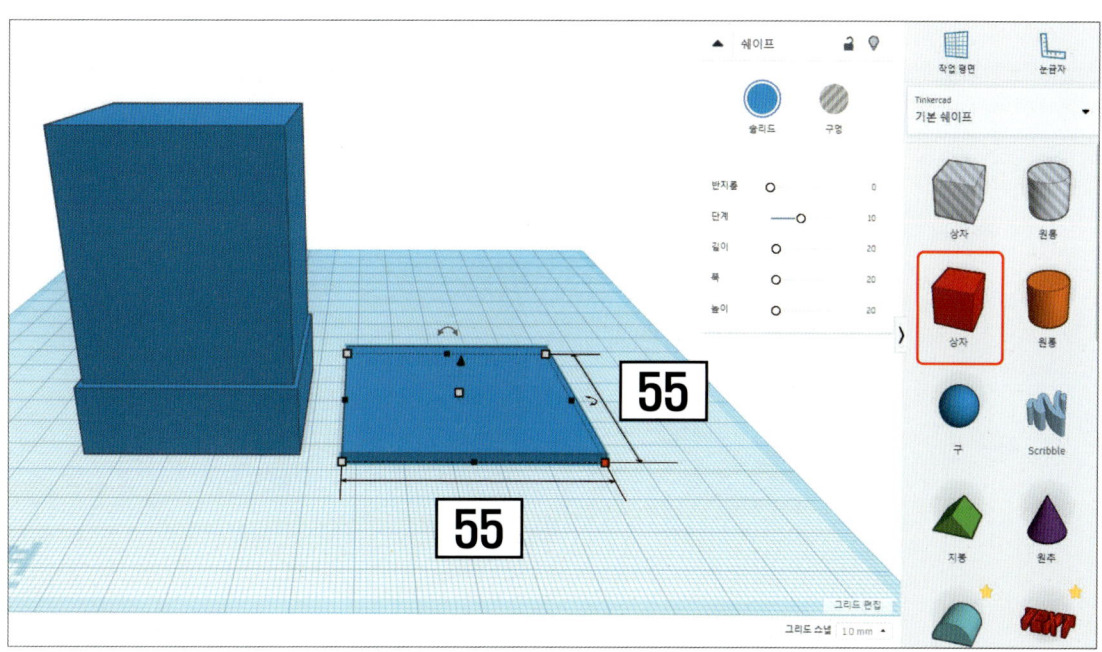

기본 쉐이프에서 상자를 선택하고 작업 평면에 놓은 후 치수를 조절합니다.
예 가로 55, 세로 55, 높이 2

TINKERCAD DESIGN For 3D PRINTING — SECTION 07

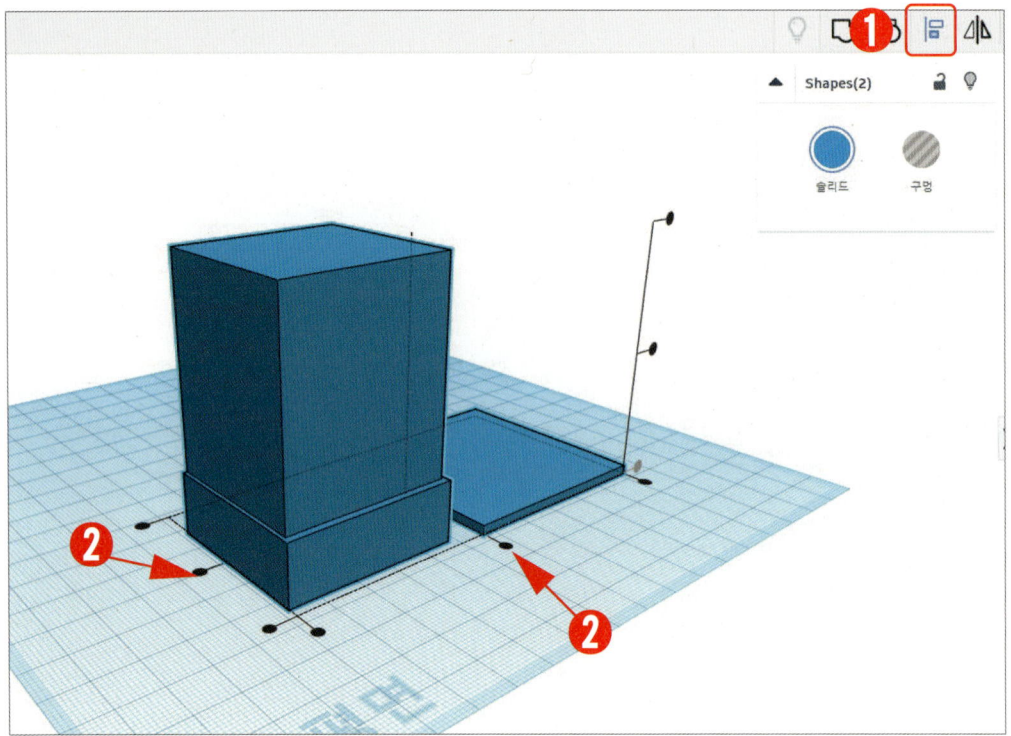

도형을 모두 선택하고 ❶ 정렬 버튼을 클릭한 후 ❷를 클릭하여 정렬합니다.

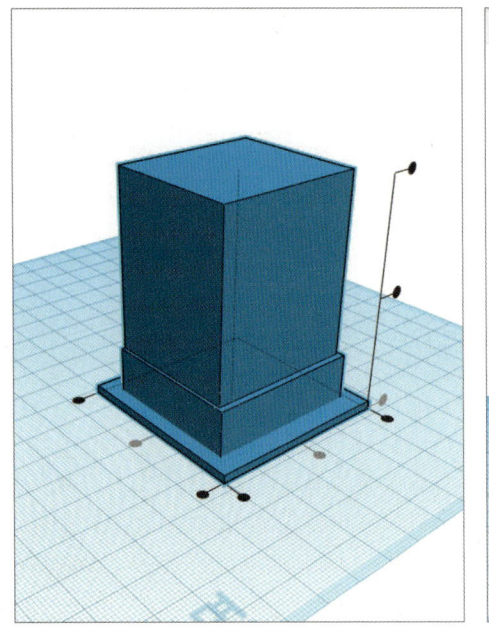 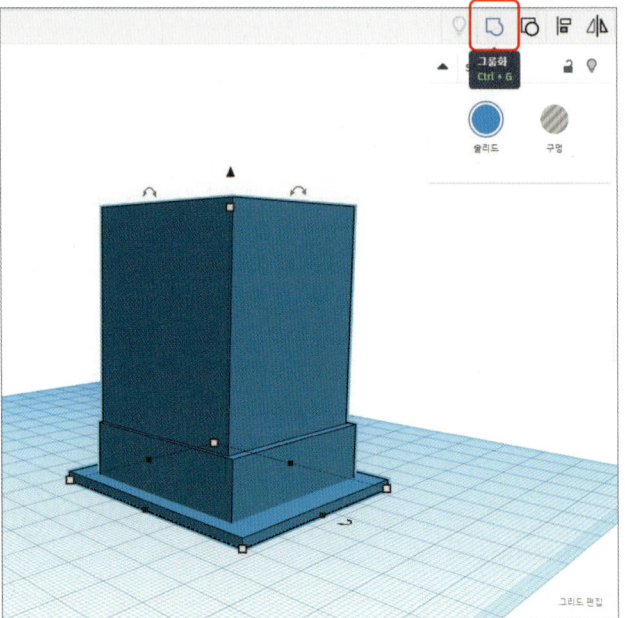

정렬된 두 도형을 그룹화합니다.

TINKERCAD DESIGN For 3D PRINTING _____ SECTION 07

03

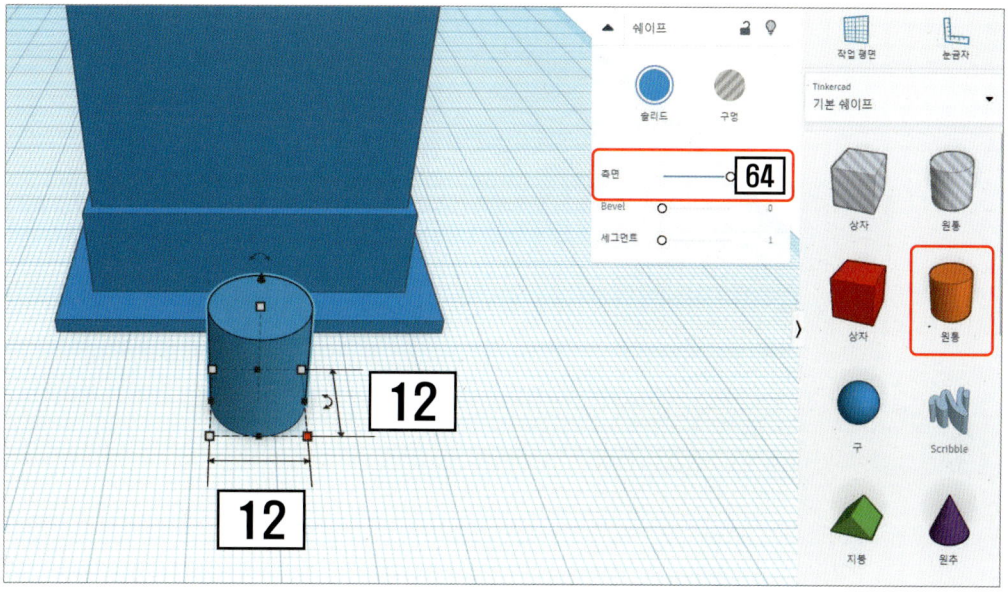

기본 쉐이프에서 원통을 선택하고 작업 평면에 놓은 후 치수를 조절합니다.

예 가로 12, 세로 12, 높이 15, 측면 64
(모서리를 둥글게 만들기 위해 쉐이프에서 측면의 수치를 64로 조절합니다.)

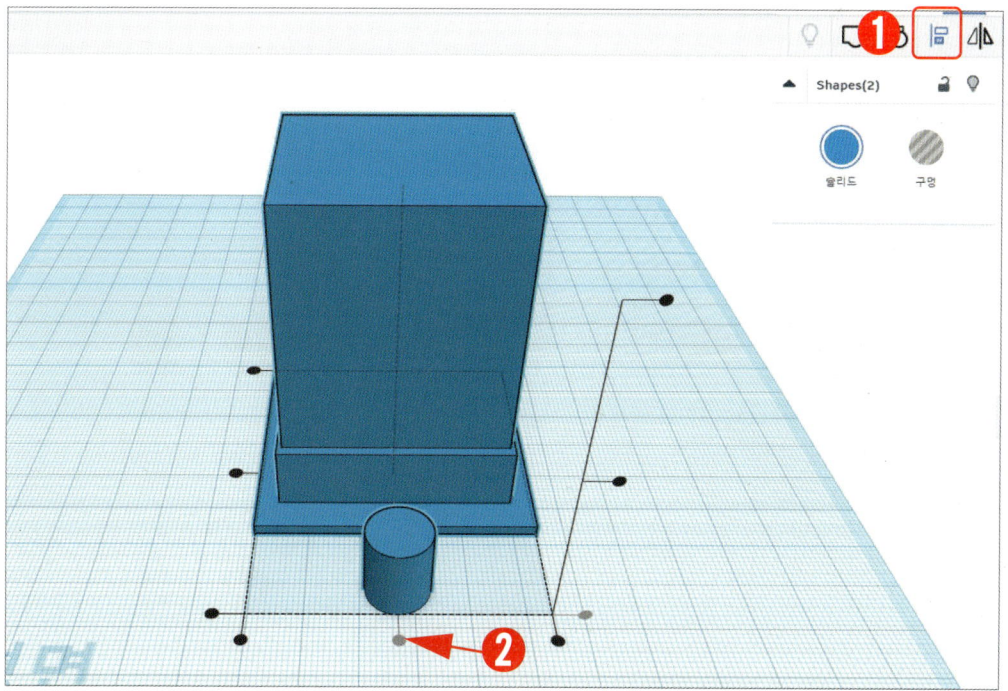

도형을 모두 선택하고 ❶ 정렬 버튼을 클릭한 후 ❷를 클릭하여 정렬합니다.

TINKERCAD DESIGN For 3D PRINTING _____ SECTION 07

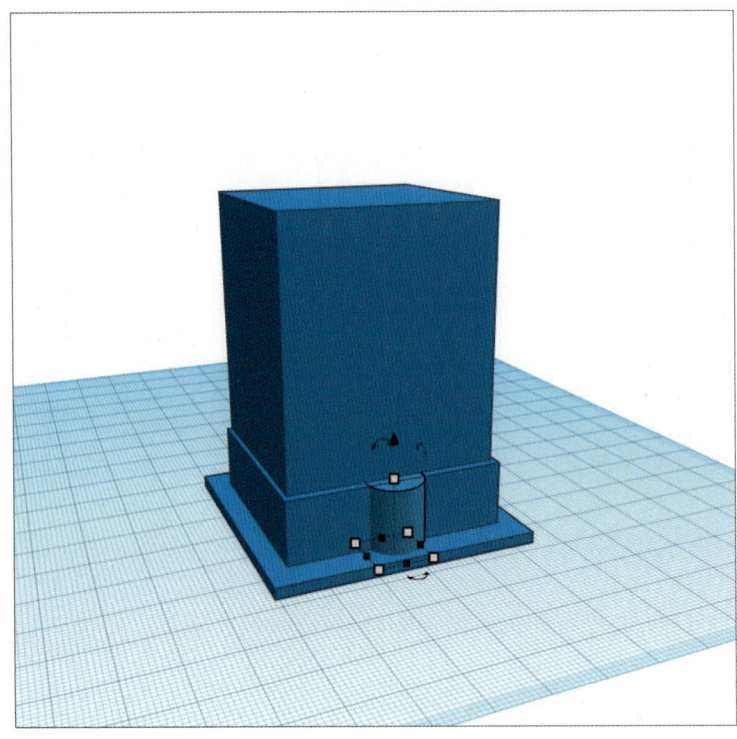

원통을 마우스로 움직이거나
키보드 방향키 ←↑↓→ 로
그림과 같이 배치합니다.

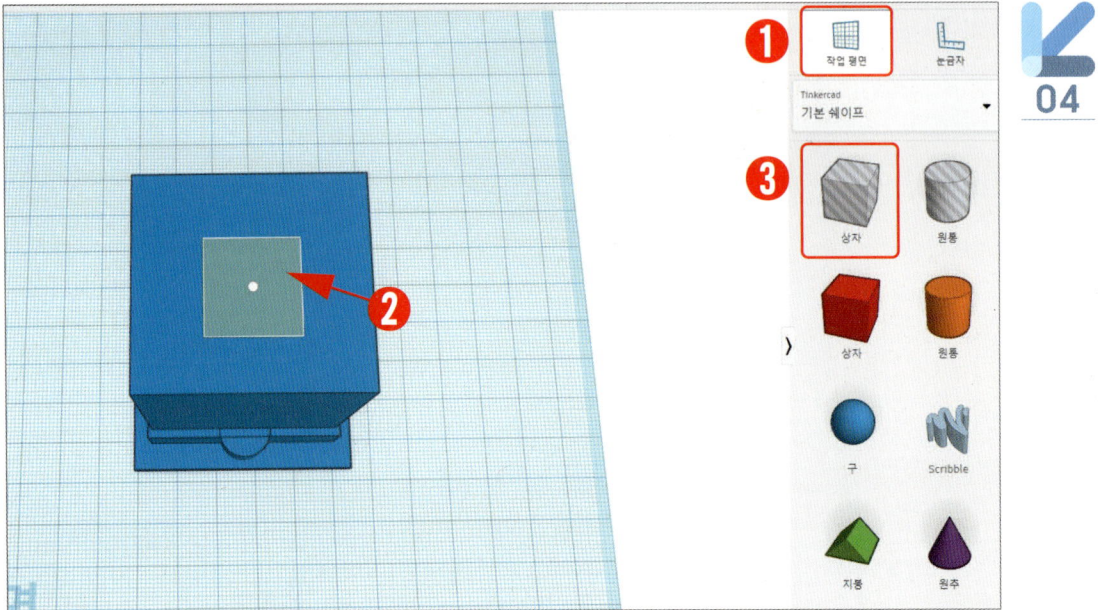

건물 윗부분에 임시 작업 평면을 만들어 봅시다.
❶ 작업 평면 버튼을 클릭한 뒤 ❷ 위치를 클릭한 후 ❸ 구멍 상자를 가져옵니다.

TINKERCAD DESIGN For 3D PRINTING _____ SECTION **07**

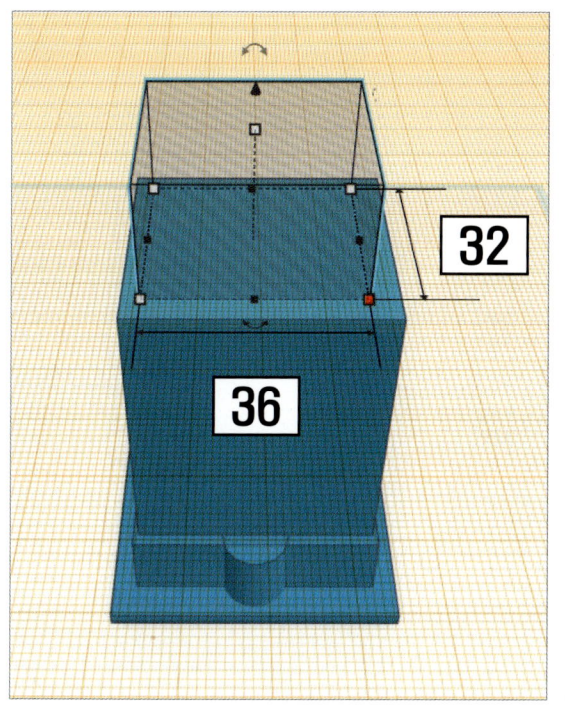

구멍 상자 치수를 조절합니다.
예 가로 36, 세로 32

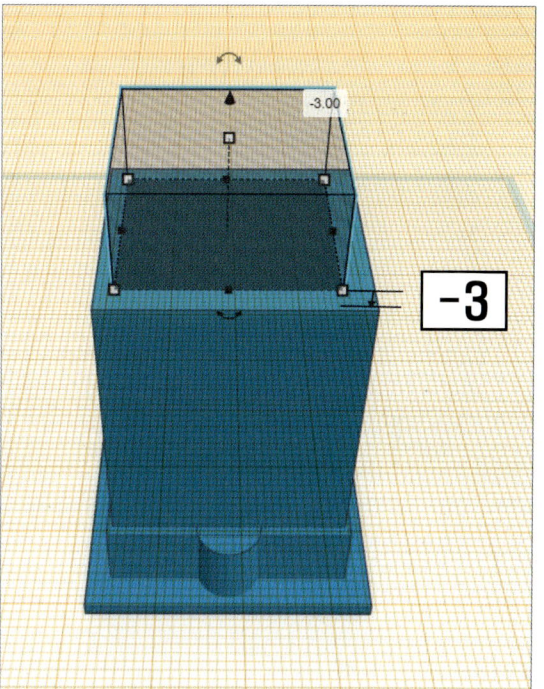

구멍 상자를 아래로 "-3"만큼 내려줍니다.

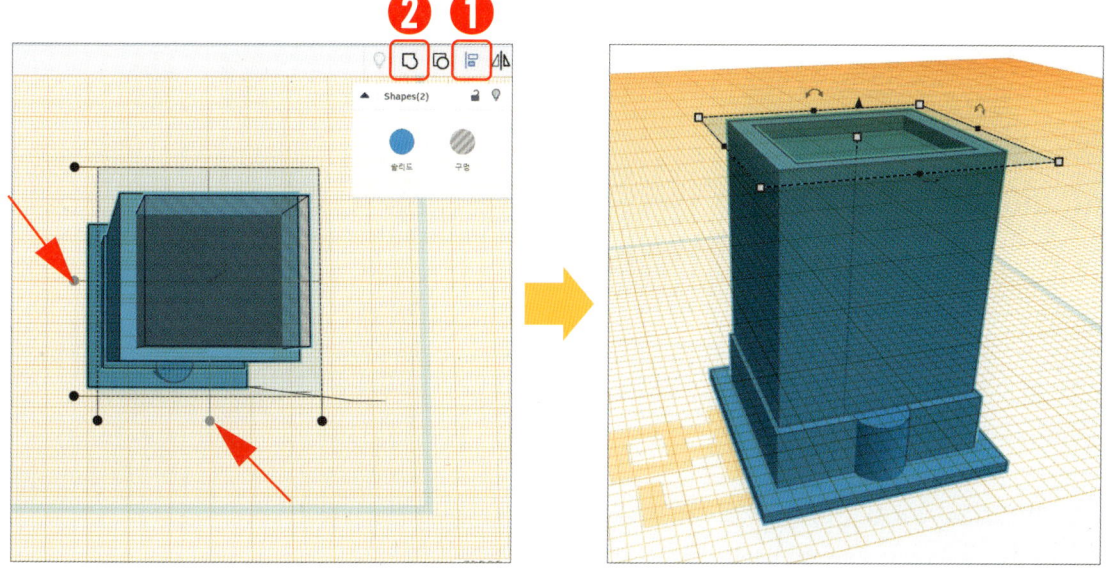

건물 상자와 구멍 상자를 ❶ 가운데 정렬 후 ❷ 그룹화합니다.

TINKERCAD DESIGN For 3D PRINTING

SECTION 07

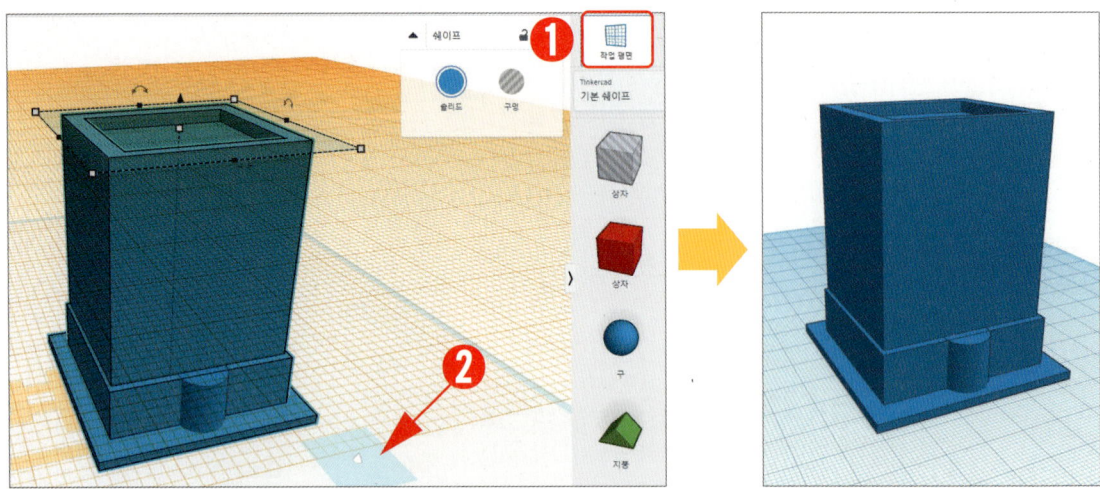

기존 작업 평면으로 돌아가기 위해 작업 평면을 클릭한 후 빈 공간을 클릭합니다.

건물 1 완성!

 건물 2 만들기

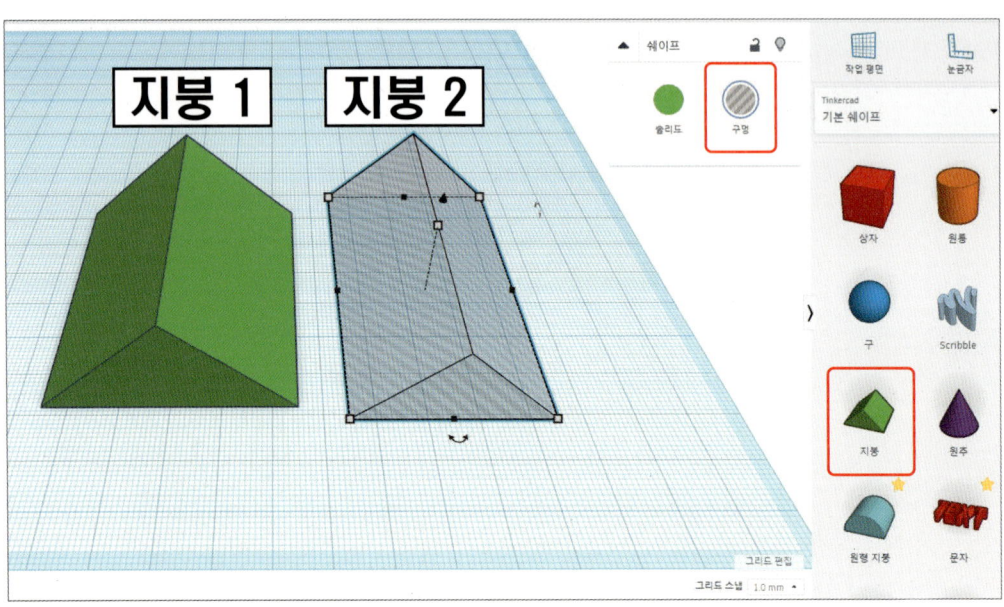

기본 쉐이프에서 지붕을 선택하고 작업 평면에 2개를 놓은 후 치수를 조절합니다.
예) 지붕 1 : 가로 50, 세로 60, 높이 22
　　지붕 2(구멍 도형) : 가로 40, 세로 70, 높이 18

TINKERCAD DESIGN For 3D PRINTING _____ SECTION 07

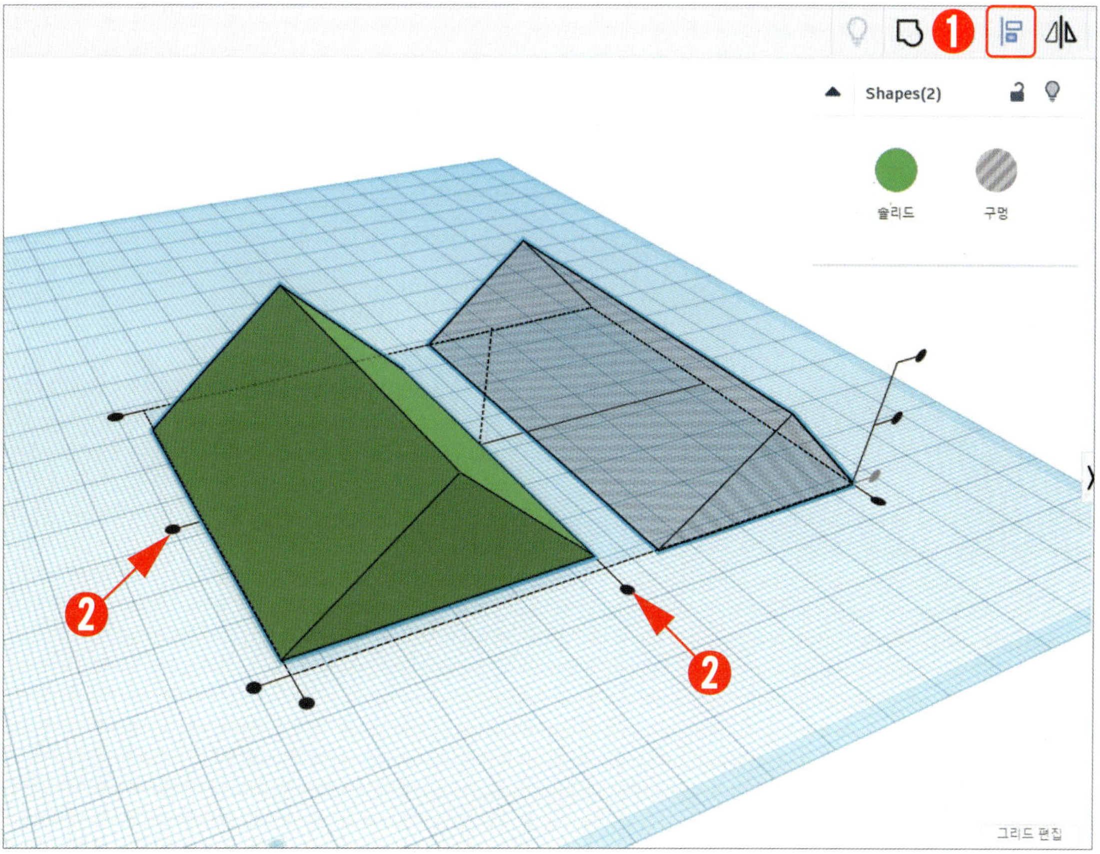

두 도형을 선택하고 ❶ 정렬 버튼을 클릭한 후 ❷를 클릭하여 가운데 정렬합니다.

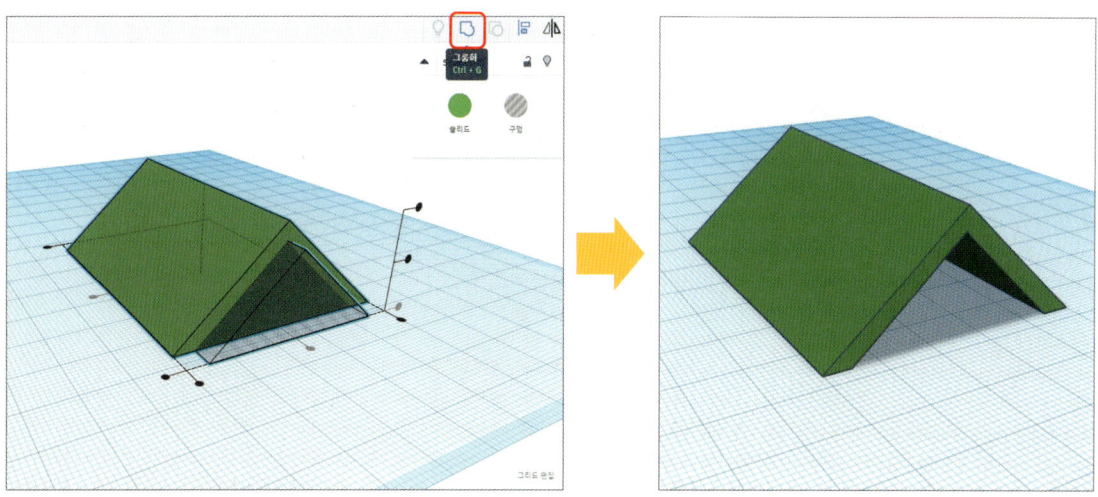

정렬된 두 도형을 그룹화합니다.

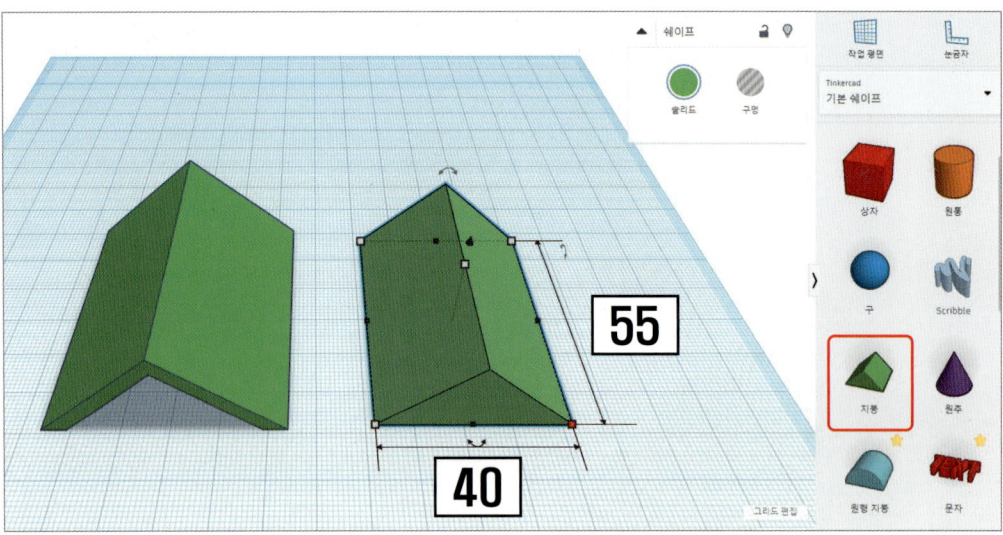

기본 쉐이프에서 지붕을 선택하고 작업 평면에 놓은 후 치수를 조절합니다.
예 가로 40, 세로 55, 높이 18

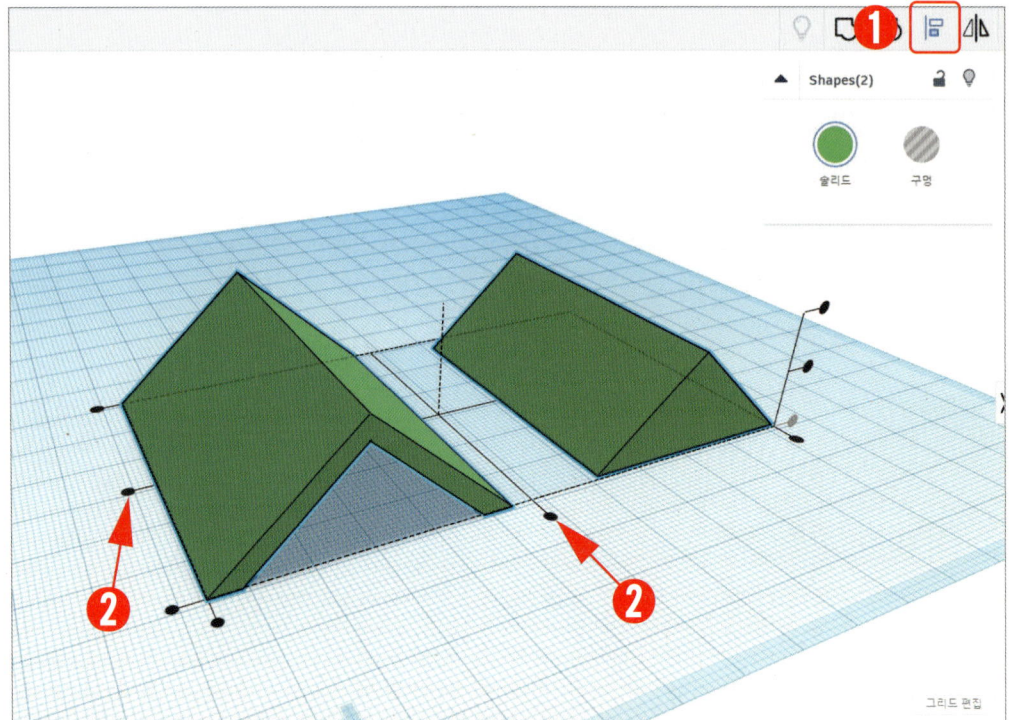

두 도형을 선택하고 ❶ 정렬 버튼을 클릭한 후 ❷를 클릭하여 가운데 정렬합니다.

TINKERCAD DESIGN For 3D PRINTING

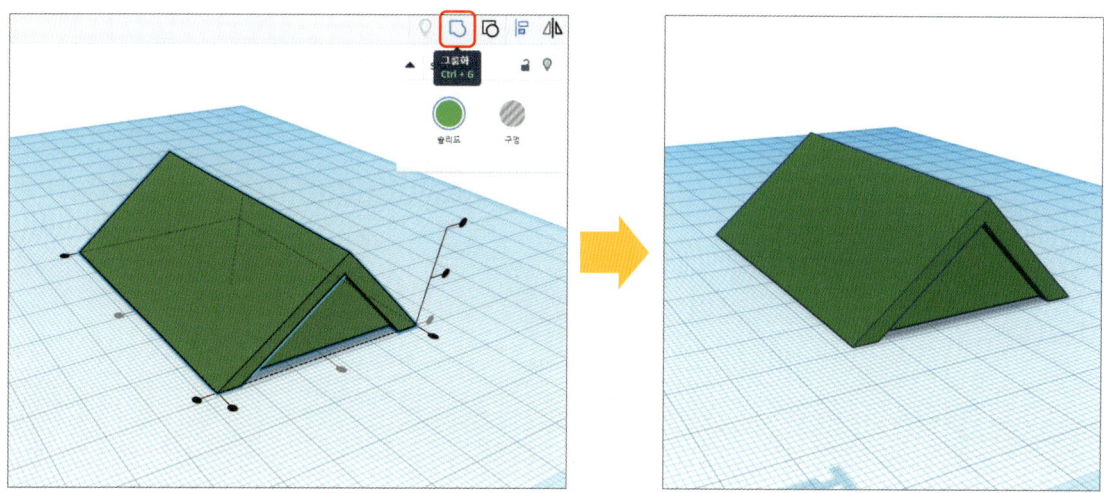

정렬된 두 도형을 그룹화합니다.

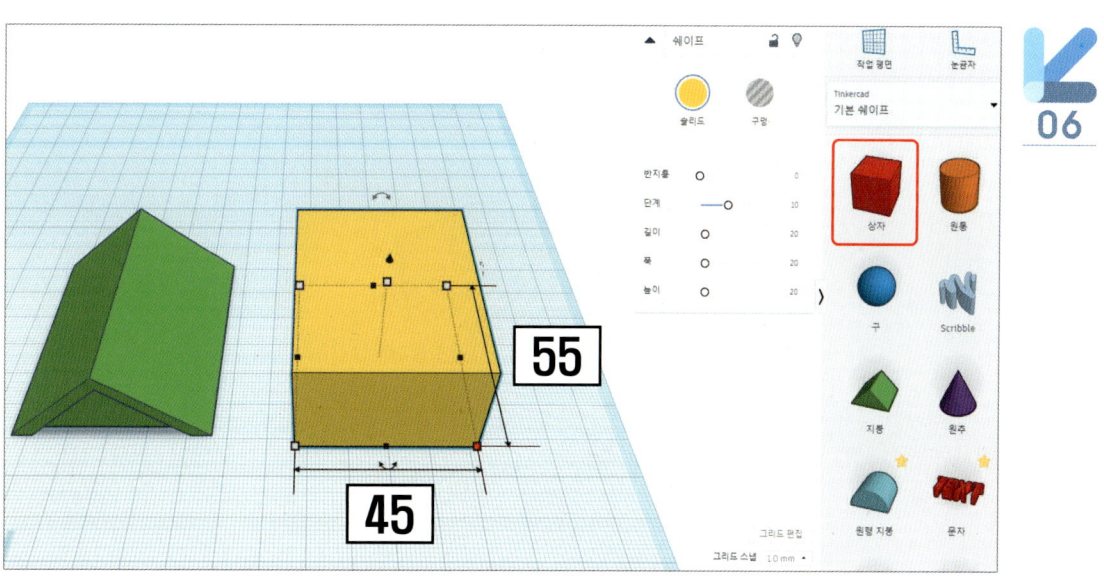

기본 쉐이프에서 상자를 선택하고 작업 평면에 놓은 후 치수를 조절합니다.
예 가로 45, 세로 55, 높이 28

TINKERCAD DESIGN For 3D PRINTING

SECTION 07

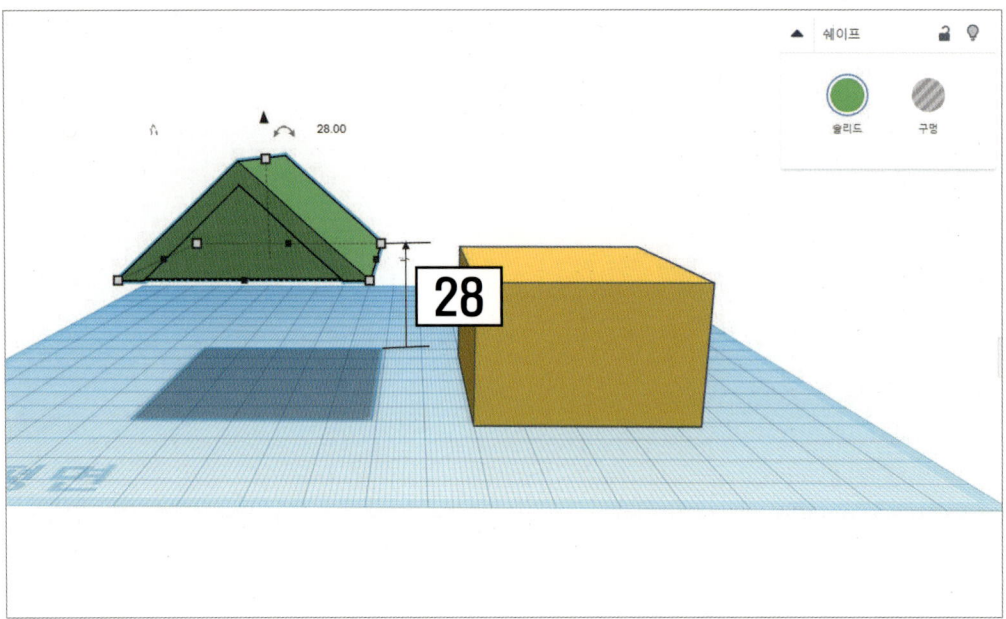

지붕 모양을 위로 "28"만큼 올려줍니다.

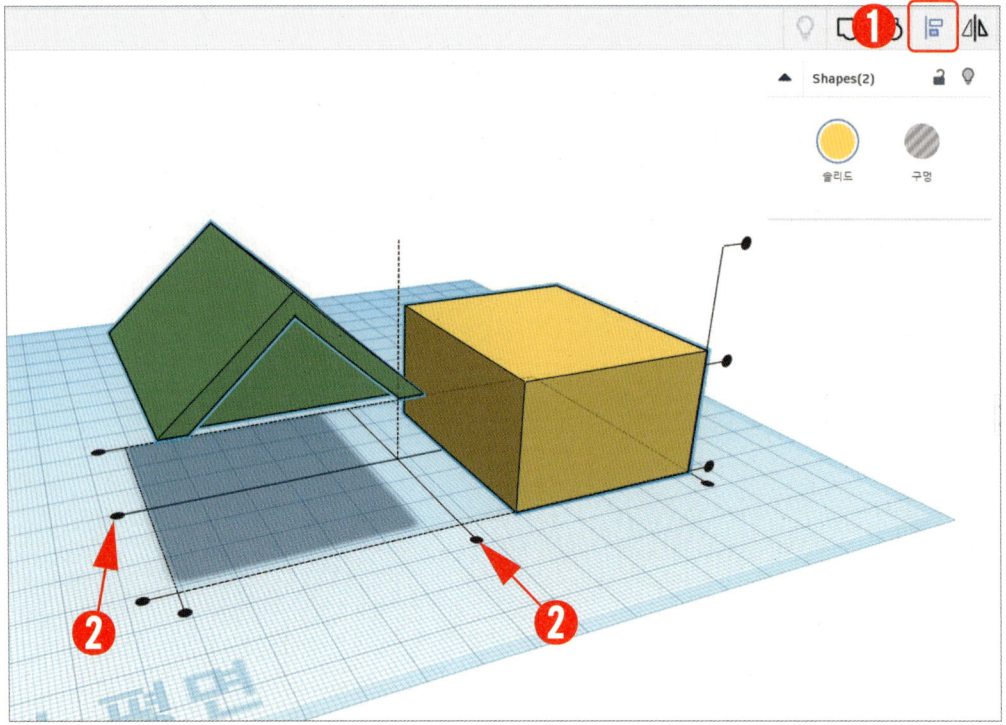

두 도형을 선택하고 ❶ 정렬 버튼을 클릭한 후 ❷를 클릭하여 가운데 정렬합니다.

TINKERCAD DESIGN For 3D PRINTING

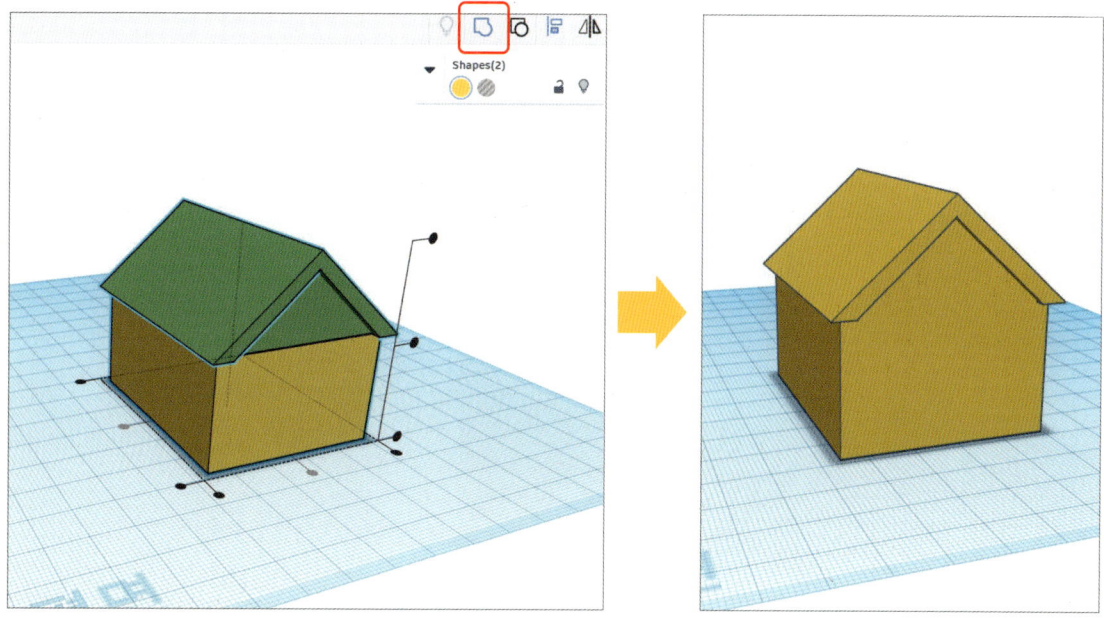

정렬된 두 도형을 그룹화합니다.

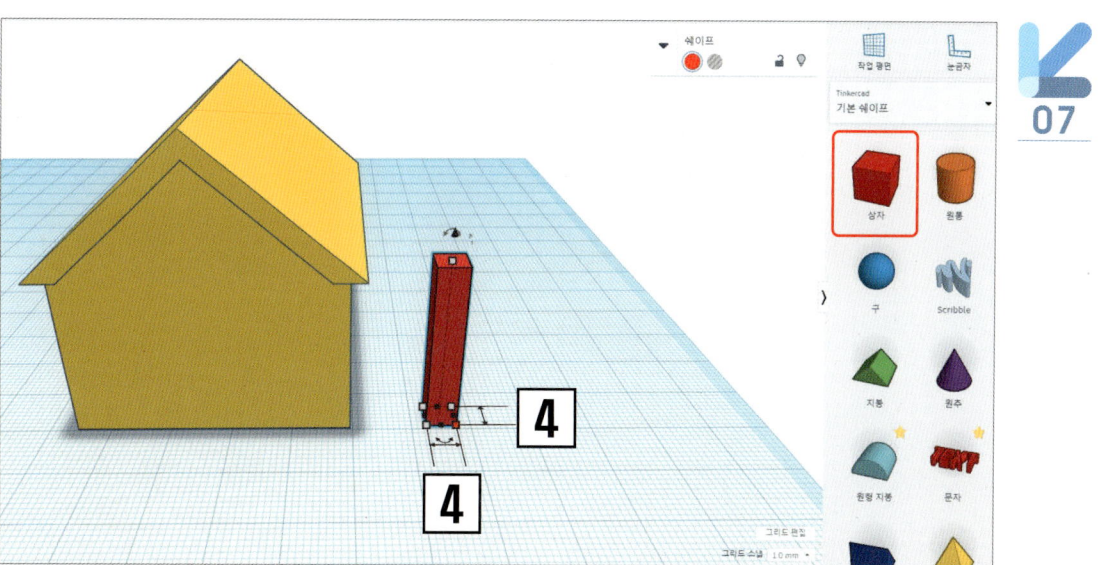

기본 쉐이프에서 상자를 선택하고 작업 평면에 놓은 후 치수를 조절합니다.
예 가로 4, 세로 4, 높이 29

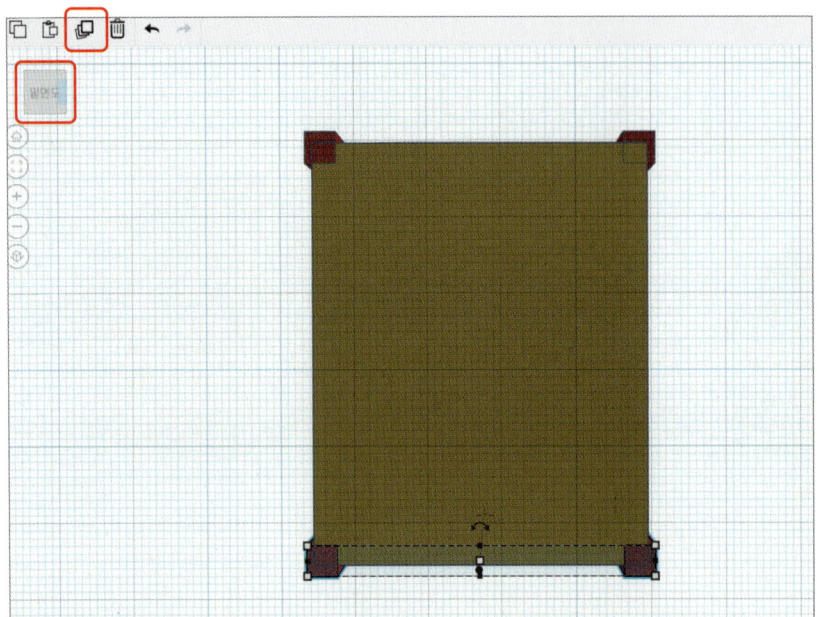

뷰박스를 밑면도로 선택합니다.

상자를 복제하여 마우스로 움직이거나 키보드 방향키 로 그림과 같이 집 모서리 네 곳에 배치합니다.

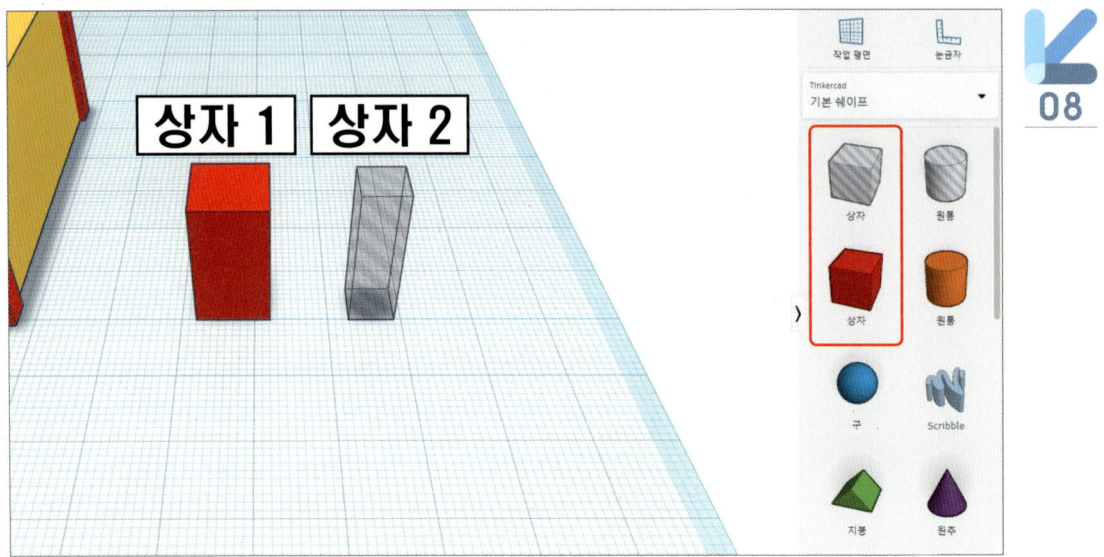

기본 쉐이프에서 상자를 선택하고 작업 평면에 2개를 놓은 후 치수를 조절합니다.

예 상자 1 : 가로 10, 세로 10, 높이 18
　　상자 2(구멍 상자) : 가로 6, 세로 6, 높이 20

TINKERCAD DESIGN For 3D PRINTING SECTION 07

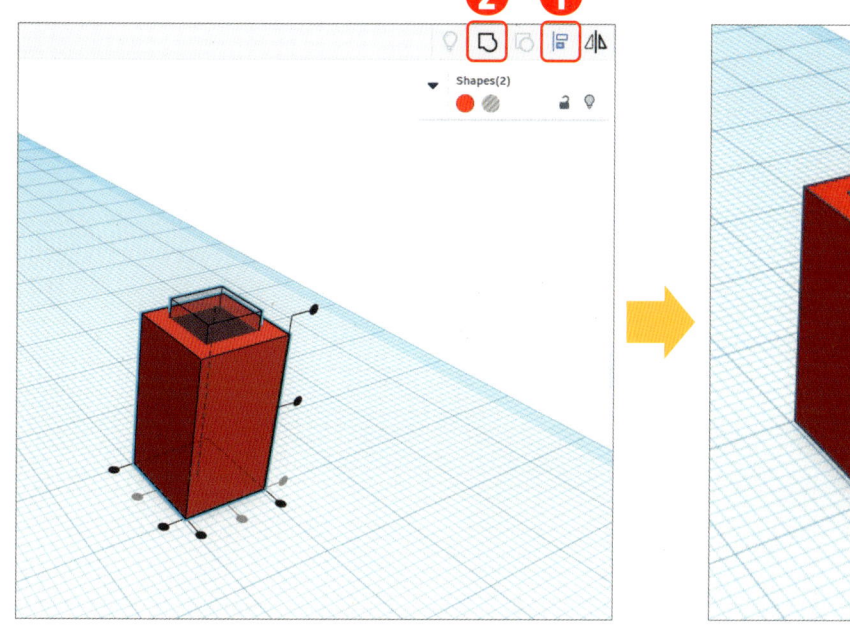

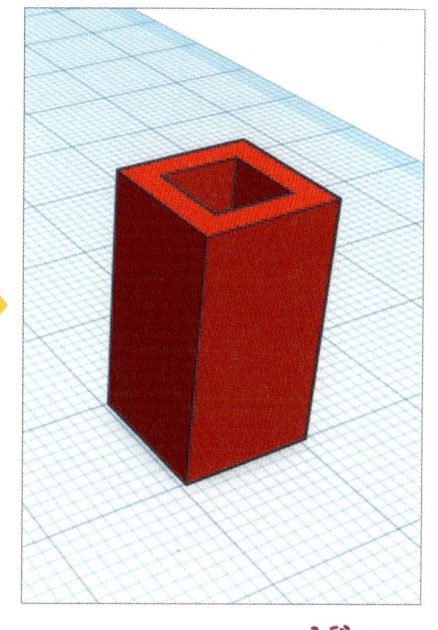

두 두형을 가운데 정렬 후 그룹화합니다.

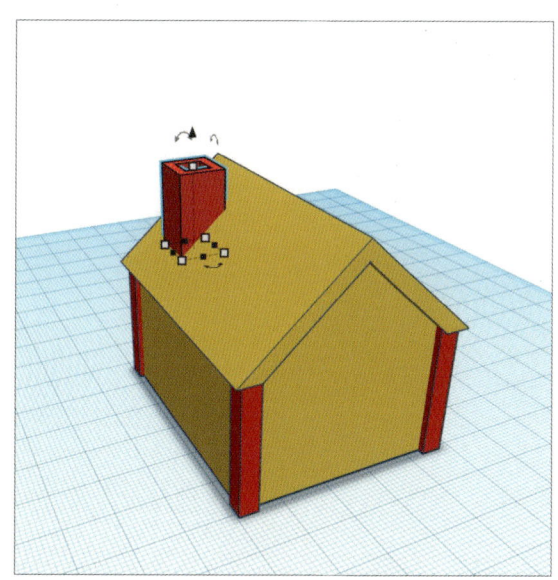

굴뚝 모양 도형을 키보드 방향키 ↑ ← ↓ → 와 높이방향 화살표 등을 활용하여 적절한 위치에 배치합니다.

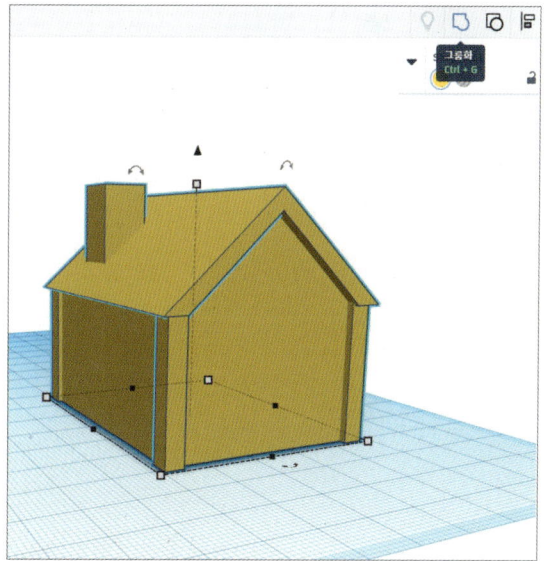

도형을 모두 그룹화합니다.
건물 2 완성!

SECTION 07_ 건물 디오라마(1)

TINKERCAD DESIGN For 3D PRINTING

SECTION 07

도|전|과|제

- 나만의 건축물을 다양하게 모델링해 봅시다.

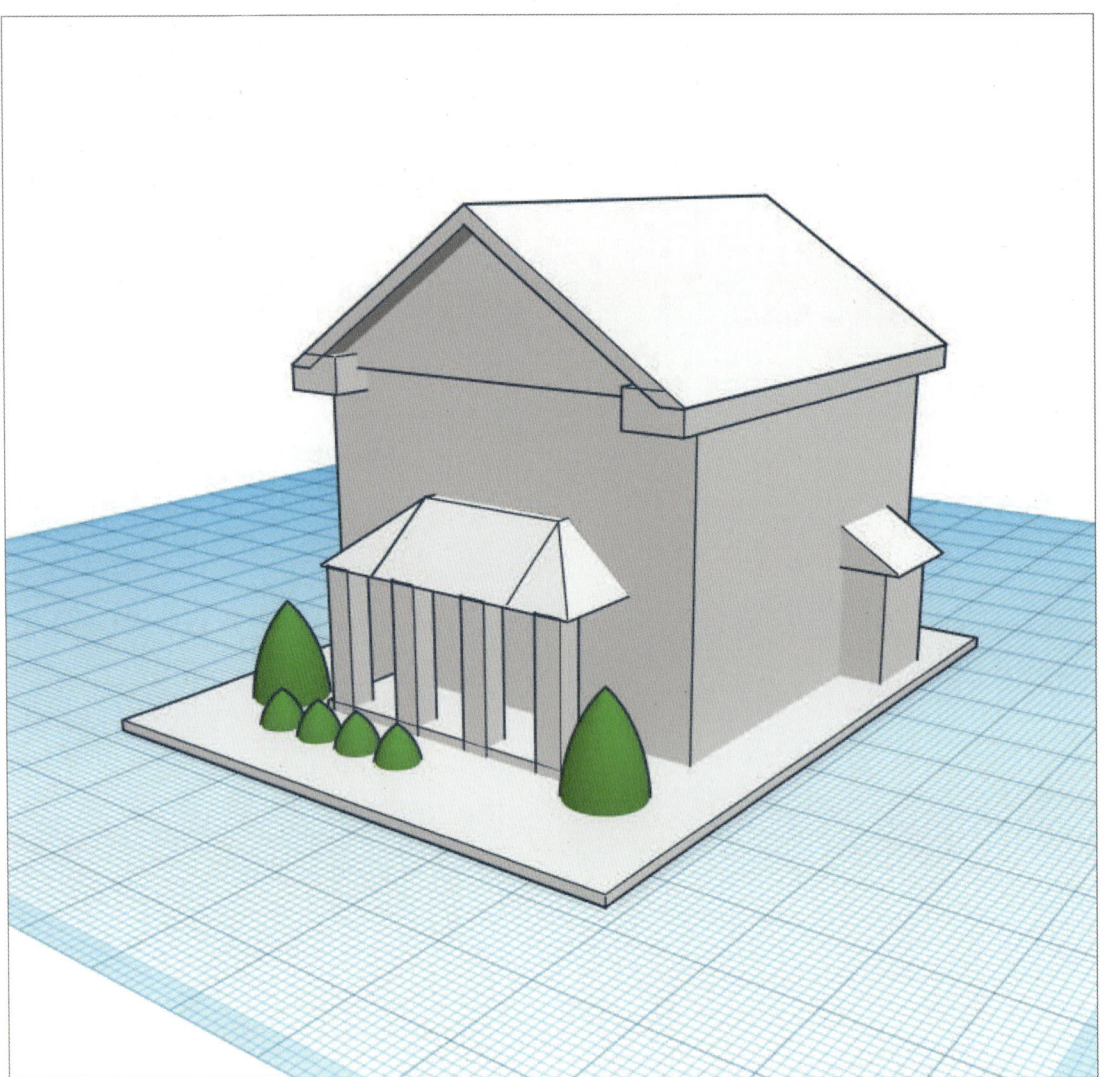

SECTION 08 건물 디오라마(2)

● 건물 디오라마(2)

건물 디오라마(1)의 기본 디자인을 바탕으로 나만의 건축물을 모델링해 봅니다.
건축물의 디테일한 부분을 디자인하여 건축물을 완성해 봅시다.

TINKERCAD DESIGN For 3D PRINTING

01

SECTION 07 건물 디오라마(1)에서 작업한 파일의 항목 편집에 들어가서 파일명을 "건물 디오라마(2)"로 수정하고 엔터키 또는 화면의 빈 공간 아무 곳이나 클릭합니다.

 건물 1 꾸미기

02

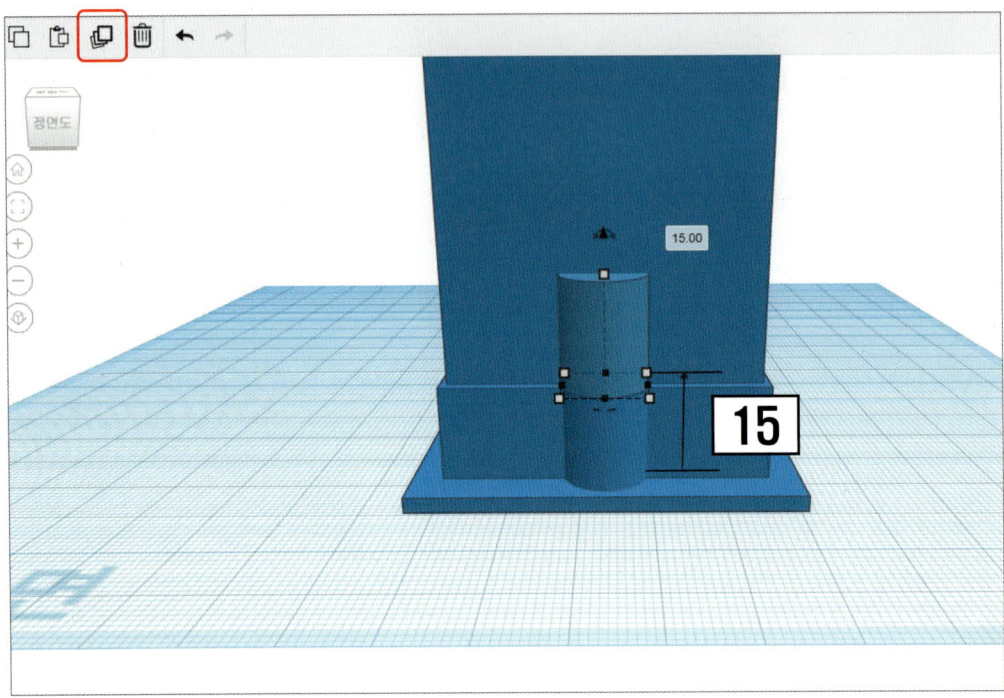

건물의 가운데 원기둥을 복제하여 위로 "15"만큼 올려줍니다.

TINKERCAD DESIGN For 3D PRINTING

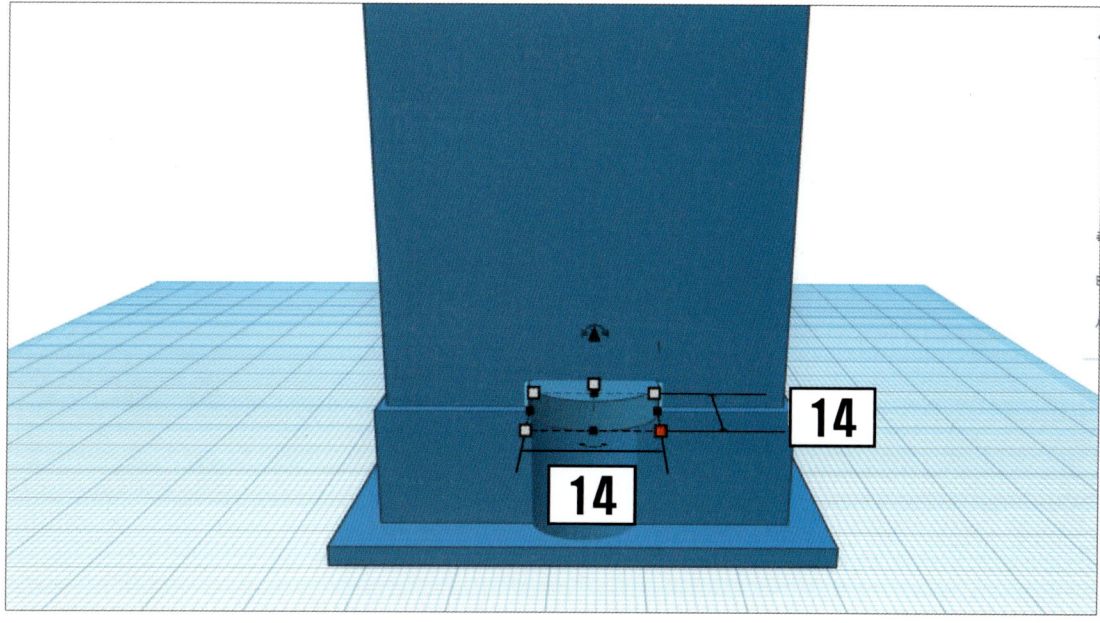

복제된 원기둥의 치수를 조절합니다.
예 가로 14, 세로 14, 높이 3

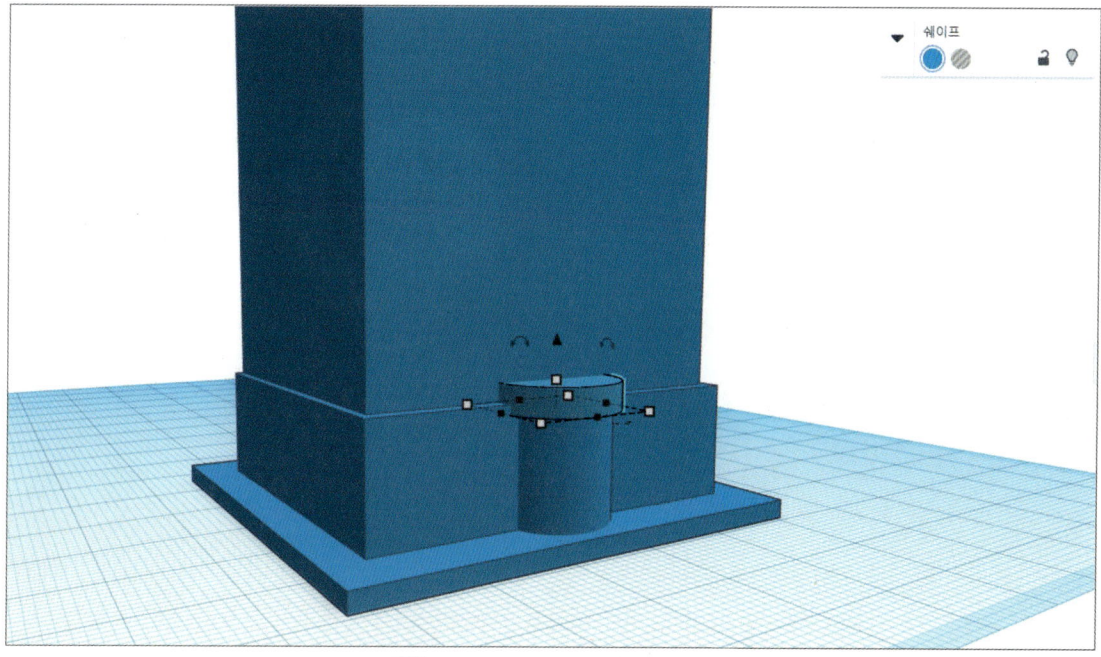

복제된 원통 도형을 키보드 방향키 와 높이방향 화살표 등을 활용하여 그림과 같이 적절한 위치에 배치합니다.

TINKERCAD DESIGN For 3D PRINTING   SECTION 08

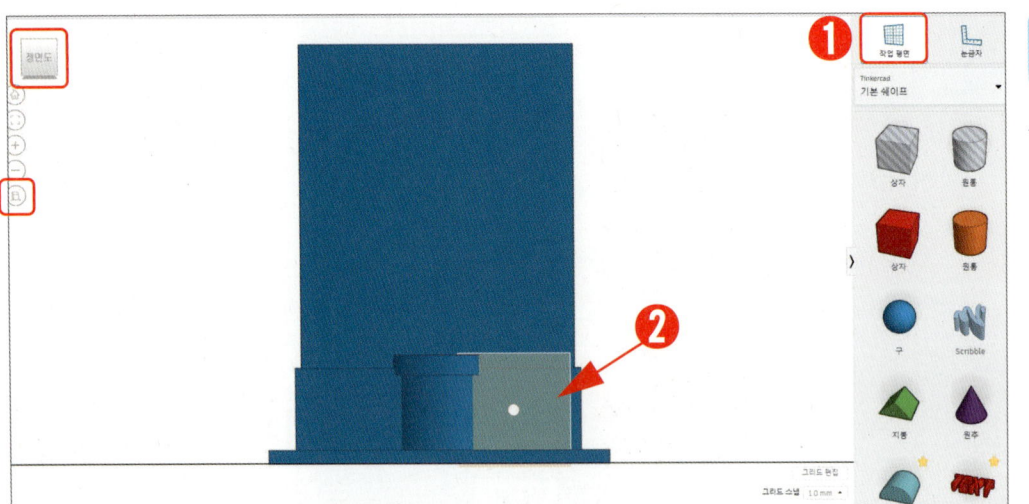

뷰박스를 정면도 · 직교뷰로 선택합니다.
창문 모양을 만들어 주기 위해 임시 작업 평면을 만들어 봅시다.
❶ 작업 평면 버튼을 클릭한 뒤 ❷ 위치를 클릭합니다.

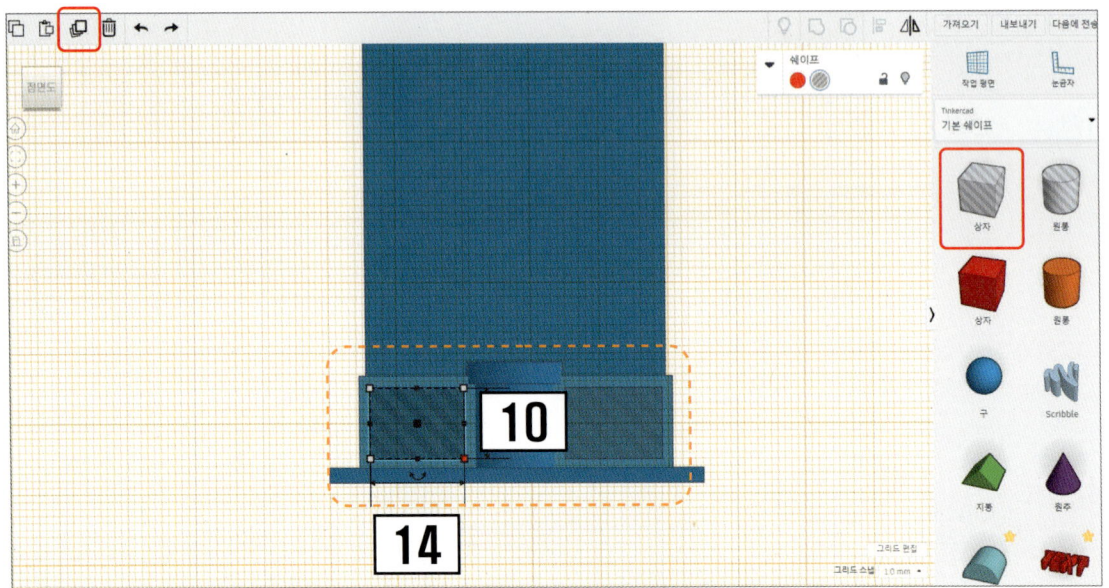

임시 작업 평면으로 바뀌면 기본 쉐이프에서 구멍 상자를 선택하고 임시 작업 평면에 놓은 후 치수를 조절합니다.
예 가로 14, 세로 10
치수를 조절한 뒤 복제하여 그림과 같이 배치합니다.

TINKERCAD DESIGN For 3D PRINTING   SECTION 08

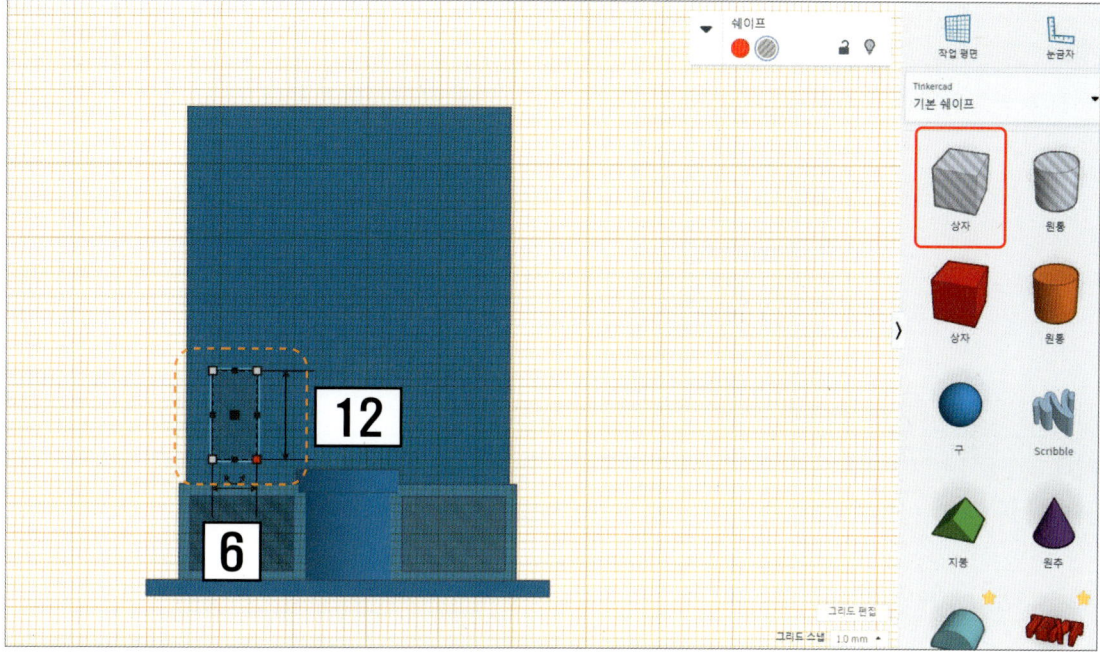

구멍 상자를 활용하여 건물 윗면에도 창문 모양을 만들어 줍니다.
예 가로 6, 세로 12

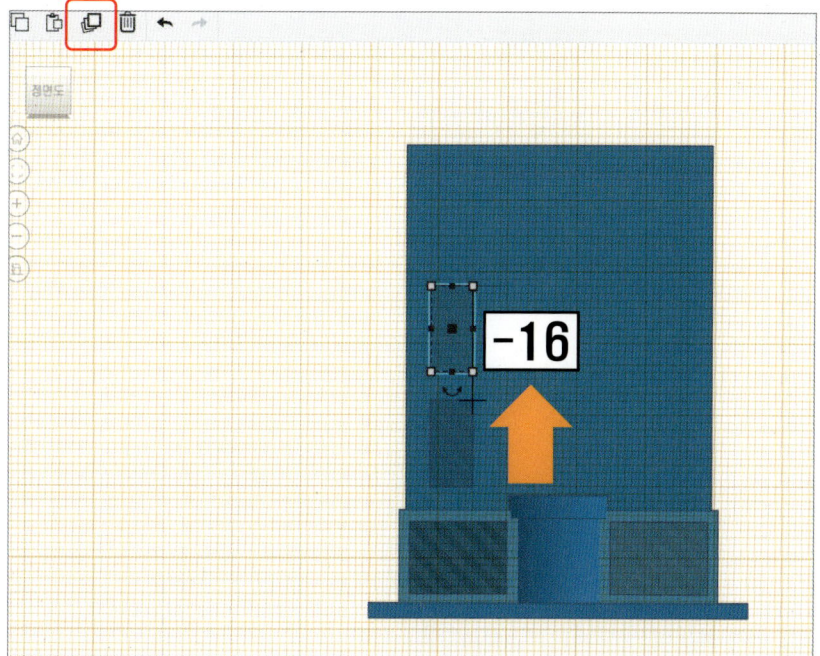

구멍 상자를 복제하여 위로 "-16" 만큼 올려줍니다.

TINKERCAD DESIGN For 3D PRINTING   SECTION 08

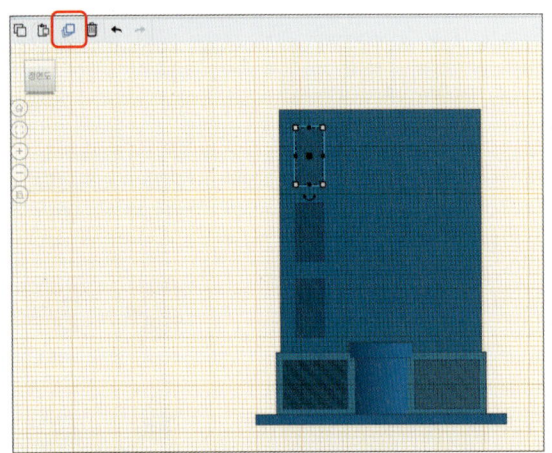
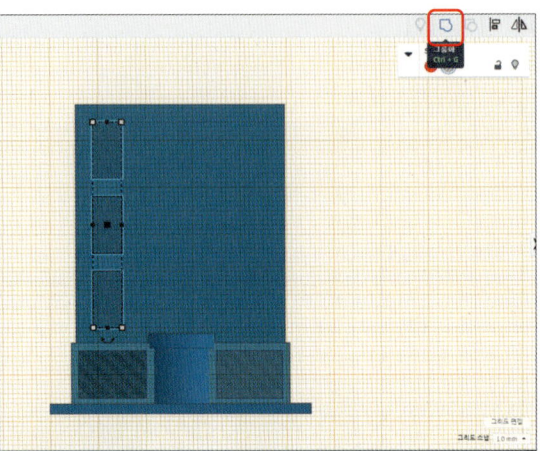

복제 버튼을 한번 더 클릭하면 같은 간격으로 창문이 복제됩니다.

Shift 키를 누른 채로 구멍 상자 3개를 클릭하여 그룹화합니다.

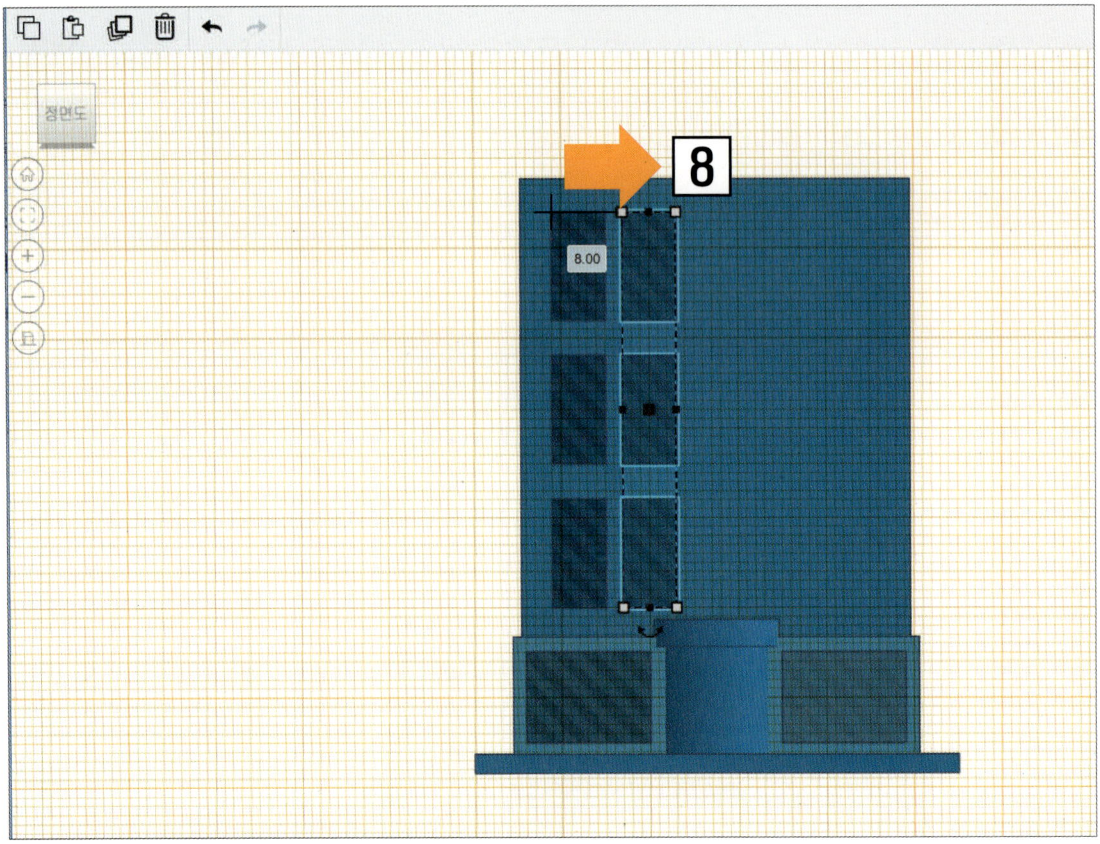

그룹화된 구멍 상자를 복제하여 옆으로 "8"만큼 이동합니다.

TINKERCAD DESIGN For 3D PRINTING SECTION 08

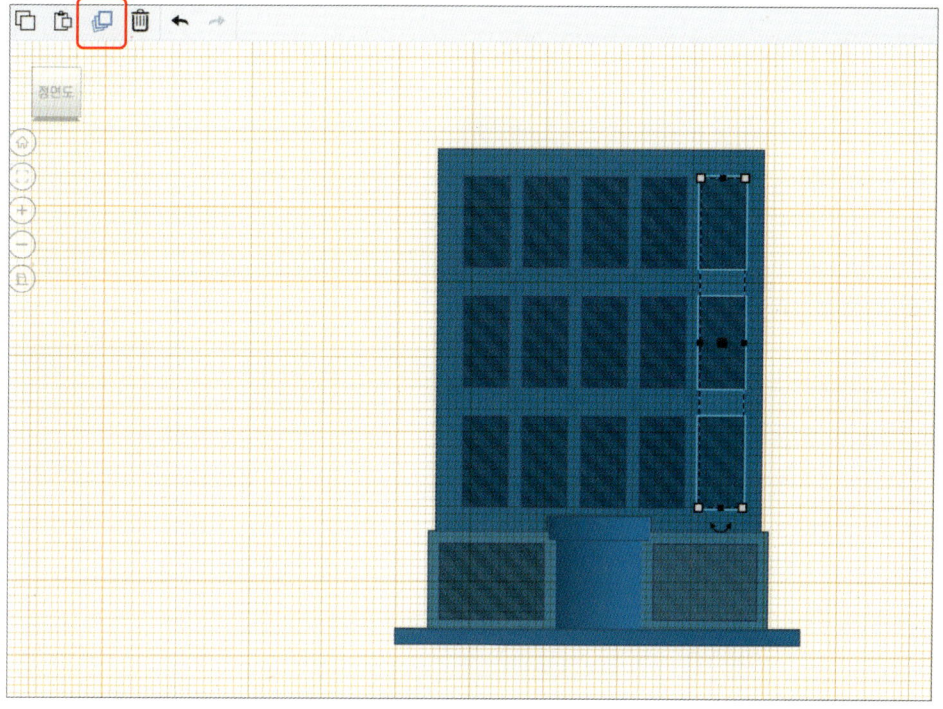

복제 버튼을 계속 눌러주면 같은 간격으로 창문이 복제됩니다.

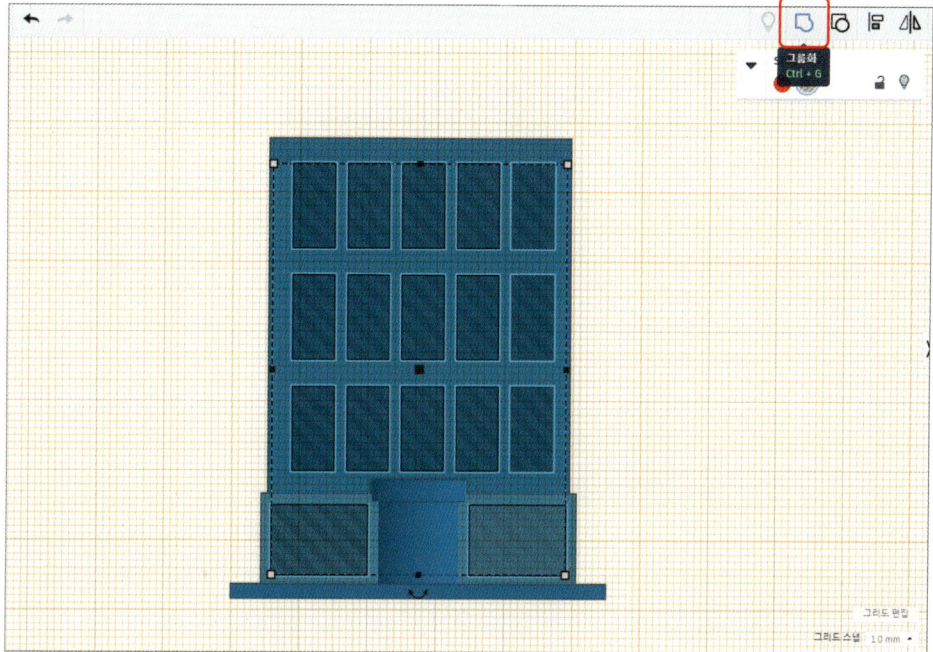

Shift 키를 누른 채로 구멍 상자 모두를 클릭하여 그룹화합니다.

TINKERCAD DESIGN For 3D PRINTING   SECTION 08

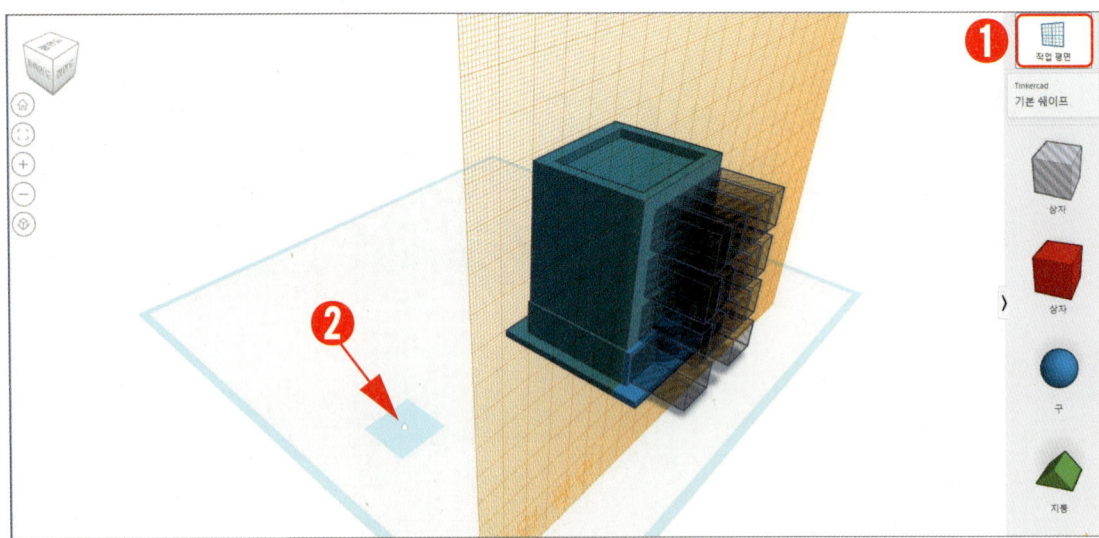

기존 작업 평면으로 돌아가기 위해 ❶ 작업 평면 버튼을 클릭한 후 ❷ 빈 공간을 클릭합니다.

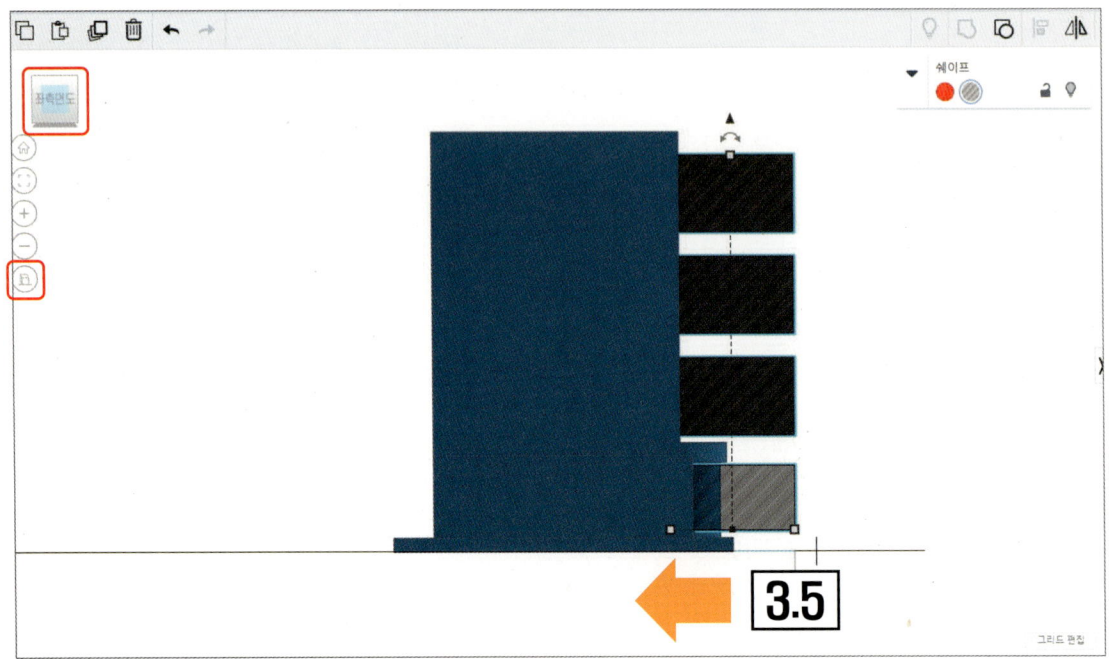

뷰박스를 좌측면도 · 직교뷰로 선택합니다.
그룹화된 구멍상자를 건물 안쪽으로 "3.5"만큼 이동합니다.

TINKERCAD DESIGN For 3D PRINTING　　　　　　　　　　　　　　　　SECTION 08

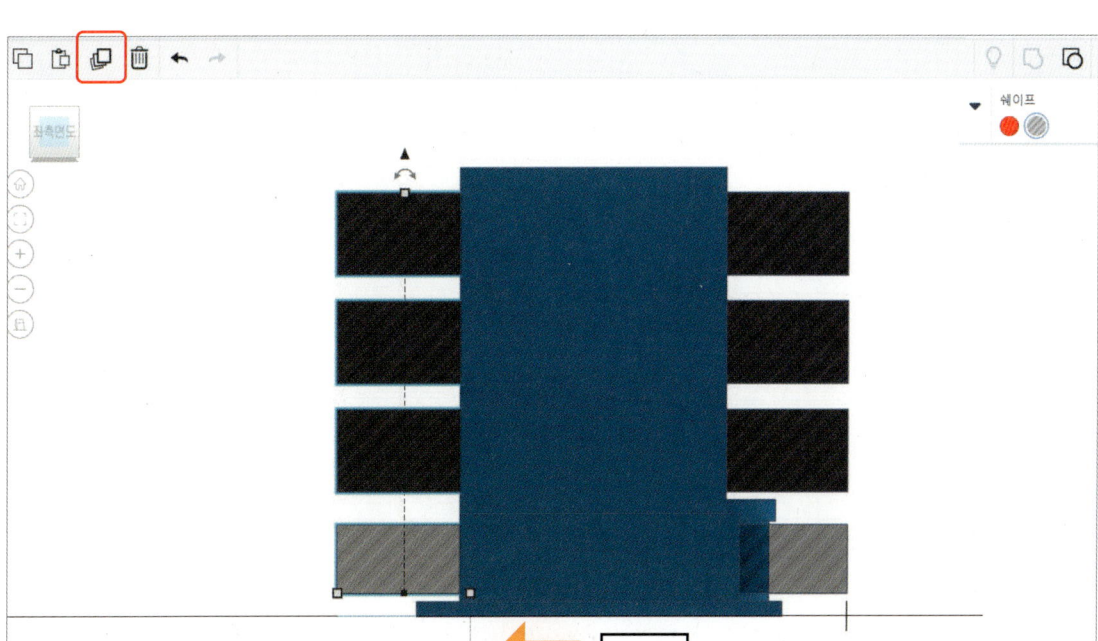

그룹화된 구멍 상자를 복제하여 "57"만큼 이동합니다.

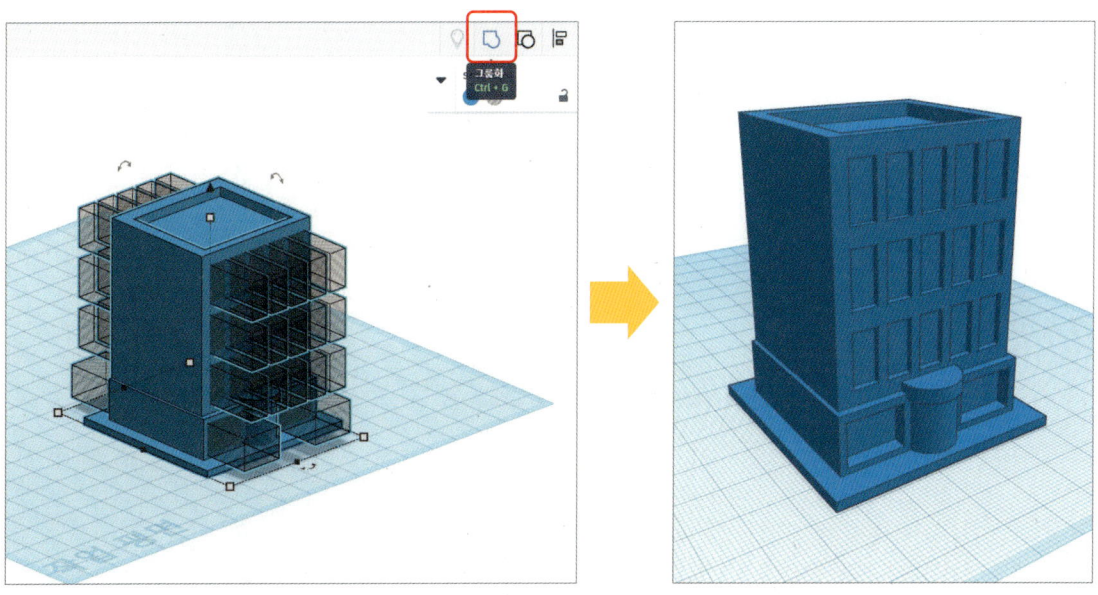

도형을 모두 선택하여 그룹화합니다.　　　　건물 1 기본 완성!

SECTION 08_ 건물 디오라마(2)

 응용하기

04

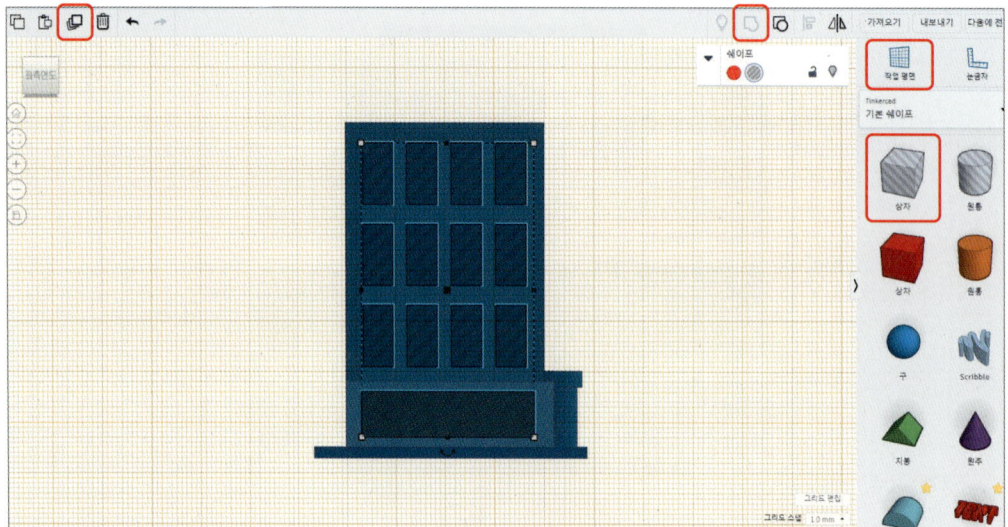

같은 방법을 반복하여 작업 평면, 구멍 상자, 복제, 그룹 등을 활용하여 그림과 같이 좌측면의 창문도 꾸며봅시다.

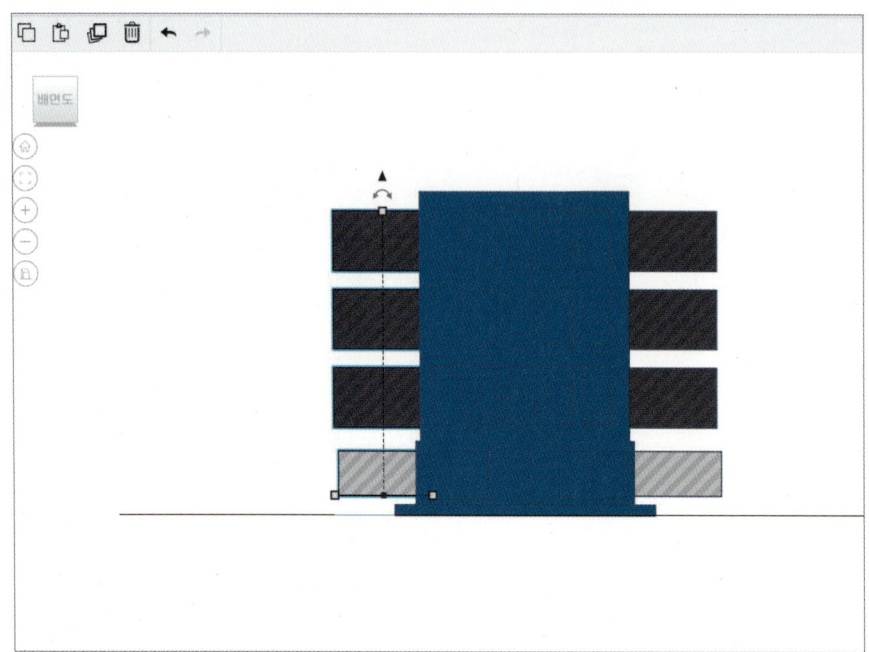

좌측면도에 모델링된 창문 모양을 복제하여 그림과 같이 우측면도로 이동합니다.
구멍 도형 창문과 건물이 겹치도록 배치합니다.

TINKERCAD DESIGN For 3D PRINTING _____ SECTION 08

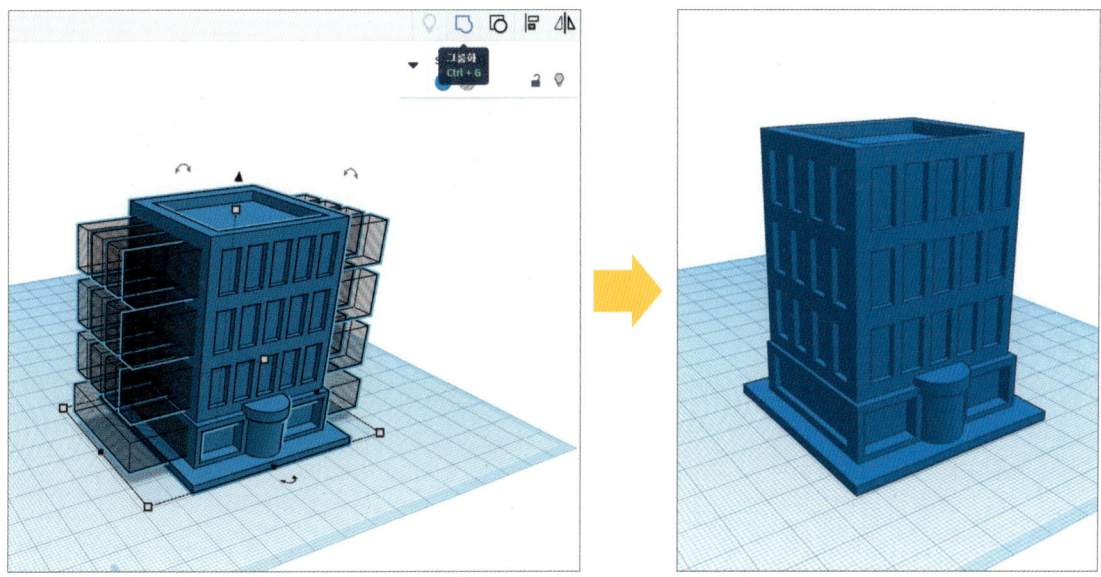

도형을 모두 선택하여 그룹화합니다.   건물 1 응용하여 꾸미기 완성!

건물 2 꾸미기

05

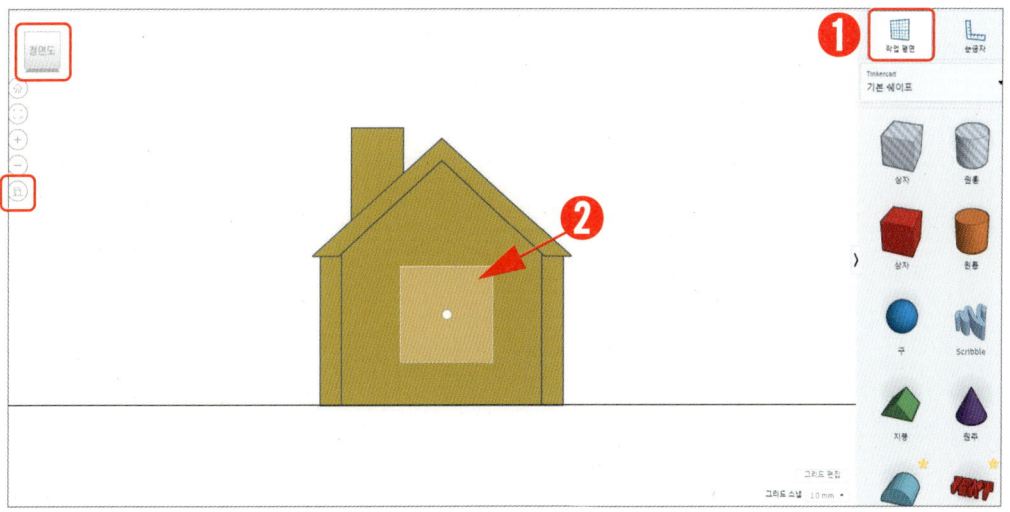

뷰박스를 평면도 · 직교뷰로 선택합니다.
건물 꾸미기를 위해 임시 작업 평면을 만들어 봅시다.
❶ 작업 평면 버튼을 클릭한 뒤 앞면 ❷ 위치를 클릭합니다.

TINKERCAD DESIGN For 3D PRINTING

SECTION 08

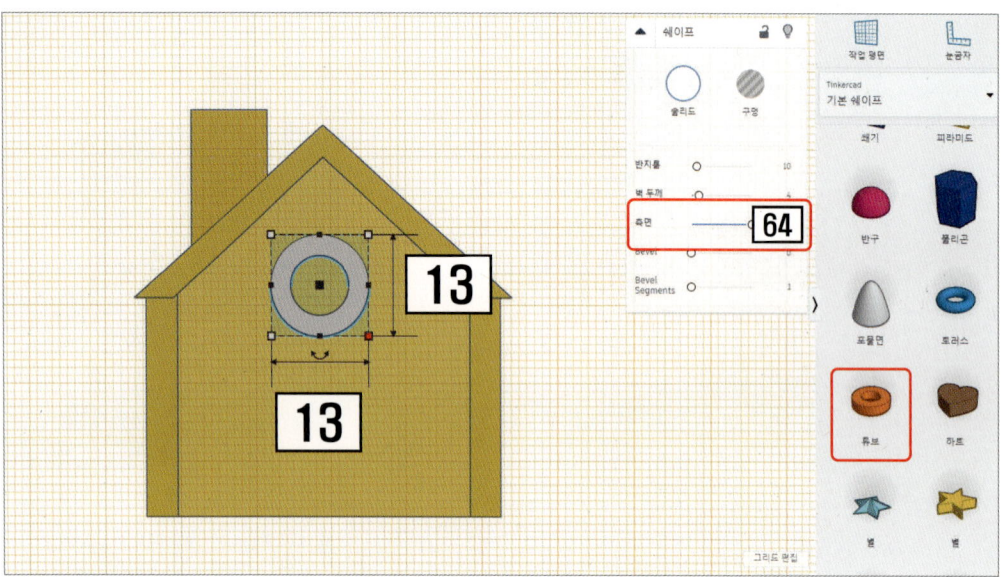

기본 쉐이프에서 튜브를 선택하고 임시 작업 평면에 놓은 후 치수를 조절합니다.
예 가로 13, 세로 13, 높이 2, 벽두께 4
　(모서리를 둥글게 만들기 위해 쉐이프에서 측면의 수치를 64로 올려줍니다.)

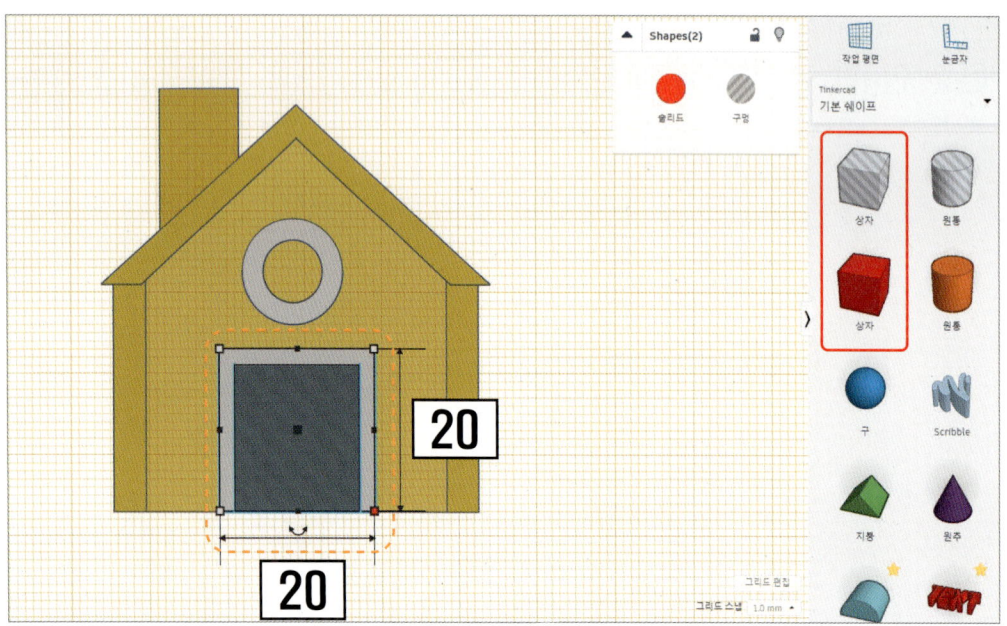

기본 쉐이프에서 상자와 구멍 상자를 선택하고 임시 작업 평면에 놓은 후 치수를 조절합니다.
예 상자 : 가로 20, 세로 20, 높이 2
　구멍 상자 : 가로 16, 세로 18, 높이 20

TINKERCAD DESIGN For 3D PRINTING SECTION 08

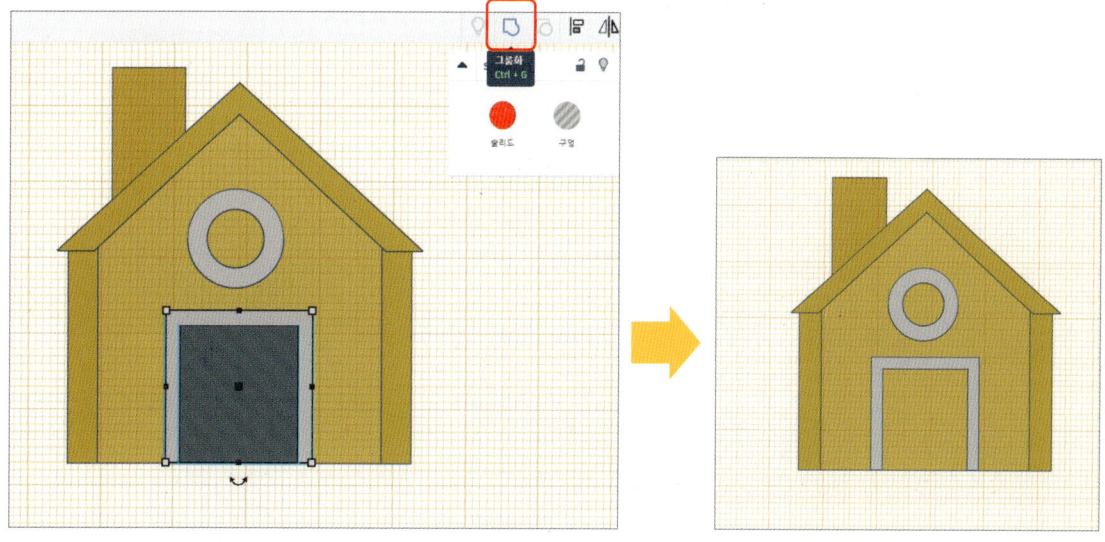

Shift 키를 누른 채로 두 상자를 클릭하여 그룹화합니다.

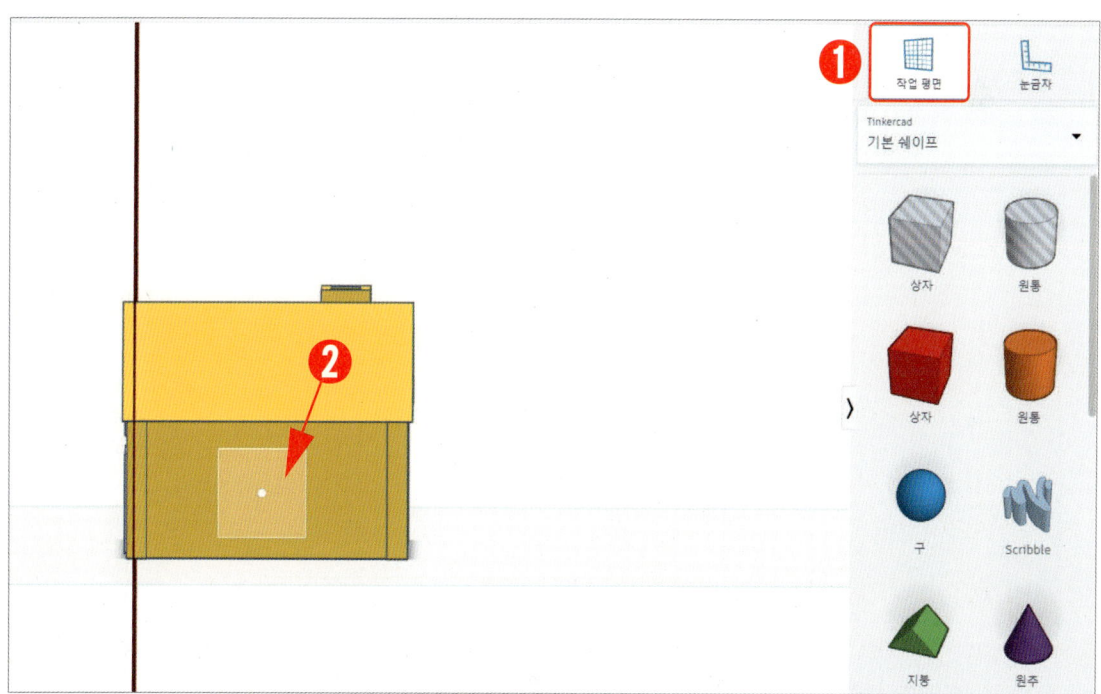

임시 작업 평면을 우측면도로 바꿔주기 위해 ❶ 작업 평면 버튼을 클릭한 뒤 ❷ 위치를 클릭합니다.

TINKERCAD DESIGN For 3D PRINTING

SECTION 08

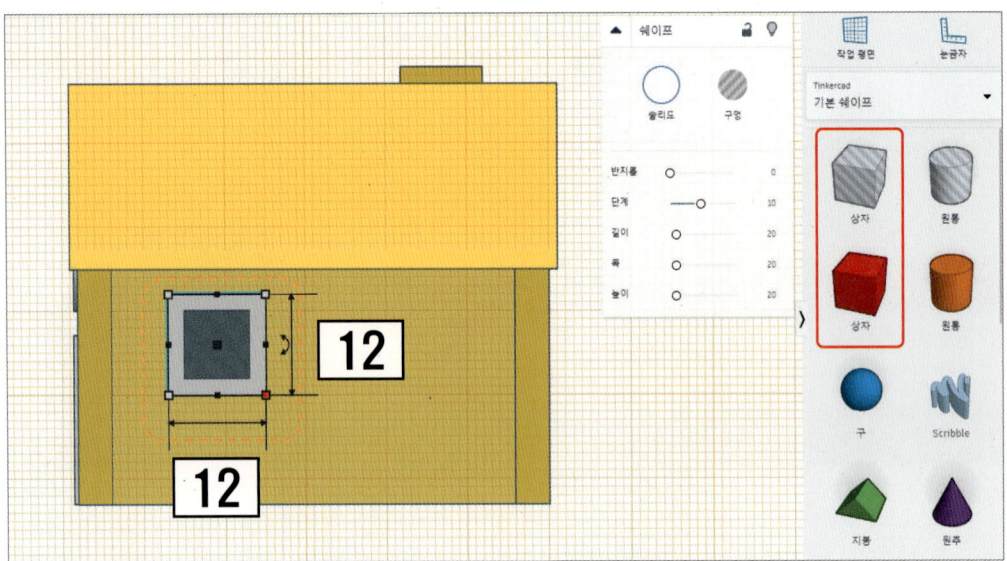

기본 쉐이프에서 상자와 구멍 상자를 선택하고 임시 작업 평면에 놓은 후 치수를 조절합니다.

예 상자 : 가로 12, 세로 12, 높이 2
　　구멍 상자 : 가로 8, 세로 8, 높이 20

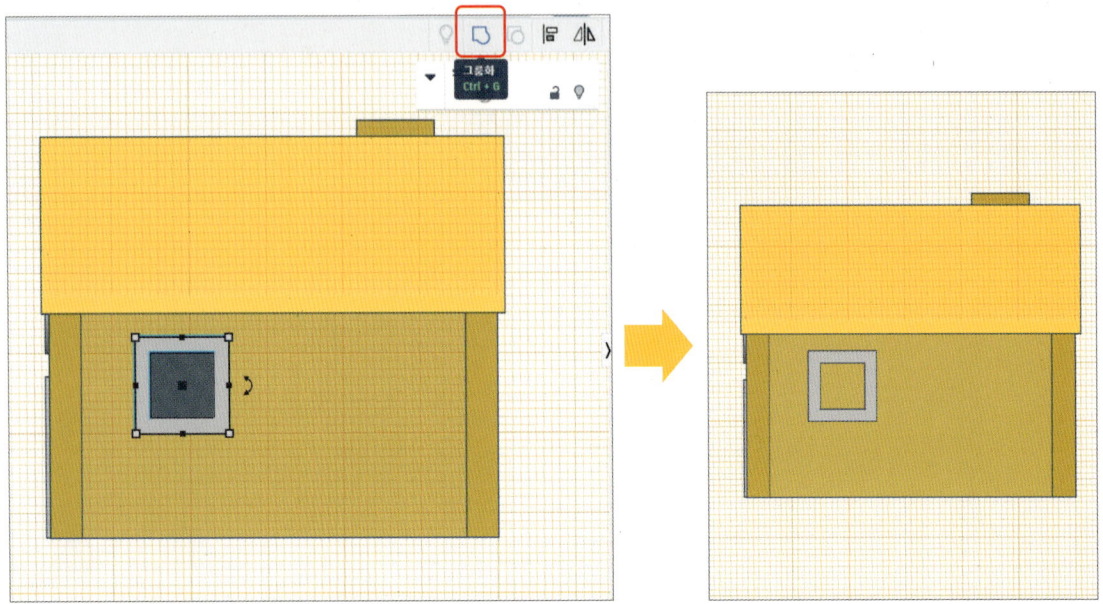

Shift 키를 누른 채로 두 상자를 클릭하여 그룹화합니다.

TINKERCAD DESIGN For 3D PRINTING SECTION 08

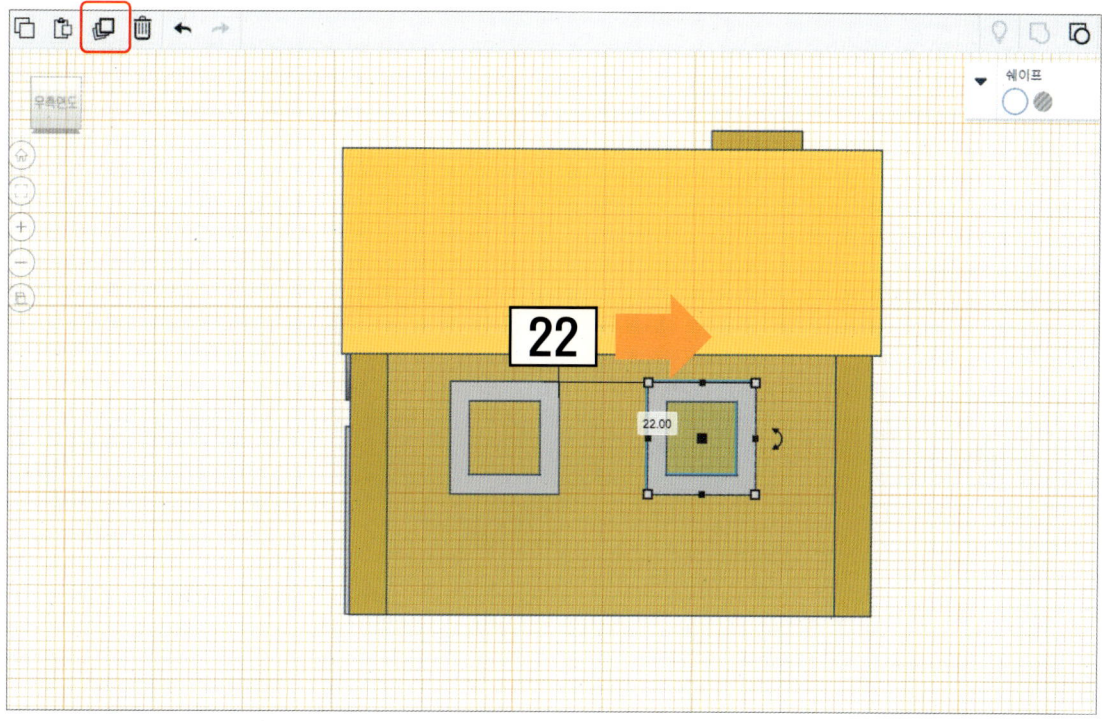

창문 모양을 복제하여 옆으로 "22"만큼 이동합니다.

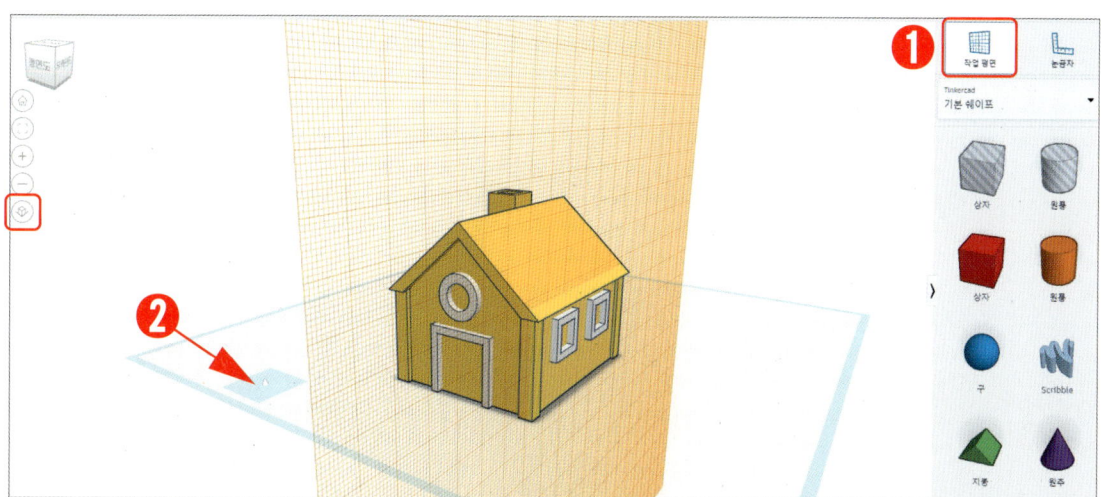

뷰박스를 투시뷰로 선택합니다.
기존 작업 평면으로 돌아가기 위해 ❶ 작업 평면 버튼을 클릭한 후 ❷ 빈 공간을 클릭합니다.

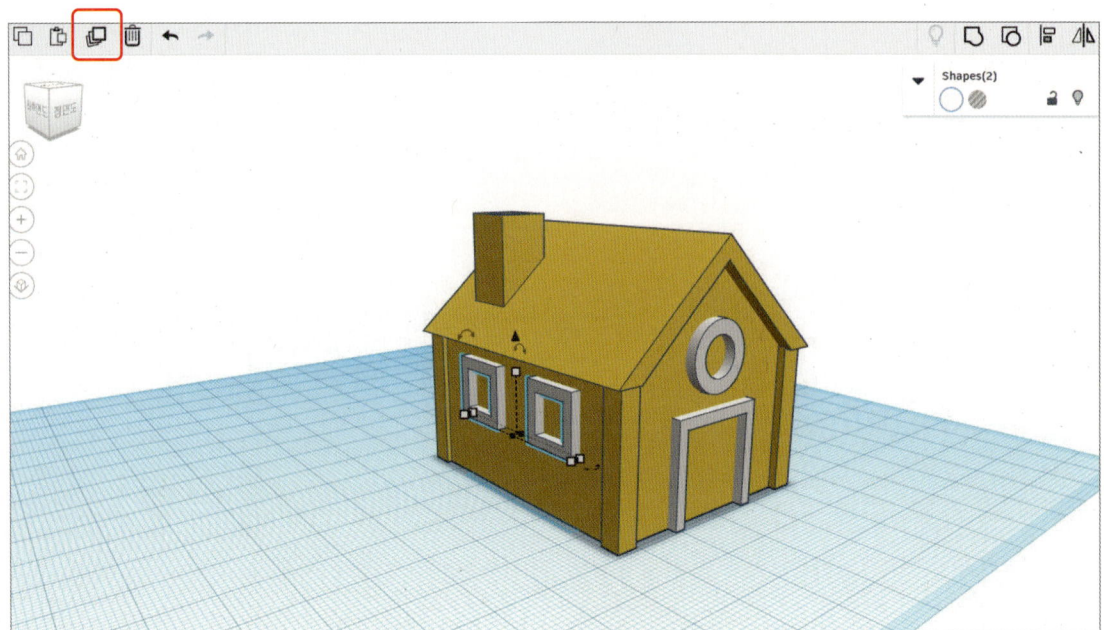

창문을 복제하여 반대쪽 벽면도 꾸며줍니다.
건물 2 꾸미기 완성!

TINKERCAD DESIGN For 3D PRINTING

도|전|과|제

- 나만의 건축물을 디테일하게 꾸며 봅시다.

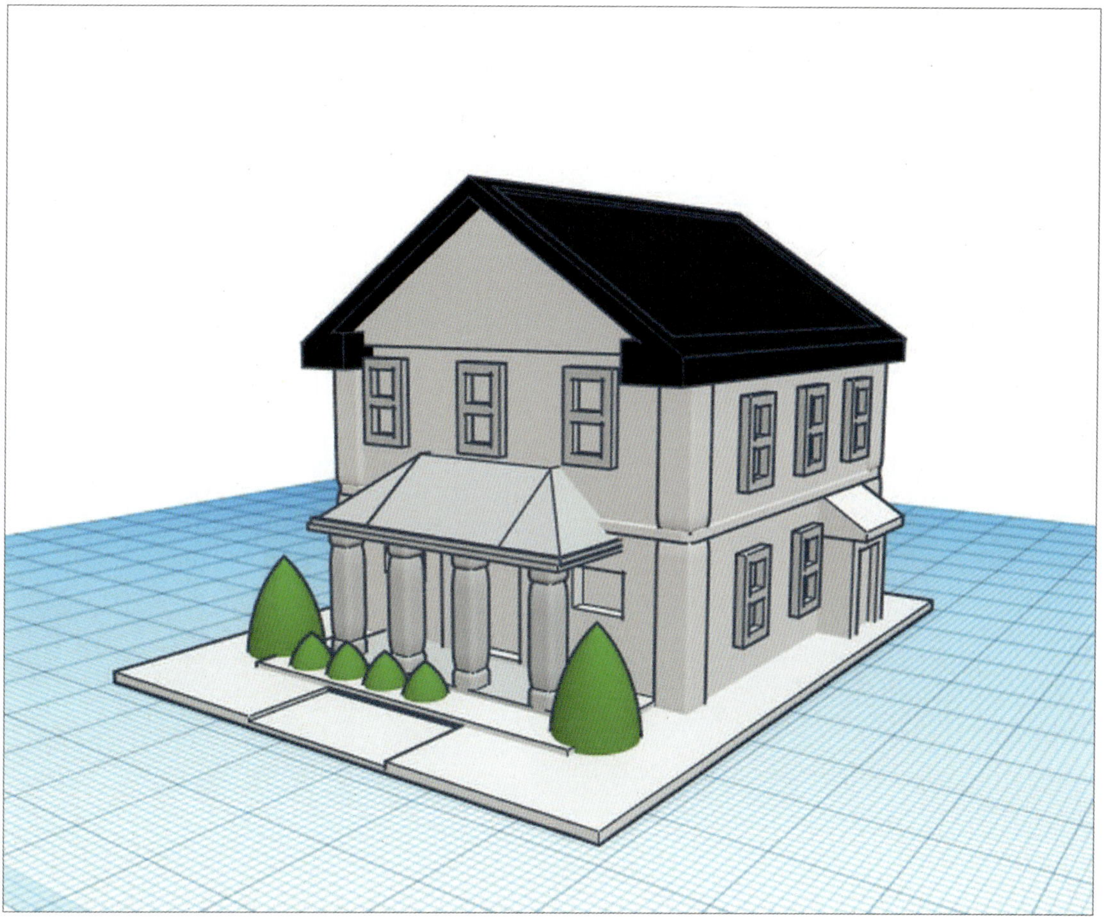

SECTION 09 패턴 목걸이

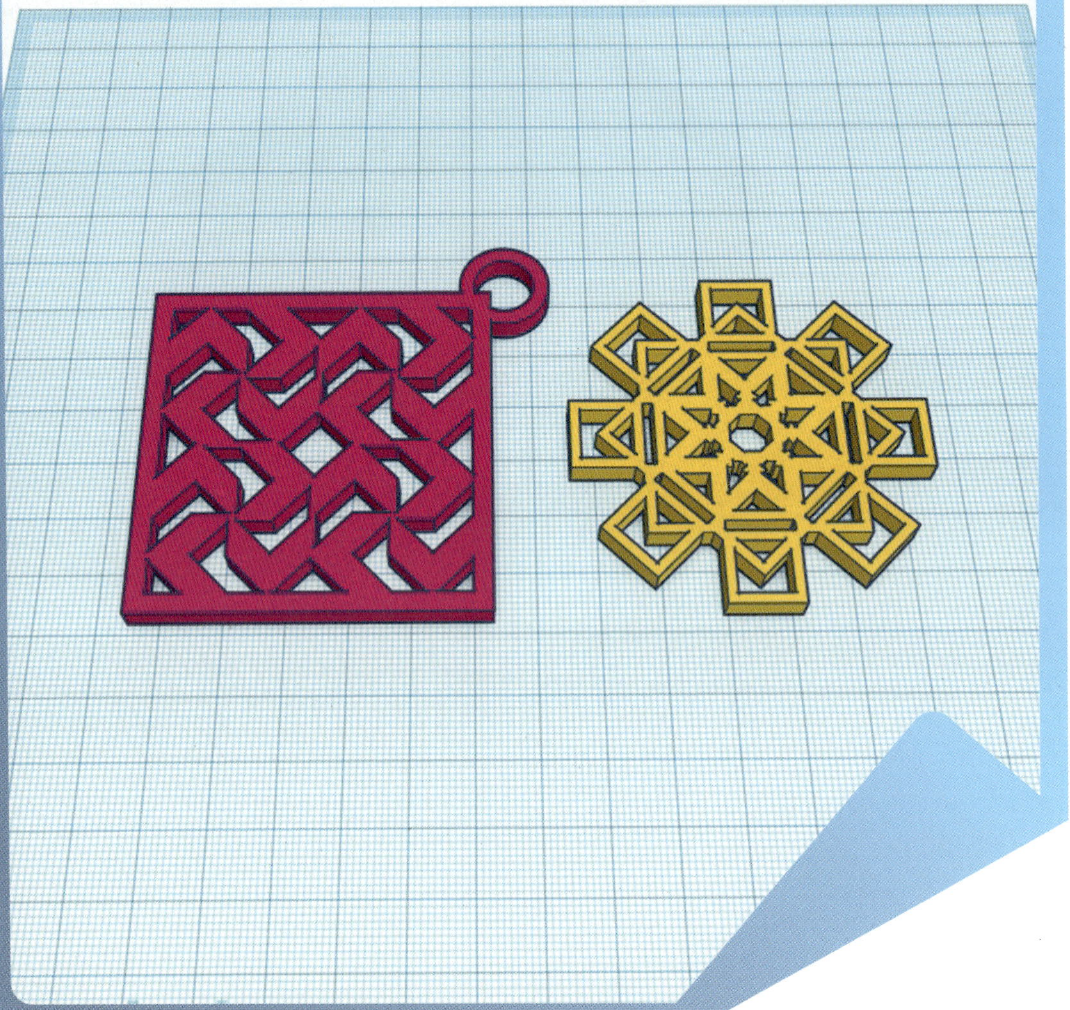

TINKERCAD DESIGN_For 3D PRINTING

● **패턴 목걸이 만들기**

기하학적 무늬 지오메트리컬 패턴에 대해 알아보고 패턴 목걸이를 모델링해 봅시다.
우리 주변에서 패턴을 찾아보고 패턴 디자인을 응용해 봅시다.

TINKERCAD DESIGN For 3D PRINTING

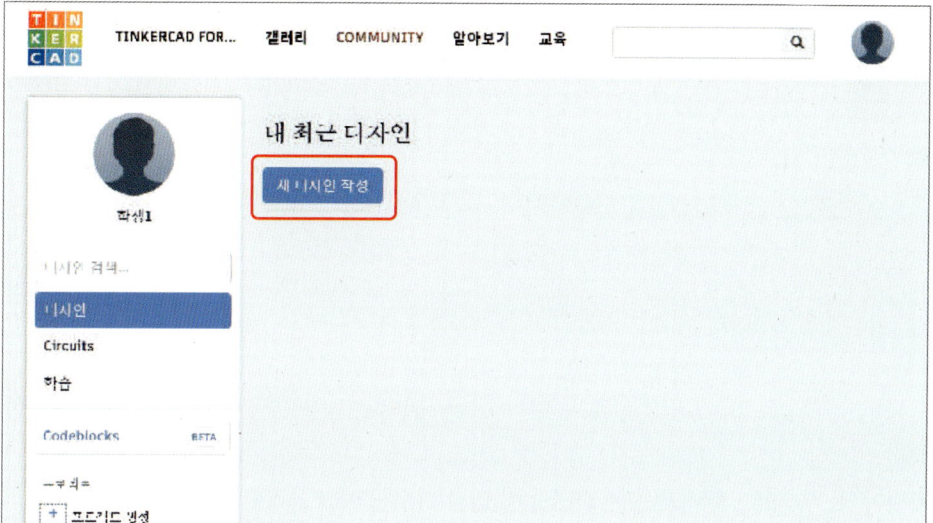

구글크롬 에서 틴커캐드 웹사이트(www.tinkercad.com)에 접속합니다.
로그인 후 대시보드의 새 디자인 작성 을 클릭합니다.

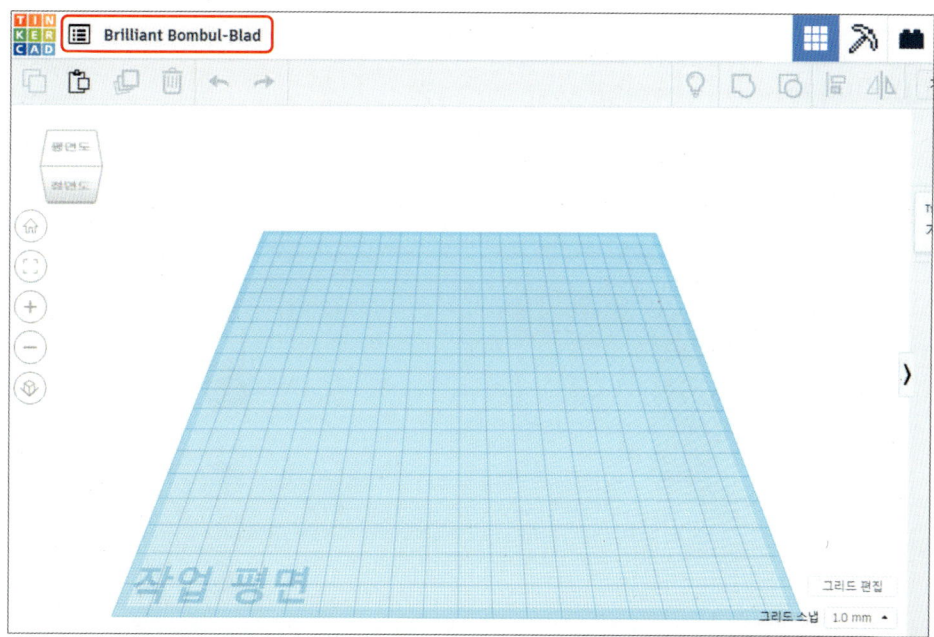

틴커캐드는 저장 버튼이 따로 없으며 웹에서 작업하고 모델링 작업파일 역시 인터넷 저장 공간에 자동으로 저장됩니다. 임의로 주어진 영어이름을 클릭하면 파일명을 수정할 수 있습니다.

TINKERCAD DESIGN For 3D PRINTING

파일명을 "**패턴 목걸이**"로 수정하고 엔터키 또는 화면의 빈 공간 아무 곳이나 클릭합니다.

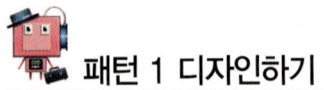 패턴 1 디자인하기

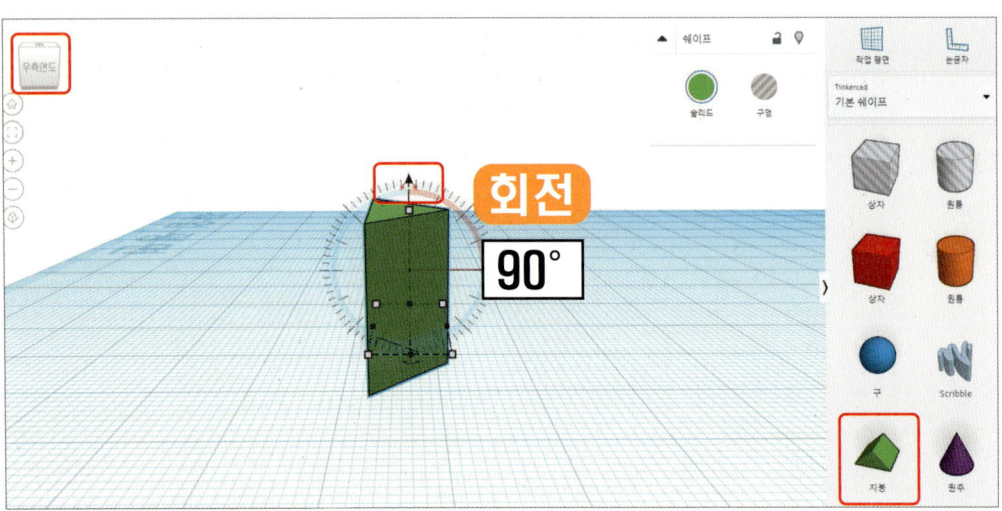

기본 쉐이프에서 지붕을 선택하고 작업 평면에 놓은 후 회전 화살표로 90° 회전하여 지붕 도형을 세워줍니다.

TINKERCAD DESIGN For 3D PRINTING SECTION 09

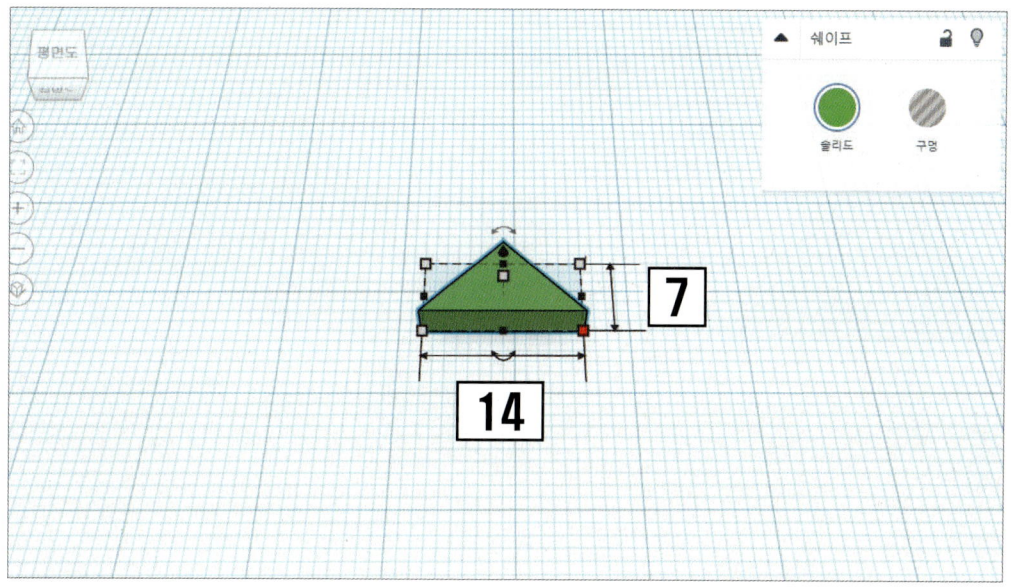

도형을 선택한 후 키보드의 "D"(Drop)를 눌러 바닥면에 붙인 후 치수를 조절합니다.
예 가로 14, 세로 7, 높이 4

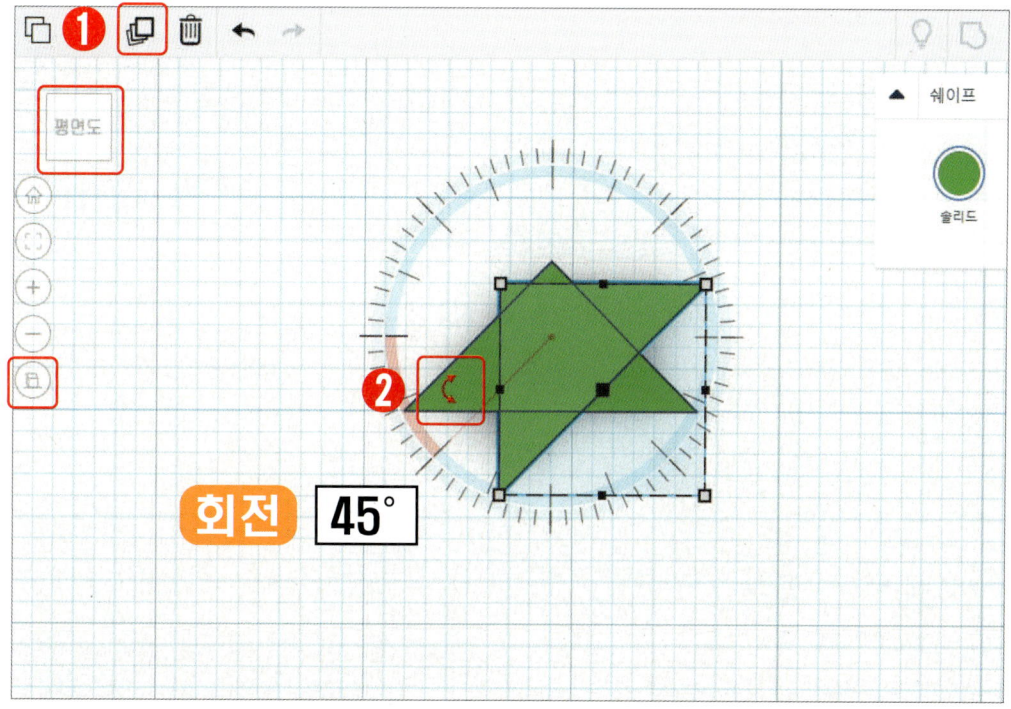

뷰박스를 평면도·직교뷰로 선택합니다.
원형을 ❶ 복제한 후 ❷ 45˚ 회전합니다.

TINKERCAD DESIGN For 3D PRINTING — SECTION 09

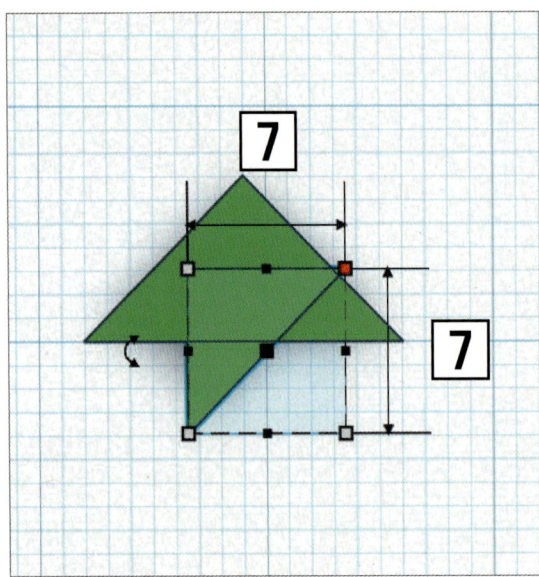

복제된 도형의 치수를 조절합니다.
예 가로 7, 세로 7

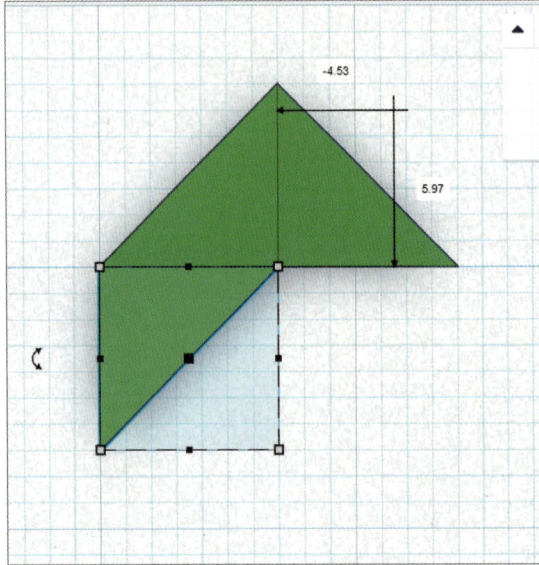

도형을 마우스로 끌어 그림과 같이 배치합니다.

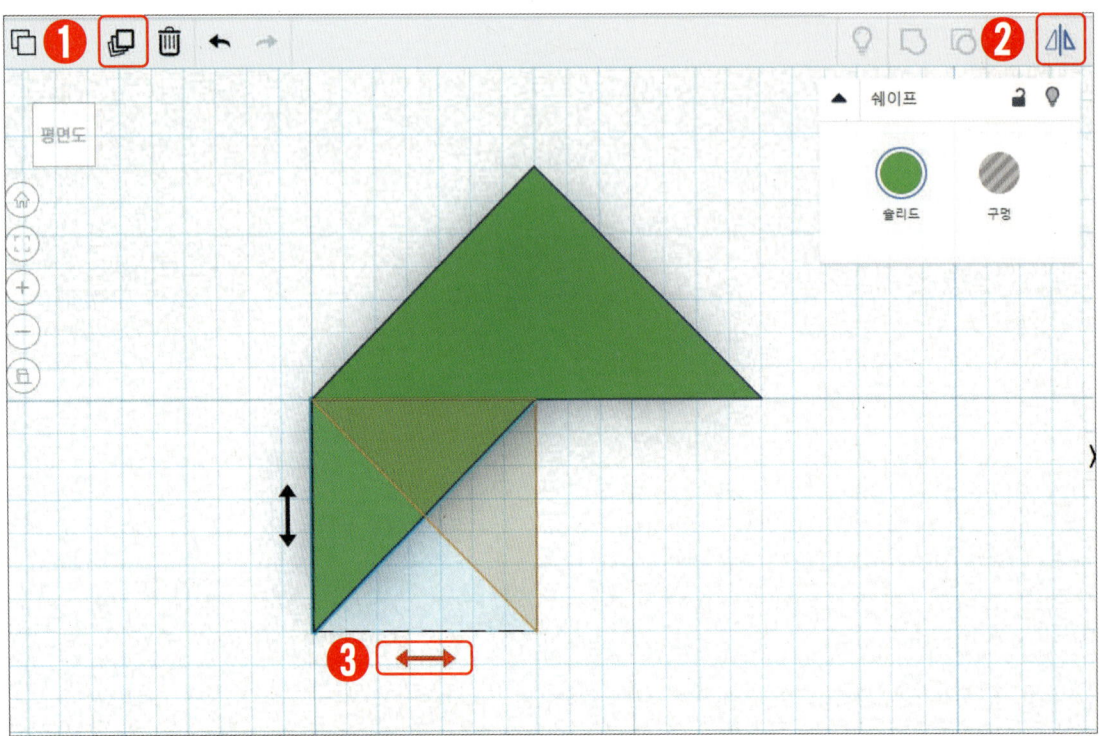

상자 도형을 ❶ 복제한 후 ❷ 대칭 버튼으로 ❸ 좌우 대칭합니다.

TINKERCAD DESIGN For 3D PRINTING

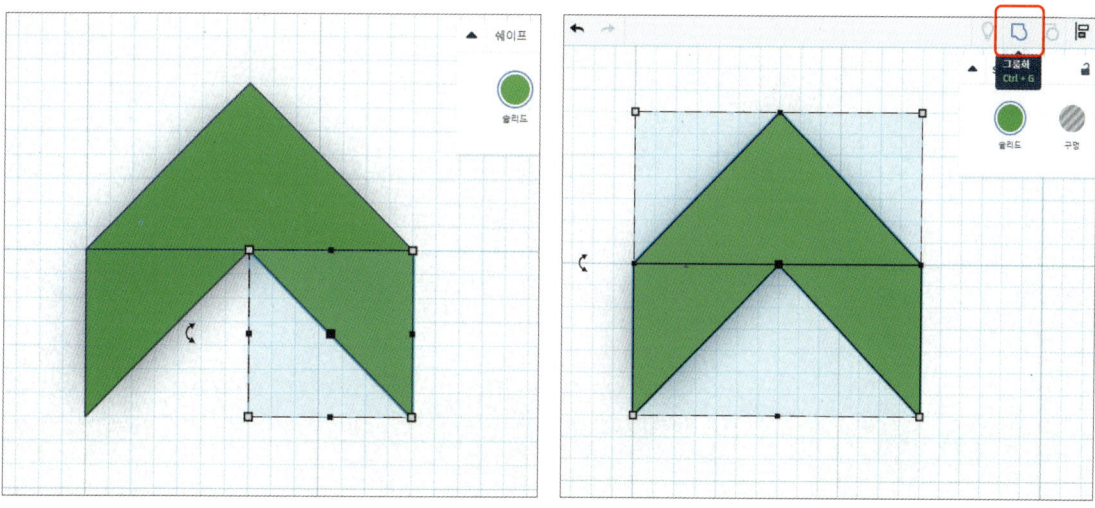

도형을 마우스로 끌어 그림과 같이 배치합니다.   도형을 모두 선택한 후 그룹화합니다.

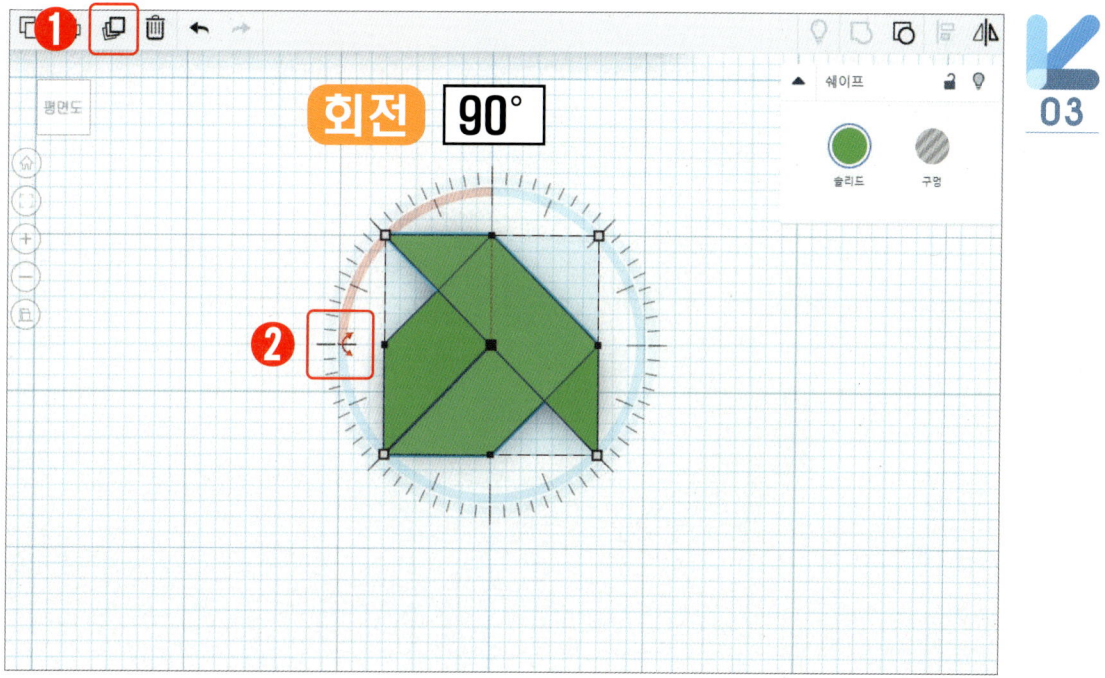

그룹화된 도형을 ❶ 복제한 후 ❷ 90° 회전합니다.

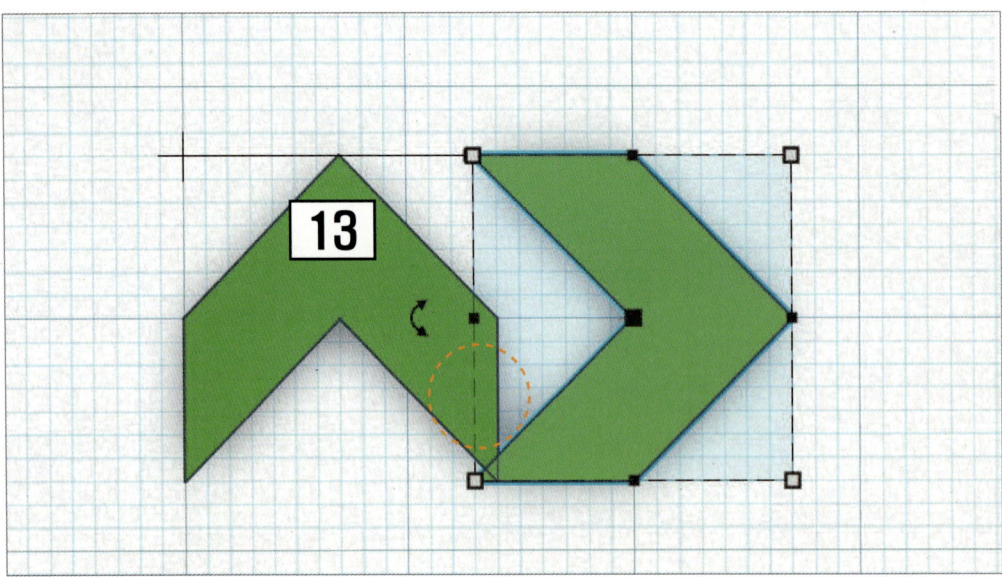

복제된 도형을 Shift 키를 누른 채로 마우스를 이용하여 옆으로 "13"만큼 이동하여 그림과 같이 두 도형이 겹치도록 배치합니다.

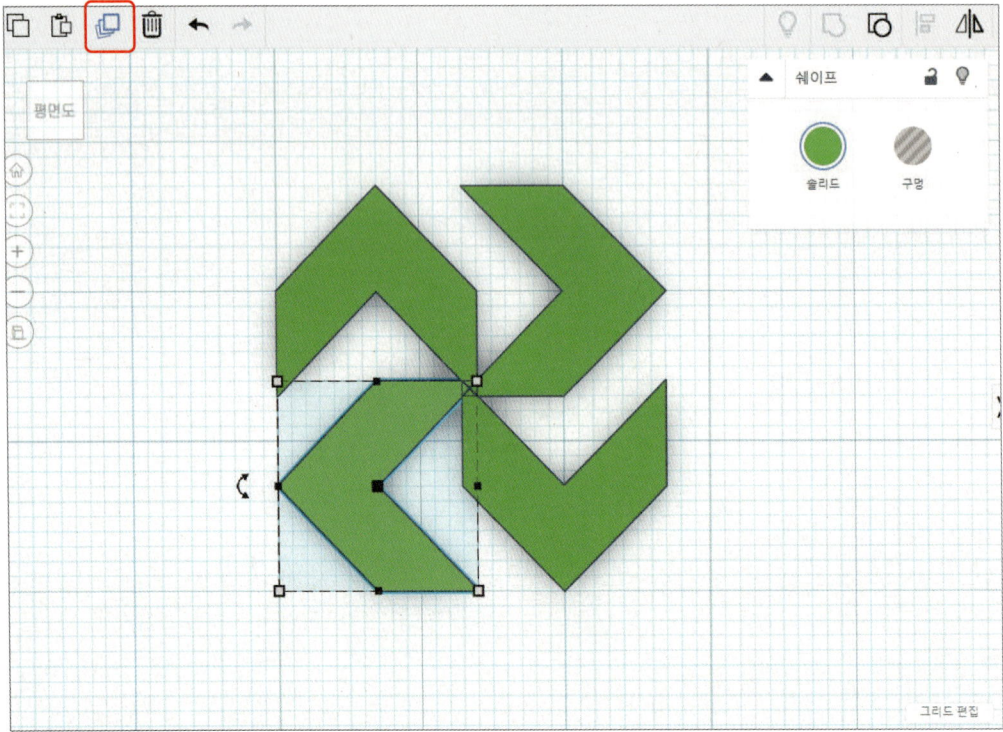

복제 버튼을 두 번 더 클릭하여 줍니다. 90°로 반복하여 그림과 같이 복제됩니다.

TINKERCAD DESIGN For 3D PRINTING

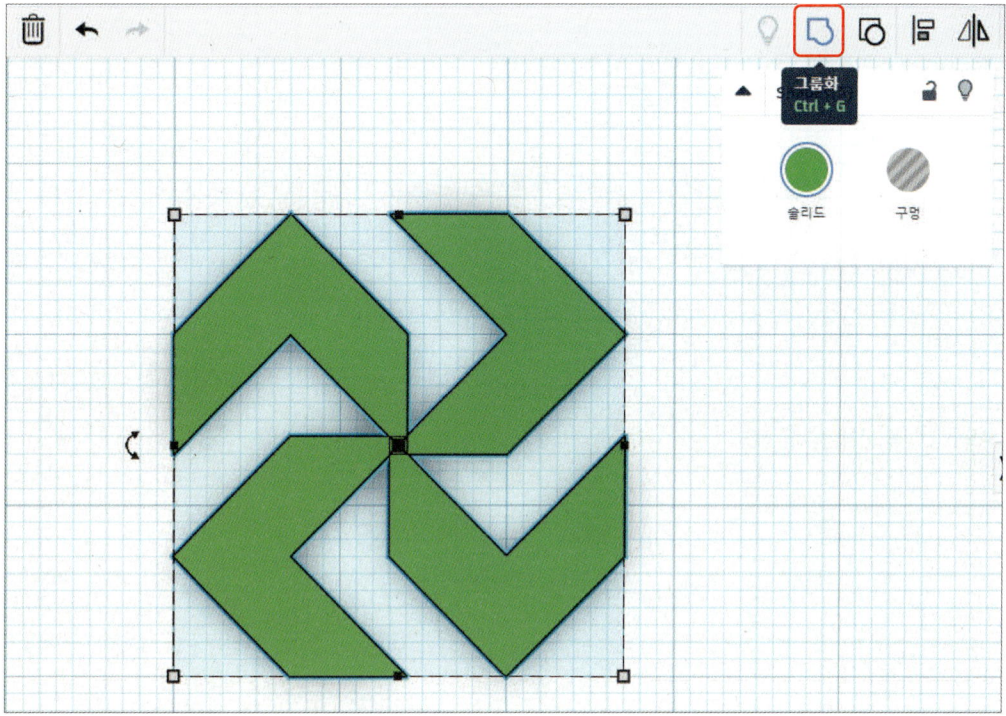

도형을 모두 선택한 후 그룹화합니다.

그룹화된 패턴을 복제한 후 Shift키를 누른 채로 옆으로 "26"만큼 이동하여 그림과 같이 두 도형이 겹치도록 배치합니다.

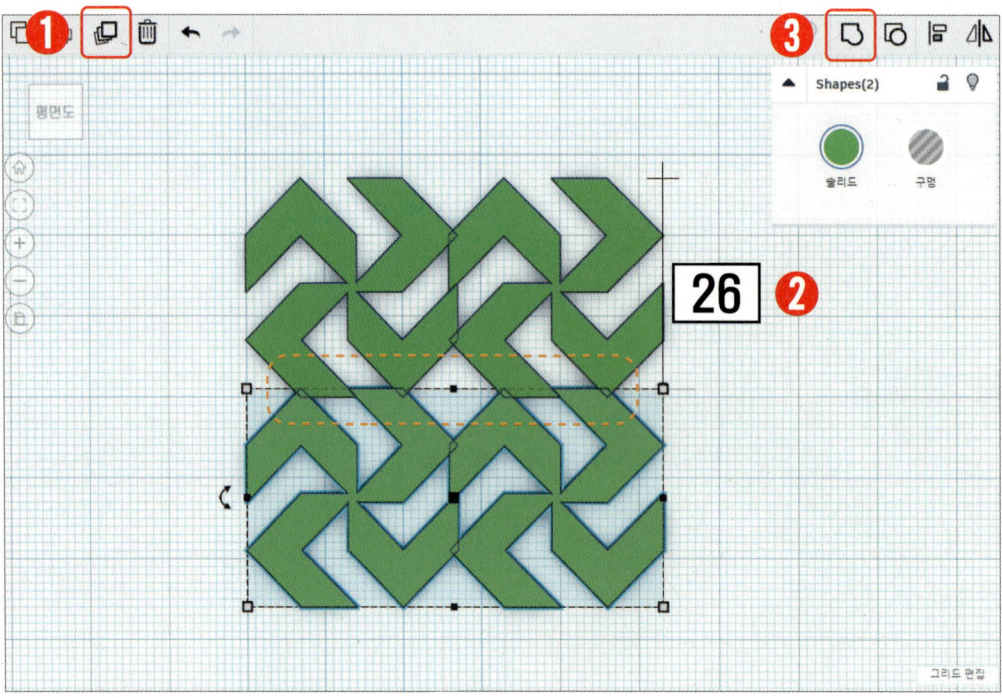

두 패턴을 ❶ 복제한 후 Shift 키를 누른 채로 아래로 ❷ "26"만큼 이동하여 그림과 같이 도형이 겹치도록 배치합니다. 도형을 모두 선택하여 ❸ 그룹화합니다.

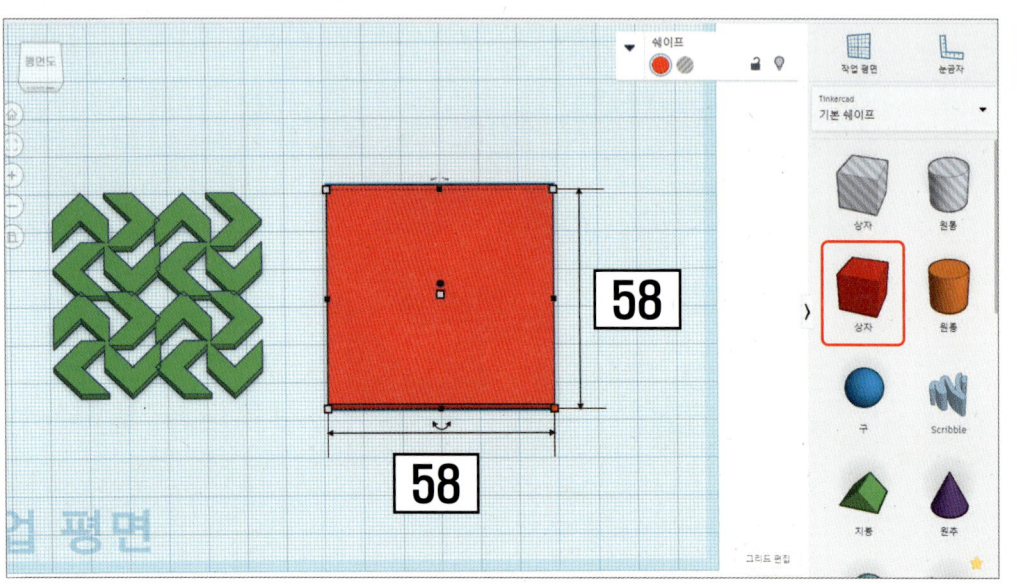

기본 쉐이프에서 상자를 선택하고 작업 평면에 놓은 후 치수를 조절합니다.
예 가로 58, 세로 58, 높이 4

TINKERCAD DESIGN For 3D PRINTING   SECTION 09

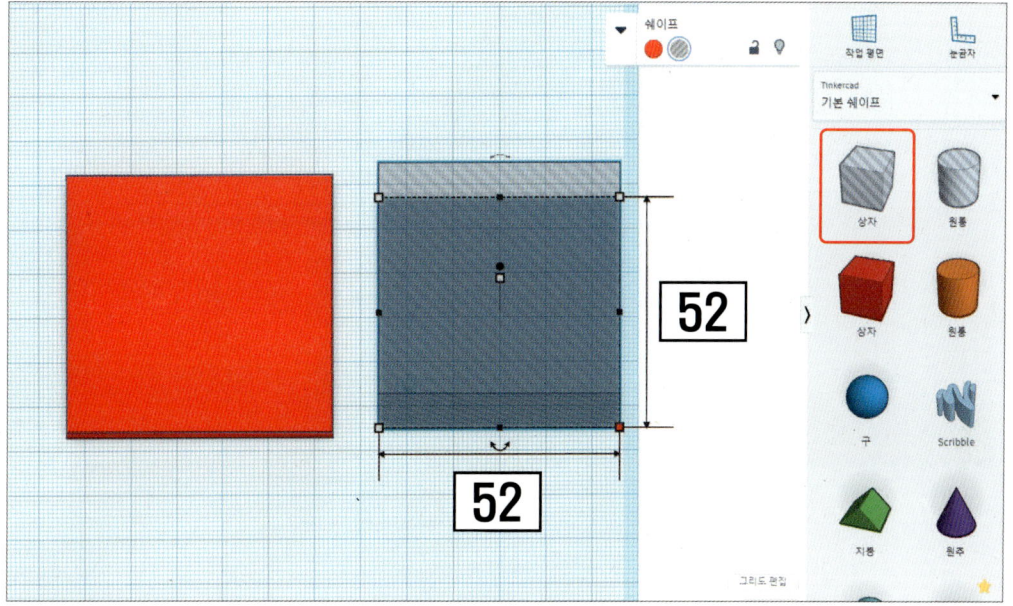

기본 쉐이프에서 구멍 상자를 선택하고 작업 평면에 놓은 후 치수를 조절합니다.
예 가로 52, 세로 52, 높이 20

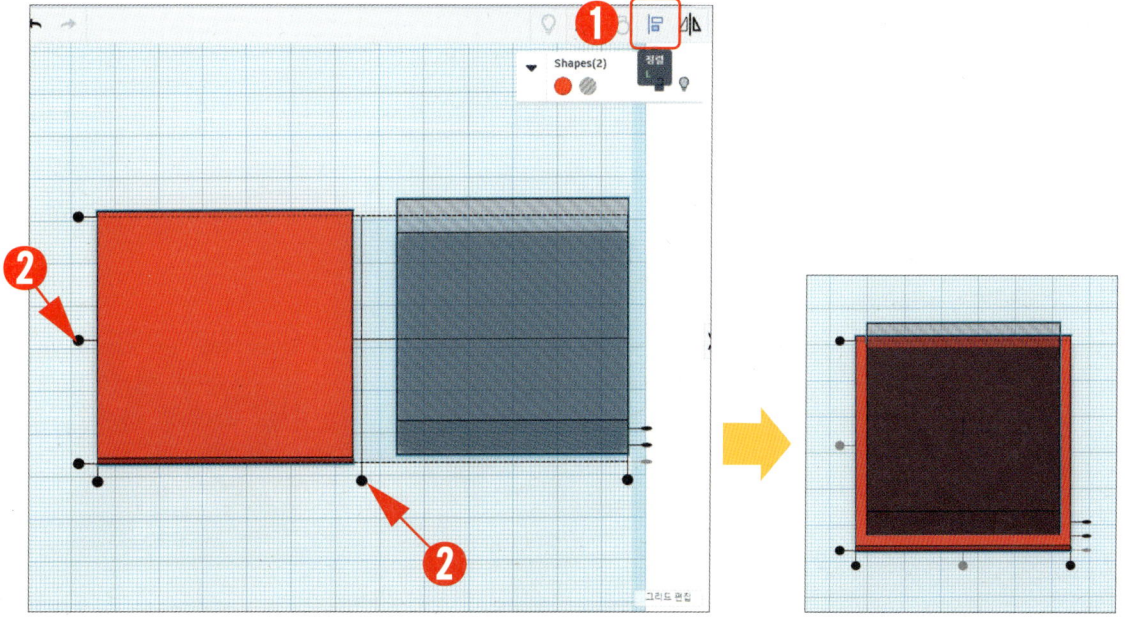

두 도형을 선택하고 ❶ 정렬 버튼을 클릭한 후 ❷를 클릭하여 가운데 정렬합니다.

TINKERCAD DESIGN For 3D PRINTING   SECTION 09

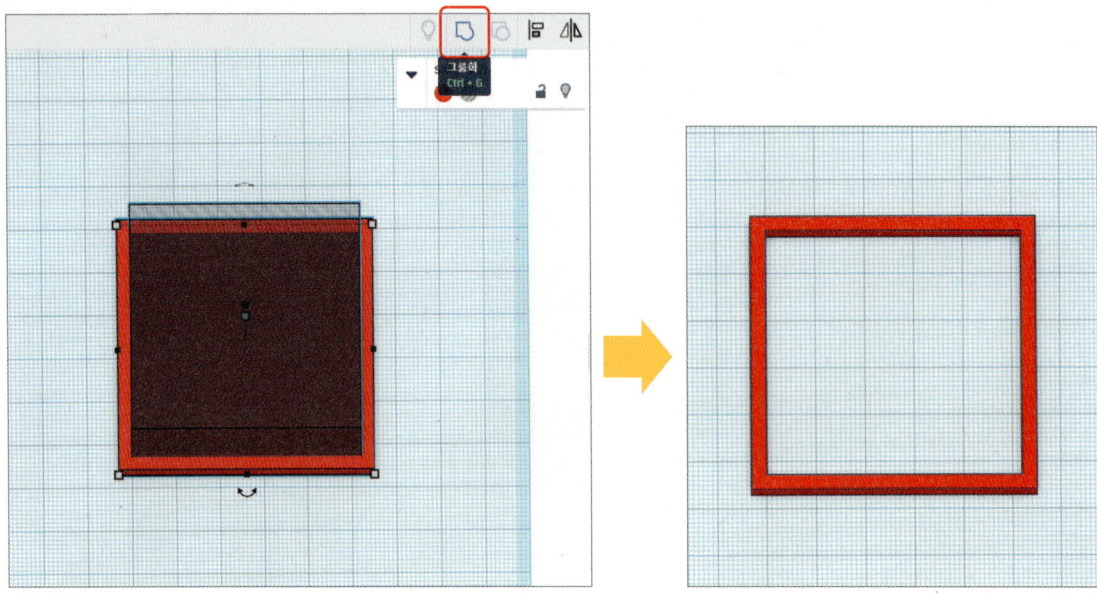

두 도형을 선택한 후 그룹화합니다.

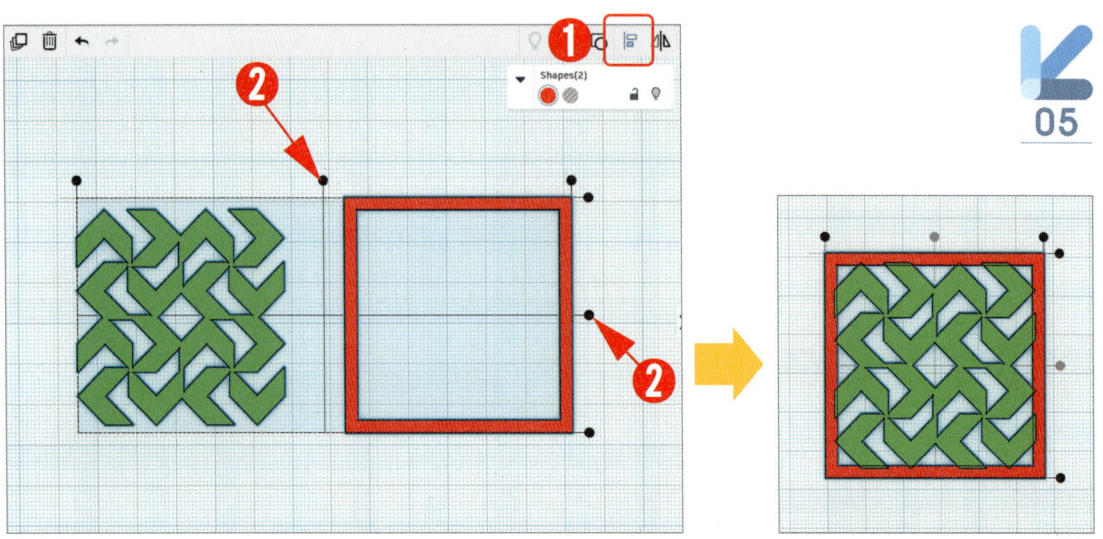

패턴과 테두리 도형을 선택하고 ❶ 정렬 버튼을 클릭한 후 ❷를 클릭하여 가운데 정렬합니다.

TINKERCAD DESIGN For 3D PRINTING

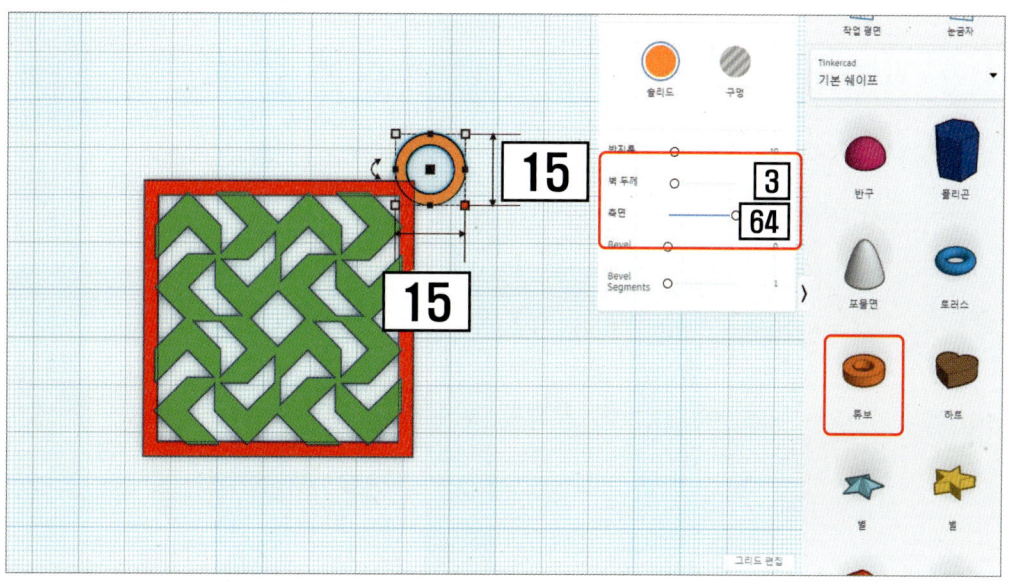

기본 쉐이프에서 튜브를 선택하고 작업 평면에 놓은 후 치수를 조절합니다.
예 가로 15, 세로 15, 높이 4, 벽두께 3, 측면 64

패턴 2 디자인하기

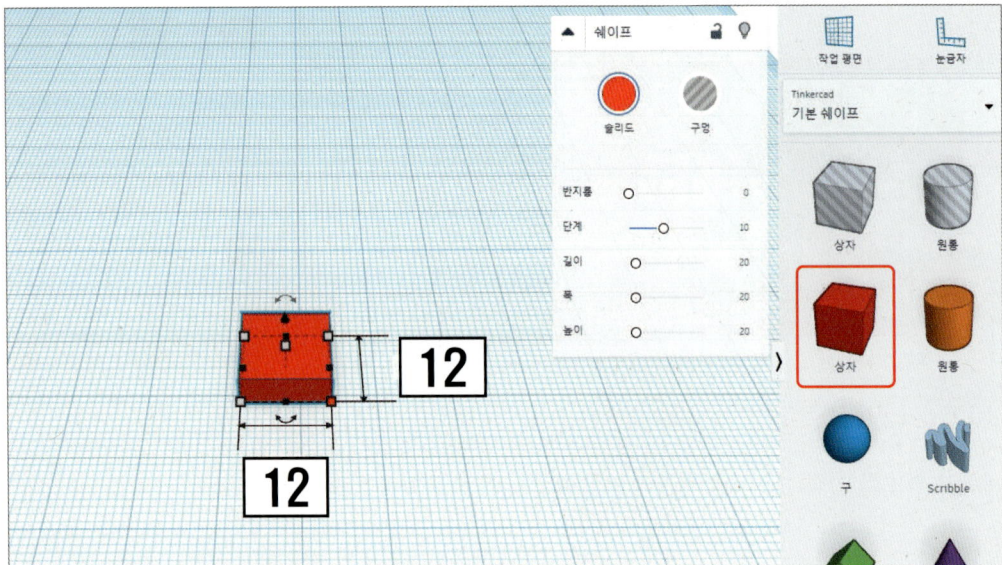

기본 쉐이프에서 상자를 선택하고 작업 평면에 놓은 후 치수를 조절합니다.
예 가로 12, 세로 12, 높이 4

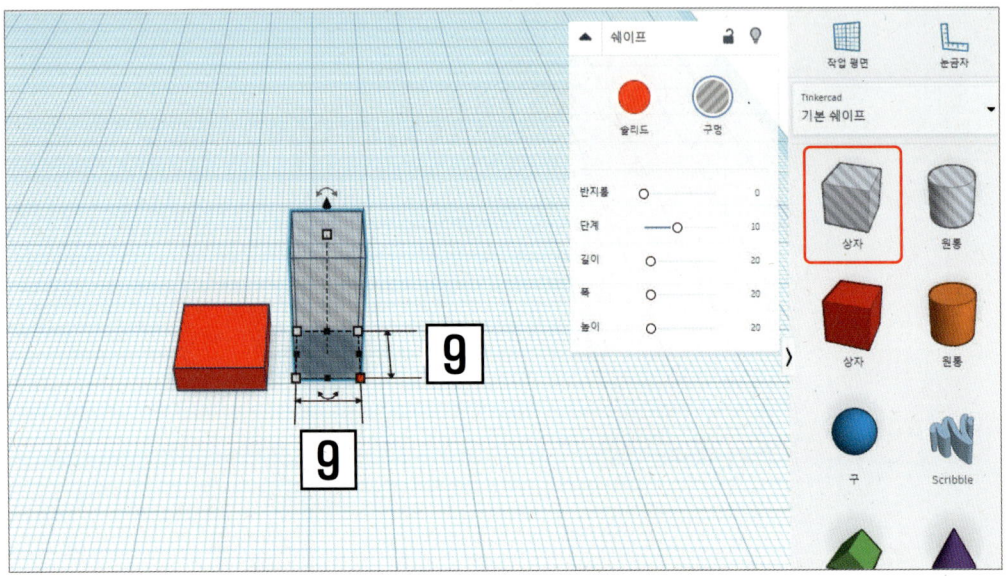

기본 쉐이프에서 구멍 상자를 선택하고 작업 평면에 놓은 후 치수를 조절합니다.
예 가로 9, 세로 9, 높이 20

TINKERCAD DESIGN For 3D PRINTING SECTION 09

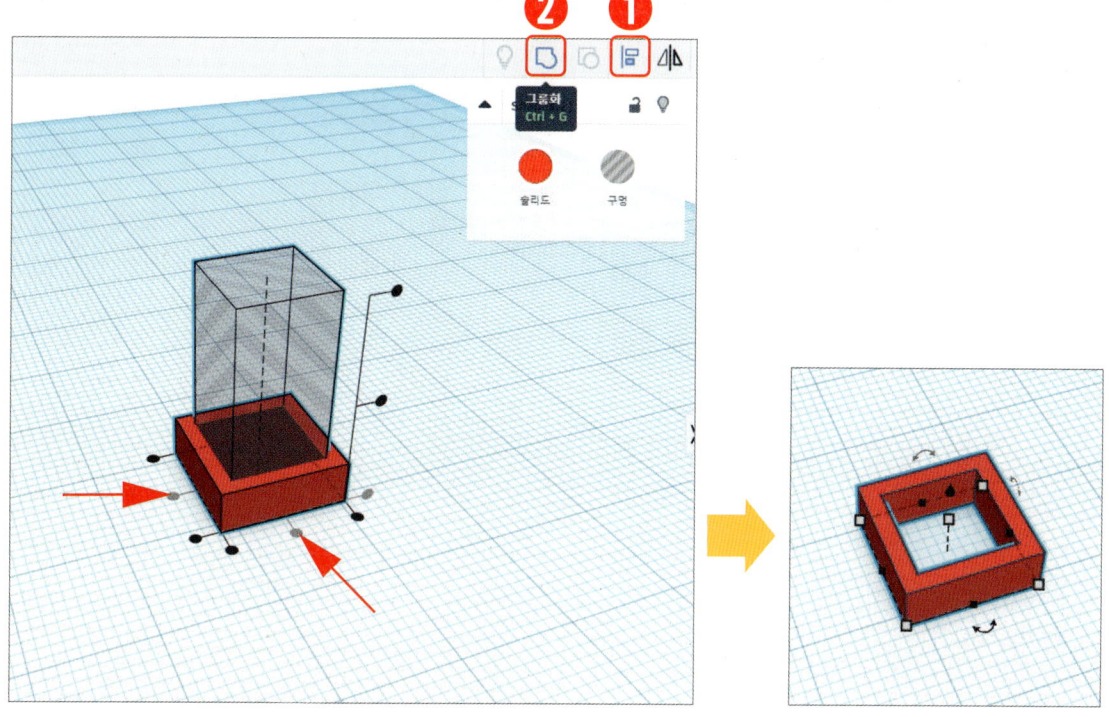

두 상자를 선택하고 ❶ 가운데 정렬 후 ❷ 그룹화합니다.

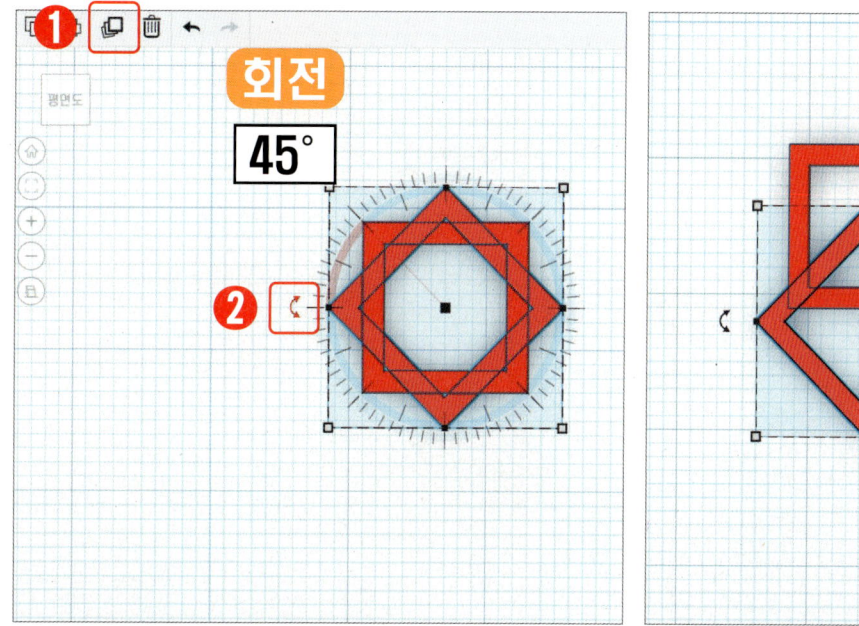

도형을 ❶ 복제한 후 ❷ 45° 회전합니다.

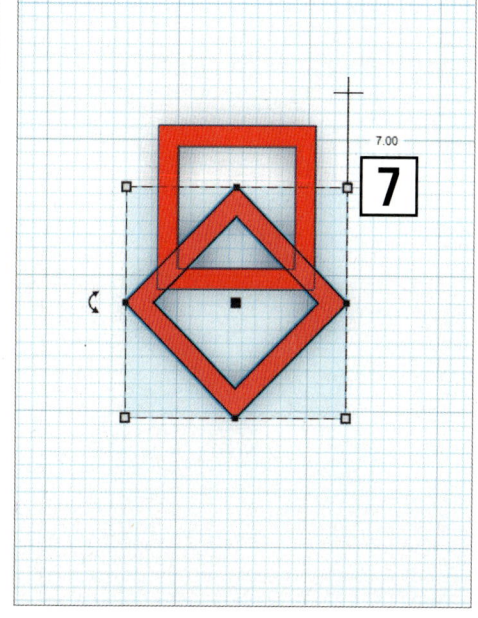

복제된 도형을 Shift 키를 누른 채로 아래로 "7"만큼 내려줍니다.

167 SECTION 09_ 패턴 목걸이

TINKERCAD DESIGN For 3D PRINTING

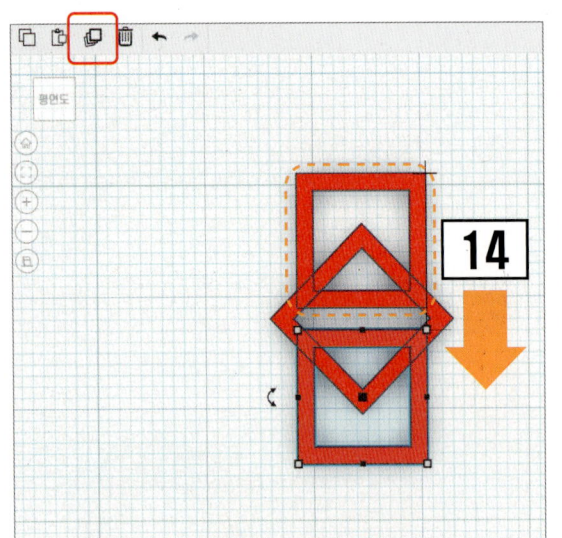
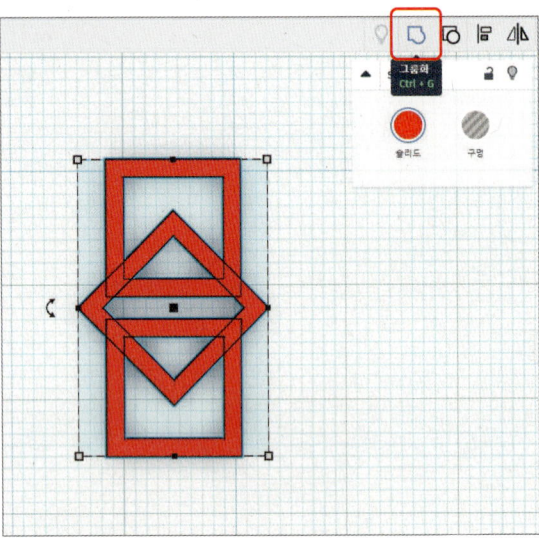

맨 위에 상자 도형을 복제한 후 Shift 키를 누른 채로 아래로 "14"만큼 내려줍니다.

도형을 모두 선택한 후 그룹화합니다.

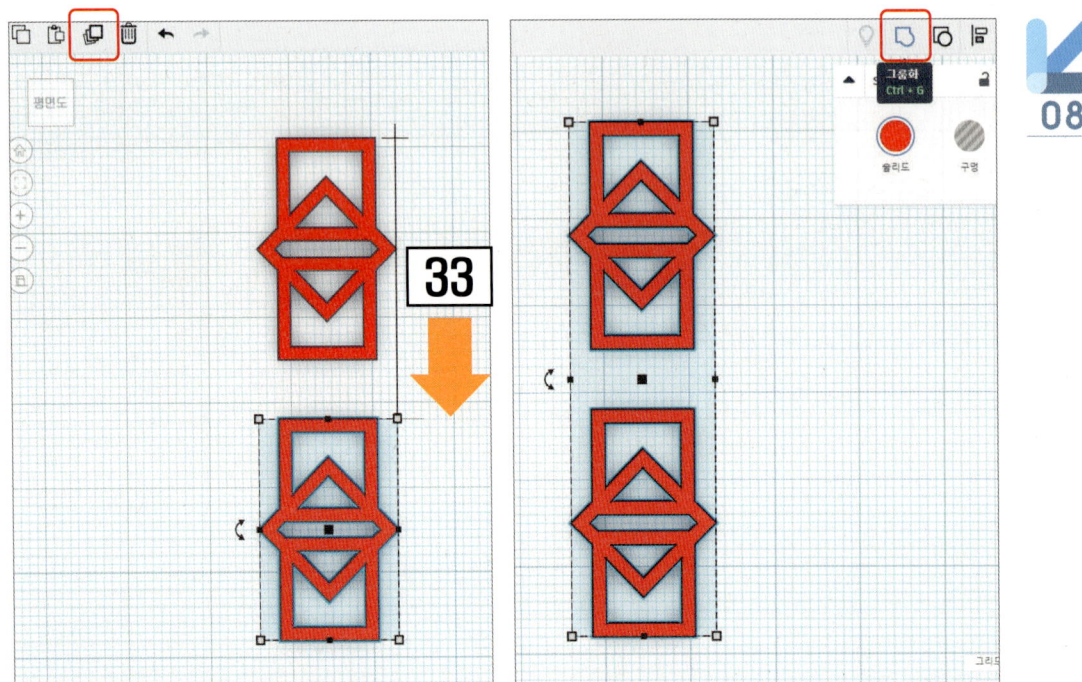

패턴을 복제한 후 Shift 키를 누른 채로 아래로 "33"만큼 내려줍니다.

패턴 도형을 모두 선택한 후 그룹화합니다.

TINKERCAD DESIGN For 3D PRINTING _____ SECTION 09

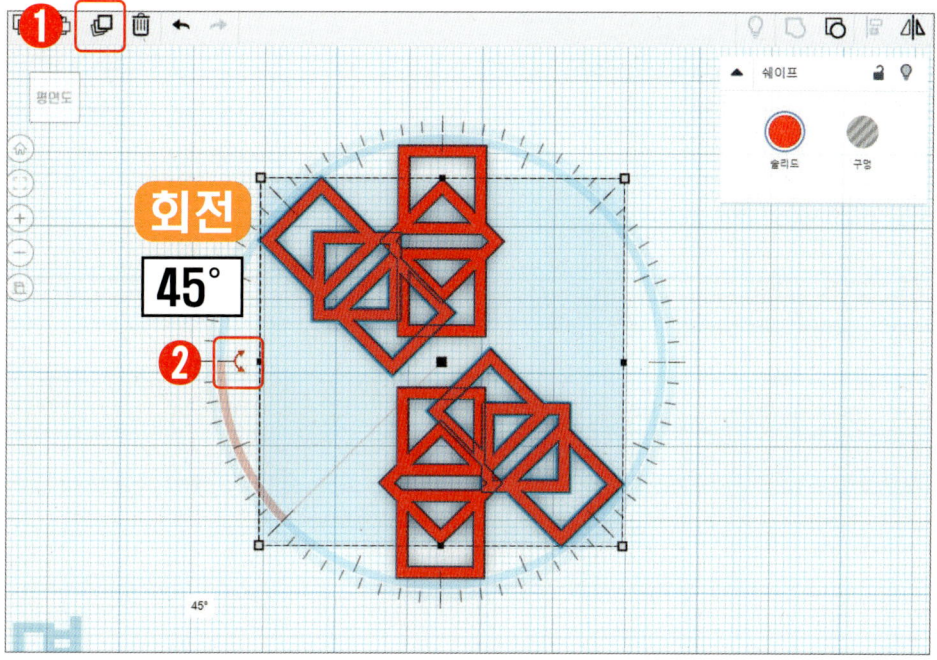

패턴을 ❶ 복제한 후 ❷ 45° 회전합니다.

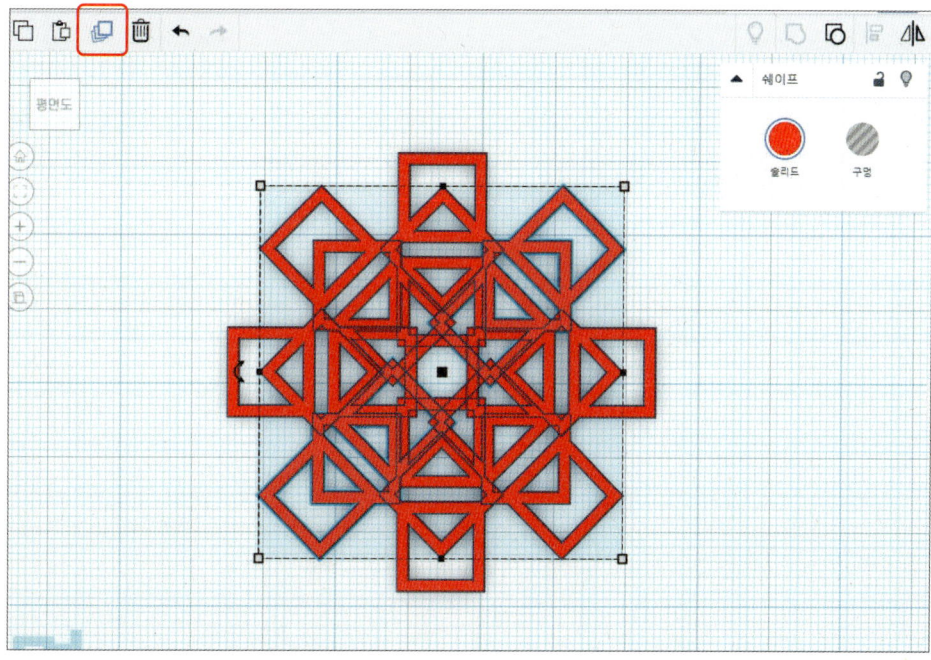

복제 버튼을 두 번 더 클릭하여 줍니다.
45°로 반복하여 그림과 같이 복제됩니다.

TINKERCAD DESIGN For 3D PRINTING

SECTION 09

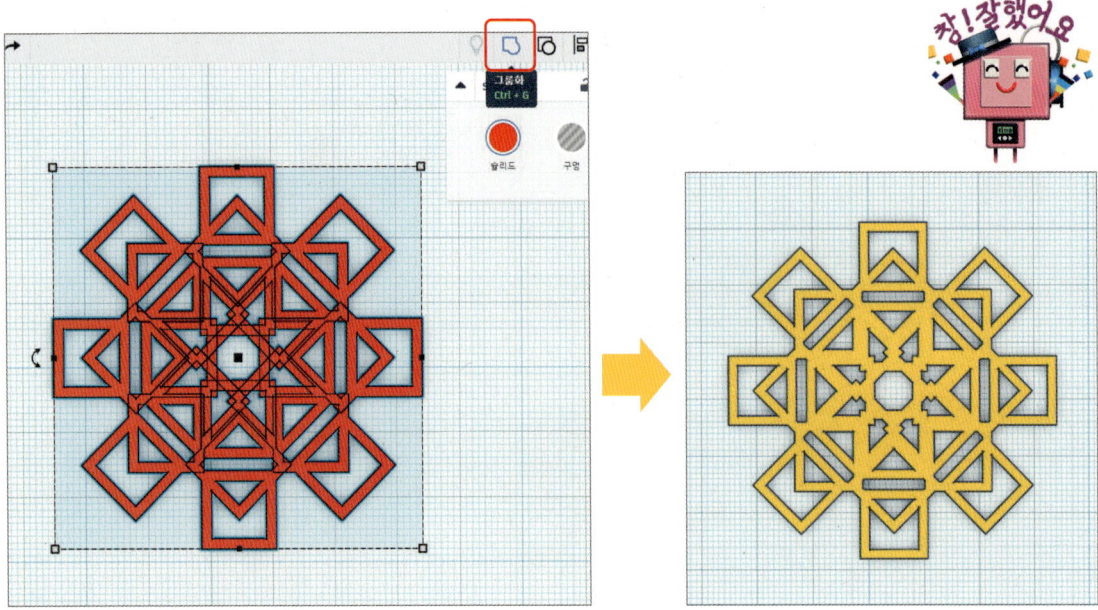

도형을 모두 선택한 후 그룹화합니다.

패턴 2 완성!

TINKERCAD DESIGN For 3D PRINTING _____ SECTION 09

도|전|과|제

- 우리 주변의 패턴을 찾아보고 다양한 디자인의 패턴을 모델링해 봅시다.

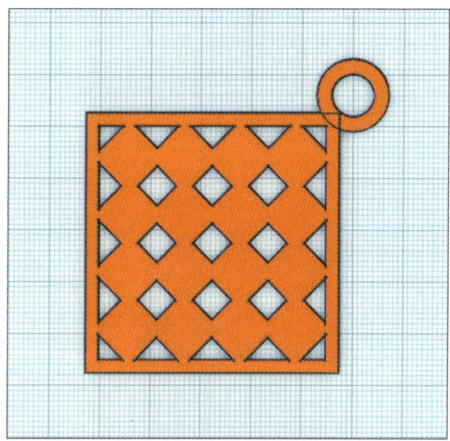

SECTION 10
광선검 손잡이

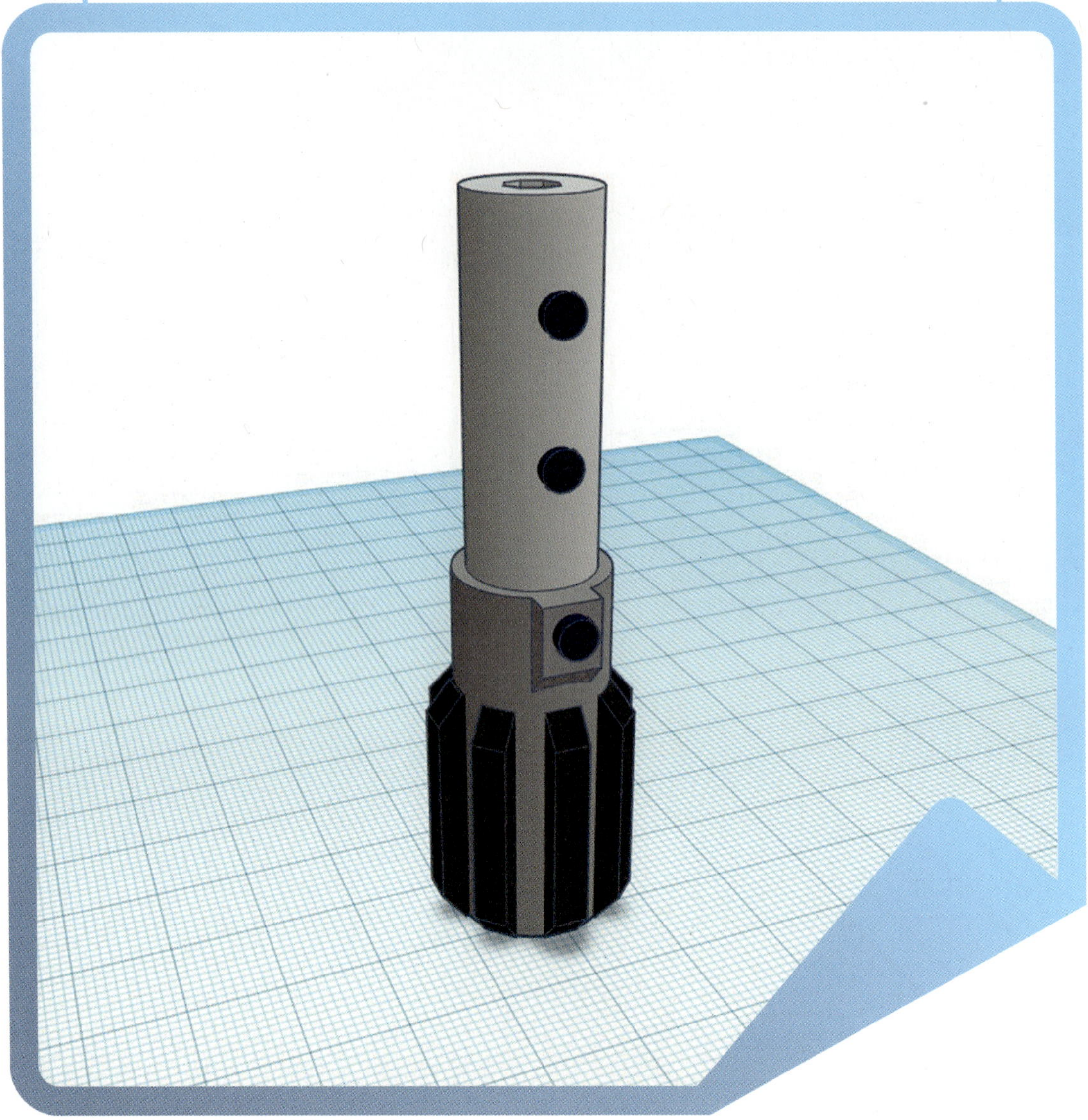

● **광선검 손잡이 만들기**

빛 모양의 칼날을 가진 광선검 손잡이를 모델링해 봅시다.
광선검의 다양한 이미지를 검색해보고 나만의 광선검 손잡이를 만들어 봅시다.

TINKERCAD DESIGN For 3D PRINTING SECTION 10

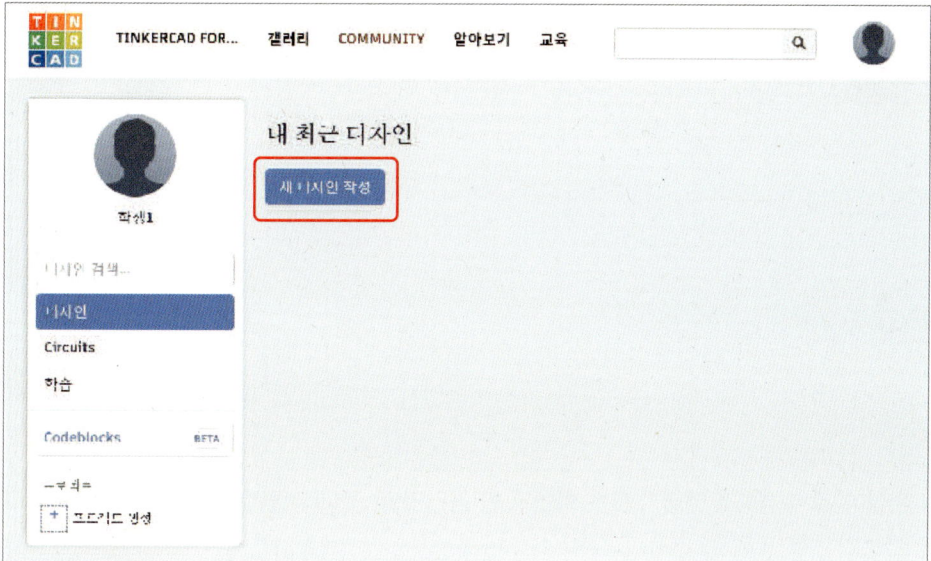

구글크롬 에서 틴커캐드 웹사이트(www.tinkercad.com)에 접속합니다.
로그인 후 대시보드의 새 디자인 작성 을 클릭합니다.

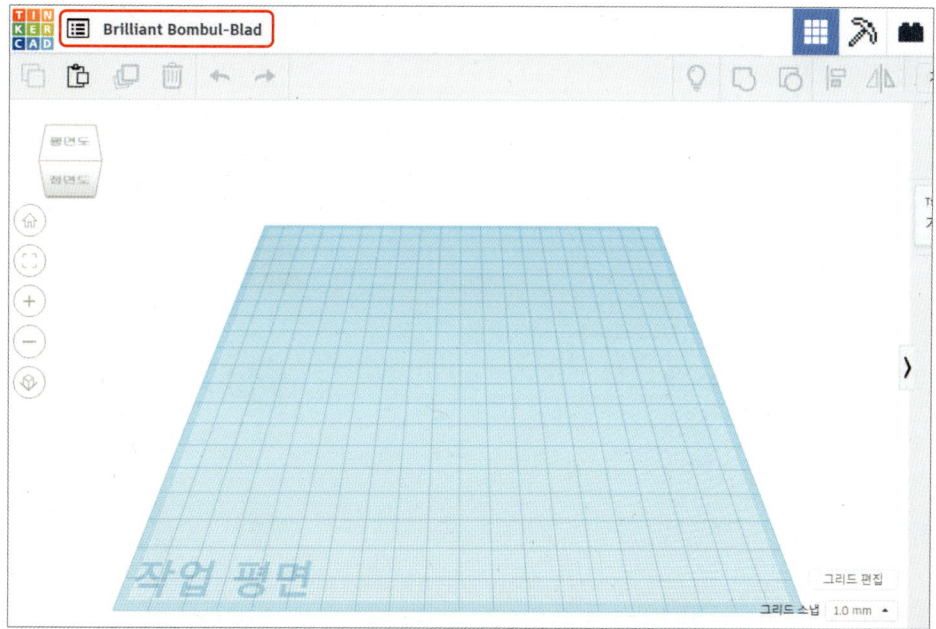

틴커캐드는 저장 버튼이 따로 없으며 웹에서 작업하고 모델링 작업파일 역시 인터넷 저장 공간에 자동으로 저장됩니다. 임의로 주어진 영어이름을 클릭하면 파일명을 수정할 수 있습니다.

TINKERCAD DESIGN For 3D PRINTING

파일명을 "**광선검 손잡이**"로 수정하고 엔터키 또는 화면의 빈 공간 아무 곳이나 클릭합니다.

 기본 모양 만들기

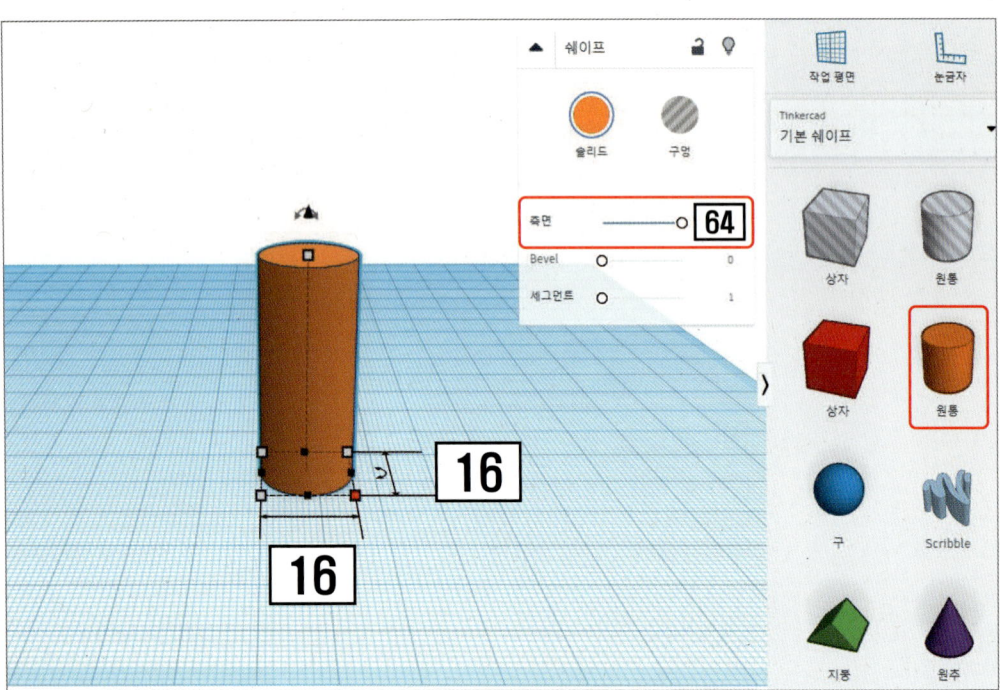

기본 쉐이프에서 원통을 선택하고 작업 평면에 놓은 후 치수를 조절합니다.
예) 가로 16, 세로 16, 높이 38, 측면 64
　　(모서리를 둥글게 만들기 위해 쉐이프에서 측면의 수치를 64로 조절합니다.)

TINKERCAD DESIGN For 3D PRINTING _____ SECTION 10

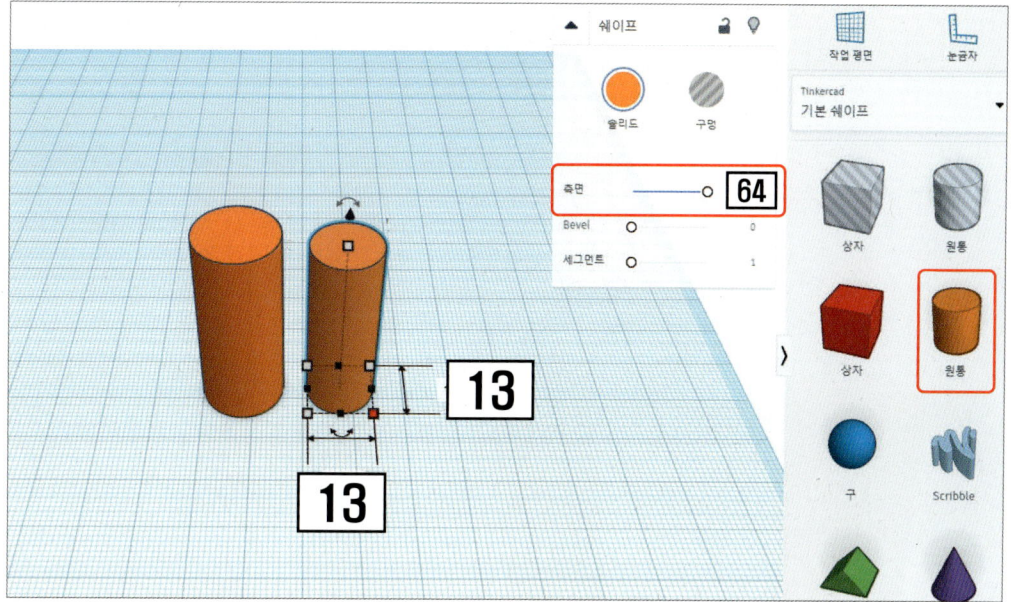

기본 쉐이프에서 원통을 하나 더 선택하고 작업 평면에 놓은 후 치수를 조절합니다.
예 가로 13, 세로 13, 높이 36, 측면 64
(모서리를 둥글게 만들기 위해 쉐이프에서 측면의 수치를 64로 조절합니다.)

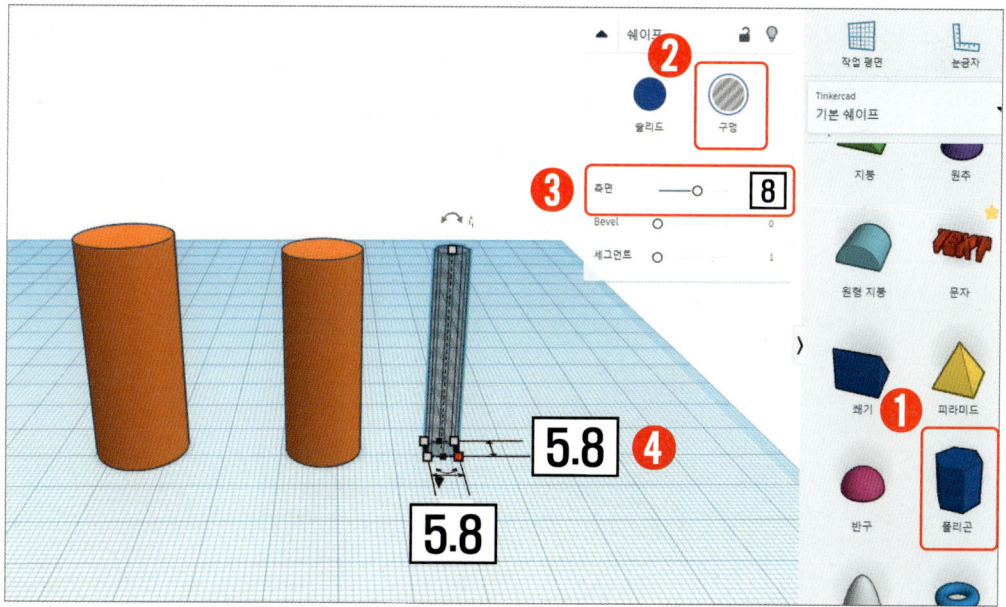

기본 쉐이프에서 폴리곤을 선택하고 작업 평면에 놓은 후 쉐이프에서 구멍 도형으로 바꾼 후 측면을 "8"로(8각형) 바꿔줍니다. 폴리곤의 치수를 조절합니다.
예 가로 5.8, 세로 5.8, 높이 36

TINKERCAD DESIGN For 3D PRINTING   SECTION 10

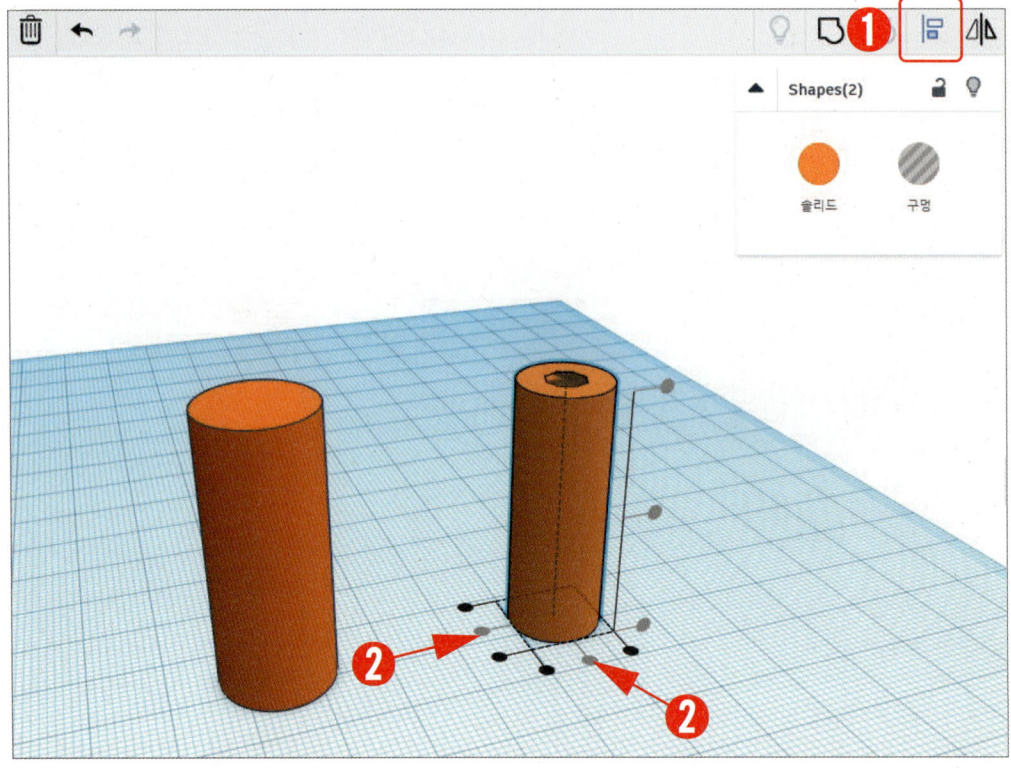

작은 원통 도형과 구멍 폴리곤 도형을 선택하여 ❶ 정렬 버튼을 클릭한 후 ❷를 클릭하여 가운데 정렬합니다.

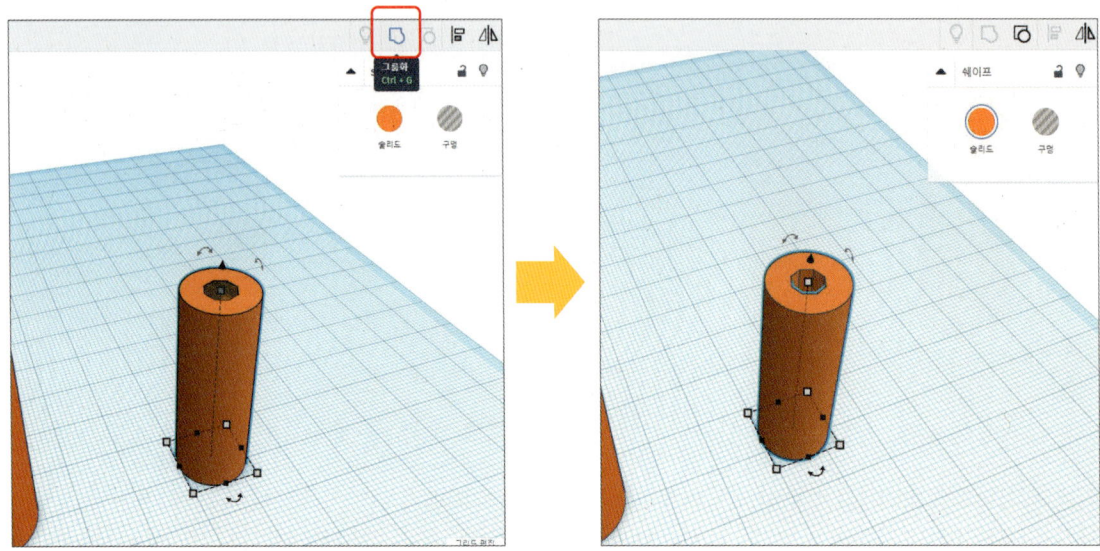

작은 원통 도형과 구멍 폴리곤을 함께 선택한 후 그룹화합니다.

TINKERCAD DESIGN For 3D PRINTING _____ SECTION 10

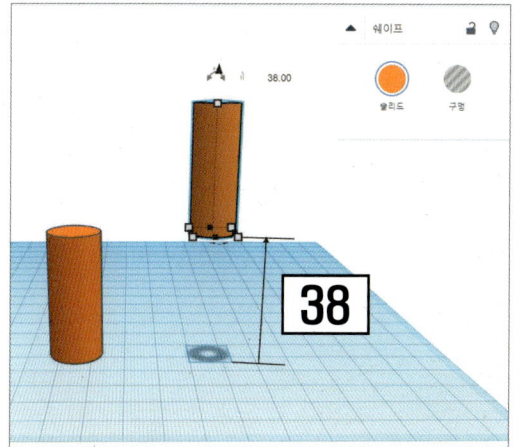

구멍이 생긴 원통을 위로 "38" 만큼 올려줍니다.

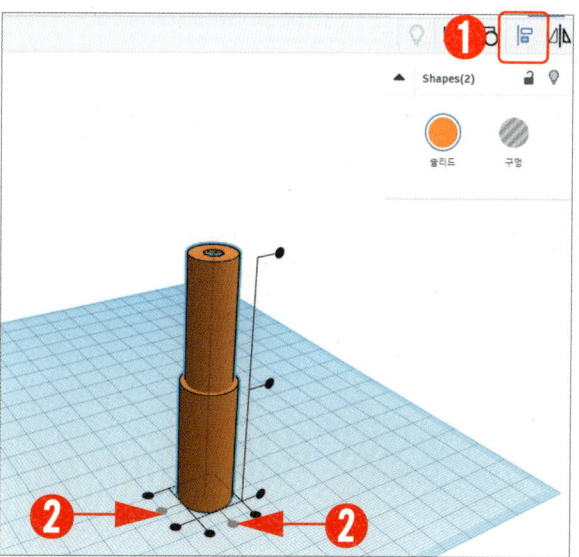

두 원통을 선택하여 ❶ 정렬 버튼을 클릭한 후 ❷를 클릭하여 가운데 정렬합니다.

손잡이 무늬 만들기

03

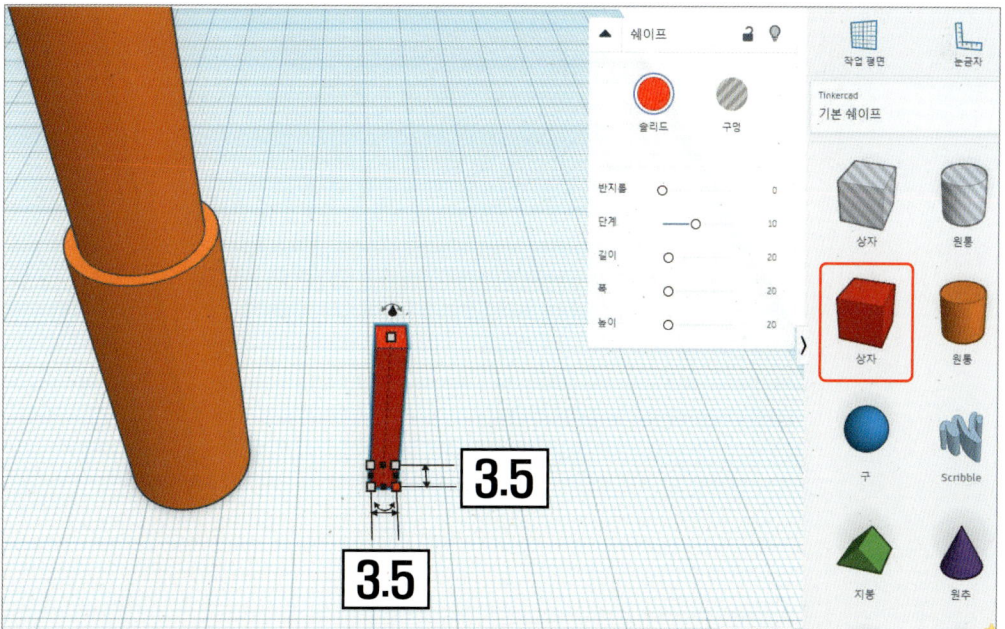

기본 쉐이프에서 원통을 하나 더 선택하여 작업 평면에 놓은 후 치수를 조절합니다.
예 가로 3.5, 세로 3.5, 높이 26

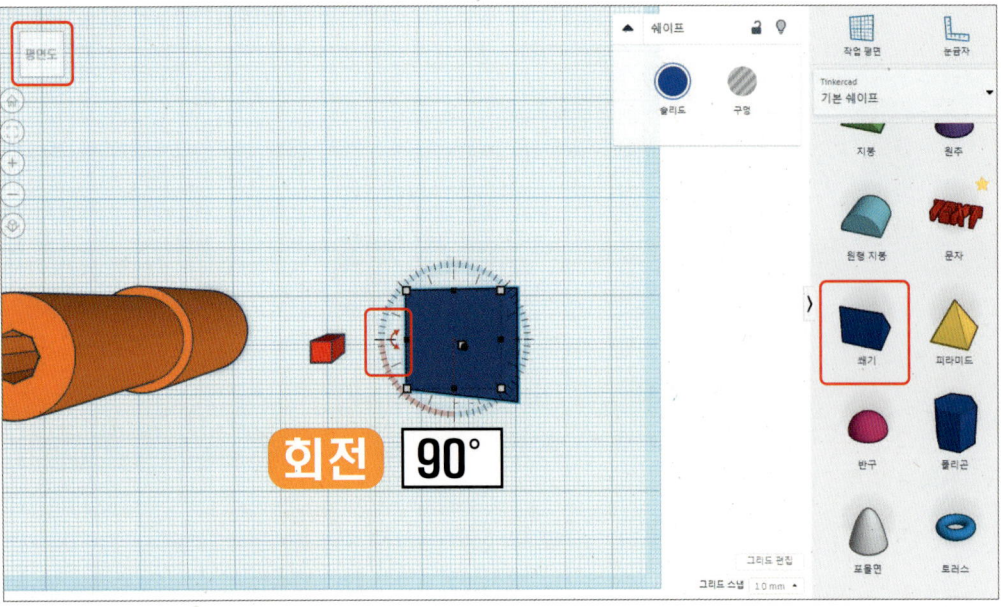

기본 쉐이프에서 쐐기를 선택하고 작업 평면에 놓은 후 회전 화살표로 90˚ 회전합니다.

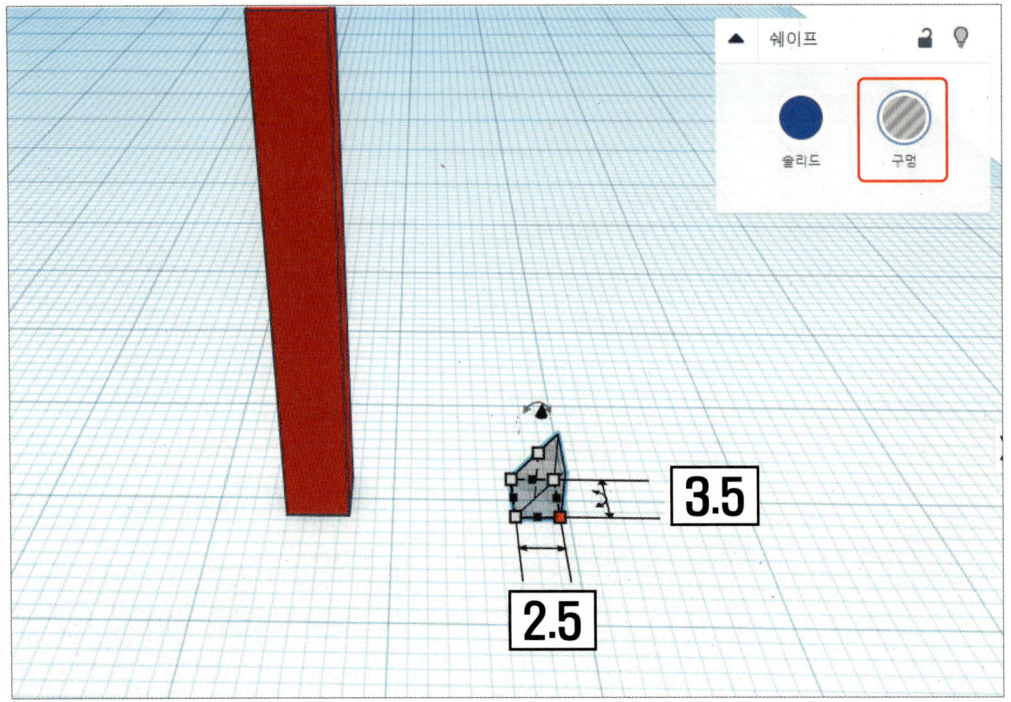

쐐기 도형을 구멍 도형으로 바꾼 후 치수를 조절합니다.
예 가로 2.5, 세로 3.5, 높이 3

TINKERCAD DESIGN For 3D PRINTING

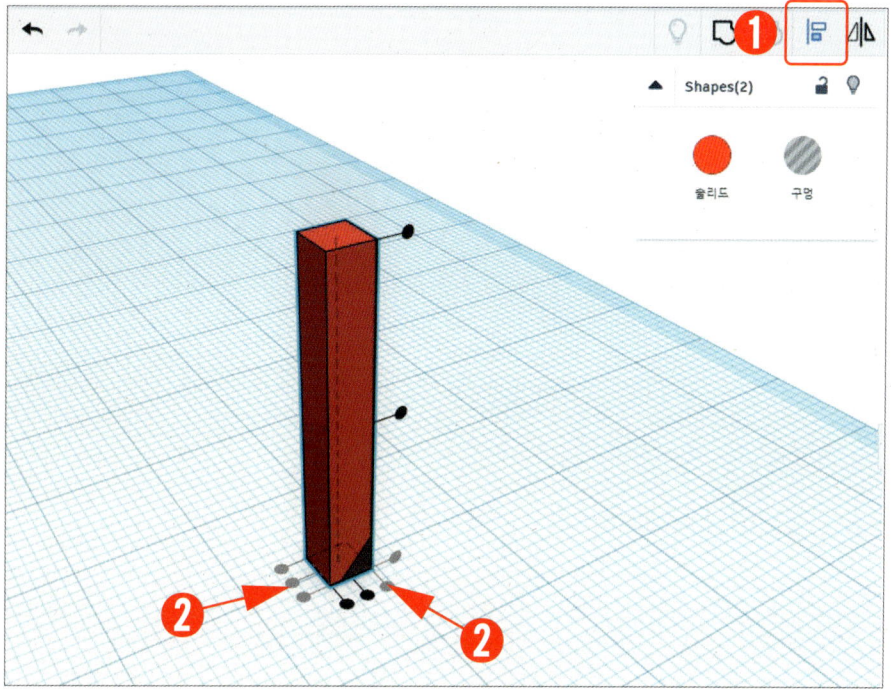

도형을 모두 선택하고 ❶ 정렬 버튼을 클릭한 후 ❷를 클릭하여 정렬합니다.

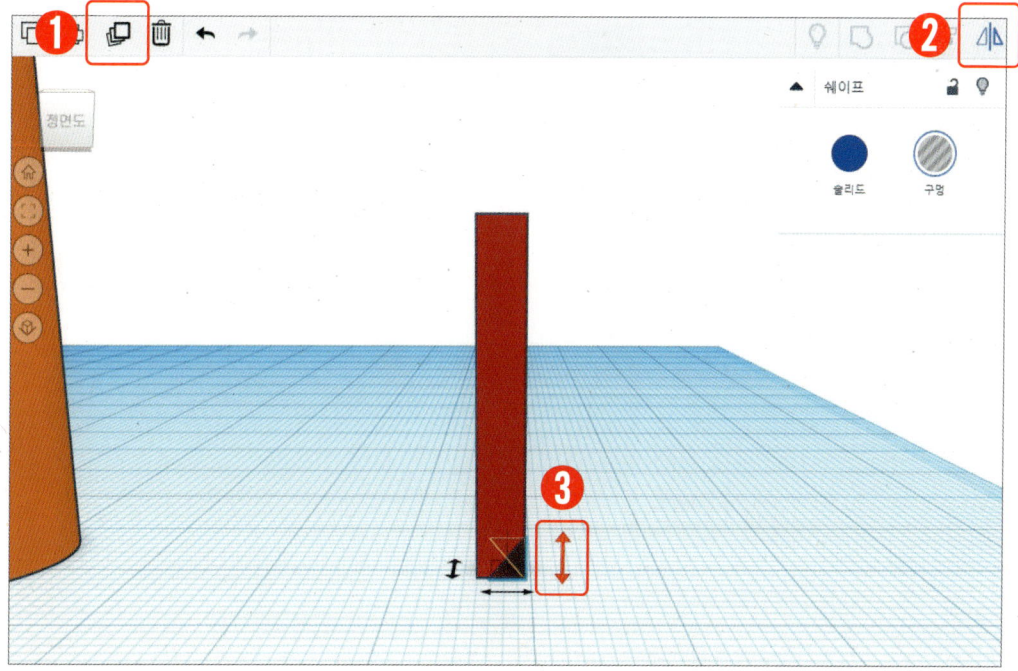

구멍 쐐기 도형을 ❶ 복제한 후 ❷ 대칭 버튼으로 ❸ 상하 대칭합니다.

TINKERCAD DESIGN For 3D PRINTING _____ SECTION 10

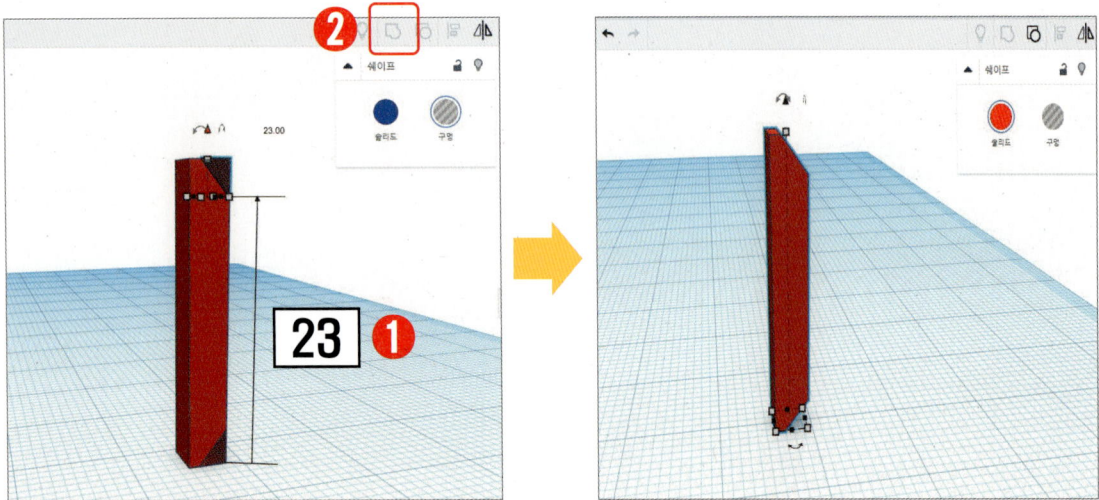

구멍 쐐기 도형을 위로 "23"만큼 올린 후 그룹화합니다.

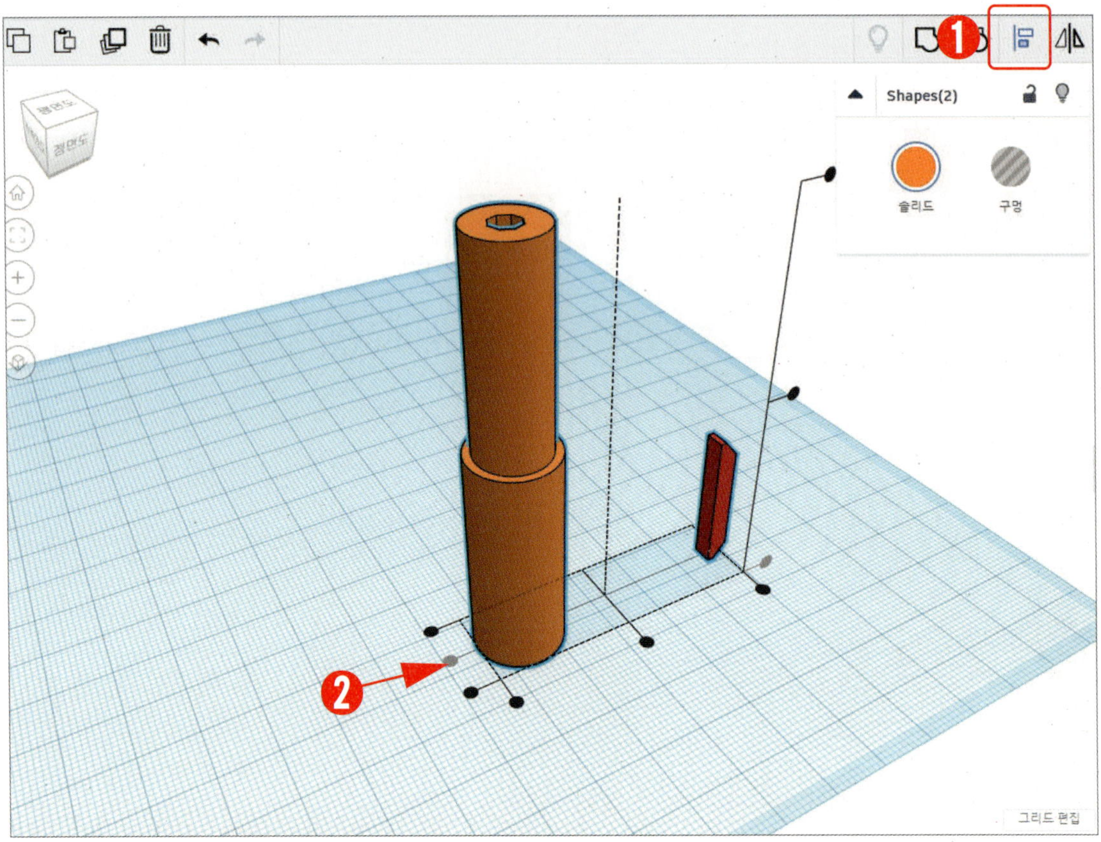

도형을 모두 선택하고 ❶ 정렬 버튼을 클릭한 후 ❷를 클릭하여 가운데 정렬합니다.

TINKERCAD DESIGN For 3D PRINTING _____ SECTION 10

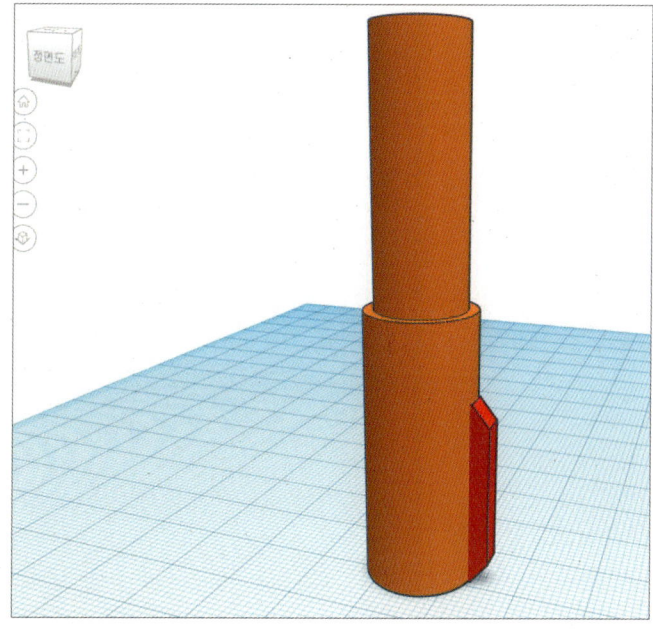

상자 도형을 키보드 방향키 로 원통에 겹치도록 그림과 같이 배치합니다.

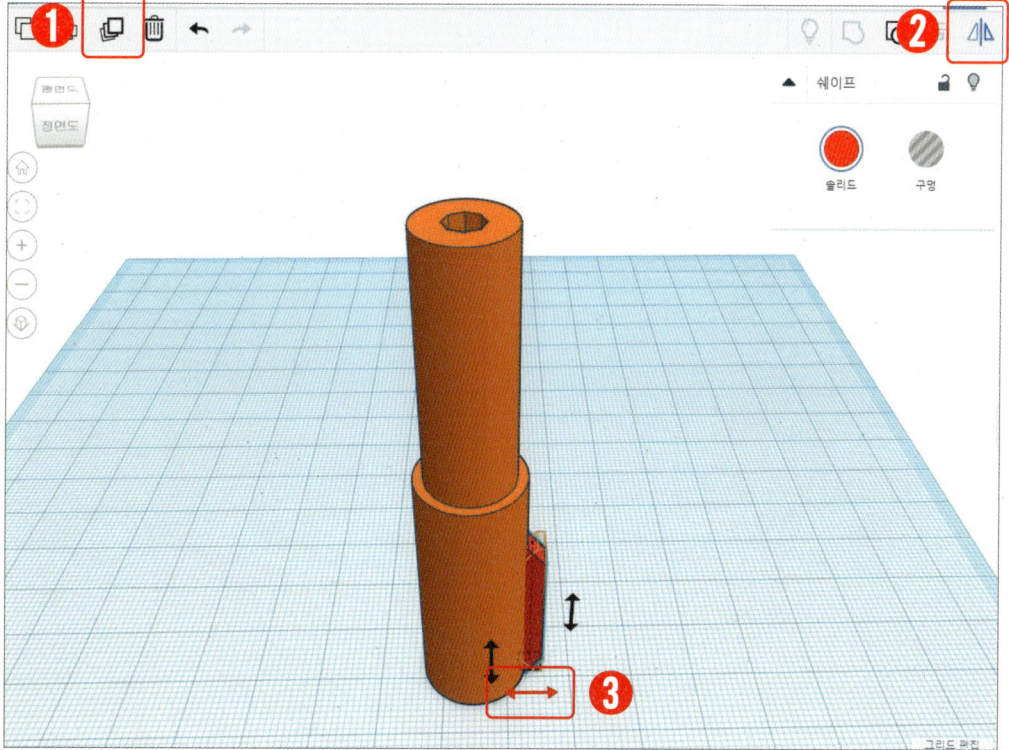

상자 도형을 ❶ 복제한 후 ❷ 대칭 버튼으로 ❸ 좌우 대칭합니다.

181　　SECTION 10_ 광선검 손잡이

TINKERCAD DESIGN For 3D PRINTING _____ SECTION 10

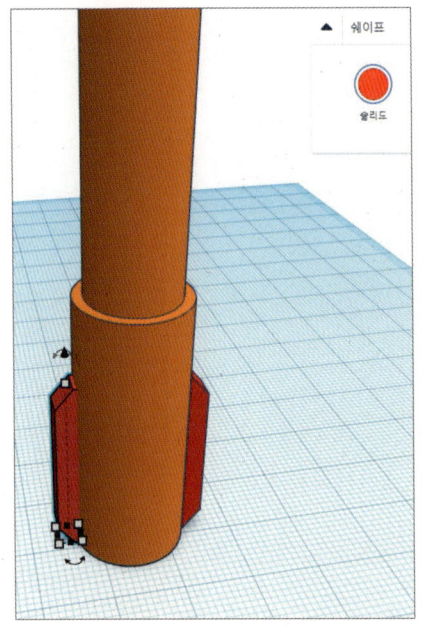

복제된 도형을 키보드 방향키로 원통에 겹치도록 그림과 같이 배치합니다.

두 상자 도형을 선택한 후(Shift 키를 누른 상태로 두 상자를 클릭) 그룹화합니다.

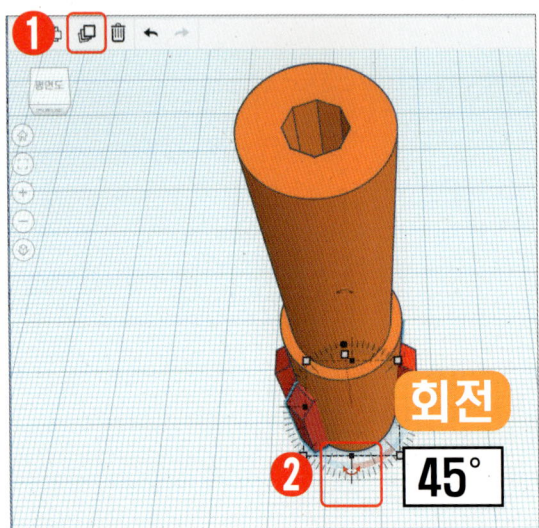

그룹화된 상자를 ❶ 복제한 후 ❷ 45˚ 회전합니다.

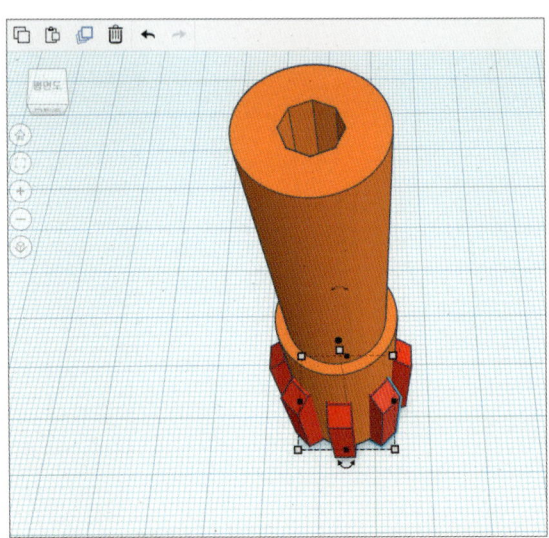

회전 복제된 상태에서 복제 버튼을 계속 눌러주면 45˚로 계속 복제됩니다.

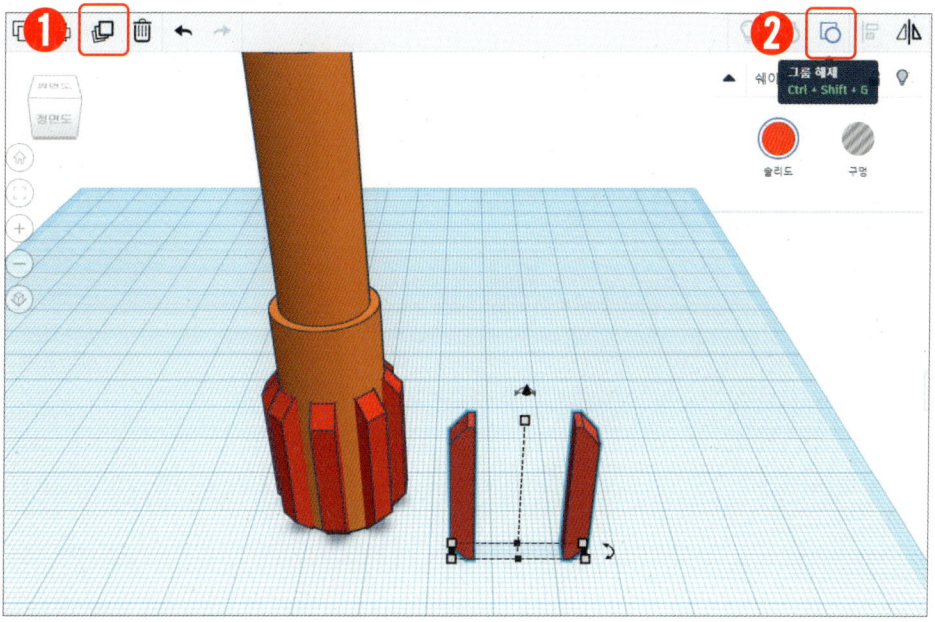

그룹화된 상자를 하나 복제하여 그룹 해제 합니다.

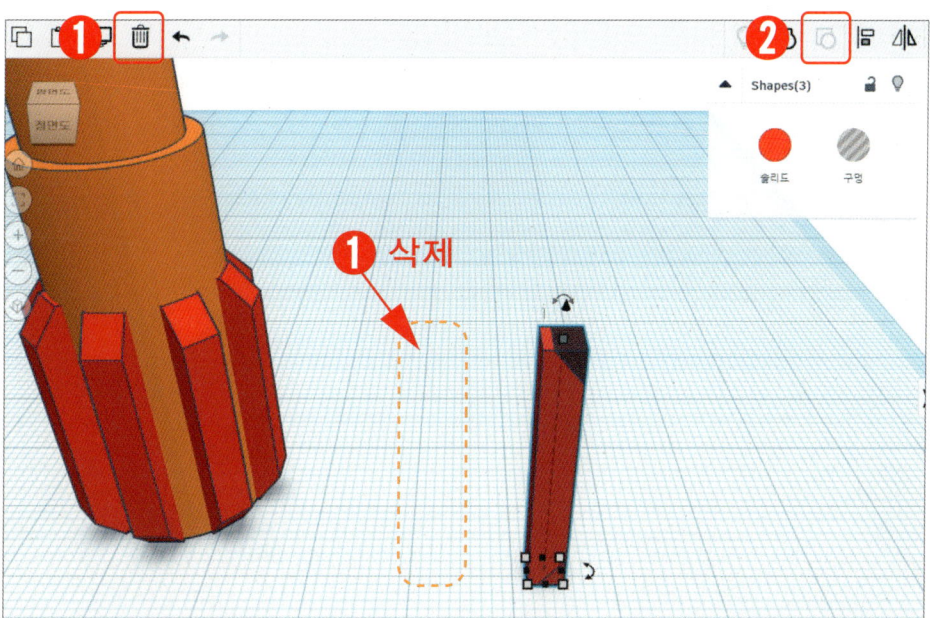

그룹 해제된 상자 중 하나는 삭제하여 주고 나머지 하나는 다시 한번 그룹 해제 합니다.

TINKERCAD DESIGN For 3D PRINTING SECTION 10

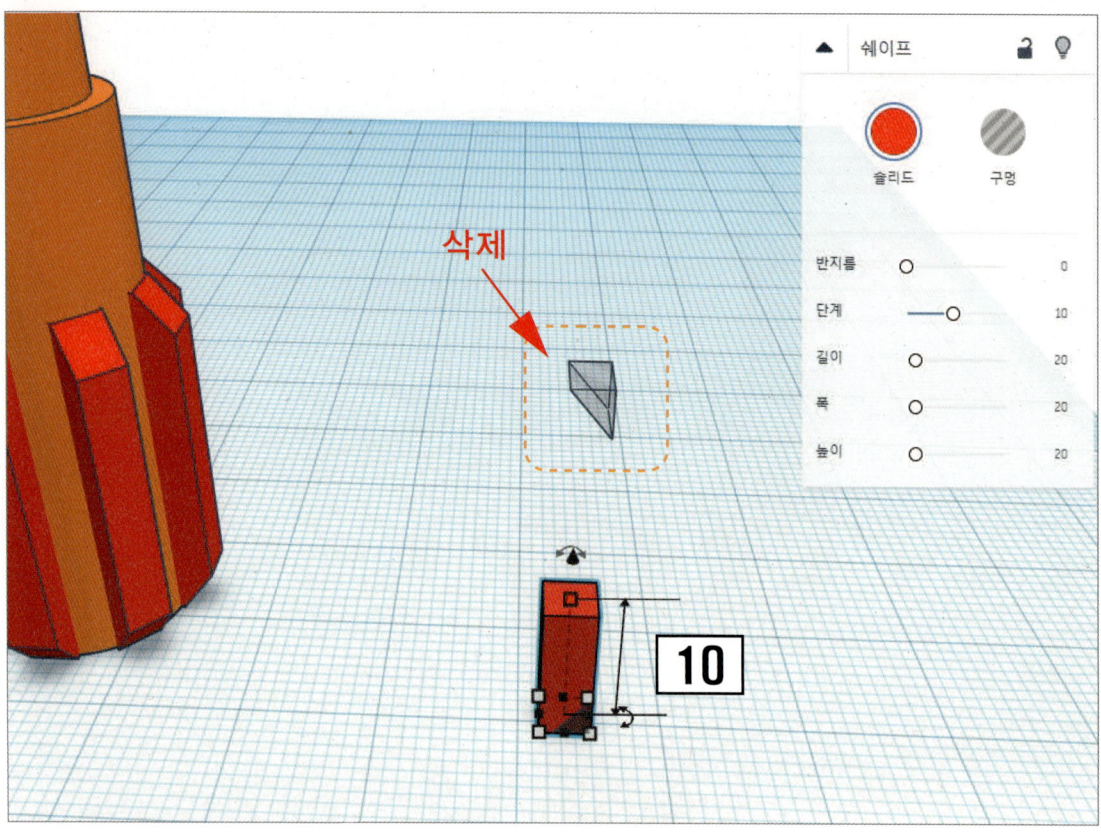

상자의 높이를 "10"으로 조절하고 상단 부분 구멍 쐐기 도형은 삭제합니다.

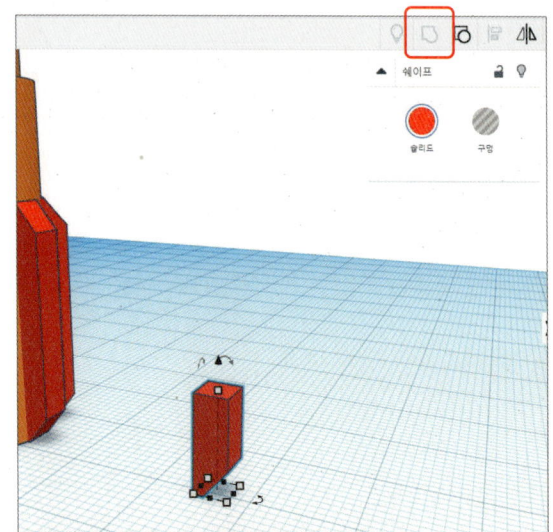

상자와 구멍 쐐기 도형을 그룹화합니다.

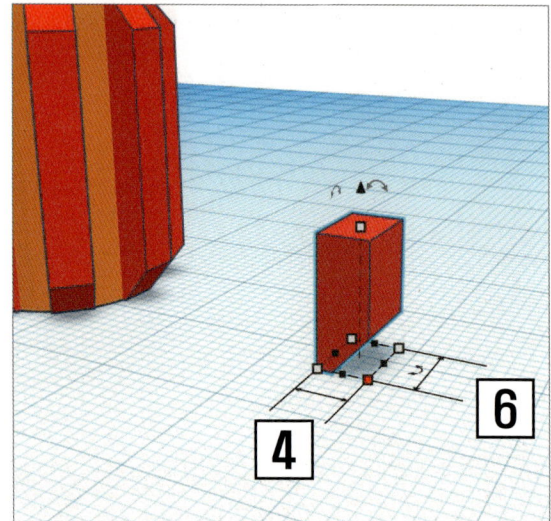

그룹화된 버튼 모양을 그림과 같이 치수 조절합니다.

TINKERCAD DESIGN For 3D PRINTING

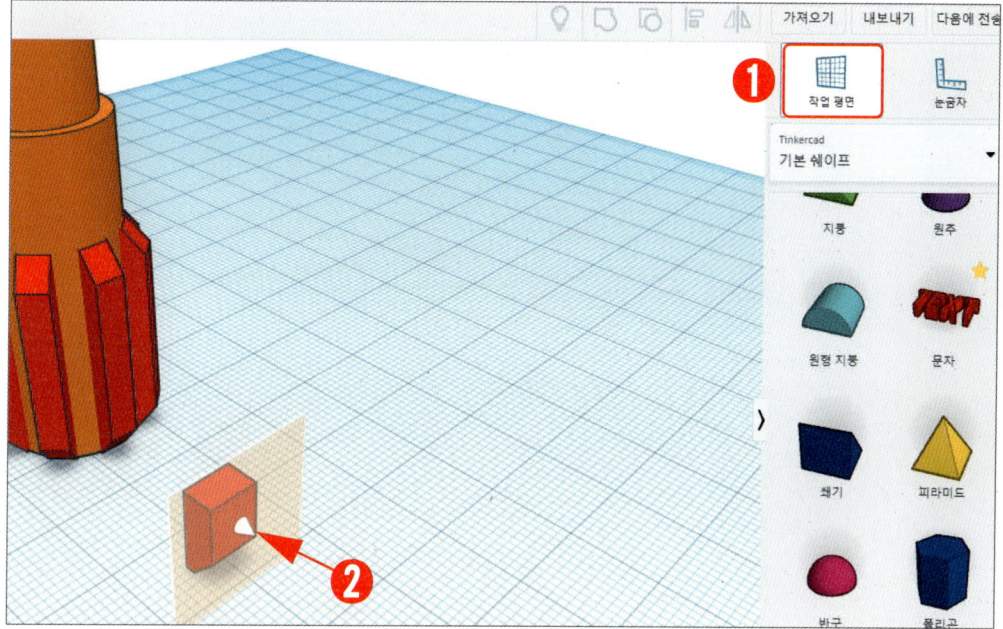

버튼을 붙이기 위해 임시 작업 평면을 만들어 봅시다.

❶ 작업 평면 버튼을 클릭한 뒤 ❷ 위치를 클릭합니다.

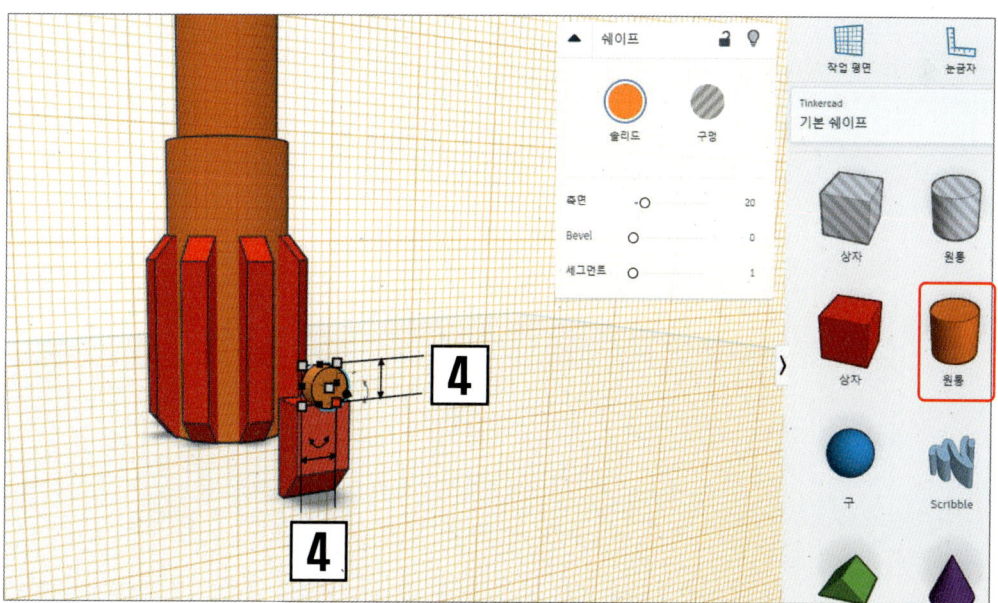

임시 작업 평면으로 바뀌면 기본 쉐이프에서 원통을 선택하고 임시 작업 평면에 놓은 후 치수를 조절합니다.

예 가로 4, 세로 4, 높이 2

TINKERCAD DESIGN For 3D PRINTING _____ SECTION 10

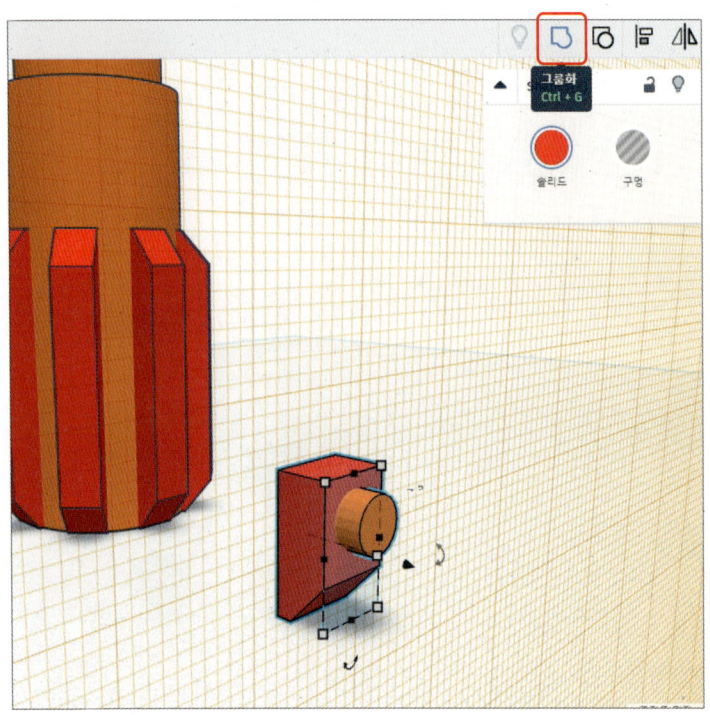

원통을 키보드 방향키 ←↓→↑ 로
그림과 같이 배치한 후 그룹화합니다.

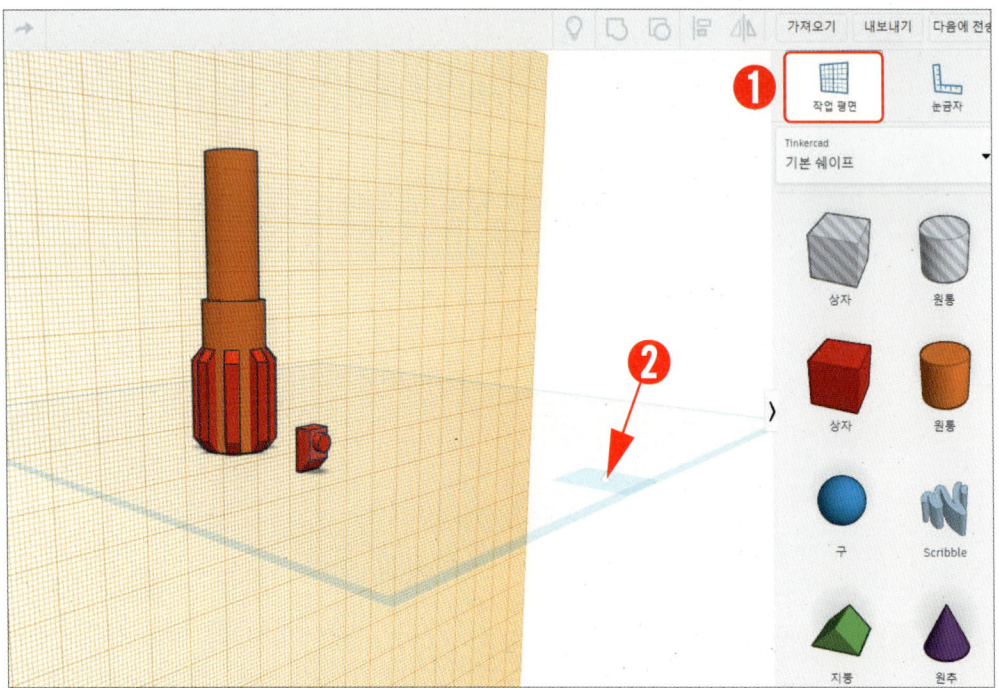

기존 작업 평면으로 돌아가기 위해 ❶ 작업 평면 버튼을 클릭한 후 ❷ 빈 공간을 클릭합니다.

TINKERCAD DESIGN For 3D PRINTING _____ SECTION 10

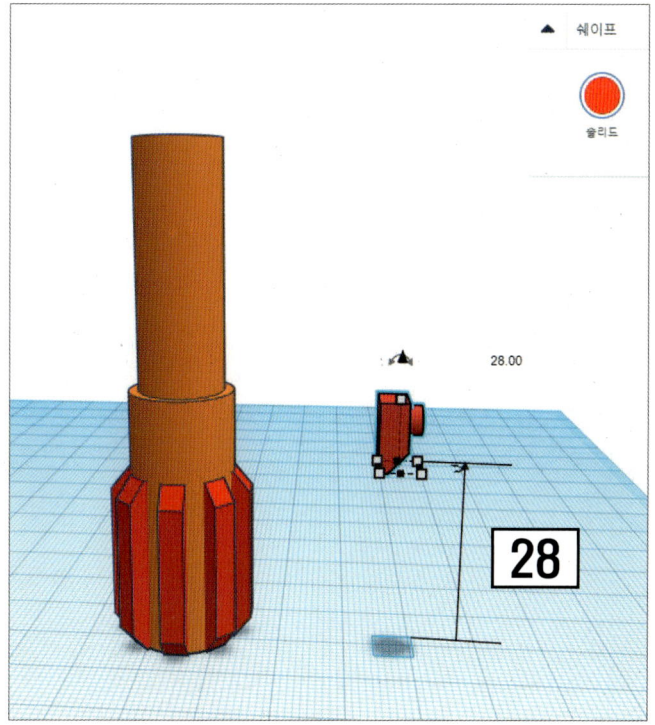

버튼 모양을 위로 "28"만큼 올려줍니다.

키보드 방향키 [↑][←][↓][→] 로 그림과 같이 원통에 겹치도록 그림과 같이 배치합니다.

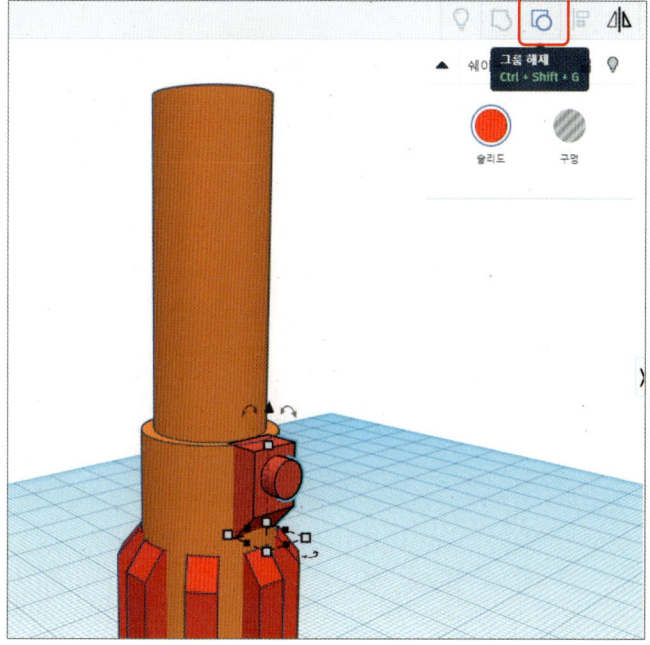

다른 버튼 모양을 더 만들어 주기 위해 버튼 모양을 다시 그룹 해제 합니다.

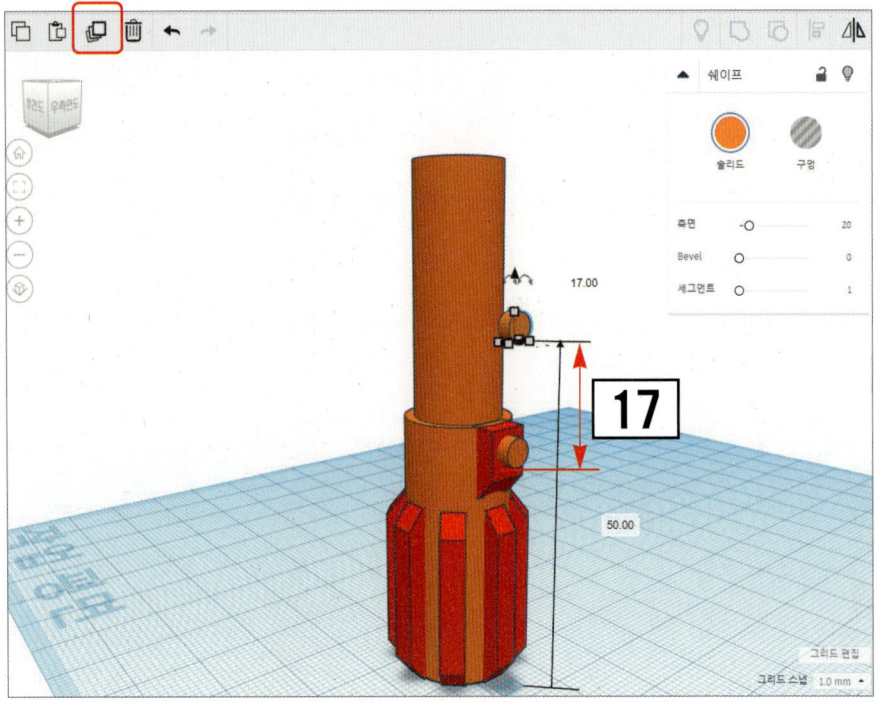

버튼 모양에 원통만 복제하여 위로 "17"만큼 올려줍니다. (바닥으로부터 "50"만큼 올라갑니다.)

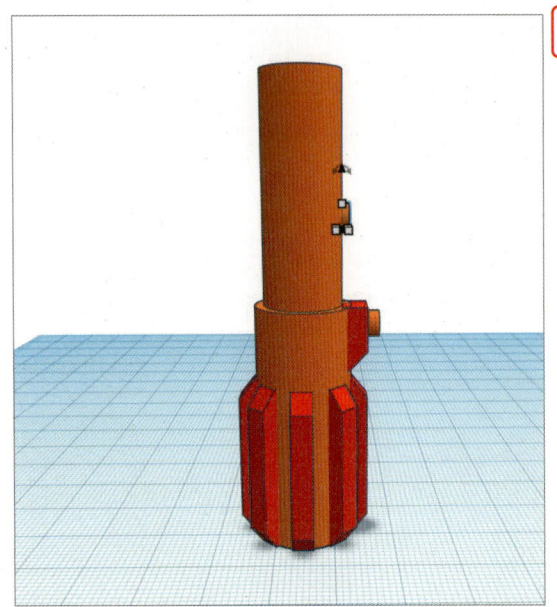

키보드 방향키 ↑↓←→ 로 그림과 같이 원통에 겹치도록 그림과 같이 배치합니다.

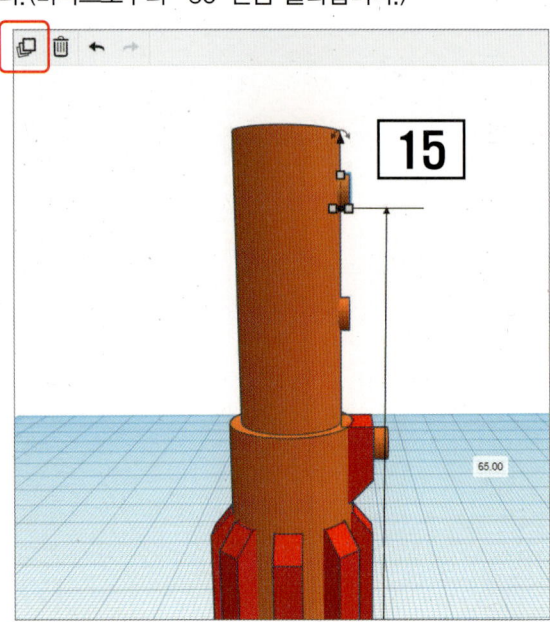

원통을 하나 더 복제하여 위로 "15"만큼 올려줍니다. (바닥으로부터 "65"만큼 올라갑니다.)

TINKERCAD DESIGN For 3D PRINTING _____ SECTION 10

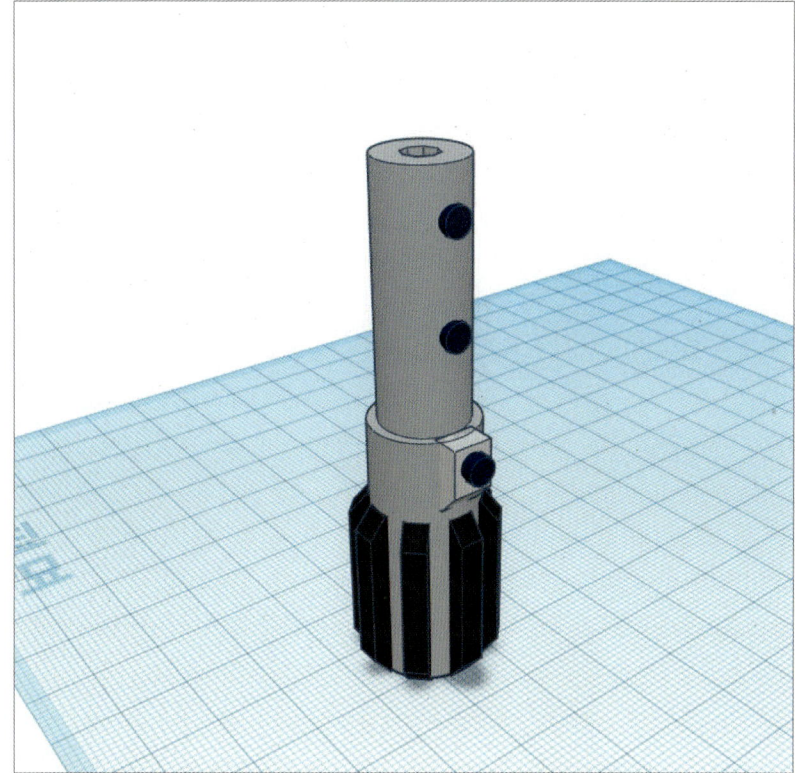

완성!

다양한 색상을 활용하여 꾸며봅시다.

▶ ※ 야광 팔찌(5mm)를 구매하여 광선검 손잡이 상단 부분에 결합하여 활용해 봅시다.

도|전|과|제

- 인터넷으로 광선검을 검색한 후 다양한 디자인의 광선검을 모델링 해봅시다.

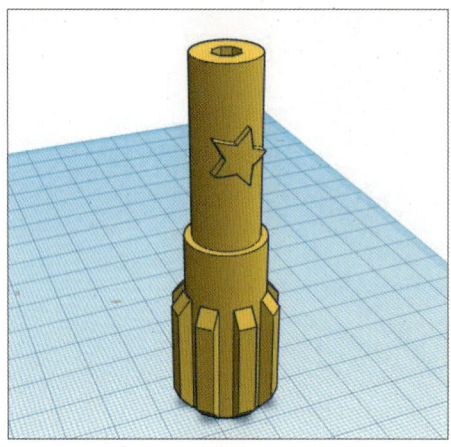

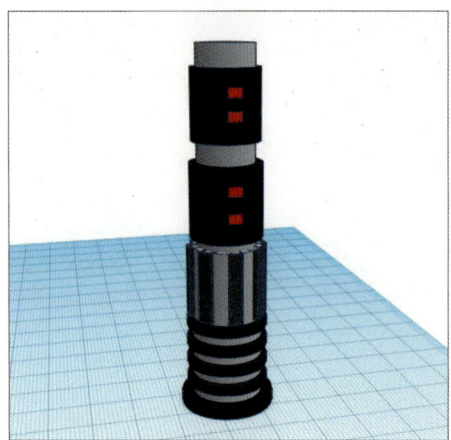

SECTION 11
움직이는 자동차

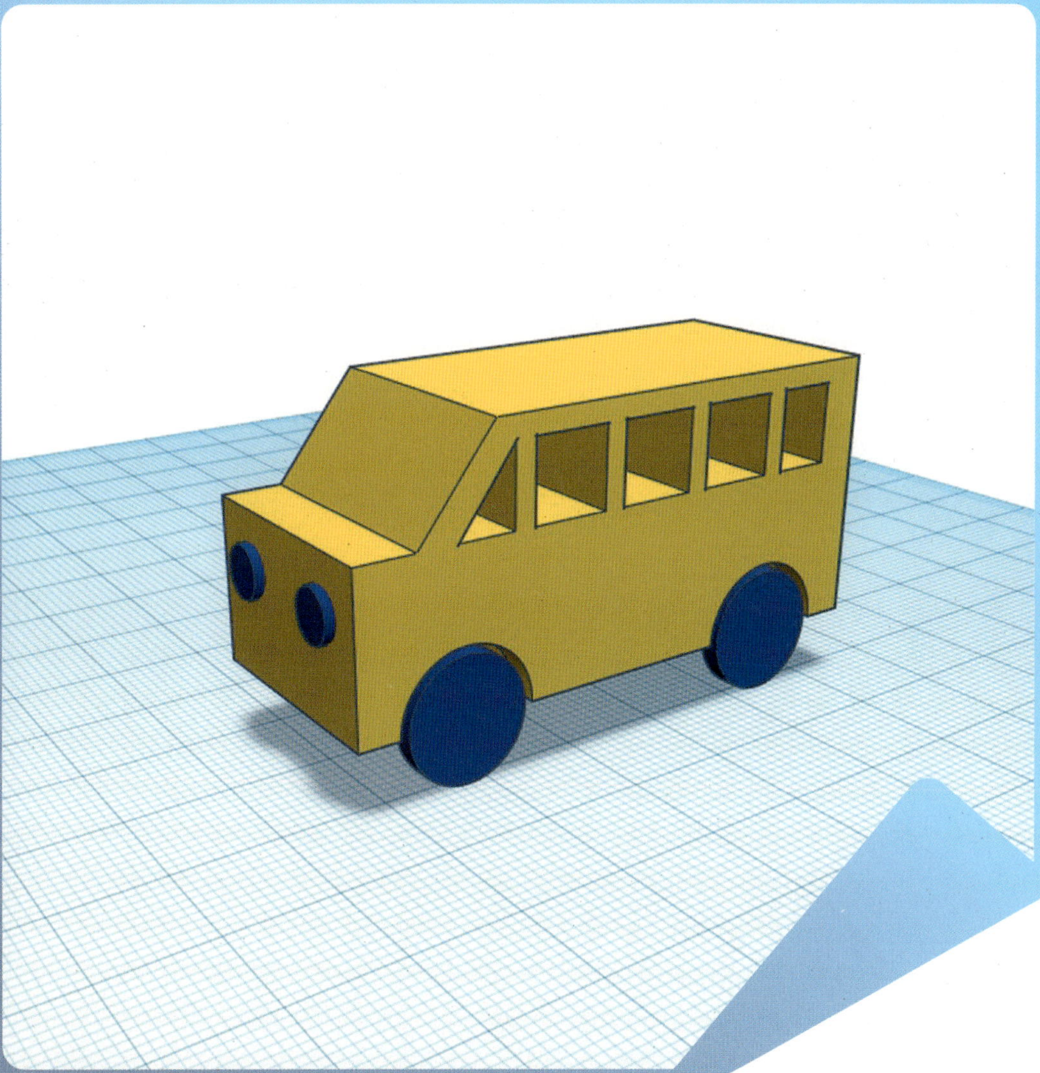

● 움직이는 자동차 만들기

부품을 조립하지 않고 움직일 수 있는 모형을 모델링해 봅니다.
움직이는 바퀴를 활용하여 움직이는 자동차를 만들어 봅시다.

TINKERCAD DESIGN For 3D PRINTING

SECTION 11

01

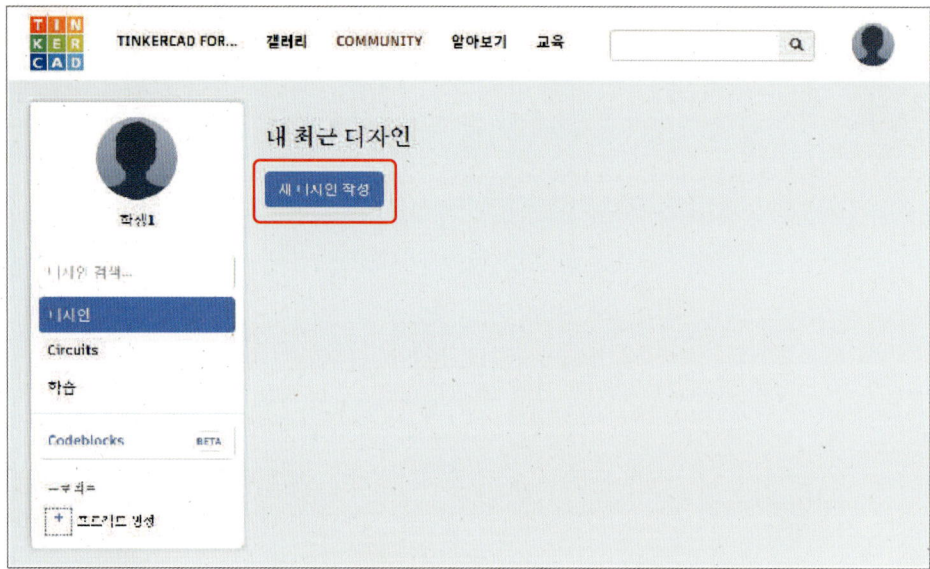

구글크롬 에서 틴커캐드 웹사이트(www.tinkercad.com)에 접속합니다.
로그인 후 대시보드의 새 디자인 작성 을 클릭합니다.

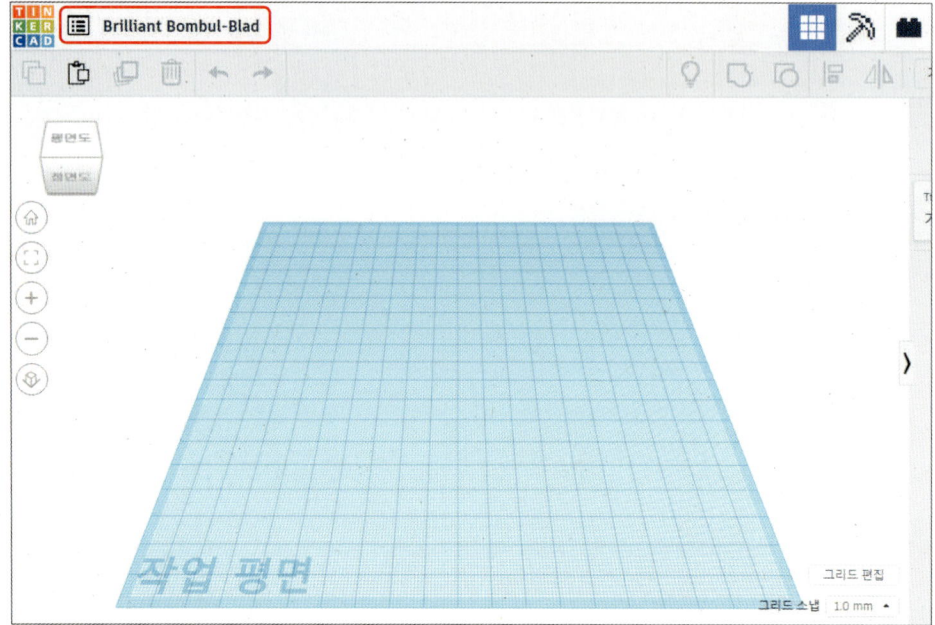

틴커캐드는 저장 버튼이 따로 없으며 웹에서 작업하고 모델링 작업파일 역시 인터넷 저장 공간에
자동으로 저장됩니다. 임의로 주어진 영어이름을 클릭하면 파일명을 수정할 수 있습니다.

TINKERCAD DESIGN For 3D PRINTING _____ SECTION 11

파일명을 "**움직이는 자동차**"로 수정하고 엔터키 또는 화면의 빈 공간 아무 곳이나 클릭합니다.

 바퀴 만들기

02

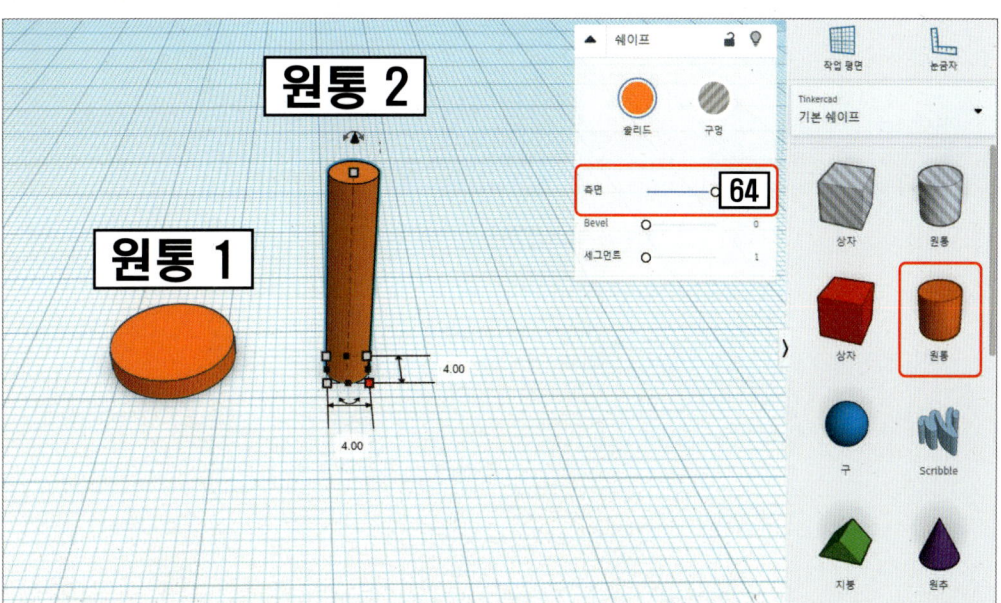

기본 쉐이프에서 원통을 선택하고 작업 평면에 놓은 후 치수를 조절합니다.
예) 원통 1 : 가로 12, 세로 12, 높이 2, 측면 64
　　원통 2 : 가로 4, 세로 4, 높이 22, 측면 64
　　(모서리를 둥글게 만들기 위해 쉐이프에서 측면의 수치를 64로 조절합니다.)

TINKERCAD DESIGN For 3D PRINTING

SECTION 11

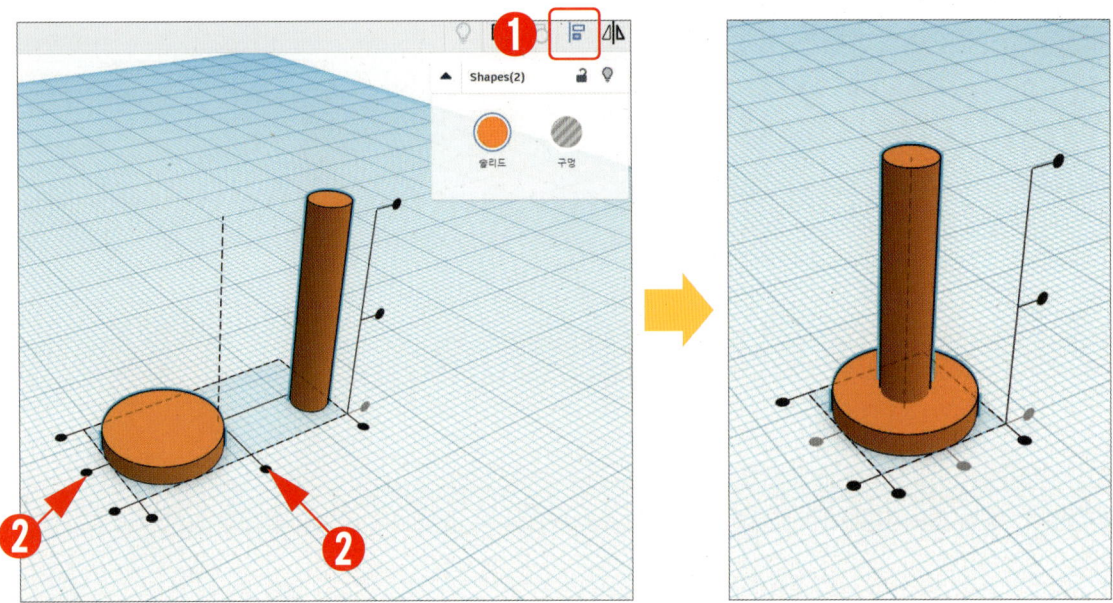

도형을 모두 선택하고 ❶ 정렬 버튼을 클릭한 후 ❷를 클릭하여 가운데 정렬합니다.

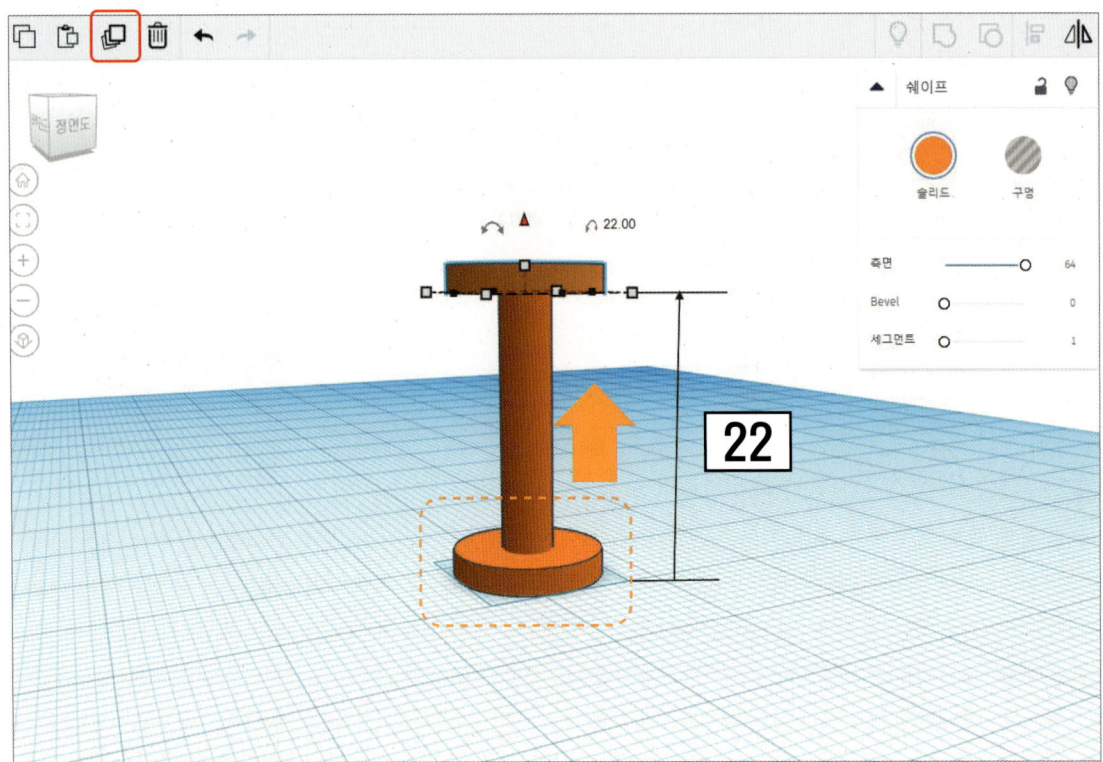

맨 아래 원기둥을 복제하여 위로 "22"만큼 올려줍니다.

TINKERCAD DESIGN For 3D PRINTING SECTION 11

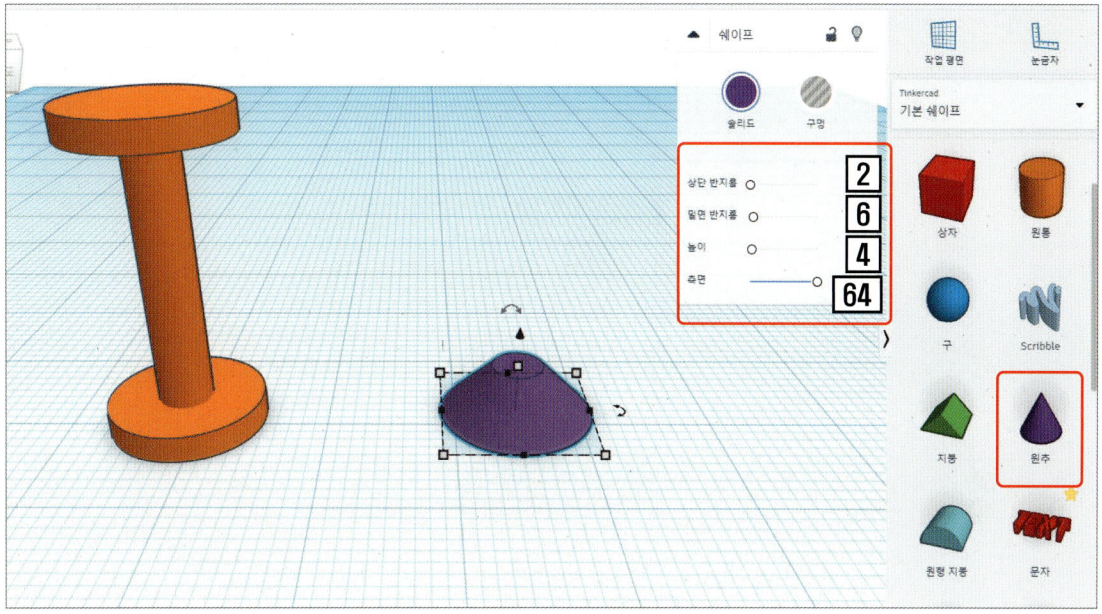

기본 쉐이프에서 원추를 선택하고 작업 평면에 놓은 후 치수를 조절합니다.
예 상단 반지름 2, 하단 반지름 6, 높이 4, 측면 64

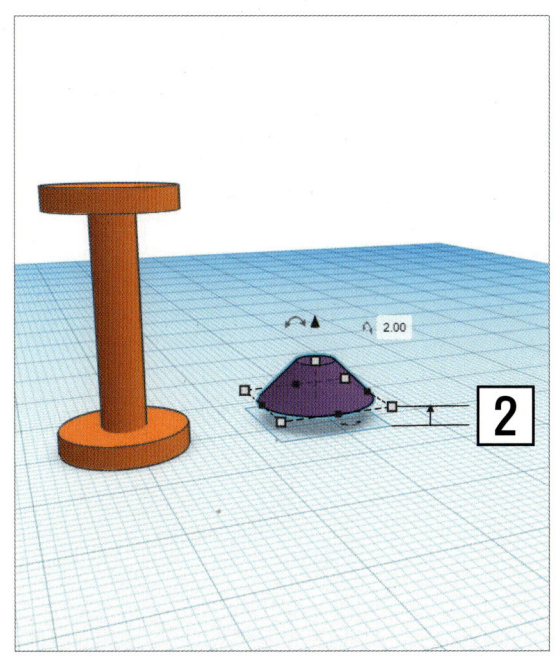

원추 도형을 위로 "2"만큼 올려줍니다.

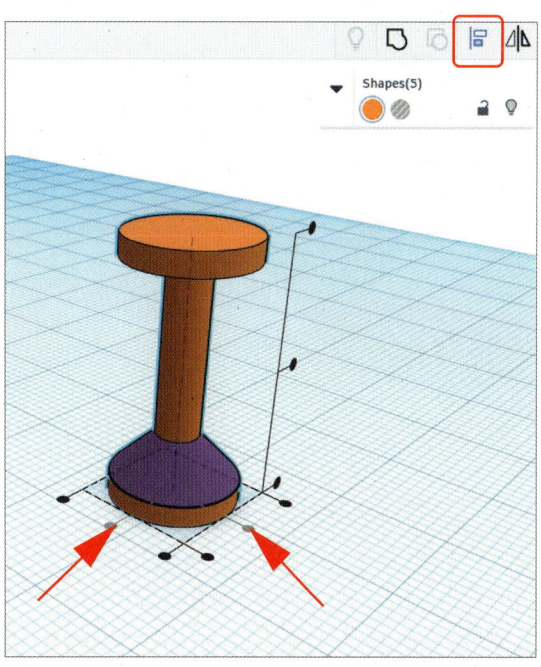

도형을 모두 선택하여 가운데 정렬합니다.

TINKERCAD DESIGN For 3D PRINTING _____ SECTION 11

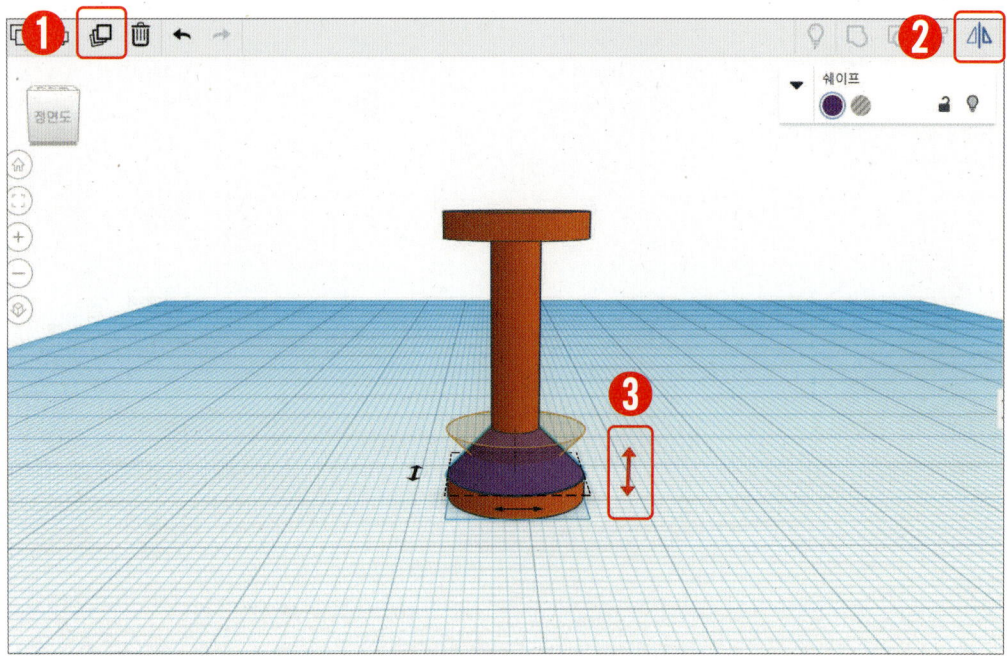

원추 도형을 ❶ 복제한 후 ❷ 대칭 버튼으로 ❸ 상하 대칭합니다.

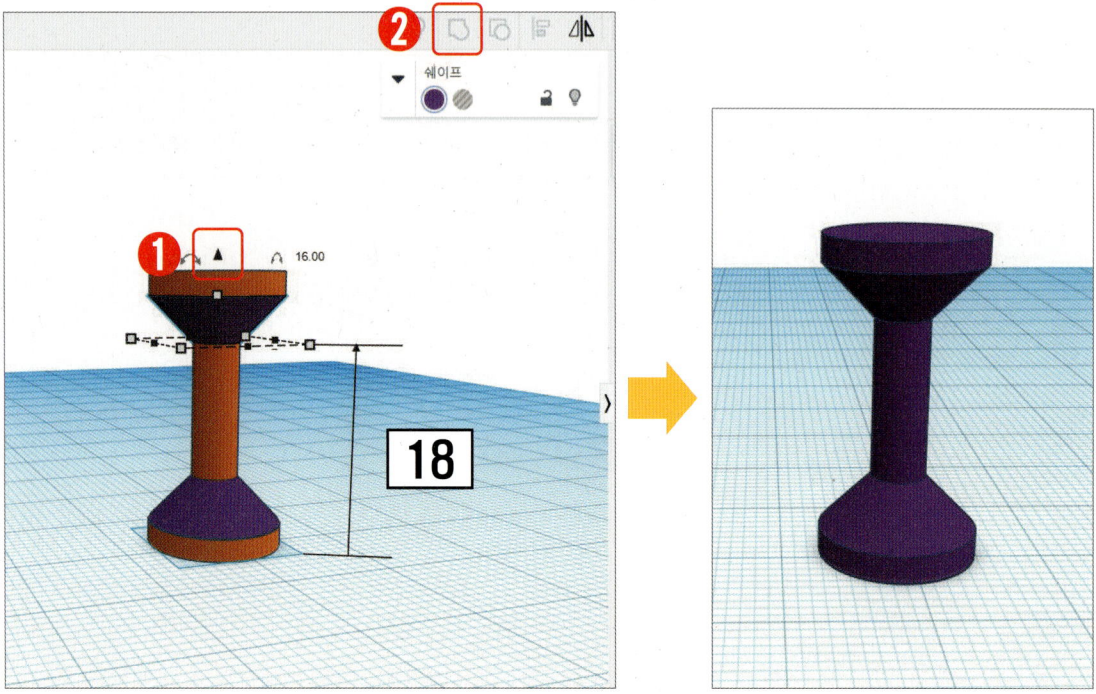

복제된 원추 도형을 ❶ 위로 "18"만큼 올리고 ❷ 그룹화합니다.

TINKERCAD DESIGN For 3D PRINTING

구멍 바퀴 만들기

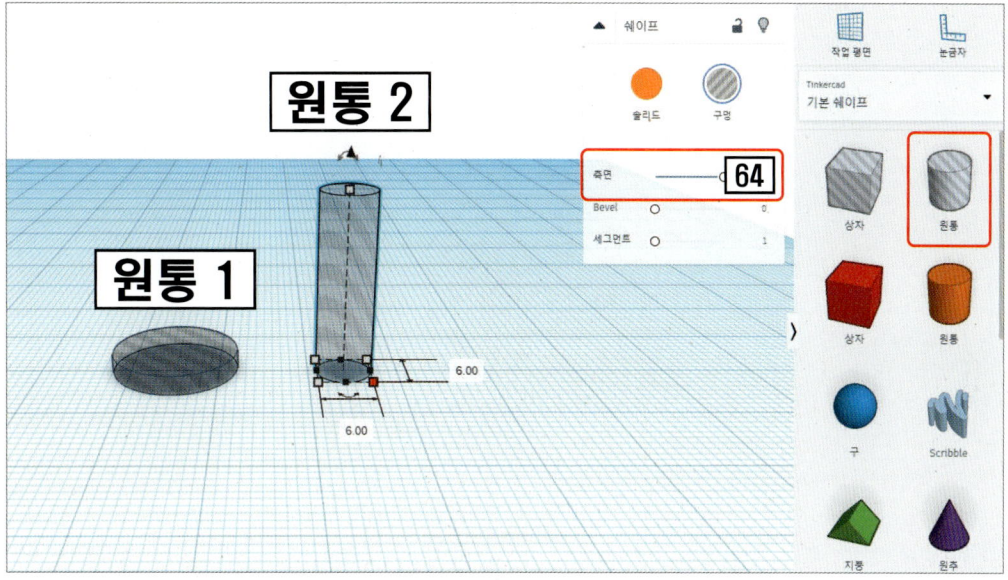

기본 쉐이프에서 구멍 원통을 선택하고 작업 평면에 놓은 후 치수를 조절합니다.

예 원통 1 : 가로 14, 세로 14, 높이 3, 측면 64
　원통 2 : 가로 6, 세로 6, 높이 21, 측면 64
　(모서리를 둥글게 만들기 위해 쉐이프에서 측면의 수치를 64로 조절합니다.)

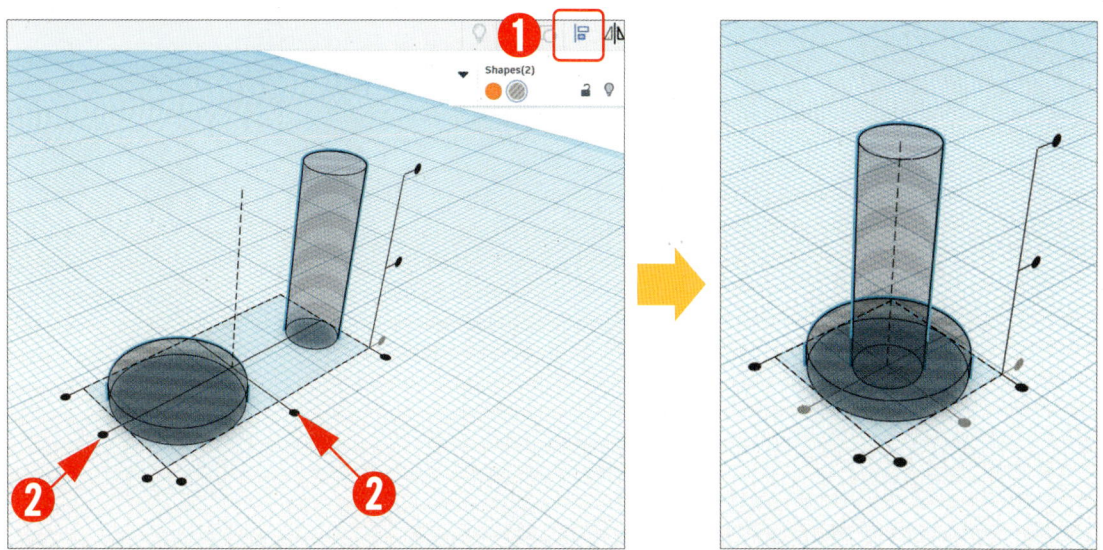

도형을 모두 선택하고 ❶ 정렬 버튼을 클릭한 후 ❷를 클릭하여 가운데 정렬합니다.

TINKERCAD DESIGN For 3D PRINTING — SECTION 11

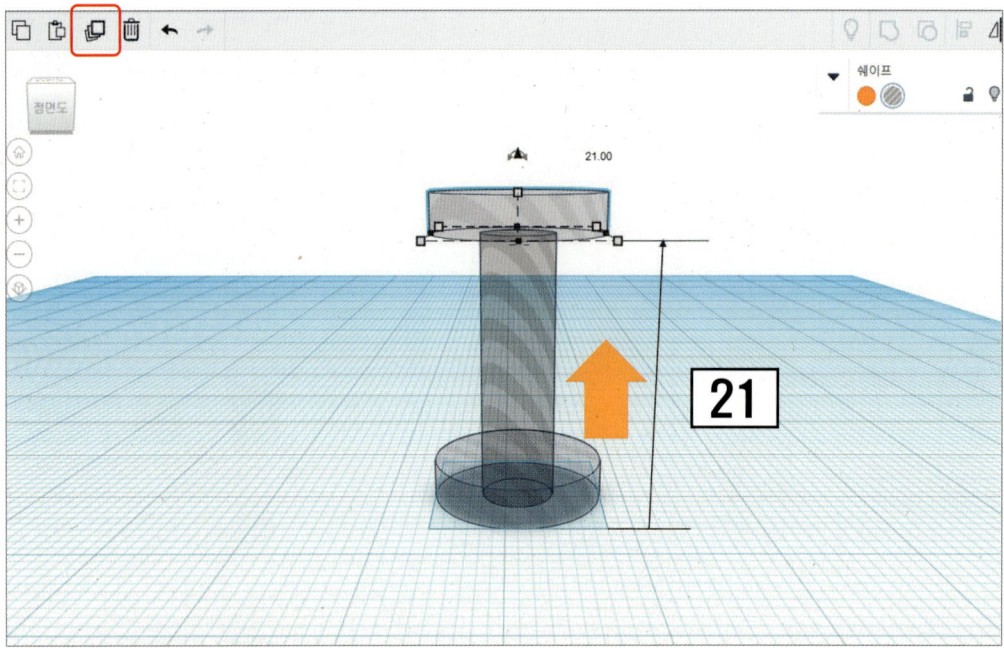

맨 아래 원기둥을 복제하여 위로 "21"만큼 올려줍니다.

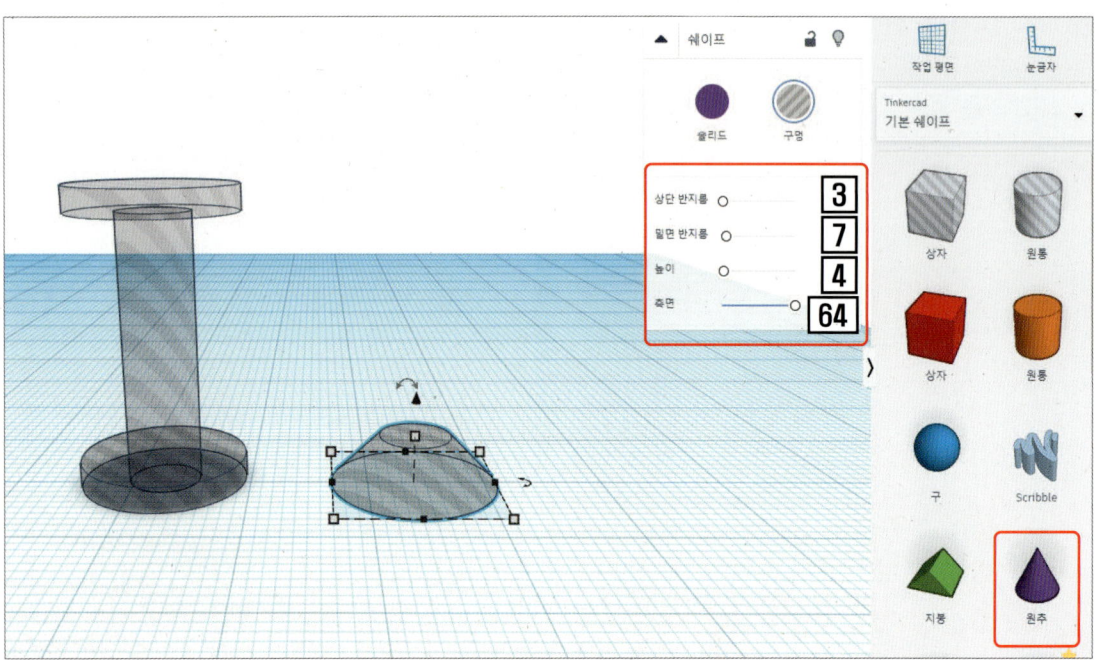

기본 쉐이프에서 원추를 선택하고 작업 평면에 놓은 후 구멍 도형으로 바꾸고 치수를 조절합니다.
예 상단 반지름 3, 하단 반지름 7, 높이 4, 측면 64

TINKERCAD DESIGN For 3D PRINTING

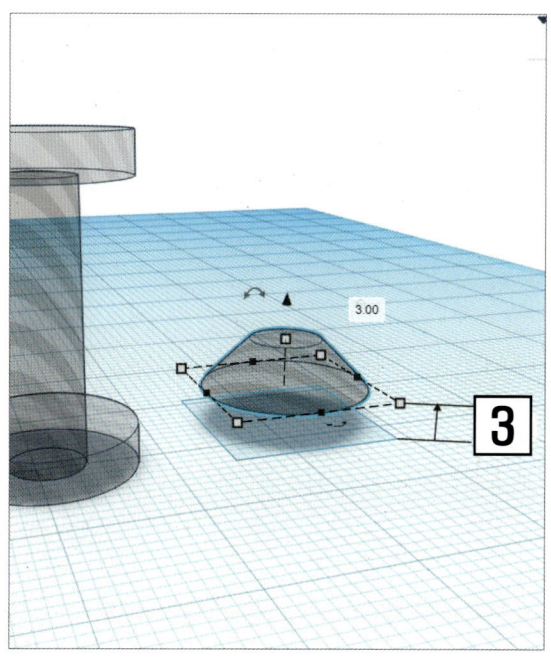

원추 도형을 위로 "3"만큼 올려줍니다.   도형을 모두 선택하여 가운데 정렬합니다.

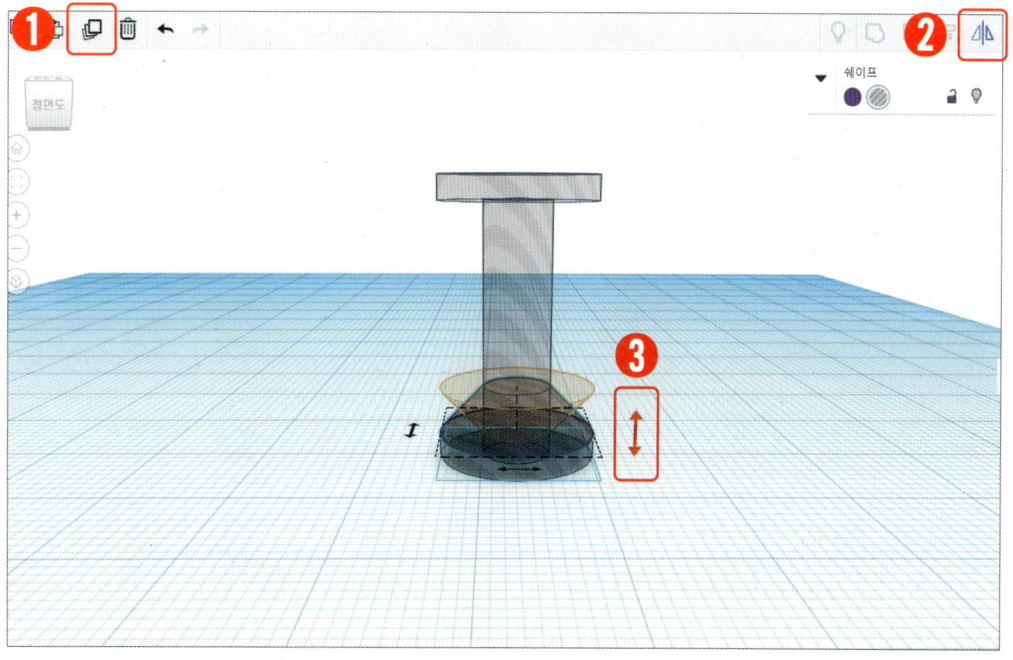

원추 도형을 ❶ 복제한 후 ❷ 대칭 버튼으로 ❸ 상하 대칭합니다.

TINKERCAD DESIGN For 3D PRINTING   SECTION 11

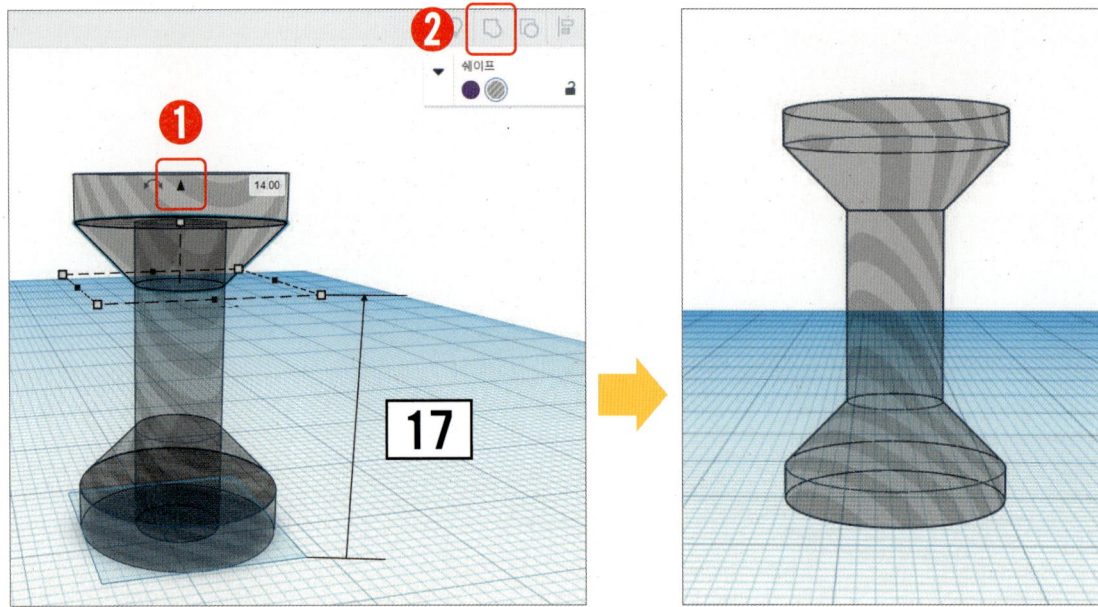

복제된 구멍 원추 도형을 위로 "17"만큼 올리고 그룹화합니다.

 자동차 본체_ 바퀴 조립부 만들기

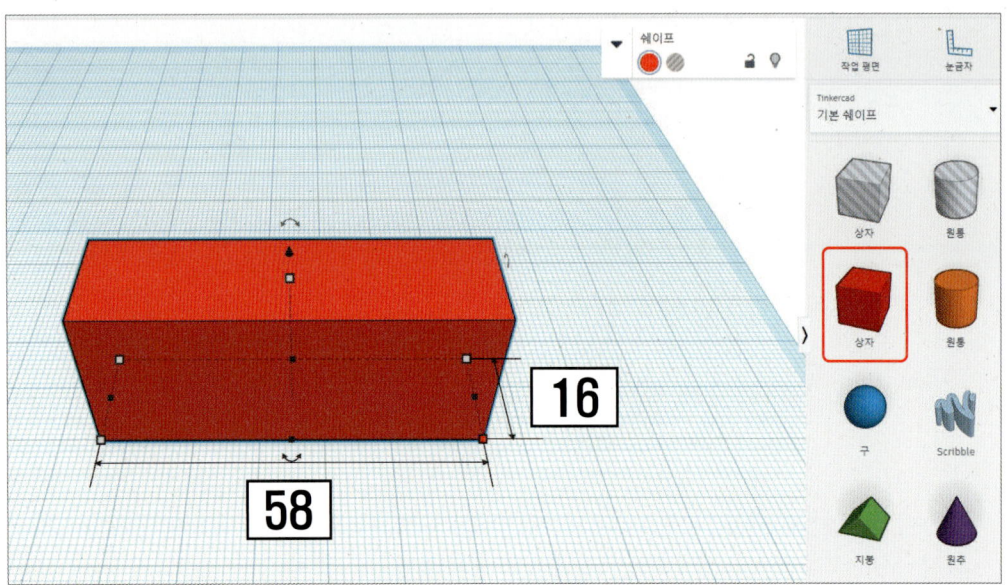

기본 쉐이프에서 상자를 선택하고 작업 평면에 놓은 후 치수를 조절합니다.
예 가로 58, 세로 16, 높이 24

TINKERCAD DESIGN For 3D PRINTING _____ SECTION 11

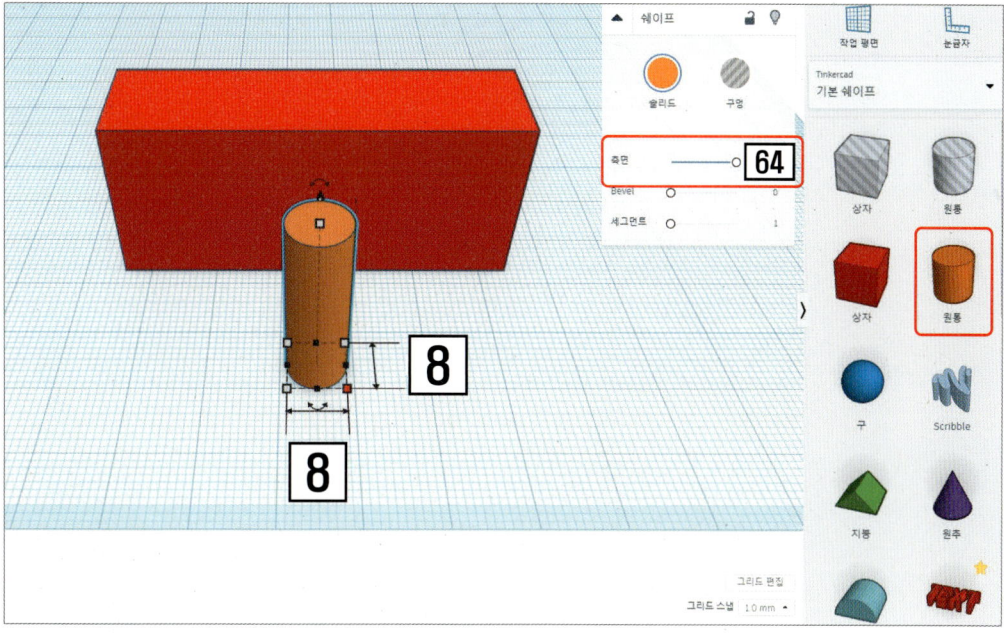

기본 쉐이프에서 원통을 선택하고 작업 평면에 놓은 후 치수를 조절합니다.
예 가로 8, 세로 8, 높이 24, 측면 64
   (모서리를 둥글게 만들기 위해 쉐이프에서 측면의 수치를 64로 조절합니다.)

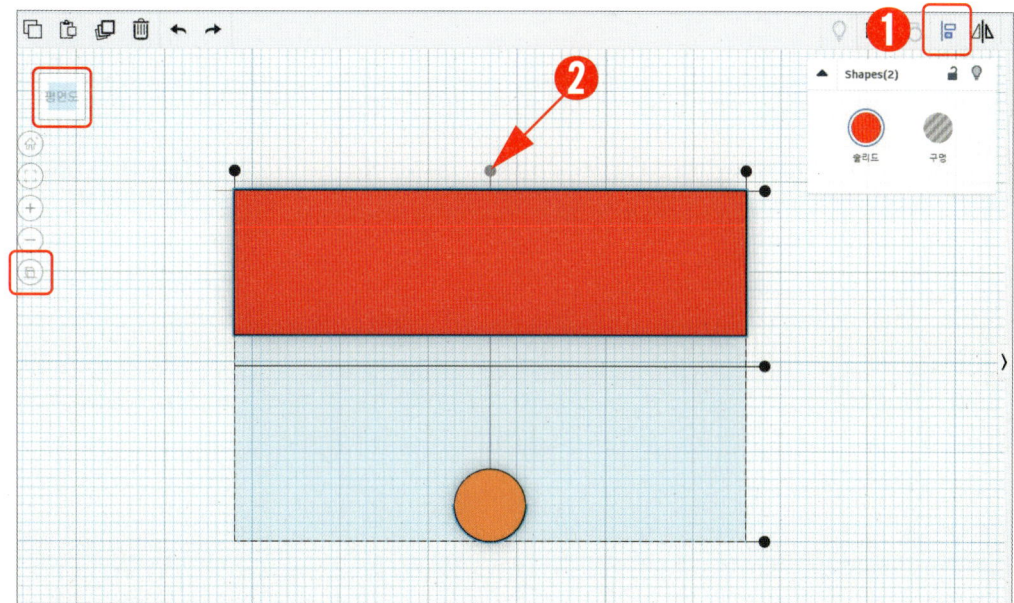

뷰박스를 평면도 · 직교뷰로 선택합니다.
상자와 원통 도형을 선택하고 ❶ 정렬 버튼을 클릭한 후 ❷를 클릭하여 가운데 정렬합니다.

TINKERCAD DESIGN For 3D PRINTING

SECTION 11

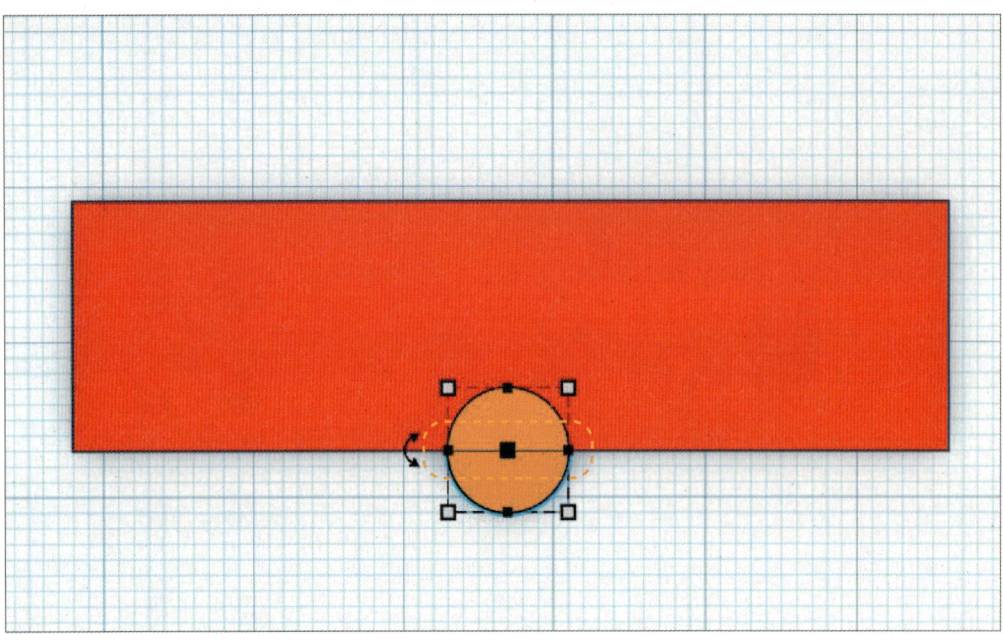

원통을 마우스로 움직이거나 키보드 방향키 로 그림과 같이 가로에 맞추어 배치합니다.

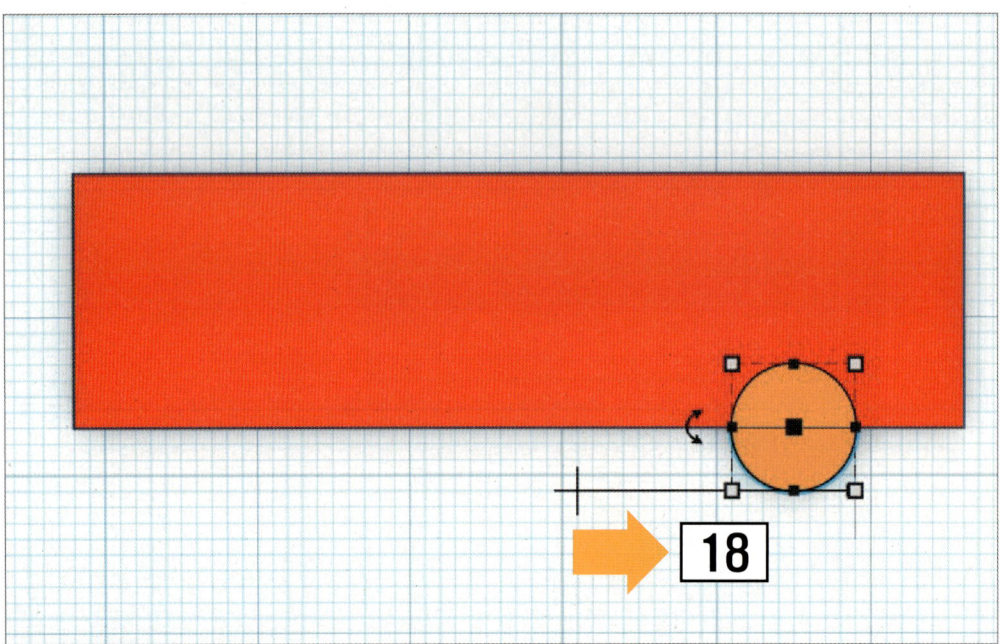

원통을 Shift 키를 누른 채로 마우스를 이용하여 옆으로 "18"만큼 이동합니다.
(Shift 키를 누른 채로 이동하면 일정한 방향으로 이동됩니다.)

TINKERCAD DESIGN For 3D PRINTINGSECTION 11

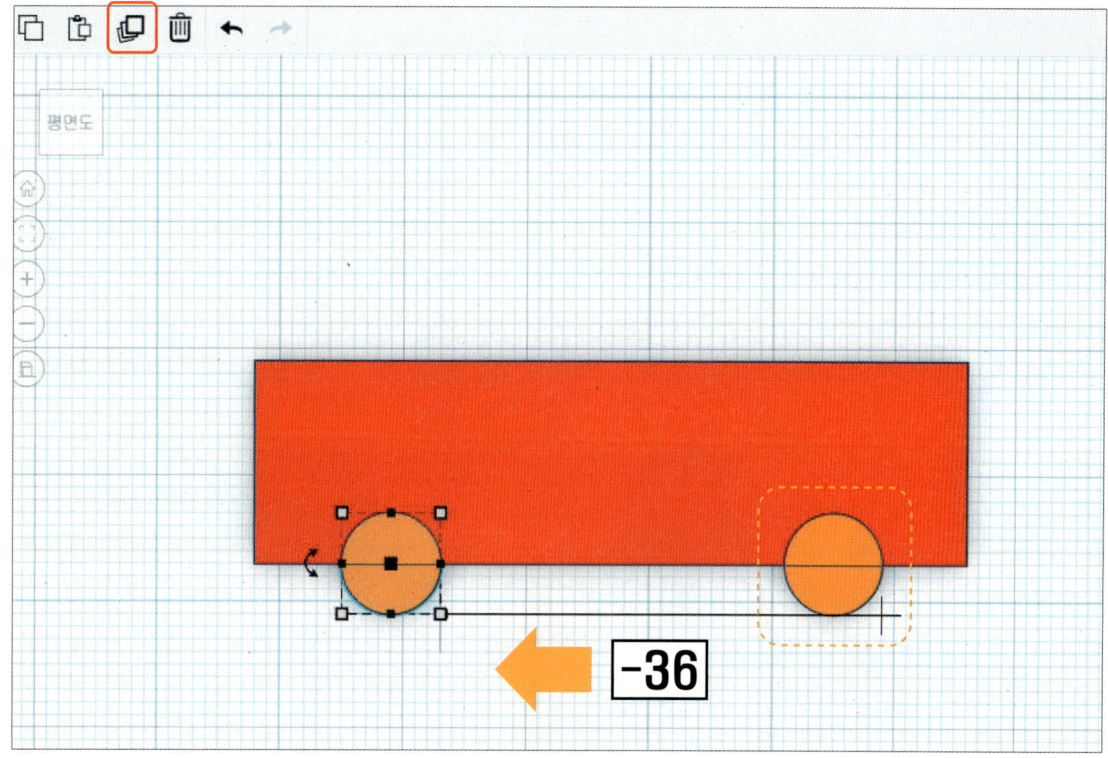

원통을 복제하여 Shift 를 누른 채로 마우스를 이용하여 옆으로 "-36"만큼 이동합니다.
(Shift 키를 누른 채로 이동하면 일정한 방향으로 이동됩니다.)

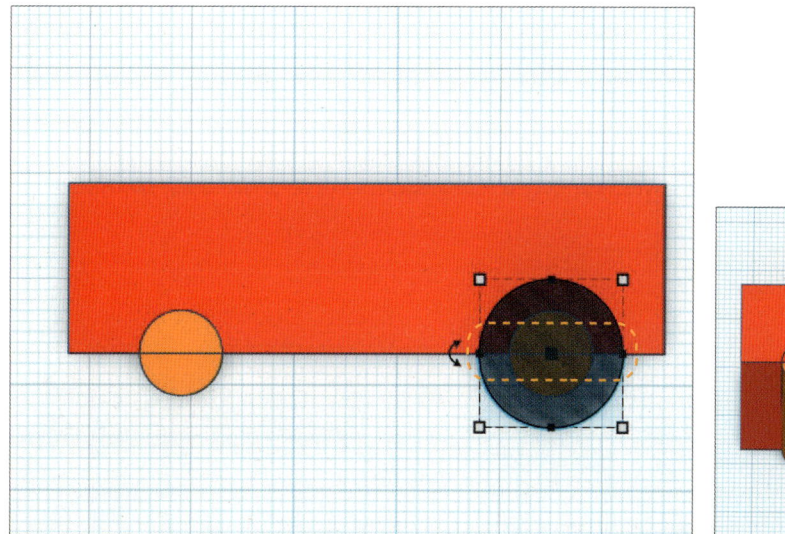
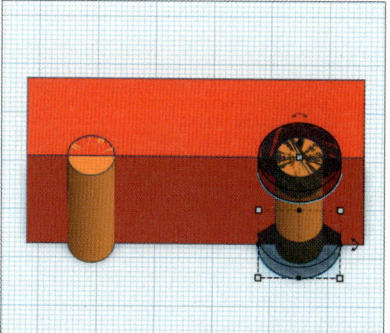

앞서 모델링한 구멍 바퀴 모양을 그림과 같이 가로에 맞추어 배치합니다.

TINKERCAD DESIGN For 3D PRINTING

구멍 바퀴를 복제하여 Shift 를 누른 채로 마우스를 이용하여 옆으로 "-36"만큼 이동합니다.
(Shift 키를 누른 채로 이동하면 일정한 방향으로 이동됩니다.)

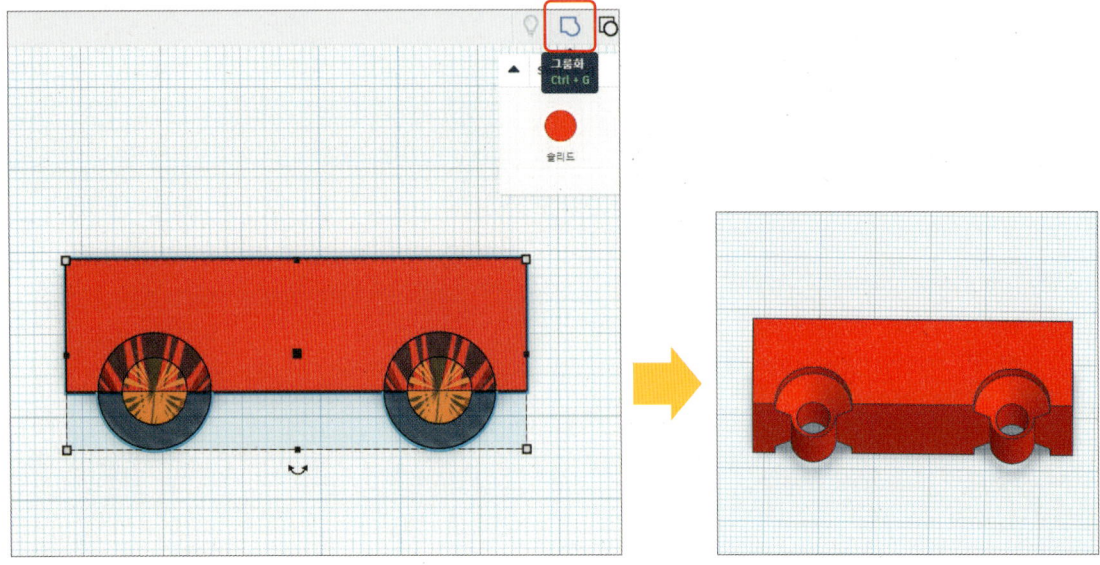

도형을 모두 선택하여 그룹화합니다.

TINKERCAD DESIGN For 3D PRINTING

자동차 본체 바퀴 조립하기

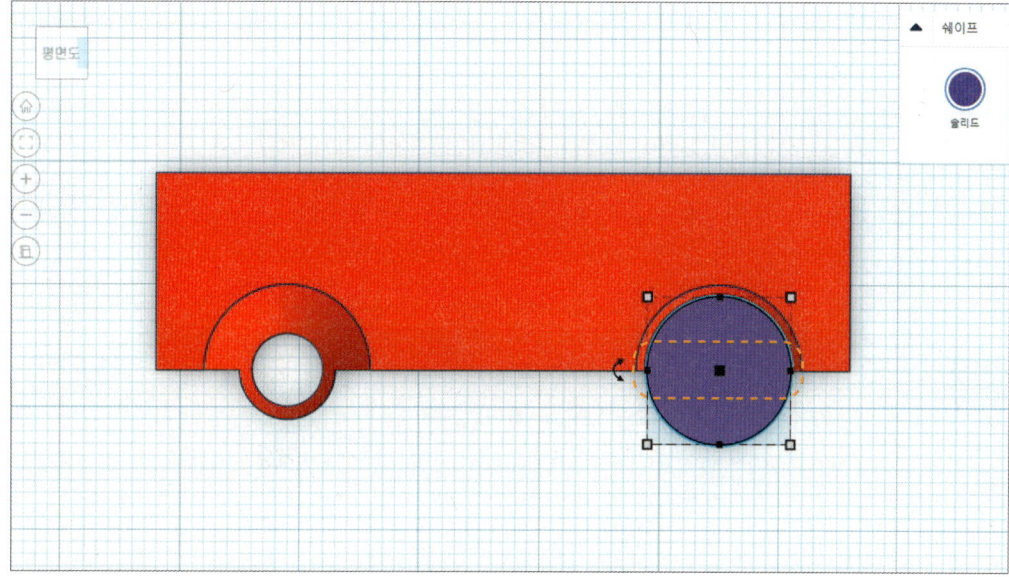

앞서 모델링한 바퀴 모양을 그림과 같이 가로에 맞추어 배치합니다.

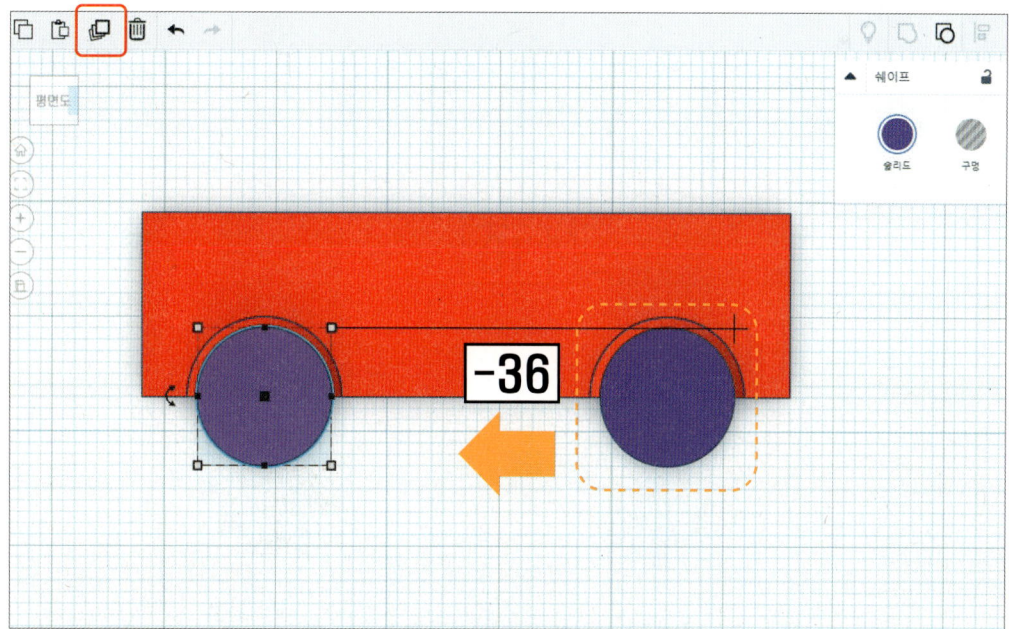

바퀴를 복제하여 Shift 키를 누른 채로 마우스를 이용하여 옆으로 "-36"만큼 이동합니다.
(Shift 키를 누른 채로 이동하면 일정한 방향으로 이동됩니다.)

TINKERCAD DESIGN For 3D PRINTING

● 바퀴의 조립부 내부 확인하기

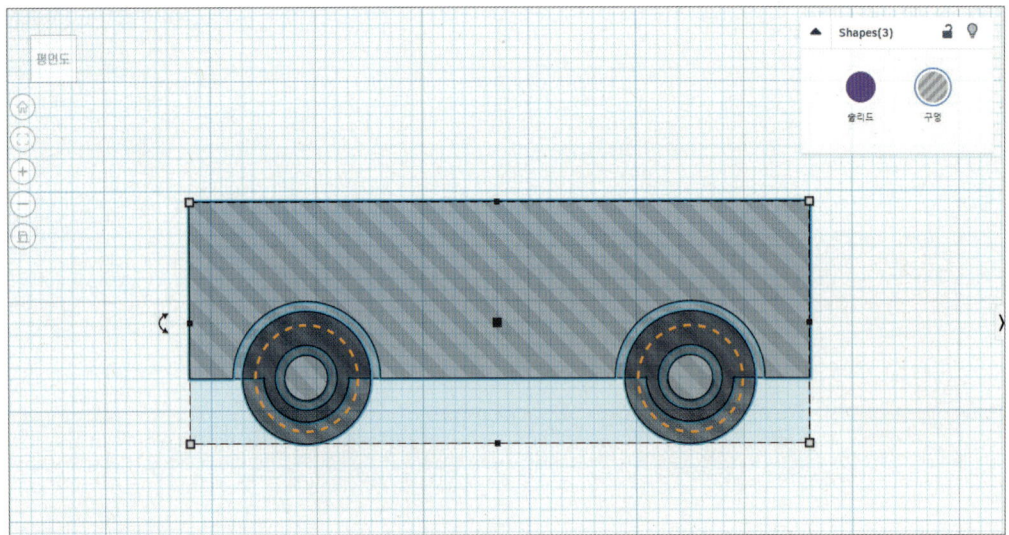

모든 도형을 구멍으로 바꾸어 주면 내부를 확인할 수 있습니다.
구멍 도형으로 바꾸어 바퀴의 조립 부분을 점검합니다.

 ## 자동차 모양 꾸미기

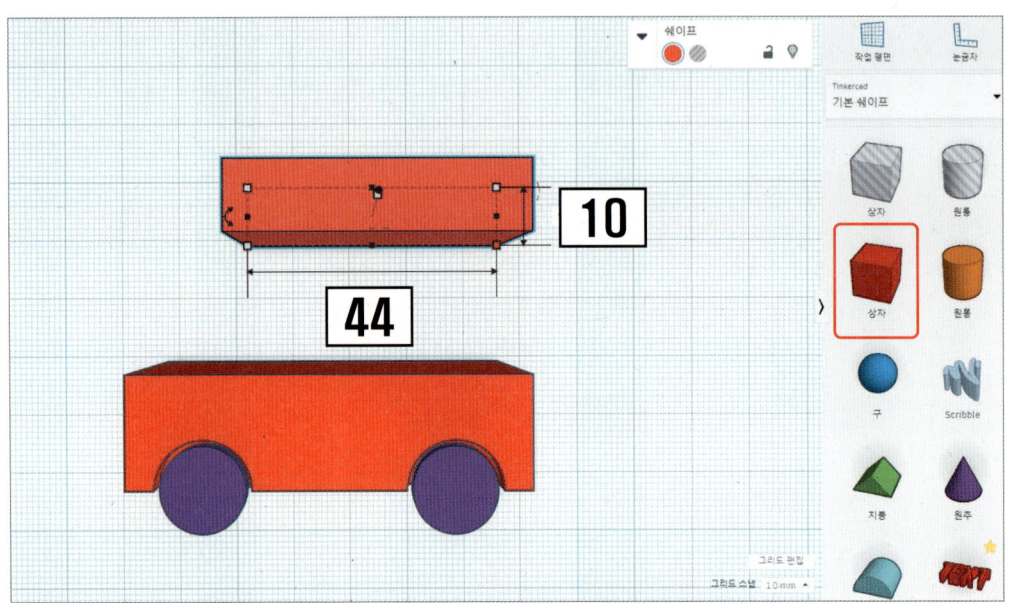

기본 쉐이프에서 상자를 선택하고 작업 평면에 놓은 후 치수를 조절합니다.
예 가로 44, 세로 10, 높이 24

TINKERCAD DESIGN For 3D PRINTING _____ SECTION 11

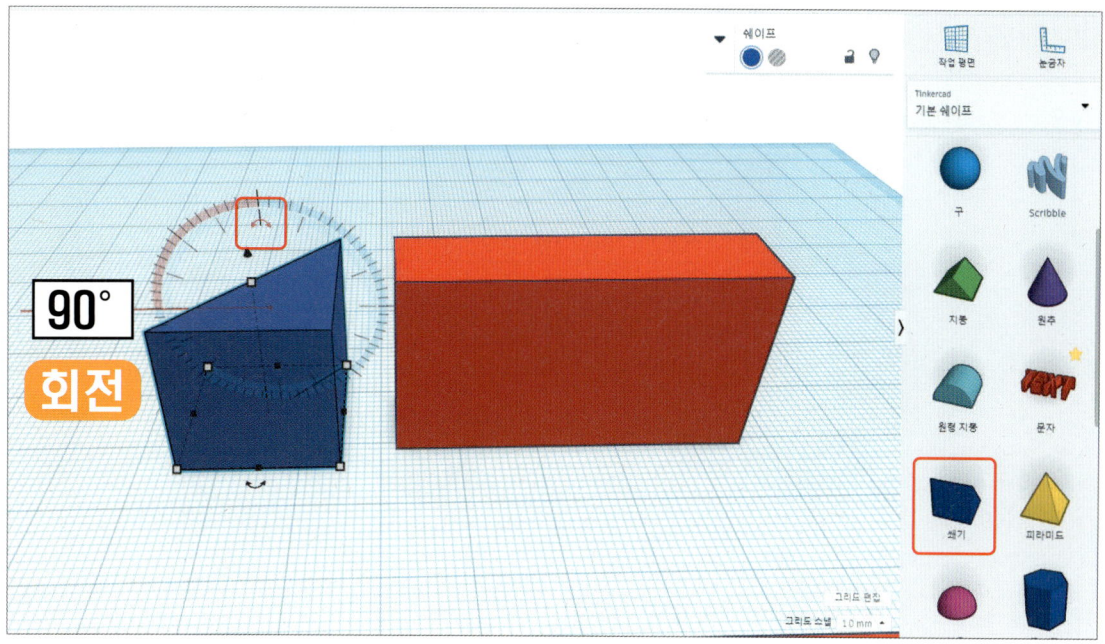

기본 쉐이프에서 쐐기를 선택하고 작업 평면에 놓은 후 90° 회전합니다.

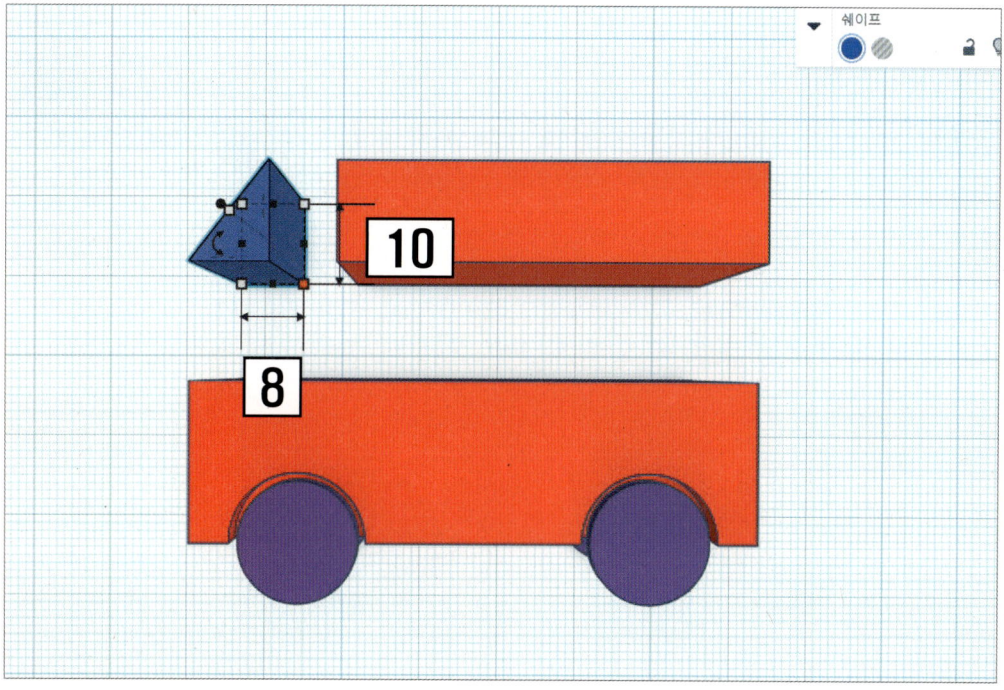

쐐기 도형의 치수를 조절합니다.
예 가로 8, 세로 10, 높이 24

TINKERCAD DESIGN For 3D PRINTING

뷰박스를 평면도 · 직교뷰로 선택합니다.

상자와 쐐기 도형을 마우스로 움직이거나 키보드 방향키 로 그림과 같이 배치합니다.

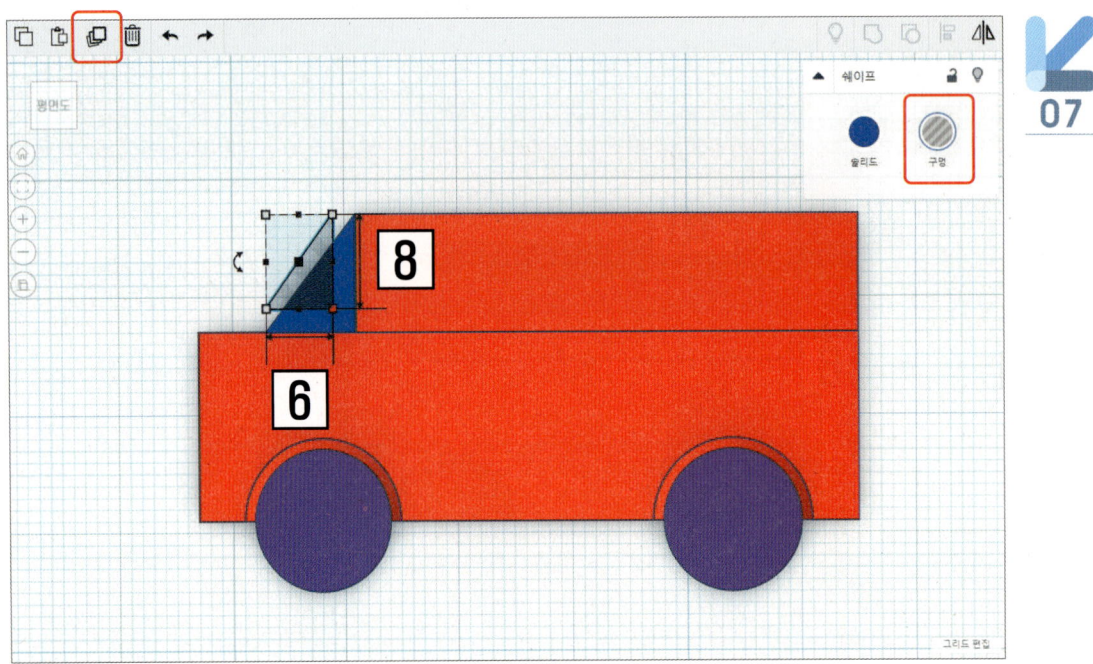

쐐기 도형을 복제하여 구멍 도형으로 바꾸고 치수를 조절합니다.

예 가로 6, 세로 8

TINKERCAD DESIGN For 3D PRINTING _____ SECTION 11

복제된 구멍 쐐기 도형을 마우스로 움직이거나 키보드 방향키 로 그림과 같이 배치합니다.

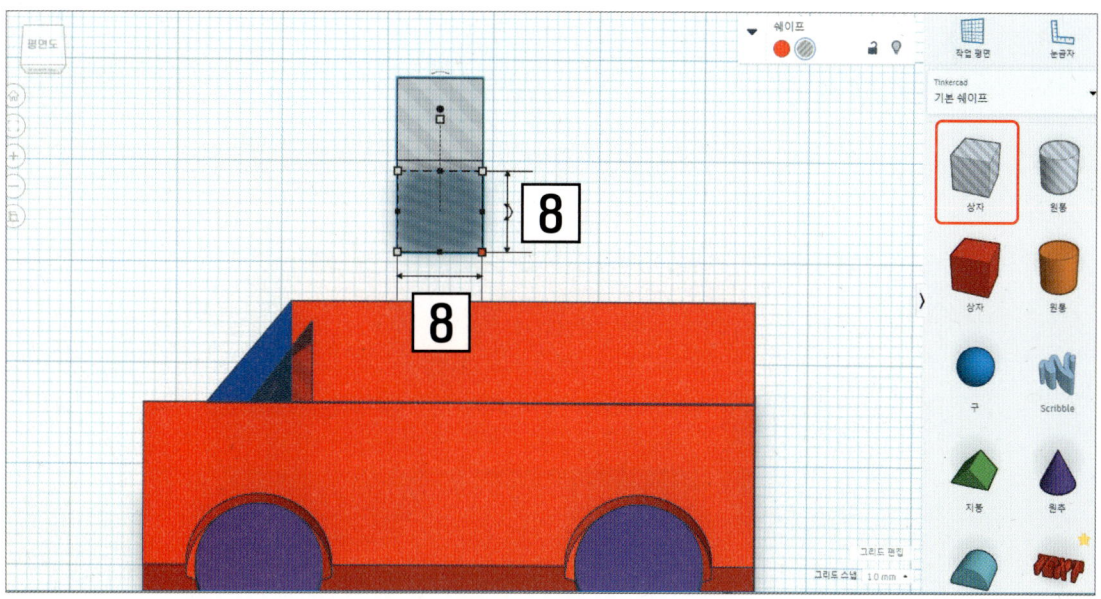

기본 쉐이프에서 구멍 상자를 선택하고 작업 평면에 놓은 후 치수를 조절합니다.
예 가로 8, 세로 8, 높이 24

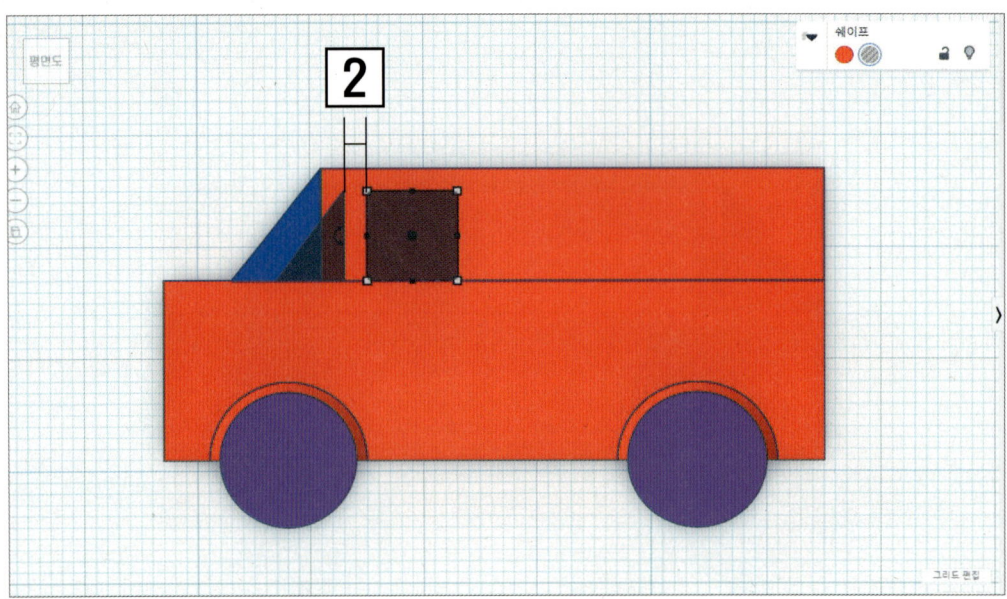

구멍 상자 도형을 마우스로 움직이거나 키보드 방향키 로 그림과 같이 배치합니다.
(구멍 쐐기와 구멍 상자의 간격은 2입니다.)

구멍 상자를 복제한 뒤 Shift 키를 누른 채로 옆으로 "10"만큼 이동합니다.
(Shift 키를 누른 채로 이동하면 일정한 방향으로 이동됩니다.)

TINKERCAD DESIGN For 3D PRINTING

복제 버튼을 두 번 더 클릭하여 줍니다. 10간격으로 반복하여 그림과 같이 복제합니다.

가장 오른쪽에 있는 구멍 상자 치수를 조절합니다.
예 가로 6

TINKERCAD DESIGN For 3D PRINTING   SECTION 11

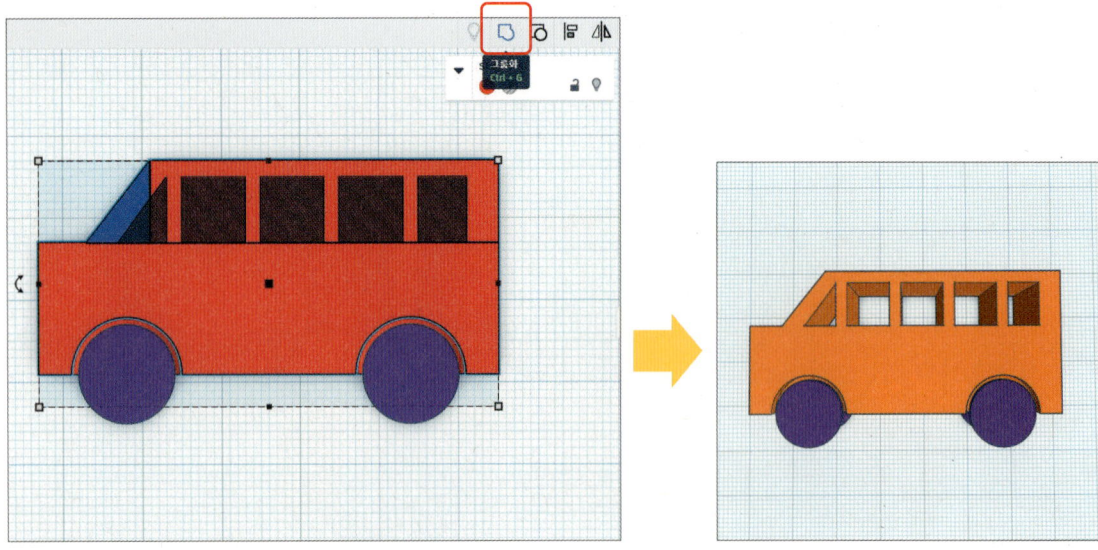

바퀴를 제외한 모든 도형을 선택하여 그룹화합니다.

 자동차 라이트 모양 꾸미기

08

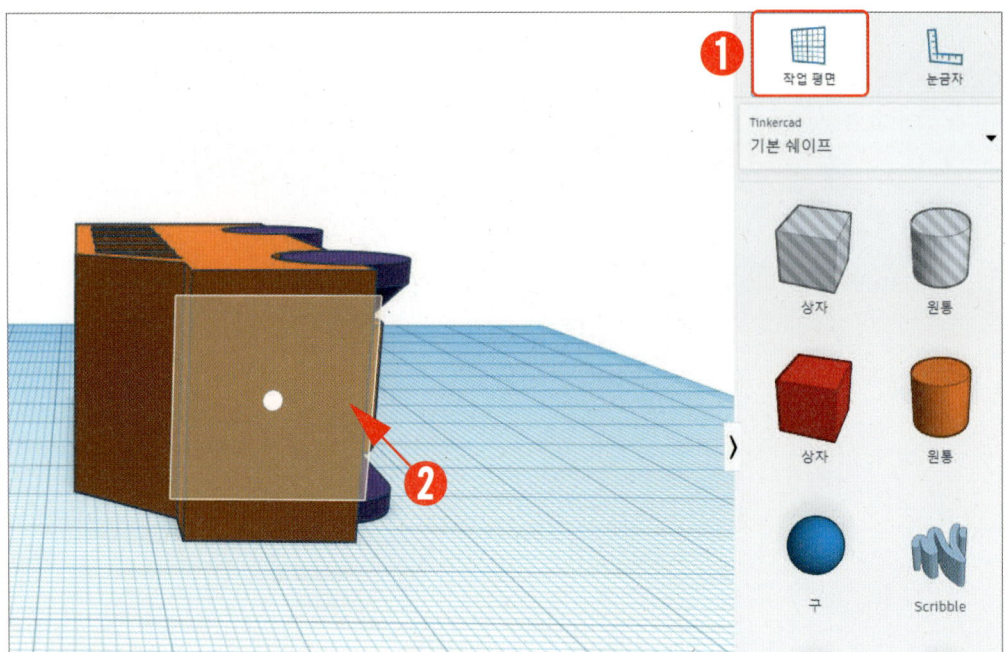

라이트 모양을 붙이기 위해 임시 작업 평면을 만들어 봅시다.
❶ 작업 평면 버튼을 클릭한 뒤 ❷ 위치 자동차 앞부분을 클릭합니다.

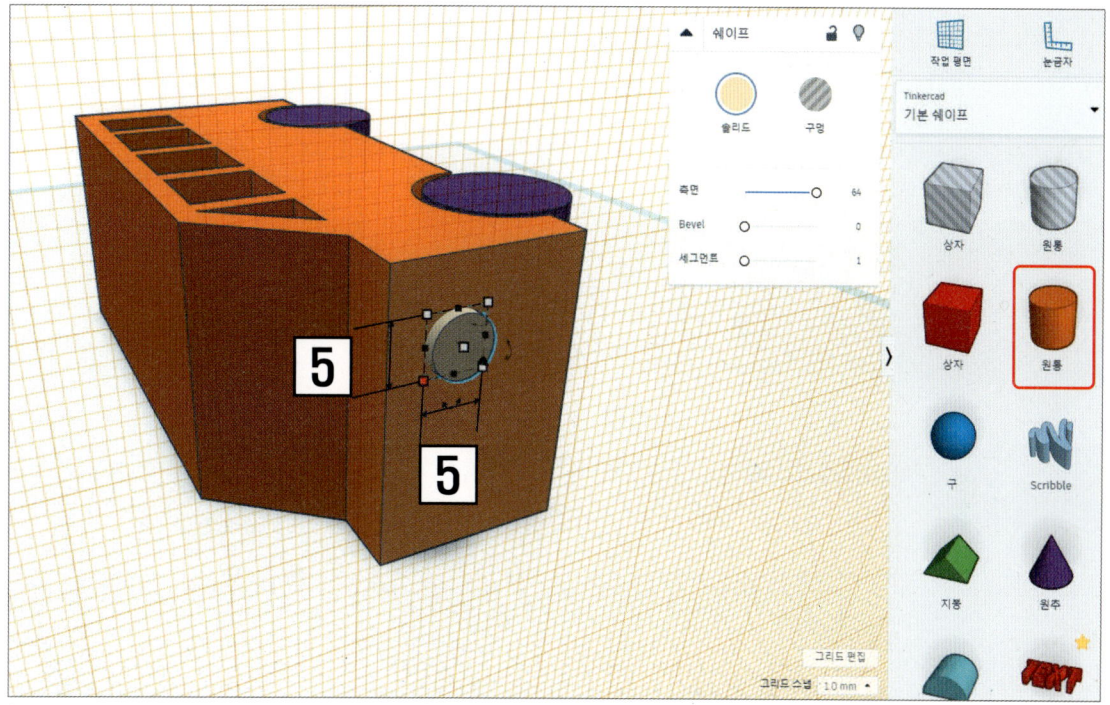

임시 작업 평면으로 바뀌면 기본 쉐이프에서 원통을 선택하고 임시 작업 평면에 놓은 후 치수를 조절합니다.
예 가로 5, 세로 5, 높이 1

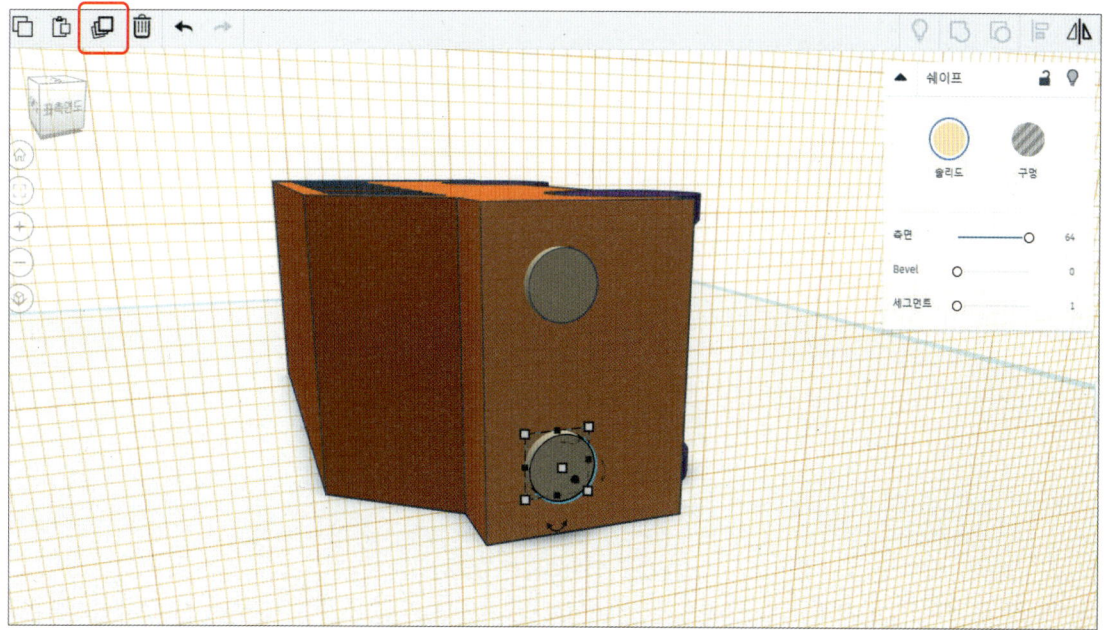

복제 버튼으로 원통을 복제하여 그림과 같이 적절한 위치에 배치합니다.

TINKERCAD DESIGN For 3D PRINTING   SECTION 11

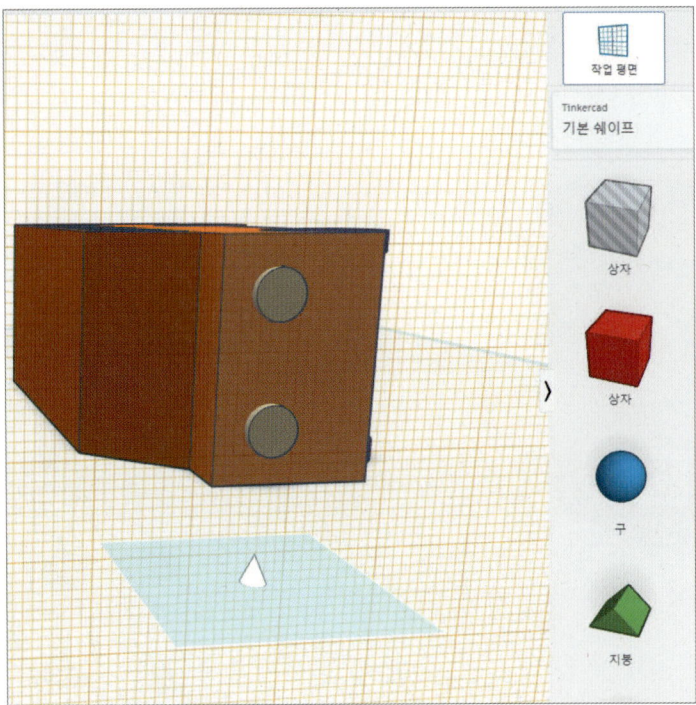

기존 작업 평면으로 돌아가기 위해 작업 평면 버튼을 클릭한 후 빈 공간을 클릭합니다.

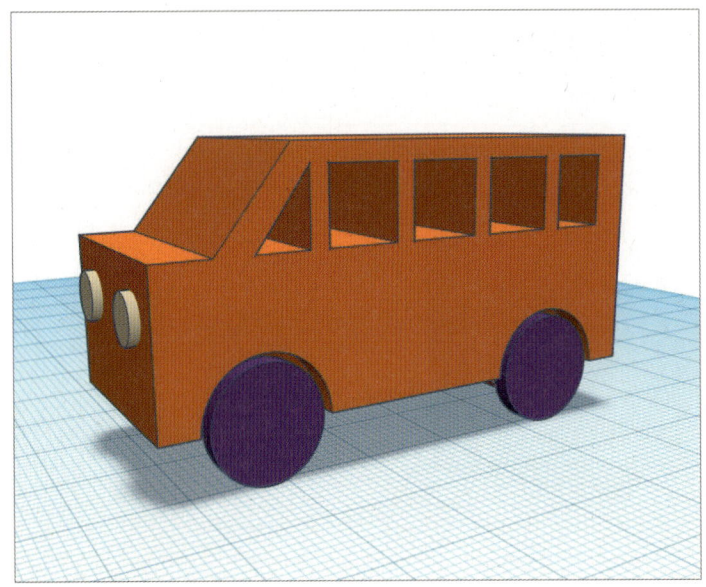

움직이는 자동차 완성!

TINKERCAD DESIGN For 3D PRINTING

도│전│과│제

- 다양한 디자인의 자동차를 모델링해 봅시다.

SECTION 12
3D 스캐너

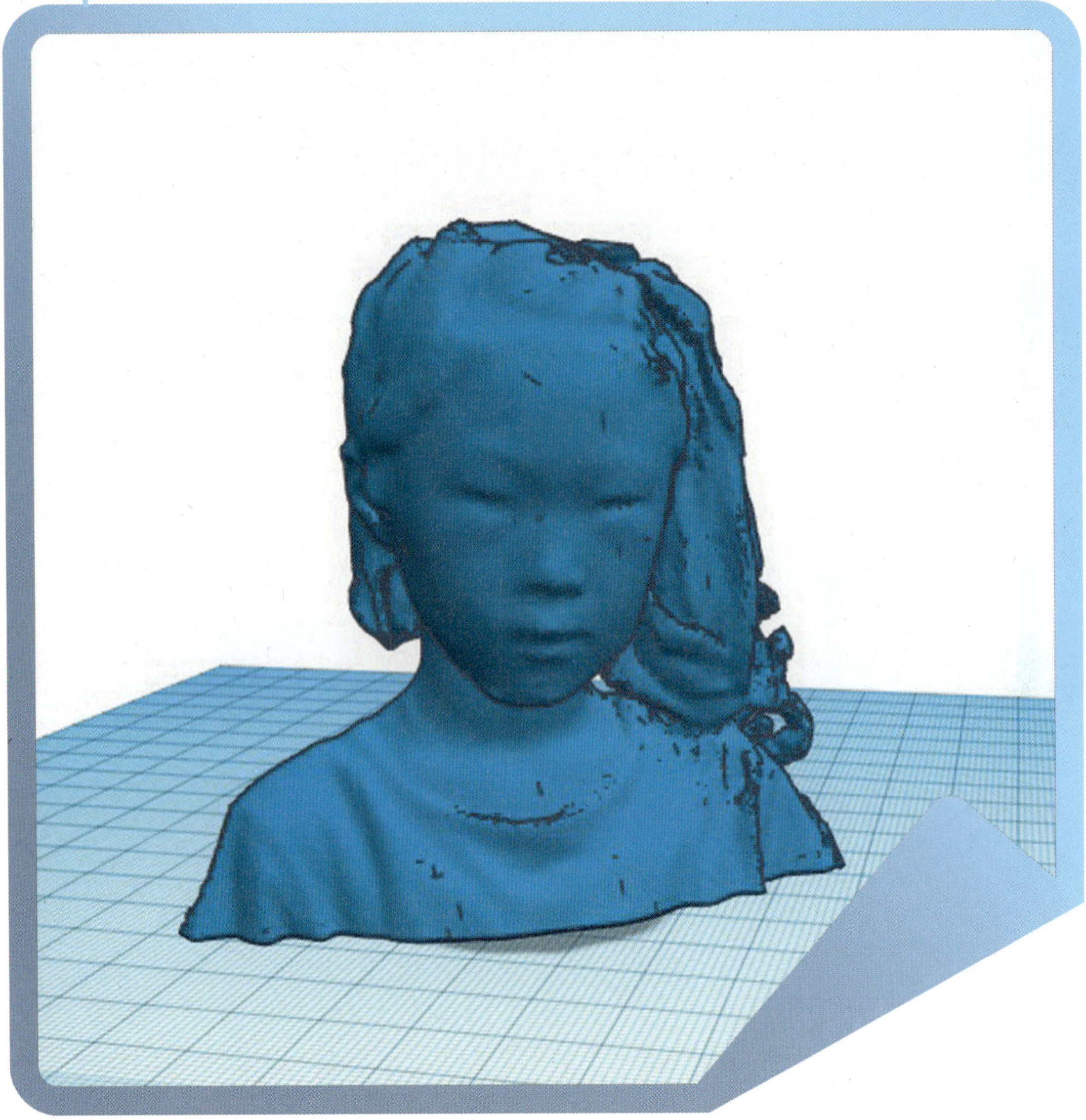

● 내 얼굴 3D 스캐닝하기

3D 스캐너에 대해 알아보고 친구들과 내 얼굴을 3D로 스캔해 봅시다.
스캔된 얼굴을 편집하고 3D 프린터로 출력도 해봅시다.
(본 챕터는 휴대용 핸디 스캐너를 활용한 수업을 위한 내용으로 제작되었습니다.)

TINKERCAD DESIGN For 3D PRINTING _____ SECTION 12

01

스캐너 프로그램을 활성화합니다. 프로그램에서 사람을 선택합니다.
(기기마다 프로그램의 사용법이 상이할 수 있습니다.)

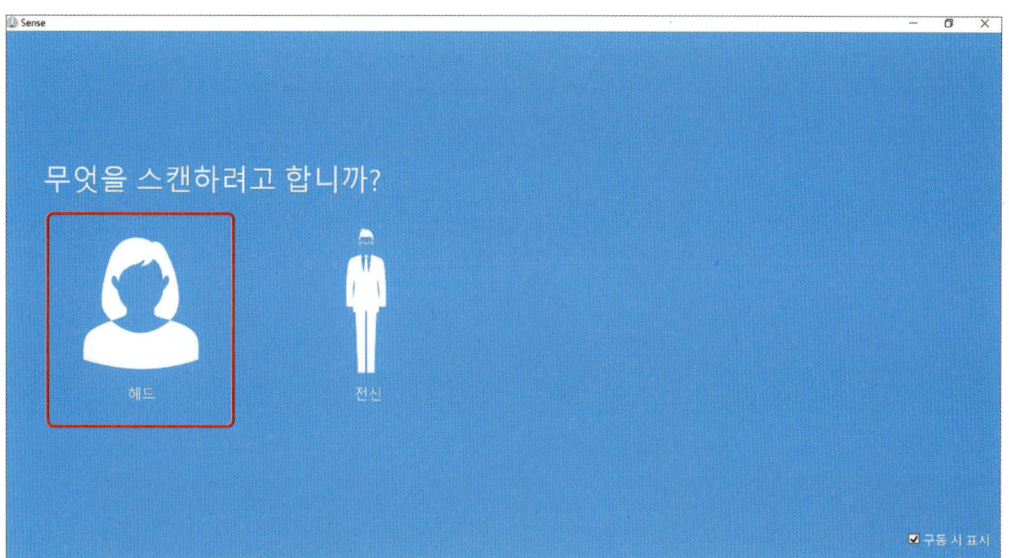

헤드를 선택하여 흉상을 촬영해 봅시다.

TINKERCAD DESIGN For 3D PRINTING

SECTION 12

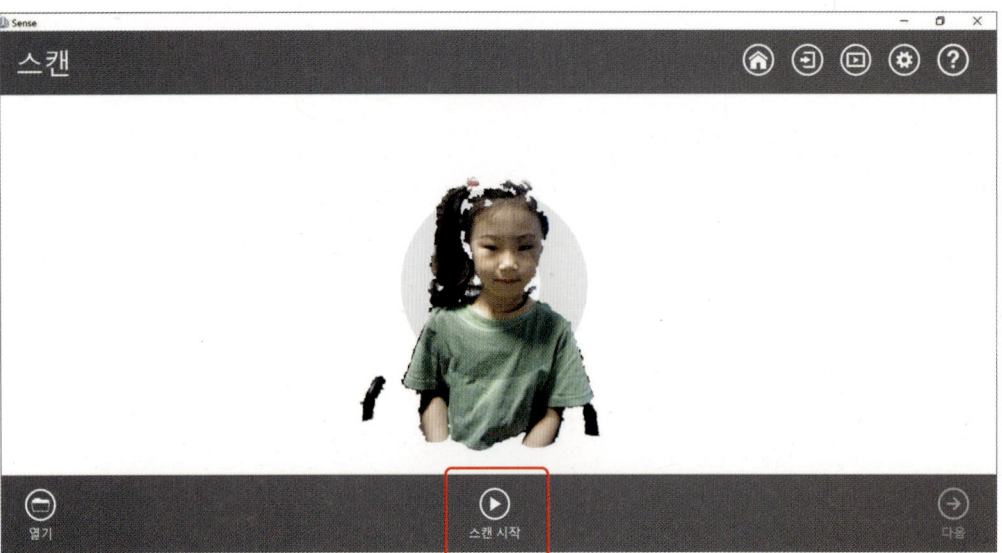

스캐너의 초점을 맞추어 스캔을 시작합니다.
스캐너로 흉상을 360° 회전하며 스캔합니다.

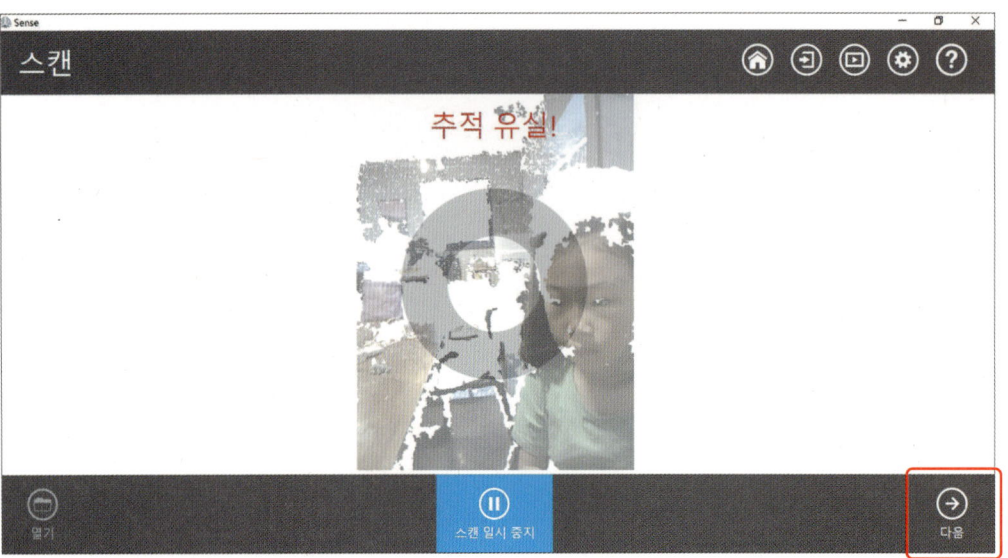

스캐너의 초점이 이탈되면 추적 유실의 경고창이 뜹니다.
추적 유실 상태로는 스캔이 진행되지 않으므로 스캔을 다시 시작해 줍니다.
스캔이 완료되면 다음을 눌러줍니다.

TINKERCAD DESIGN For 3D PRINTING

SECTION 12

03

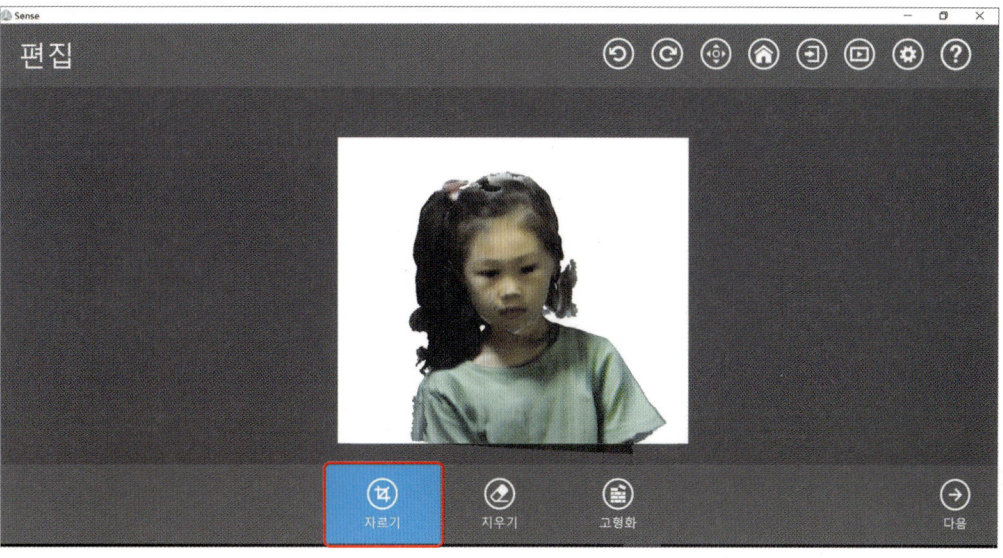

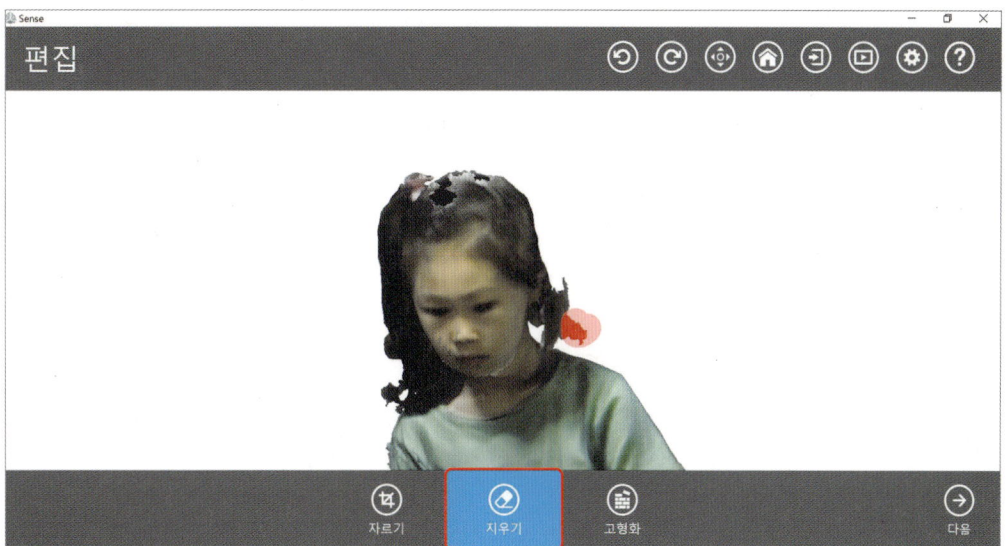

완료된 스캔은 편집창에서 자르기와 지우기를 사용하여 편집해 줍니다.

TINKERCAD DESIGN For 3D PRINTING　　　　　　　　　　　　SECTION 12

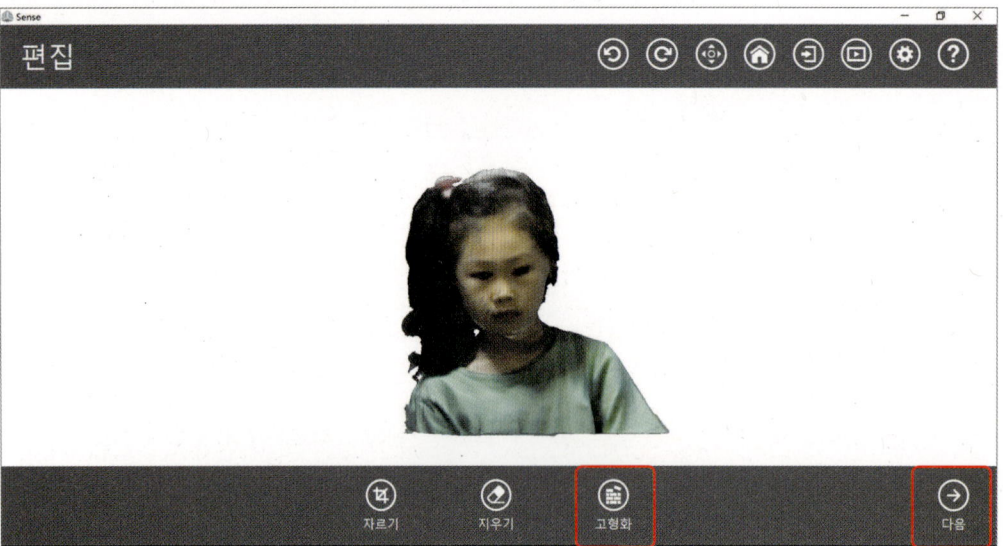

고형화하여 입체 모양을 완성해 줍니다.

3D스캐너 흉상 입체 모양 완성